上海人民出版社

SHIYONG

XIEZUOJICHU (第 2 版)

实用写作基础

袁一锋⊙主编
沈天水　吴桥⊙副主编

编写说明

1995年、1997年，我们相继编写了《应用写作基础》(袁一锋主编)和《写作学基础》(娄胜亚、沈顺辉主编)两本写作教材。《应用写作基础》5次加印，《写作学基础》翻番加印，均走上了全国教材市场。《应用写作基础》曾获得20世纪90年代上海市优秀写作教材奖和全国第二届优秀写作教材三等奖。

2000年，我院调整了教学计划。我们便在《写作学基础》、《应用写作基础》的基础上编写了这本《实用写作基础》作为我院写作课的教材。

2006年，我们根据新的教学要求和行政公文写作规定，对本教材作了修改，并调整了部分例文，作为第2版。

《实用写作基础》力求有时代气息，突出教学重点，理论联系实际，强调文论结合，讲练结合。

《实用写作基础》由袁一锋拟定纲目和组织编写，袁一锋、沈天水、吴桥通稿，并由范玉吉通阅基础文体写作部分，杜素娟通阅应用文体写作部分。各章节撰稿人分工如下：

袁一锋　第五章、第七章、第八章第一节

沈天水　第六章、第九章、第十章

吴　桥　导　论

范玉吉　第一章

倪　平　第二章

杜素娟　第三章

吴　敏　第四章、第十一章

石　屹　第八章第二、三节

李　艺　第八章第四节

在编写过程中，参阅了诸多相关论著，请参见《主要参考书目》。

华东政法学院语文教研室

二〇〇六年十二月

目　录

下　编　应用文体写作

导论:实用的大学写作

“写作”乃耳熟能详的概念,但细究却又是那么陌生,而要真正教人如何去写好就更难了。古谚云:“大匠能诲人以规矩,不能使人巧。”大致可知此乃只可意会而难以言传的、非经刻苦的训练不能得心应手的技能,是一项综合性很强的“超级”技能。言其“超级”是指各项素质(技能)的综合,用个时髦的词叫“整合”。写作能力是一项知识系统,随着对世界的认识的深入,此系统的整合性日益增强。这个系统又是开放的系统,世界在发展中是普遍联系与相互制约的,信息的交换始终在进行。写作行为过程是一个系统,其行为人是一个系统,其反映的世界更是一个系统。

就大学生人群而言,经小学、初中、高中的不懈努力,大部分已能操笔行文,做到文从字顺,记事说理也很像是那么回事。再给他们谈写作诸项事宜似乎已不合时宜。主题、材料、结构、表达等等,诸如此类,已成老生常谈了。也就是说,“规矩”已大致掌握了,最好能给讲些秘诀,但又恰恰没有。鲁迅先生有言:“写作无秘诀。”

似乎应在思维能力的强化上下工夫,写作原本就是思维层面的东西,但这不是写作课能解决的问题,这是一项“综合治理”的工程。退而求其次,我们大体上已将授课内容定位于既超越基本理论又不脱离基本理论的点上,强调其实用性。好比是地基大成之际进行最后的夯实,然后是起楼了。

本教材仅用三分之一的篇幅高度浓缩却又是系统地介绍写作的基本理论，如：写作的一般过程（包括主题、材料、结构、起草修改等）、文体（包括记叙文体、议论文体、说明文体等）等，也是出于夯实基础的目的，加上适量范文的讲解及文体写作的训练，以期在高中基础上加深学生的感性认识并逐步提升为理性认识。

而应用文体的写作可以说是上述文体的写作与基本技法的综合，本着从实用出发，本教材另三分之二的篇幅着重介绍应用文体的写作，按其内容与使用范畴分类讲解（包括行政公文写作、事务文书写作、论文演讲写作、新闻信息写作、财经应用文写作、法律文书写作、公关礼仪写作等等），精讲多练，并与现时公务员考试的要求相结合，强化写作的实用性训练，以期提升学生的应用文的写作能力，为今后的工作学习奠定良好的基础，因为实用为第一要义。

一、广义的“写作”

现在流行一种说法，未来人应具备的三大基本技能是：电脑、写作、口才。这其实也并不新鲜，一言以蔽之，还是信息处理与信息传递的问题。

广义的“写作”是人们运用语言对信息进行批处理的过程，其结果即广义的“文章”。可以说“文章”的流变为写作史提供了可考之形，若以形诸文字的篇章才称为文章，则“写作”的历史要远远长于文章的历史。因为据现有的资料分析，文字的历史约在三、五千年，最长不超过万年，而语言的历史甚至在十万年以上。在形诸文字的文章出现之前，广义的“写作”行为已在进行。甚至可以说，在语言产生之前，人们已经在处理信息了。

语言是人类特有的一种符号系统，语言产生之后，人们处理信息的能力加强了；但唯有文字的诞生，所谓形诸文字的文章才浮出水面。人们无时无刻不是生活在信息流与物质流之中，人际交流以至国际交流，无一不是信息的交流与物质的交流。处理信息的过程可以说是广义的写作，信息的丰富程度决定了处理信息者的能力的综合性，这也大致可以说明写作是综合能力的体现。

随着社会化的人类成员间的信息交流日益频繁、复杂，信息批处理已从被动转为主动，人类经验日积月累，作为思维的基本因素的“概念”已呼之欲出，思维由具体转向概括。“如果没有可以标志一般东西的信号——语言，任何思维的概括都是不可能的。人类思维是以词为中介对现实的反映，是语言的思维。‘语言是思想的直接现实’。”（曹日昌：《普通心理学》）

在正常情况下，人是借助语言来进行思维活动的。马克思指出：“语言和意识具有同样长久的历史；语言是一种实践，既为别人存在并仅仅因此也为我自己存在的、现实的意识，语言也和意识一样，只是由于需要，由于和他人交往的迫切需要才产生的。”（《马克思恩格斯全集》第 3 卷）“语言不仅仅是一种交流信息、表达思想的工具或用于人际交流的符号系统，语言具有世界观和本体论的性质。语言确实有工具的功用，我们可以像使用其他工具那样使用语言，但语言又是产生工具的机制的一部分，是我们人的一部分。语言不仅对于思维的表达来说是必不可少的媒介，而且它就是思维过程本身的一部分。这表明，语言并非只是消极地表达或传递信息的符号系统，它还是世界的条理化、组织化、结构化与有序化的呈现。没有这种呈现，世界对于人就不存在。”（申小龙：《文化语言学》）在信息处理过程中，语言与思维是互为表里的。与其说阅读语言文字，还不如说触摸思维的轨迹。

随着信息量的增殖，处理信息已不能光靠口述脑记了。此时此刻，人们对信息交流已有了突破时间与空间的要求，“文字”——语言的书写符号应运而生了，作为人际交流信息的约定俗成的视觉信号系统，使信息突破了时空的限制。语言文字比翼双飞，成为人类打开文明之门的锁钥。当然，我们在此谈论的是汉语与汉字。

有了文字之后，人们的思维与语言得以固化，形成今天意义上的文章，“写作”的历史才有形可考。当然，这得依托相应的媒介，如考古发现的龟甲兽骨、泥板青铜、竹简木牍、羊皮丝帛等等，直至一直使用至今的纸张。人们在各种质地的天然的或人造的媒介物上刻画上自己的伟大的创造物——文字，以致当今世界依然能凭此感受到几千年前人们的情怀。

印刷时代的信息的传播速度与广度是传抄时代不能相比的，但写作行为依然故我。哪怕是到了网络时代，信息传输依然要“写作”。

二、写作的“简历”

发现远古的文句也就是发现了较原始的写作状态。19 世纪末我国河南安阳出土的殷商的甲骨文档，铸刻于商代青铜器上的长短不一的铭刻，这些是现今所见的最早的形诸文字的“文章”。这些最早的文章皆是实用的，一切都是为了保存、输出信息。

最初的写作行为出于“记事”的实用目的，满足了事务性的需要，日后才发展起种种愉悦精神的艺术性文体。原始的记事有闻必录，或许是备查、备忘、供日后研究之用。甲骨卜辞就是如此。文体是后来者归纳的，文章的长短可能与媒介有关，在甲骨与青铜模范上刻画文字较艰难，故而行文时力求文句简短；当然，内容也决定形式。商代晚期的青铜器上出现了较长的铭文，但也没有超过五十个字的，而西周铜器铭文的篇幅长至二、三百字的颇多见，而且许多器铭是有韵的和整齐的四字句，内容渐丰，只是叙事受篇幅限制，大多直陈而少修饰。可以说《易》的卦、爻辞与甲骨卜辞的简约之风是一脉相承的，《春秋》的简洁亦然。一种简要记事性的写作模式已成定势。

商末至周的青铜器的铭文表明散体文章的篇幅突破了卜辞的规模，发展成能围绕一个中心物事或话题展开叙事记言的过程。《尚书》中的一些篇章虽有经后人增删的可能，但是其风格亦类于此。此乃承上启下的阶段，甲骨卜辞的言语与占卜的内容相适应，原始朴素，简明扼要，谈不上什么篇章结构，《易》、《春秋》也是如此；而《诗》、铭文与《尚书》所表达的意思较复杂，发展了语言文字，庄谐褒贬各异，有较大的修辞余地，更适宜于表情达意。从写作的角度而言，其最有意义的进步乃篇章观念的形成。虽然《诗》、《尚书》中的篇目是编者所加，单篇流传时并无篇名，就像青铜器上的铭文似的尚未考虑标题。但是，《诗》中的篇什大多由若干"章"组成一个"篇"，《尚书》也大多表现出主题与结构的意识，铭文则较强地表现出记事的特征如交代何人、何时、何地、何因、何事等。

春秋战国时期是信息爆炸的时期，著作盛行，百家争鸣，思想活跃，我国思想史上的原典大部分成于此际。以现在的概念来看，此期的著作大致分为两类：哲学与历史（诸子散文与历史散文）。秦的统一行为中最有意义的举措是文字的统一，尽管是以繁驭简，但避免了民族文化因各诸侯国文字的独立而解体。中国散体文章的起源和发展之所以能勾勒出一个比较清晰的脉络，与汉字一贯相对稳定的特征密切相关。汉语写作史和文章史几千年来不曾出现过空白。

先秦时期的散文，是与韵文相对的一种文体，基本上是哲学、政治、伦理、历史等方面的论说文和记叙文。从没有文字到有文字，从片言只语到成段成章，再到中心明确、结构谨严的篇章，散文经历了一个漫长的发展过程。

到了汉代，"文章"一词才专指语言的书面形式。西晋挚虞《文章流别论》有言："文章者，所以宣上下之象，明人伦之叙，穷理尽性，以究万物之宜者也。"(《全上古三代秦汉三国六朝文·全晋文》)南北朝时期，"文学"和"文章"则更多地被当作同义词看待，另"文笔"之说始于汉代行于南北朝，它泛指诗赋、散文及各种应用文体，相当于汉代"文章"的概念。反映了当时人们对文学作品与非文学作品的认识。今人"所谓'文章'，是以文字为媒介，或宣事明理，或表情达意的有篇章组织的信息传递"。(刘锡庆:《基础写作学》)定义越来越严密，但写作行为不是先有行为结果的定义后才进行的，其指向的目的是表达思维结果，也即是输出信息。

最早的"文章"应该是口传心授的，只是我们今天无法见到；但从较早的易上口的整齐的韵文可窥一斑。韵文以其易上口的特点，正应是口头文章的形式。而从秦汉到魏晋，"听、说"能力以及捷辩能力很受重视。唐宋以后，随科举以文取士的制度的逐步确立，"识字—读书—作文"，成为汉语教学的模式，影响至今。随现代通讯技术的发展，信息技术的革新及人工智能的应用，口语能力的重要性益显。口才更能体现写作能力的强弱，因其直白，没有文饰的时空。有鉴于此，语文教学中口语与文语的训练不可偏废。

在现代语言学中，已区分"语言"与"言语"这两个彼此不同而又紧密联系的概念。"语言"是人类社会中客观存在的现象，是一种社会上约定俗成的符号系统。"言语"则是人运用语言材料和语言规则所进行的信息交流活动的过程，有时也兼指其活动的产物，即如人说的话（言辞）和写出的文字（作品）。

人的说话、听话、阅读、书写都是言语活动，或是输出信息或是接受信息，听说的是口语也即口头言语，读写的是文语也即书面言语。

口头言语表现形式可分为“对话”和“独白”。“对话”言语通常产生于如聊天、座谈、辩论、质疑等言语活动。由于对话双方互为授受，结合语境，很多意思并不在言语中表达出来，只是彼此意会。“独白”言语通常产生于如演讲、报告、发言、授课等言语活动。由于是单向的输出信息，授者与受众之间没有交流，授者须预先料想受众的心理，把握其对言语主题的关心度，以便系统地处理信息，力求言语系统合逻辑。

书面言语是凭借文字来表达思想的言语，也就是写作过程。书面言语具有“独白”言语的特点，只是前者有其可以反复阅读的优越性，而后者却可以借助表情和动作来强化其表现力。

口语的发展变化速于文语，春秋战国的文章可以说是用当时的口语进行写作的。写作行为的起始大凡是用口语的，假以时日，口语固化为文语，进而贵族化，这与统治者垄断信息的策略是一致的，与汉字的表意特性也有关系，口语与文语的脱节有了技术上的可能性。因为表意文字不直接用来记录语音，所以不同地区的人只要认同一套文字系统，尽管方言千差万别，语音不通，却能通过书面写作来交流信息。也正是因为言、文不尽一致，几千年来语音变化虽巨，但今人完全可以看懂上古流传下来的文章。但是，言、文的脱节不能太大，否则至少会给宣读文告带来困难。因此，一定时段内就会出现较近于口语的写作，缩短言、文的差距。中文写作的大变革——白话文运动、大众语运动，即是基本上用现时的口语来写作。

魏文帝曹丕有言：“盖文章，经国之大业，不朽之盛事，年寿有时而尽，荣辱止乎其身，二者必至之常期，未若文章之无穷。是以古之作者，寄身于翰墨，见意于古籍，不假良史之辞，不托飞驰之势，而声名自传于后。”（《典论·论文》）从表面上看曹丕认为人以文传名后世，但真正传于后世的是作者结晶于文中的思想，也即挚虞文中所提及的“理”与“性”，这些都是文章在论说“上下之象、人伦之叙”的过程中所体现的。

写作，作为一种记录和传播信息的手段，对于思想的表述一向比对于感知的表述来得直接、便利。正因为思想理论占有的时空不是以可触摸的形态出现的，理论又自成体系，相对独立于物质世界，故而极有可能将人的思维导入误区。而动用概念、判断、推理的论证途径正是以语言作为外壳进行的，恰恰是文字可以直接表述的内容。

古今“书吏”（熟练掌握文字的专业人员）的地位都很特殊，就我国而言，商周时期的巫、史、卜，汉唐的尚书、制诰，明清的学士等等，不一而足，基层也有幕僚、师爷等；今有秘书、智囊。此辈皆因其专业技术而被当权者所用，对应于权力与信息的关系（“言语权力”），他们也就握有相应的实权，而治理国家很大程度上就是信息处理。如商代巫祝垄断了文字，成了神权统治的工具。

文字的作用是补语言的不足，若当时已有现今的电讯设施，文字就少有用武之地了；由于当时交流信息的手段的单一，文字获得了偶像的地位，人们对之崇敬有加，统治者垄断之以行愚民政策，而于今观之，垄断文字其实是为了垄断信息。当今世界，由于教育的普及，垄断文字的企图是愚不可及的，但是，欲垄断信息者却大有人在，其目前的行为就是垄断传媒。随因特网（internet）的普及，传媒的垄断也许将被打破，信息时代将真正到来。

春秋时期，周王室政权衰微，学术渐趋平民化，伟大的孔子首创私学，进行讲学活动，打破了信息垄断。“当时弟子各有所记，夫子既卒，门人相与缉而论纂，故谓之‘论语’”。“《论语》者，孔子应答弟子时人及弟子相与言而接闻于夫子之语也。”（《汉书·艺文志》）应该可以说此时的写作用的是当时的口语，我们也把《论语》称作语录体的著作。由此发端，对话体作品直至长篇大论如长江大河，成一时奇观。

随着“士”的壮大并活跃于整个社会，他们就其所代表的不同集团的利益，针对当时的社会变革，发表意见，提出主张，展开辩论，形成了所谓“百家争鸣”的气象，用时髦的说法即争夺“话语”权力。

这一时期的散文思想深刻丰富，有个性且各成体系，尤其是儒家和道家，后世作家几乎无不受到影响。大变革时代的作者尽管思想观点分歧对立，但有两点大同，一是以治世为出发点，敢于正视社会现实；二是对“民”或“邦本”的重视。此精神可以说激荡至今，余波未息。

语言，包括语音、词汇等，并非千百年一成不变。曾经活在人们嘴上的语言，有一些便过时了，淘汰了，只存在于留存的书面材料上，而不具备一定文字源流知识的人们则难以解读，于是这些书面语成了某些人的专利，垄断信息的工具。

中国的诗歌有眼看与嘴唱的，而散体文由于言文分离的缘故，基本上只剩下书面传播这一种方式了。一部中国传统写作史基本上是无声语言的写作史，乃笔与口分离使然。五四运动以后，口头语言——白话的实用价值日益彰显，以我手写我口乃大势所趋，信息的垄断被打破了。

三、写作的特性

“写作”是信息批处理的行为过程，具体而言是文章的制作过程，所谓“写作能力”就是指此过程中，作者运思的深度与广度、选材的识见、遣词造句的精度等在行文时的整合。

思维是人类特有的精神活动，是从社会实践中产生的，是在表象概念的基础上进行分析综合判断推理等认识活动的过程。思想是客观存在反映在人的意识中经过思维活动而产生的结果。思想的内容为社会制度的性质和人们的物质生活条件所决定。

思维是对客观现实的概括的间接的反映。所谓概括的反映是说所反映的不是个别事物或其个别特征，而是一类事物的共同的本质的特征。具体思维的概括水平较低。概括水平越高，人就越深入地反映事物内部的本质特征。思维的概括性不只表现在它反映客观事物的本质特征上，也表现在它反映事物之间本质的联系和规律上。所谓间接的反映，就是说不是直接地，而是通过其他事物的媒介来反映客观事物。

正是由于思维的概括的间接的性质，通过思维，人就可以认识那些没有直接作用于人的种种事物或事物的属性，也可以预见事物的发展变化进程。

思想的领域比感知的领域广阔。所谓“登山则情满于山，观海则意溢于海，我才之多少，将与风云而并驱矣”。(《文心雕龙·神思》)思想是无涯的，思维可以超越三维世界。

《文心雕龙·神思》提出了“思”的概念，一方面是指写作过程中聚精会神的构思活动，“兴到神来”的灵感；另一方面是指“天马行空”的运思。其文很是精彩：“古人云：‘形在江海之上，心存魏阙之下。’文之思也，其神远矣。故寂然凝虑，思接千载；悄焉动容，视通万里。吟咏之间，吐纳珠玉之声；眉睫之前，卷舒风云之色：其思理之致乎！”其精义，陆机《文赋》也已有论述：“其始也，皆收视反听，耽思傍讯，精骛八极，心游万仞。”“观古今于须臾，抚四海于一瞬。""恢万里而无阂，通亿载而为津。"皆谈了形象思维不受时间与空间的限制。

就作文而言，好的文章首先是有好的"立意"(提炼主题)，若脱离这一点来谈文章的高下是没有意义的，唯有把握立意，才能谈论文章的结构、表达及材料取舍的高下；但一篇文章的主题是否鲜明、突显，这与作者是否牢牢把握住材料、结构、表达皆为主题服务这一基本点是分不开的。而这一点却很难具体教授给学生。古人曾浩叹："文无定法"，所谓"可意会而不可言传"。

立意的高下是由思维的深度与广度来定的，取舍材料的识见亦基于此，这大致可称为筛选信息的能力。尤其在被称为信息时代的今天，如何筛选有效的信息是生活在这一时代的求生技能，否则将被淹没于信息的海洋中。

当然，遣词造句是成文的前提之一，在主题确定之时，为突显这一主题，作者将尽其所能，调遣词句组成有意义的段落、层次，怎样的结构才能更好地突显主题，这些称为语言表达能力，贯穿其间的仍然是思维的深度与广度。

陆机《文赋》小序有言："恒患意不称物，文不逮义。"周振甫先生对此作了较全面的阐述："避免意不称物，不在于把物象完全描绘出来，在于所构成的意象能够把物象的美充分表达出来，在于作者的情趣同物象的美好相应。要是物象是鲜明的，作者所构成的意象是灰暗的，物象是高洁的，作者所构成的意象带有不健康的情绪，那就是意不称物了。……意象构成以后，再构成文思，用文词来表达，怎样避免文不逮意呢？物象丰富多彩，各有特色，再加上作者的感情，所构成的意象更是变化无穷。但要是观察的时候，不抓住它的特色，使构成的意象和文思一般化，那也就是文不逮意了。"(《文论漫笔》)由此可以体会到"物"、"意"、"文"三者间的关系了。

刘勰《文心雕龙·物色》有言:“情以物迁,辞以情发。”刘大杰《中国文学批评史》述此两句:“扼要地说明了人们的感情随着自然景物的变化而变化,而文辞则又是由于感情的激动而产生的。”基本言明了“物”、“情”、“辞”三者之间的关系。

两“文心”可谓言简意赅,吾辈的阐述实在应觉汗颜,不过今人有一法宝乃前人所无,即辩证唯物主义的理论。审之,两“文心”之论颇合于认识论与反映论的原理,只是言太简。

今人刘锡庆先生《基础写作学》提出了“双重转化”是写作行为过程的重要特性。作者能动地、本质地、真实地将现实生活、客观事物转化为自己的认识(观念和情感),这是客体向主体的转化,简言之为第一重转化。这重转化依据认识论的原理。作者把所获得的认识(观念和情感),有“理”、有“物”、有“序”、有“文”地转化成为书面语言,即向文字表现的转化。这重转化遵循反映论的原则。这是由主体向文字的转化,简言之为第二重转化。

四、文体概述

文章体裁形成的外部机制在于交际需要和发表方式,它们对于某一体裁的文章在写作时的语言表达、材料剪裁、内容构筑等本身形式方面作出一定的综合性规定。

中国传统写作在与世界相对封闭的环境下,在长期的写作实践中形成一套文体分类法。“夫文本同而末异,盖奏议宜雅,书论宜理,铭诔尚实,诗赋欲丽。此四科不同,故能之者偏也,唯通才能备其体。”(曹丕《典论·论文》)《文赋》把文体分为“诗”、“赋”、“碑”、“诔”、“铭”、“箴”、“颂”、“论”、“奏”、“说”等十类,比曹丕的四类要细致得多,奠定了《文选》(萧统)、《文心雕龙》等书的文体分类的基础。具体情况可参见《文章辨体》(明・吴纳)、《文体明辨》(明・徐师曾)等。

以今天的概念看,除"诗"、"赋"为文学作品外,其余皆为应用文。广义而言,所有的文章都是应用文。先有用,后有例。写作的最终目的是输出信息,哪怕是仅仅为了娱人耳目。清・刘熙载《艺概・文概》有言,"文有辞命一体","辞命亦只叙事、议论二者而已","辞命体,推之即可为一切应用之文。应用文有上行,有平行,有下行。重其辞乃所以重其实也。"然而此类文体却是古已有之。毫不夸张地说,有了文字也就有了应用文体,只是实同名异而已。从文章狭义的实用性出发,才有应用文这类划分。

文章的分类在古代就已行之,"不论奴隶社会或封建社会的统治阶级,从其政治需要出发,对于各种文体的运用,都是要求'实用'而且要求用得更好、更恰当。这是以前士大夫阶层的所谓'文学'经常注意文体问题的主要原因。"(郭绍虞:《文笔说考辨》)而且从文体出发对士人的写作能力提出了要求。所谓"建邦能命龟,田能施命,作器能铭,使能造命,升高能赋,师旅能誓,山川能说,丧纪能诔,祭祀能语。君子能此九者,可谓有德音,可以为大夫"。(《诗・毛传・郑笺》)此即所谓"九能",大多是今之应用文类,适应了统治者的需要。

今之所谓应用文是为了行政管理与日常事务的需要。

为了教学的需要,本教材先概述记叙文、议论文、说明文,然后分述应用文类的主要文种。如此,避免了分类标准的矛盾,兼顾了类的共性与种的个性。

现代社会随着信息意识的强化,报纸杂志成为人们政治生活、经济生活、文化生活中不可缺少的读物,一系列新闻类文体的引进和应用简直在传统文类之外另辟一方新的写作天地。消息、通讯、调查报告等等均为古代未曾有过的新品种。进入广播电视时代之后,各类广播稿和伴像解说稿应运而生,同报载新闻稿有区别又有联系。

在公文方面,随着取消帝制,一些带封建色彩的章表奏议理所当然地被淘汰。经新旧几届政府的改革,公文种类已规范化、制度化。现行的公文文种是国务院办公厅 2000 年 8 月发布,2001 年 1 月执行的《国家行政机关公文处理办法》所规定,其为:(一)命令(令);(二)决定;(三)公告;(四)通告;(五)通知;(六)通报;(七)议案;(八)报告;(九)请示;(十)批复;(十一)意见;(十二)函;(十三)会议纪要。

在应用文方面,各行各业内部自有一套文种,如司法部门有诉状、辩状、判状等,另如外事、财经、工商行政管理、贸易等,其内部专用文体不胜枚举。

严格地说,应用文与记叙文、说明文、议论文的分类标准不同,前者几乎可以涵盖后三类。

【思考与练习】

1. 结合写作的广义性谈谈写作的意义。
2. 试述写作的特性。
3. 试述应用文与记叙文、说明文、议论文的关系。

上　编

基础文体写作

第一章　文章写作的一般过程

第一节　写作主体与作品

一、写作系统的构成

在一般的写作学基础理论中，往往只注重对静态的作品研究，而写作主体这一层面却几乎是一个被忽视的方面，这不能不成为写作理论研究中的一大缺陷。为了全面而动态地把握文章写作的一般过程，在本节中我们将着重分析一下写作主体与作品之间的关系。

一篇文章是在一个非常严密的有机系统中完成的。这一系统包括：写作材料、写作主体、写作媒介、作品、阅读主体等五个要素。写作材料是用来建构文章的基本原料，也称作素材，在写作过程中，一切社会活动和客观存在的事物都是写作的材料，我们将在第三节中加以详细说明。写作主体也即我们平常所说的作者，在写作过程中，他是写作行为的实施者，所以在现代写作学中一般称为写作主体。媒介是指能使双方（人或事物）发生关系的凭借，写作的媒介则是指写作主体进行写作时凭借的工具，在写作中，语言符号是写作的媒介。作品在现代写作学视野中被置于主体的操作之下，是写作主体操作的主要对象，它指在写作过程中与作者发生关系并被建构进某一文本中的一切事物的有机组合，是写作活动的载体。阅读主体也即一般意义上的读者，一般认为作者写出文章给读者看，阅读是一种被动的活动，因而忽略了它的重要性。实质上写作并非只是作者单方面的活动，从被动方面讲，没有读者，文章潜在的社会价值和艺术价值就无法实现；从主动方面看，读者阅读后的反馈信息在一定条件下可以转化成为创作主体写作的内驱力；因此可以说，读者是间接或直接的写作活动的参与者。其流程图如下所示：

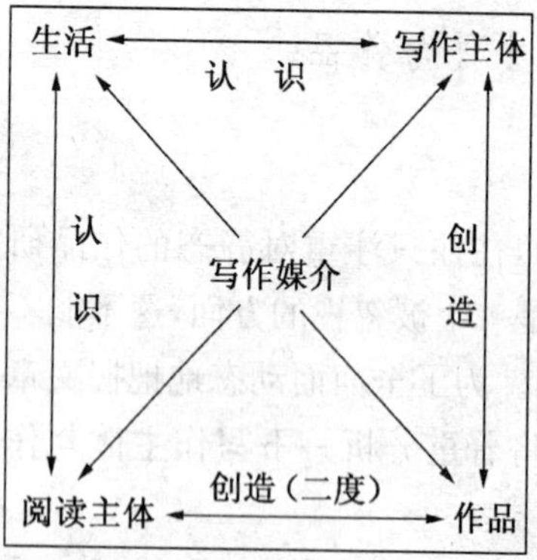

通过左图我们可以看到，写作活动的这一大的系统实际上还包括着四个子系统：

1. 发生系统。由生活—写作主体—作品三个基本要素构成。写作主体通过认识活动，从现实生活的材料库中提取有用的写作材料，通过创造性的写作活动运用语言媒介将粗糙的写作材料加工成一篇结构完整、能有效地突出主题、表达思想的作品，这是写作活动第一步的完成。

2. 影响系统。该系统由作品—阅读主体—生活三个要素构成。就一篇作品来说，它被创作出来时，实际上还并没有最终被完成，只有当它被阅读主体所接受，通过阅读主体的二度创造（即阅读），并借助于阅读主体的认识来和写作材料的来源——生活相参证才能被最终完成。

3. 反馈系统。反馈系统由阅读主体—作品—写作主体三者构成。读者（包括评论家）在阅读的时候，总会有自己的观点和看法，他们会通过各种渠道将自己的阅读体验反馈给写作主体，并向写作主体提出自己的愿望与要求，从而影响写作主体以后的写作活动，这样形成了反馈系统。

4. 写作主体再认识系统。写作主体—阅读主体—生活构成了主体的再认识系统。写作主体的文章完成之后并不是就算万事大吉了，对写作主体来说还有一个再认识的过程，即根据读者的反馈信息，重新审视现实存在和写作材料，以及写作过程中的一系列艺术问题和技术问题，从而在此基础上写出更为成功的作品。

在这四个子系统中，语言是他们之间的桥梁和媒介。语言既是写作主体内在思想、情感等赖以呈现的物质基础，也是读者对作品进行感受、领悟的物质对象。

从中我们可以看出，写作的基本要素之间既是互相联系的同时又是互相制约的，就是在这种有机的联系中，揭示出了写作的全貌。

二、写作主体与作品的关系

在写作流程中虽然包括四个子系统，但我们在本书中着重研究的还是第一个发生系统，它是文章产生的基础。在写作流程构成的五要素中，写作主体是其中最主动、最具有能动性的一个环节，他从生活中开掘写作材料并决定材料的取舍，然后通过心智活动确立主题、安排结构，运用语言符号这一写作媒介，将写作材料进行加工、组合，凸现文章的主题从而形成一篇作品。虽然到此时该文还没有完全完成，尚需要影响系统、反馈系统和主体再认识系统的配合才可以完成，但就发生系统而言，已经算是完整的了。因此，以下各节都是在此意义范畴内来讨论的。

那么从写作主体有了写作计划之初到作品完全形成之间，是怎样的一个飞跃过程呢？清代画家郑板桥论画的一段名句很好地描述了这一过程：

江馆清秋，晨起看竹，烟光日影露气，皆浮动于疏枝密叶之间。胸中勃勃遂有画意。其实胸中之竹，并非眼中之竹也。因而磨墨展纸，落笔倏作变相，手中之竹又不是胸中之竹也。(《郑板桥集·题画》)

这段文字虽然是论作画的，但和作文却有相通之处。早晨起来，看到烟光日影中婀娜多姿的竹林，遂产生强烈的创作冲动，想把眼前的这一美景描摹下来。于是就开始构思，但构思中产生的图像就已经和眼中所见的自然景象有了一定的距离。等到构思成熟后，展纸磨墨，落笔创作，但看到成于纸上的又和构思产生的有了一定的距离。可见，写作主体和他创造出来的成功的作品之间并不是一种必然的联系，写作主体看到某一自然现象或者社会现象而产生写作冲动时，在他的意识之中是有一种类似郑板桥那样的“画意”的，这可以看作是一种“作者意图”，等作品写出来后所形成的“手中之竹”可以看作是一种“作品意图”，而这中间所产生的那种“手中之竹又不是胸中之竹”的现象，就是作者意图和作品意图之间的“离间现象”。

什么是写作过程中的“离间现象”呢？在写作主体开始构思时，他对未来的作品的构想与定位，就叫“作者意图”。而当作品一旦写成，就像一个脱离母体而呱呱落地的婴儿，他再不依赖母体而存在，而开始有了自己的生命和自己的存在合理性，作品的这种自足、自为的意义系统就是本文的“作品意图”。作品意图并不是时时刻刻都在按照作者原本的写作构想展示作者的写作意图，相反，它总是不和作者意图保持一致性，这种作者意图和作品意图之间的差距，就是写作过程的离间现象。离间现象一般可以分为两种情况：一种是积极离间现象，它是指作品意图远远超出作者意图的原本构想，达到了一种写作主体并没有想象到的精彩效果，属于一种表达上的超前现象；另一种是消极的离间现象，它是指作品意图并没有很恰当、准确地表达出写作主体的原本构想，并在一定程度上消解、破坏了作者意图，属于表达上的滞后现象。在我们同学平常练习中多出现消极的离间现象，原本构思得很好的一篇文章，下笔千言，恣肆汪洋，等收笔之后一看，原以为自己画出的应是一只美丽的大天鹅，不料站在纸上的却是一只难看的丑小鸭。而那些比较优秀的作家，多出现的是积极的离间现象。

由此可见，写作主体和作品之间虽然有着紧密的联系，但是在二者之间还有一道等待逾越的鸿沟——消极离间现象，只有越过这道鸿沟，作者意图才可以不折不扣地融进作品意图之中，并使作品意图远远大于作者意图，这样的文章就是一篇优秀的文章。

三、写作主体应具备的智能素养

对于初学写作的人来说，为什么会出现消极离间现象呢？这主要是由写作主体本身的素养所决定的。一个人具有怎样的智能素养是和迅速而有效地提高他的写作能力与实际写作水平有很大的关系的。一个具有一定智能素养的写作主体，面对普普通通的生活，他能挖掘出某种美；而缺乏一定智能素养的人，尽管他可能萌发写作动机，但绝对写不出好的文章和作品来。正如瑞典心理学家皮亚杰所说，一个刺激要引起某一特定的反应，主体及其肌体就必须有反映刺激的能力。写作主体的智能素养就是使作者具有反应刺激能力的基础。我们都有这样的体会，同一个主题在不同人的笔下会产生不同的艺术效果，对于普通学习写作的人来说，同一题目有的人会写得荡气回肠感人至深，有的人会写得玲珑剔透巧夺天工，但有的人却写得文不从字不顺，意不清理不明，一塌糊涂不忍卒读。所有这些都是由于写作主体的智能素养差异造成的。

写作主体的智能素养包括两方面的内容：智力素养和能力

素养。

智力素养包括:认识、情感、审美、思维、心理等方面的构成因素。

能力素养包括:观察、感受、搜集、采访、构思、表达等方面的构成因素。能力素养所涉及的构成因素在以后的章节中会讲到,所以这里主要谈一下智力因素的培养。

(一) 写作主体的认识结构是作者反映客观事物或客观生活的功能性结构

认识结构是一个多层次的结构,知识(包括直接知识和间接知识)是最低层的,它是主体认识结构的基础,知识水平标志着主体认识世界的深度和广度。思维形式是主体认识结构的中间层次,思维形式作为认识的结晶体是指认识所运用的逻辑范畴、概念、符号等,即具有方法论意义的知识。思维方式是指思维形式的具体运用,是定型化的思维方法,它是主体认识事物的工具和手段,是主体认识结构的第三个层次。这样,知识水平、思维形式、思维方式三者有机统一,形成了主题自身的整体性认识结构。

主体认识结构的外在表现即人们对现实的认识能力,认识一种客观事物,必然是与主体的知识水平、思维结构和思维方式紧密联系的,不具备一定的认识结构,某种事物就不会成为他的认识对象。马克思在《一八四四年经济学哲学手稿》中曾借音乐欣赏对此作了很好的例证:“对于不辨音乐的耳朵来说,最美的音乐也毫无意义,音乐对他来说不是对象。”同理,主体认识品质的低下,也必然会导致作品或文章的主题浅显,格调低下。俄罗斯思想家尼古拉·亚历山大罗维奇·别尔嘉耶夫在《俄罗斯思想》一书中介绍了几个俄罗斯的文学巨人:

如果兄弟们在受苦,别林斯基并不希望自己幸福,不希望只有千分之一的人幸福。如果庄稼汉都没有权利，米海依洛夫斯基也不希望自己有权利。全部的俄国民粹主义都起源于怜悯与同情。……俄罗斯的天才、富有的贵族托尔斯泰一生都为自己的特权地位所折磨，他想放弃一切，想平民化，成为庄稼汉。另一位俄罗斯的天才陀斯妥耶夫斯基为苦难和对苦难人的怜悯折磨得精神失常，苦难和同情成为他的作品的主题。

就是这些有着高贵的灵魂和高尚的认识的思想巨人造就了19世纪灿烂的俄罗斯文学。鲁迅先生之所以能成为20世纪用汉语创作的最伟大、最经得起岁月考验的作家，正是由于他有着一颗高贵的灵魂，同时也和他对整部中国历史的认识和对国民性的深入剖析分不开的。可见，认识结构的深度和广度在很大程度上决定着作品的高下得失。

当然，认识结构之所以能起作用，还取决于写作主体的人格结构。人格结构是内在于认识结构的一个小结构，但却是一个十分重要的结构，正如古人所云：文如其人；也正如韩愈在《答李翊书》中所言："气，水也；言，浮物也。水大而物之浮者大小毕浮。气之与言犹是也。气盛则言之短长与声之高下者皆宜。""气"在这里就可以看作是人格的表征。有这样的人格作基础，主体的认识能力也可以充分展示。

（二）写作主体的情感结构是贯穿于整个写作过程的一种推动性功能结构

当写作主体对某事、某物或某人有了充分的认识和把握之后，并不一定会产生写作冲动，只有在强烈的情感推动之下，才会有写作的冲动和欲望。不管是记叙性作品、抒情性作品还是议论性作品，都是写作主体情感的一种抒发。在艺术里，感性的东西是经过作家心灵化了的，作家所描写的对象，必然有自己的感受、体验、认识和评价，必然要渗透、饱含着自己的思想感情，正所谓“骨鲠在喉，不吐不快”，只有这样的作品才是真正意义上的作品。我们常常听到有人说自己对某某事有了足够的资料和分析，但就是下笔艰涩，这主要就是由于自己还没有在这件事中渗透了足够的情感。写作主体之所以要拿起笔来进行写作，总是对某事某人有所悟、有所感、有所思，只有这样他才会奋然命笔。中外的作家、文论家早已发现了这一存在于主体写作中的推动性功能结构，战国楚人屈原在《九章·惜诵》中讲“惜诵以致愍兮，发愤以抒情”，南朝梁人刘勰在《文心雕龙·知音》中讲“缀文者情动而辞发，观文者披文以入情”，唐人白居易在《寄唐生》中说“不能发哭声，转作乐府诗”，俄国作家列夫·托尔斯泰在《论艺术》中说“人们用语言互相传达自己的思想，而人们用艺术互相传达自己的情感”，所有这些言论都说明了情感要融注在写作的全过程中。

不过这里需要指出的是，在写作过程中，情感活动不是一个简单的线性运动过程，这主要表现在：

第一，它是一个极为复杂的系统的对立统一的活动过程。在记叙性作品中，一方面写作主体必须深入到对象内心，设身处地地体验、描写对象的情感；另一方面，写作主体又必须自觉或不自觉地从自己的思想立场、趣味爱好等方面出发，对描写对象作出爱、憎、好、恶等情感评价，从而引导读者准确地理解作品中的形象以及某种蕴藉。

第二，写作主体的认识和情感是紧密相连的。认识指导情感，情感体现认识，爱恨之情的产生总是受认识影响的。

第三，在不同体裁不同题材的作品里，认识和情感所表现的浓淡、隐现是不同的。一般说来，在以社会现象为题材的叙事性作品中，其认识因素往往大于情感因素，同时认识表现较情感表现要明显得多。相反，以自然景物为题材的抒情性的作品，其认识因素往往小于情感因素，认识因素的表现较情感因素的表现就要隐晦曲折些。

总之，情感因素构成素质结构的主要因素，在写作中，它是从写作材料到作品的催化剂，同时也是作品的重要构成成分。

（三）写作主体的审美结构是写作过程中的一种完善性的功能结构

写作是以语言为媒介和手段对世界进行审美把握的精神生产，因此在写作过程中，写作主体仅具备了一定的认识结构和情感结构还是远远不够的，还必须具备相应的审美结构，这样才可能写出像样的文章。写作主体的审美结构在创作中的作用是多方面的，正如美学理论中所论述的有审美理想、审美情感、审美趣味、审美创造能力等方面。但从文章写作角度来看，主要表现为两个方面：宏观的控制和微观的导向。

宏观的控制主要表现为对作品的审美制约，即作品要具备一定的审美价值就必须符合以下几方面的条件：

1. 有丰富的真和善的内容。美学家宗白华先生在《看了罗丹的雕刻以后》一文中说："'自然'本是个大艺术家，艺术也是个'小自然'。艺术创造的过程，是物质的精神化；自然创造的过程，是精神的物质化；首尾不同，而其结局同为一极真、极美、极善的灵魂和肉体的协调，心物一致的艺术品。"这里的"真"，主要指内容的真和写作主体感情的真；"善"指主题在内容上表现正义，表现对人类进步的追求，表现对美的本质的渴望。

2. 要有具体生动的美感形式。在现代写作中，形式已经成了一种不容忽视的构成要素，是文章美存在的必不可少的成分。在 20 世纪前半叶英国形式主义美学家克莱夫·贝尔就提出了"有意味的形式"这一美学命题，他主张艺术作品的审美价值就在“有意味的形式”本身，它是能唤起审美情感的形式。

3. 内容和形式要做到和谐的统一。任何有意或无意的割裂内容和形式的做法都是对美的戕害。在写作时，主体要从题材、主题等方面出发，认真考虑对结构的设计、语言的推敲、艺术手法的运用，并尽可能地有创新，力求内容和形式能完美地结合在一起。

审美结构对微观的导向主要表现在写作主体对客观生活的捕捉能力、想象能力、理解能力和创造能力等方面，而且直接介入写作实践，透过客观现实的表面理解隐藏在后面的意义，将一些逻辑概念还原为具体可感的形象，把握各不相连的现象内在的联系。比如“山从人面起，云傍马头生”（李白《送友人入蜀》）、“可堪孤馆闭春寒，杜鹃声里斜阳暮”（秦观《踏莎行·郴州旅舍》）、“沙上并禽池上暝，云破月来花弄影”（张先《天仙子·送春》）、“问君能有几多愁，恰似一江春水向东流”（李煜《虞美人》）等，这些佳句没有哪一个不是在平常的生活细节中捕捉他人所不能发现的美，创造他人所不能创造的境，想象他人所想不出的妙，理解他人所不能理解的意。这都是和主体的微观审美导向有很大关系的。

（四）写作主体的思维结构是前述三种结构赖以运转的基础

写作活动，就其本质而言，是建立在思维科学和语言科学基础之上的，而思维结构则是基础之基础。正因为如此，思维结构在素质诸结构中尤为重要。思维活动既是生理的活动，又是心理的活动。我们在这里所要谈到的创作思维，包括抽象思维、形象思维、灵感思维、直觉思维（也称艺术直觉）四个系统。

抽象思维，其本质特征是把无限丰富的感性材料，加以科学的分析和综合，从表面的、偶然的、个别的现象中，合乎逻辑地概括为本质的必然的和一般的东西。抽象思维能力，主要地表现为认识能力的一部分。

形象思维，在写作中的功能主要表现为写作主体把许多蕴含着本质意义的零散表象加工改造为艺术形象的一种思维方式。对记叙性写作来说，主要是用丰满、具体、可感的形象来说话，而不是用简单、抽象、玄妙的理念来说话。写作主体在观察、体验、分析和表现社会生活形态、人类的心灵奥秘时，总是把许多表面的、偶然的、个别的和具体的材料撷取过来，加以非抽象化的去粗取精、去伪存真的处理，以可感的形象和生动的细节反映或表现人物、事件的某些本质的方面。

抽象思维和形象思维是写作主体思维结构中的常态思维形式，两者是相互补充、相互关联的，是既对立又统一的两种思维方式。形象思维解决“形似”的问题，抽象思维解决“神似”的问题，两者的完美结合，才会出现形神兼备的形象。鲁迅先生在《我怎么做起小说来》中曾谈到他的创作说：“所写的事迹，大抵有一点见过或听过的缘由，但决不会全用这事实，只是采取一端，加以改造，或生发开去，到足以几乎完全发表我的意思为止。人的模特儿也一样，没有专用过一个人，往往嘴在浙江，脸在北京，衣服在山西，是一个拼凑起来的脚色。”就这样，在对自己“见过或听过”的事迹人物进行抽象综合的基础上，他通过自己的形象思维重新建构出了孔乙己、祥林嫂、阿Q、魏连殳等生动活泼的人物。

抽象思维与形象思维是一种思维常态，而其余的两种思维则是一种非常态思维。他们共同的特点是以“顿悟”的形式出现的，而且无法预期其出现或者消失。

灵感思维是在人们解决问题或塑造形象时，在长期的抽象思维或形象思维的基础上，一旦主体的思维中枢受到某种外部因素的刺激（某种理念或某种形象），就会顿时爆发为灵感。这也就是宋人戴复古在《论诗十绝》中所提到的“有时忽得惊人句，费尽心机做不成”的心理状况。

直觉思维(艺术直觉)与灵感思维又有所不同,它首先表现为一种直观的顿悟,即面对客观事物,主体并没有进行直接的分析、判断、推理,但马上能意识到某种近乎本质性的东西。在20世纪西方文艺理论界,意大利美学家克罗齐、法国哲学家柏格森都强调直觉在艺术中的地位,美国美学家苏珊·朗格(Susannek Langer)更是从理性的角度将直觉看成“对事物‘外观’的一种洞察过程”;“是对事物‘外观’的逻辑形式的一种把握和洞察”;“它同主体对客观事物的经验密切相关,并且是在经验基础上形成的”;“它对事物外观与形式的洞察是直接的、顿悟式的、不假于概念和推理的”。可见,直觉思维是一种特殊的思维形式,它是在感性经验和理论知识的基础上对客观事物的直观把握。

(五)写作主体的心理结构是一种实践性的功能结构

从写作角度看,简要地说,写作主体的心理结构可分为主体、客体、读者三个层面。

主体心理层面主要指写作主体本身所具有的个性结构和共性结构。个性结构由气质、禀赋、性格、兴趣、习惯等构成,在写作中它们直接地对主体构成了影响。共性结构是指主体受语言、时代、民族等因素的影响而形成的心理特点,有些类似于瑞士心理学家荣格所讲的“集体无意识”。这也就可以理解为什么会有“江山代有才人出,各领风骚数百年”的情况出现,也就会知道博尔赫斯、村上春树、福克纳、卡夫卡以及老舍等人的小说之间为什么会有各不相同的民族特色,知道为什么几乎同时代的苏轼、范仲淹、周邦彦以及秦观的词会有各具特色的个人色彩。在共性结构中,一个民族的文化在主体心理层面上积淀下来,从而形成同一民族范畴中的作家在语言、结构、思维等方面的同一性。如俄罗斯作家与中国作家或拉美作家的作品中所存在的文化差异就是作家的共性结构差异所致。

客体的心理层面主要表现在写作主体在写作中不但要以自己的心灵去照亮现实，还必须深入感受、体验写作对象的心理，尤其是记叙性的作品中，主体必须体验、揣摩和表现描写对象的心理状态，使人物心理尽可能丰富和真实，而不是千人一面、万人同心，有人物性格的丰富性和独特性。《红楼梦》中的数百个人物就各有特色、各有千秋，而不像《三国演义》中的人物太平面化，缺乏应有的丰富性。

读者的心理层面主要是涉及接受美学的一种心理推断能力。我们在这里借用当代意大利著名学者昂贝多·艾柯提出的一个概念“标准读者”来作解释，任何写作主体在其写作过程中都隐含了一个“标准读者”，也就是说他的作品是为哪一类人写的，准备由什么人来读的，因此，他必须猜测、揣摩这个“标准读者”的口味、鉴赏能力以及心理需求，从而创作出“理想的”作品。因此，“标准读者”的存在，影响了写作主体选题、立意、结构、叙述、用词等方面的选择。所以，史铁生、格非、韩少功等作家就没有准备让自己的小说成为流行的读品，相反，琼瑶、王朔、古龙等作家也没有准备让他们的作品挤进纯文学的殿堂。对于写作主体来说，有一个健全的读者心理层面，也是至关重要的。

总之，通过以上的分析，我们可以对写作主体的智力素养结构有个比较全面的了解，从而有针对性地在这方面做一些培养工作。

【思考与练习】

1. 简述写作活动的整个系统(包括其子系统)。
2. 什么是写作过程中的“离间现象”？结合自己的实践谈谈如何克服“消极离间现象”？

3. 如何理解刘勰“缀文者情动而辞发，观文者披文以入情”这句话的含义？请从写作主体的智力素养角度加以分析。

4. 写作主体包括哪些智力素养？请加以详细论述。

5. 根据你对写作主体认识结构的理解和自己对中外一切优秀作家的了解，谈谈培养写作主体高贵的灵魂和高尚的情操在写作活动中的意义。

第二节　文章的主题

在第一节中我们主要是动态地审视了写作过程中主体的作用以及其智力构成因素，从本节起，我们将静态地考察一番文章的构成。人的身体是一个完美的构造，是一个肉体和灵魂的完美统一体。一篇完整的文章就如同一个身心健康的人，人有灵魂、骨骼、肌肉和肌肤，一篇文章也应该有。如果说主题是文章的灵魂，那么材料可以看作文章的血肉，结构可以看作文章的骨骼，语言可以看作文章的肌肤。在本章中我们只考察主题、材料和结构，语言将在以后的章节中有针对性地讲解。

一、主题的涵义

主题是文章存在的根本，是写作主体运用文字手段对某一现实存在（自然、社会、情感、意识以及下意识）认识和表达的过程中，通过运用他所获得的写作素材，在此基础上所形成的主体的基本认识和基本观点。

“主题”是一个外来术语，我国翻译过来原先只用于文学艺术创作的范畴。比如1979年版的《辞海》就这样定义：

> 主题又叫“主题思想”。文艺作品通过描述现实生活和塑造艺术形象所表现出来的中心思想，是作品内容的主体和核心，是文艺家经过对现实的观察、体验、分析、研究，经

过对题材的提炼而得出的思想结晶，也是文艺家对现实的认识、评价和思想的表现。文艺家在创作过程中如何确定形式和结构，都必须服从表达主题的需要。

从以上定义我们可以看出当时“主题”一词应用上的局限性。但由于“主题”这一术语的概括性比较强，有较强的适应性和涵盖性，所以越来越多的研究者更愿意用它来代替古代和近代常用的“意”、“要旨”或“主旨”。记叙文的主题，是写作主体通过记叙、描写等手法，对人、事、物以及情感等存在进行形象把握时所表现出来的基本思想；议论文的主题，是写作主体通过归纳、演绎等方法对自己所坚持、主张的观点、立场进行论证阐述时所表现出来的基本思想；说明文的主题，是写作主体在说明某一事物的某种特点、性能等方面的因素时所表现出来的基本思想。尽管各种文章的表达方法各不相同，但都必须有一个统摄全篇的“基本思想”，这个基本思想就是文章的主题。

二、主题在文章中的作用

主题在文章中占着极为重要的地位。主题的正确与否，深刻程度如何，是衡量一篇文章好坏、价值高低的重要尺度。理论界习惯上称“主题是文章的灵魂”，这种说法一点都不为过。下面我们从三个方面来看主题的重要性：

1. 从主题和写作材料的关系来看，主题是材料的统帅，它统领着零散的材料，因此，写作主体在写作过程中使用材料要分清主次、先后，并根据主题来决定材料的取舍。周作人的散文代表作《喝茶》，从徐志摩的演讲谈到茶的种类、喝茶的方法、喝茶的场所以及茶食，拉拉杂杂，谈了很多方面的知识，但每个方面都和“喝茶”这一主题紧密地联系在一起。我们常说写文章要“形散而神不散”，这里的“神”，其实就是文章的主题。宋人苏轼在教人写文章时说：

儋州虽百家聚州，人所需取之市而足，然不可徒得也，必有一物以摄之，然后为己用，所谓一物者，钱是也。作文亦然，天下之事，散在经史子集中，不可徒使，必得一物以摄之，然后为己用，所谓一物者，意是也。不得钱，不可以取物；不得意，不可以用事。此文字之要也。（转引自[宋]葛立方著《韵语阳秋》）

他在此用“得钱取物”作比，说明写文章时，创作主体要想在写作材料的海洋中准确有效地选取自己需要的“事”，就必须先有主题，在主题的统摄下，才能决定材料的取舍。

2. 从主题和结构的关系来看，主题是文章结构的依据。文章结构不是随意安排的，必须体现一个效率原则，也即怎样能更有效地表现主题、突出主题，就怎样安排文章的结构，随随便便，草率行事，不但不能突出主题，反而会遮蔽主题，起到相反的效果。我们在看大家的散文时，往往会觉得他在结构上并没有倾注多少心血，似乎是随意点染就成了一篇文章。其实，这是一种错觉，这种貌似散乱的结构背后是一种非常逻辑化的内在结构需要，对于作家本人来说，倘若不这样安排结构，必然会处处节外生枝，影响主题的突出。

3. 从主题和语言表达的关系来看，语言表达必须为圆满地表现主题服务。唐代诗人杜牧在《答庄充书》中说：

凡为文以意为主，以气为辅，一辞彩章句为之兵卫。……苟意不先立，止以文采章句绕前捧后，是言愈多理愈乱，如入阛阓，纷纷然莫知其谁，暮散而已。是以意全胜者，辞愈朴而文愈高；意不胜者，辞愈华而文愈鄙。是意能遣辞，辞不能成意。大抵为文之旨如此。（《樊川文集》卷13）

这段话深刻地说明了主题对语言的决定作用，因此，在文章写作的过程中，不能仅仅在语言上下工夫，认为辞藻华丽了就会是一篇好文章，那样的话将会犯“辞愈华而文愈鄙”的毛病。仿佛一个瘦骨嶙峋、体弱多病的人，即使身着项王战服，手持莫邪干将，也不会有西楚霸王的神威和英武。

通过以上分析，可以明确了主题在文章中的重要意义和作用，从而在写文章的过程中，在主题的确立和提炼上多下点工夫。

三、主题的要求

什么样的主题才是最好的主题，才是最合乎文章写作要求的主题呢？历来许多写作学理论或写作学教程都有不同的看法，不过我们认为，起码要达到这样四个条件：

（一）正确

主题是文章的统帅，倘若统帅的道路走得不正确，难道还指望它把队伍引上正路不成？清人刘熙载在《艺概·文概》中说“……主脑有纯驳、平陂、高下之不同，若非慎辨而去取之，则差若毫厘，谬以千里矣”。如何提炼正确的主题呢？主题是写作主体对现实存在的基本认识和基本观点，这一观点是写作主体根据自己的知识、立场等提炼出来的。清人叶燮在《原诗》中谈到作诗时说：“志高则言洁，志大则辞宏，志远则旨永。如是者，其诗必传，正不必斤斤争工拙于一字一句之间。”这里的“志”就是写作主体的终极关怀程度，也即主体的人文立场。客观事物所体现出来的现象是复杂的，因此写作主体就必须发挥主观认识的能动性，我们在前面谈到写作主体的认识结构时，讲主体要有高贵的灵魂和高尚的认识，只有站在广大民众的立场上，以正义、人道等尺度来衡量，才能真正把握到正确的主题。十年“文革”期间作家也好、学者也罢，写下了相当多的文字，但到今天我们却只认可其中像顾准、遇罗克等极少部分人的作品，而那些在当时红极一时的御用文人或软骨文人的文字今天还有谁会提起来呢？其中的高下差别就在他们文章的主题是否正确上。

（二）深刻

所谓深刻就是要做到透过现象看本质。要做到这一点，就要求写作主体加强认识结构的丰富和完善，扩大知识面，提高分析能力和综合能力，不要一叶障目，不见泰山，要按照“去粗取精，去伪存真，由此及彼，由表及里”的十六字方针深入发掘写作材料的内蕴，深刻揭示事物的本质。鲁迅的《灯下漫笔》从自己的实际经历出发，结合民族心理和民族文化的实际，对中国历史进行的反思就极为深刻，直接揭示出了中国人的奴隶性和人吃人的民族文化。作者不作空论，都是从日常现实入手来揭示本质，所以具有强烈的震撼力。

（三）新颖

主题要想做到“新颖”二字，就必须具有独创性，做到“见人所未见，发人所未发”，写出“人人心中所有，而人人笔下所无”的意思来。那么怎样才可以使主题新颖呢？那就要抓住事物的特点，特点就是该事物不同于他事物的“新颖”的一面。抓住了事物的特点，就容易把握它的个性了。古人一直都有托物言志的习惯，东晋陶渊明的“采菊东篱下，悠然见南山”句中，“菊花”是和气高傲世的隐士相标举的；而晚唐黄巢的“飒飒西风满院栽，蕊寒香冷蝶难来”句，就抓住了菊花迎霜开放，但因时值寒秋，蕊寒香冷，无蜂蝶来访这一特点，表达对菊花开不逢时的命运的惋惜之情，其主题就颇见“新颖”。另外，要想做到新颖，还必须打破已有思维模式和思维习惯的束缚，在本来没有路的地上，走出一条属于自己的路。

（四）集中

文章的主题不能分散和杂乱，全篇内容必须要围绕一个主题，说深论透，不能蜻蜓点水，这儿一下，那儿一下，一会儿说这，一会儿道那，结果是什么都没有说清说透。有些学写作的人，常常把文章写得很分散，在一篇文章里说好多的问题，企图把自己心中的所有，一下子写出来，这样难免就把文章写得形散而神也散。要想把文章写好，就必须在动笔之前先确定好主题，在写作过程中紧紧扣住主题，忍痛割爱，舍去那些次要的东西。同样是以鲁迅先生的《灯下漫笔》为例，这篇文章分为两部分，表面看是不相干的两部分，但作者的主题却非常集中。第一部分从民族心理的角度来揭示奴性的民族心理，第二部分从民族文化的角度来揭示奴性的民族文化，两部分互为因果，集中地揭示了文化的本质，具有极强的历史洞察力。

四、主题的表现方法

俗话说“鸿文无范”、“文无定法”，所以主题的表现方法也不会是几个公式可以涵盖得了的，这里所提供的几种方法，只不过供参考借鉴罢了。

（一）借题明旨

题目是文章的眼睛，是一篇文章不可缺少的部分。一般说来，文章的题目并不一定就是文章的主题，但在有些情况下，题目就可以标明文章的主题。这些情况有直言式，多用在议论文体中，如王蒙的《论“费厄泼赖”应该实行》；有比喻式，多用在记叙文体中，如巴金的《爱尔克的灯光》；有启发式，在记叙文、议论文中均有，如鲁迅的《我们现在怎样做父亲》、魏巍的《谁是最可爱的人》等，这些都可以从不同的角度揭示或阐明文章的主题。

（二）开门见山

这种方法就是在文章的开头部分直接点出该篇文章的主题，例如毛泽东的《反对自由主义》，一开篇就表明了自己的观点：“我们主张积极的思想斗争，因为它是达到党内和革命团体内的团结使之利于战斗的武器。每个共产党员和革命分子，应该拿起这个武器。”

（三）画龙点睛

记叙性的文章，以记叙、描写为主，一般是通过记人、叙事、写景来表达写作主体的思想感情，但倘若有一些精当的议论以点明主题，会起到很好的效果。比如许地山的《落花生》，在描写一家人相聚在一起庆祝自家的"收获节"时，对花生大加赞美，后来父亲寄希望于子女的一番话："所以你们要像花生，因为他是有用的，不是伟大的、好看的东西。"就起到了点睛的作用。在议论文体中，适当使用精警凝练、简明扼要的话来点明主题，也是很好的方法。

（四）寄旨于事

这是随笔杂感一类文章常用的方法。所谓"寄旨于事"，就是主体通过写事来寄托自己的情志，表现文章的主题。例如前面提到的全国首届新概念作文大赛的获奖作品《来自沈庄的报告》就是通过江南小镇沈庄的今昔对比，既含蓄又明确地揭示了后工业文明带来的现代精神和物质垃圾对这一原本颇具特色的小镇的污染。运用这种方法，其基本要领是要选取典型的事件和典型的细节，使事例有极强的主题表现力。

（五）寓旨于物

在记叙性、抒情性散文中，寓旨于物是常用的一种手法，作者不是直白地托出自己的主题，而是借助于某种物来寄托自己的本意。叶圣陶先生的散文代表作《藕与莼菜》就是因"同朋友喝酒，嚼着薄片的雪藕，忽然怀念起故乡来"，由这种牵动了乡思的藕，又联想到了莼菜，借这两种菜而寄寓了自己的怀乡之情。

（六）融旨于景

郁达夫的散文名篇《故都的秋》，以其广博的见识和敏锐的观察，通过声色传情，把北国的秋意写得无处不在，并通过南北方秋景的对比，表现出了对故都的向往、眷恋之情。这种写作主体把自己的主题融合在所写的景物之中，借景抒情的手法，就是“融旨于景”，多用于散文写作中，往往情景交融，耐人寻味。

【思考和练习】

1. 如何理解“主题是文章的灵魂”这句话的涵义？
2. 主题的要求有哪些？请尽可能逐条加以叙述。
3. 仔细审视下边的漫画《父子俩》，从中提炼出至少两个主题，要求做到深刻、新颖。然后再写成一篇作文。

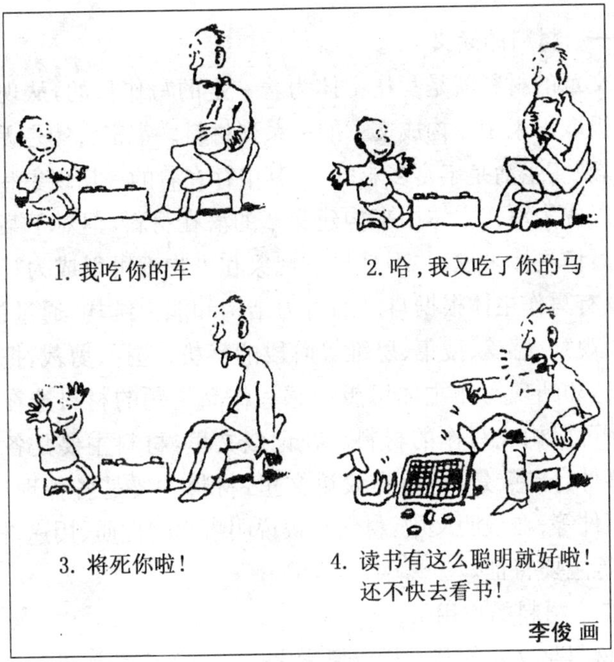

李俊 画

4. 举例说明 3～5 种文章主题的表现方法，并尽可能在习作中加以练习。

5. 任何成语都有其固定的含义，请根据主题要“深刻”、“新颖”的要求，从下列成语中引申出新的观点来：

不在其位，不谋其政

三个臭皮匠，顶个诸葛亮

入乡随俗

知足常乐

第三节　文章的材料

一、材料的涵义

文章的材料就是写作主体为着一定的写作目的，从现实存在中提取出来用以构成文章的一系列材料。宇宙自然是无限宽广的，现实生活是丰富多彩的，在其中存在着的一切现象和事物都可以成为写作主体用来构建文章的潜在材料，但对于某一特定的写作主体来说，并不是每一现象和事物都可以成为写作材料，只有写作主体根据自己的智力结构和能力结构，通过认识、审美、观察、感受、搜集、思维等阶段的辨析、选择、剪裁，把有利于表达和凸现写作主体思想情感和作品主题的材料选在文章中，才可以构成写作的材料。在记叙文里，材料主要是各种人物、事件、情感、景物等；在议论文里，材料主要是各种理论、数据、事件等；在说明文中，材料是被说明事物的性质、用途、构成、种类等主要特征。

二、材料的作用

材料是文章的基本构成要素之一。一篇文章如果没有好的材料，再有价值的主题也无从表现。清儒刘大櫆在《论文偶记》中云：“譬如大匠操斤，无土木材料，纵有成风尽垩手段，何处设施?”材料在写作中有多么重要,由此可见一斑。

(一) 材料是文章组成的“血肉”

历来的辞章家在论述文章的写作时,每每拿“人”来作比,“材料”对于文章,犹如“血肉”对于人类。这种比喻是颇为形象、深刻的。文章没有主题作灵魂不行,没有材料这一血肉也不行,只有主题深刻新颖、材料丰富贴切的文章,才是一篇优秀的文章。对于像冰心的《笑》、《寄小读者》那样性灵自然的散文来说,如果材料缺乏,就会像一个营养不良的儿童,失去其“可爱”的形象;对于像朱自清的《背影》、《荷塘月色》那样的清幽娴雅的美文来说,如果材料缺乏,就会像一个身材过于纤弱的女子,虽正值妙龄,却找不出应有的健美与清雅;而对于像鲁迅的《我之节烈观》、《灯下漫笔》那样的杂文来说,倘若缺乏材料也就缺乏了有力的支撑点,文章就会像一个弱不禁风、手无缚鸡之力的文弱书生,产生不了批判和力量之美。梁实秋先生是现代著名的文章大家,一部《雅舍小品》从40年代一直红到了今天,究其原因,是因他的学识丰富,思路宽广,旁征博引,融会贯通,集学者散文和文人散文的特色于一体。在《作文的三个阶段》一文中,梁实秋指出:“思想不充,联想不快,分析不精,辞藻不富,这是造成文思不畅的主要原因。”在这里,他把材料来源不丰富放在了第一位。宋代大学者朱熹说:“作文须是靠实,不可驾空纤巧。大要七分实,只二三分文。”可见古今文章大家和学者的看法是一样的。

(二) 材料是产生主题的基础

文章的主题不可能凭空产生,可以这样说,没有写作材料就没有文章的主题,主题的形成是以丰富的材料为基础的。在具体的写作实践中,我们总是先在某些具体人物、事件、情感、景物等的基础上有了一定的认识,然后再进一步搜集与此相关的材料,经过分析提炼,从而形成写作主体的某种观点和某篇文章的主题，而这些最初的认识和材料也就是未来写作过程中必然会用到的“材料”。鲁迅先生写小说集《呐喊》之前，经过家庭的变故，求学的经历，以及回国后几年里的见闻，自己对病态的社会就有了一定的了解。后来钱玄同、陈独秀等来催，于是就在他所见到的“病态社会的不幸的人们中”取材，形成了《呐喊》集中对国民性批判的“启蒙主义”的主题，而他的那些人生经历和见闻自然就成了他小说和杂文的材料。

（三）材料是主题表现的依靠

主题的形成以材料为基础，主题的表现也必须依靠材料。

我们常常会遇到这样的情况：文章的主题有了，观点也很鲜明，但就是不能使读者信服，缺乏应有的说服力。这是怎么回事呢？一个重要的原因就是文章没有丰富、典型、贴切的材料加以说明、论证。因为主题是一种思想，这种思想是否正确、可信，必须有足够的而且贴切的材料来证明，来表现。有人写一篇题为《血红的毛衣》的文章，想表现父爱的伟大。文章以艰苦的70年代为背景，作者见邻居的女孩穿了一件漂亮的红毛衣，受虚荣心作祟，便也向家里要一件。但是自家条件不比邻家，父母是工人，工资微薄，子女又多，常常为吃饭发愁，哪来的闲钱买毛衣。但她大哭大闹后，父亲用卖血的钱给她买了一件和邻家小女孩一样的红毛衣。这篇文章的材料用得就不真实，一个父亲用自己的鲜血来满足自己女儿的虚荣心，这样的爱怎么算得上伟大呢？相反，当代作家余华的长篇小说《许三观卖血记》中，许三观卖血来为并非自己亲生儿子的许一乐治病，这一材料就贴切而真实地展现了许三观伟大的父爱这一主题。因此，在练习写作的过程中，必须切实解决好这一问题。

当然，这并不是说主题就一直是处在被动的地位。一方面，主题在实践活动中一旦萌发，它就推动实践活动进一步深入，更全面地获取材料;另一方面,主题一旦形成,它就会决定材料的取舍和运用,而处于统帅地位。因此,主题和材料的关系是辩证统一的。没有材料,主题就立不起来;没有主题,再好的材料都只不过是些散金碎玉,构不成完美的有机篇章。

三、材料的分类

材料的分类有很多种方法,在现代写作学研究中,多根据材料的成熟程度分为:素材和题材。

(一) 素材

素材是指那些已经进入写作主体关注、掌握的范围内,但尚未进行加工提炼的全部原始材料。根据其获得来源,素材可以分为两大类:一类是经验性素材,多用于记叙、描写等表现手法中,主要是通过主体的实践体验而获得的。著名作家赵树理特别注意经验性素材的积累,他的成名作《小二黑结婚》就是根据1943年在辽县作农村调查时遇到的一桩村干部迫害一对自由恋爱的青年男女的事件写成的。后来他做县委书记后下乡,遇到村妇吵架还要认真听上许久,这就是他的作品贴近农村生活、语言通俗易懂的奥秘。一些初学写作的人,人物描写无个性,语言描写无特色,景物描写无色彩,这些毛病都是由于缺乏应有的经验性素材造成的。另一类是知识性素材,多用在议论、说明等表现手法中。钱钟书通晓多种外语,博闻强记,在文学、美学、心理学、历史学等多种学科的研究中都取得了很高的成就,他的散文——像散文集《写在人生边上》里的作品——就体现了学者散文的浓厚特点,学识渊博、旁征博引,多处用典,精辟警策,颇能体现钱先生博大精深,才情横溢的文学修养。

(二) 题材

"题材"原是文学艺术理论中的一个术语,特指写到作品中的一组完整的社会生活,适用范围比较小。我们这里讲的"题材”，是指写作主体根据自己对生活的理解和体验，在大量素材的基础上，经过归类选择、提炼加工，用在某一特定的作品中，来具体体现主题思想的一组生活事件、生活现象以及人物等写作材料。适用范围比较大，如“校园生活题材”、“涉法题材”、“爱情题材”、“军事题材”等。

素材是自然形态的，而题材则是经过加工提炼的；素材是尚未写进作品的材料，而题材是指已经进入作品中的材料；素材是散乱的、无序的一堆材料，而题材却是有一定联系，有一定顺序的一组材料。但二者并非没有关系，只有占有丰富的素材，才可能提炼出优秀的题材。

四、材料的搜集

通过前面分析，我们知道了一篇文章质量的高低和作者所掌握的素材多少有很大关系。“巧妇难为无米之炊”，如果手中素材寥寥就急着展纸用墨，自然会觉得文思枯涩、一片空白，即使是搜肠刮肚，敷衍成篇，那样的文章也一定是内容单薄，索然寡味。因此，要想写出一篇主题和材料高度统一的好文章，就必须大量地、详细地搜集写作素材。

（一）素材搜集的途径

首先，要长期地深入生活，主动搜集。主动搜集就是写作主体要持之以恒地留心各种各样的事件、人物、场景，做生活的有心人，使自己占有的写作素材多、全、细，这样得到的素材是第一手资料，是最真实最生动的。作家老舍笔下的新老北京生活题材的小说、话剧以及曲艺作品，真实，深刻，形象，深得广大读者的喜爱，并因话剧《龙须沟》而获得“人民的艺术家”称号。在谈到素材搜集时他说：

> 要天天记，养成一种习惯。刮一阵风你记下来；下一阵雨，你也记下来，因为不知道哪一天，你的作品里就需要描

写一阵风或一阵雨，你如果没有这种积累，就写不丰富。经常生活，经常积累，养成观察研究的习惯。习惯养成之后，虽不记，也能抓住要点了。这样日积月累，你肚子里的东西就多了起来。写作品不仅仅要临时观察，更需要随时留心，随时积累。

其次，要带着问题，有目的地搜集。这在新闻写作中表现最为明显，但在调查报告、散文特写中也尤为重要，这样取得的素材也是第一手的。当代报告文学作家何建明在写长篇报告文学《落泪是金》时，就是带着要"写一部反映中国高校的贫困生情况"的目的，为了一部作品，用一年多的时间走访几十个单位和二、三百位人士，积累了大量的第一手材料，为这部震撼人心的报告文学的产生奠定了坚实的基础。

再次，在前面我们讲过，有一种素材叫知识性素材，属于第二手的资料，它主要是通过读书得来的。因此在搜集素材时，绝对不能忽视读书的作用。我们虽然提倡掌握尽可能多的第一手材料，但也不可以忽视第二手材料，特别是在学术性文章和学者型散文中，更需要大量的从书本中得来的材料。对于文学写作来说，读书也是非常重要的。卢照邻在《长安古意》中写道："寂寂寥寥扬子居，年年岁岁一床书。"从这里我们可以窥见汉赋大家扬雄才华横溢的奥秘了。

（二）素材搜集的方法

素材收集的方法总起来说就是全身器官同时并用。这主要表现在：

首先，观察。观察是运用五官的视觉、听觉、嗅觉、味觉和触觉去全方位地感受，对被观察对象的颜色、声音、气味和味道有一个立体的把握。像"停车坐爱枫林晚，霜叶红于二月花"、"姑苏城外寒山寺，夜半钟声到客船"、"荷香销晚夏，菊气入新秋"、

“日啖荔枝三百颗，不辞长做岭南人”、“沾衣欲湿杏花雨，吹面不寒杨柳风”等这些诗句不就是不同的感觉器官得到的感受吗？

其次，体验。体验主要是用主体的身心去感受，在有些时候，光靠观察是根本获取不到真正的素材的，主体必须亲自沉浸进去，才能抓住那种深藏在生活下面的真实。王国维在《人间词话》中说：“诗人对于宇宙人生，须入乎其内，又须出乎其外。入乎其内，故能写之；出乎其外，故能观之。入乎其内，故有生气；出乎其外，故有高致。”可见，主体只有深入到生活之中去体验，才会得到有生气、有高致的材料。

再次，体悟。对于写作主体来说，并不需要对自己所描写的所有事情都一一体验，比如写犯罪就不需要去违法，写爱情就未必一定要去恋爱，这种时候就要借助于心智活动去体悟。对某一个写作主体来说，体悟的重要性是不言而喻的，因为我们的精力、我们的生命体验毕竟是有限的，只有借助于高超的体悟能力，才能很好地把握到更多的素材。

五、材料的选择

我们通过素材的搜集，可以获得许许多多的写作材料，但并不是每一种材料都可以被用进文章中，如果那样的话就会使文章内容庞杂、臃肿，不但不能突出主题，反而会对主题的表现构成相当大的遮蔽性。波兰哲学家罗曼·英伽登(Roman Ingarden)的审美认识论认为：“将再现的客体的细节尽可能多地表现出来，对文学作品是不可取的。因为在考虑作品时，只有所描写的人、物的某些属性或状态是重要的和对作品有利的。”因此必须严把选材关。

一要围绕主题。文章中的材料就是为了表现主题、突出主题而存在的，主题是文章的灵魂和统帅，材料的选择必须围绕主题。梁实秋在《作文的三个阶段》中将写作分为三个阶段，初学阶段无话可说，第二个阶段“下笔不能自休”，第三个阶段，也即成熟的阶段就是“知道割爱”：

> 作文知道割爱，才是进入第三个阶段的征象。须知敝帚究竟不值珍视。不成熟的思想，不稳妥的意见，不切题的材料，不扼要的描写，不恰当的词字，统统要大刀阔斧地加以削删。芟除枝蔓之后，才能显着整洁而有精神，清楚而有姿态，简单而有力量。所谓“灿烂之极趋于平淡”，就是这种境界。(《梁实秋散文》第三集)

不懂得割爱和不舍得割爱都是学习写作常犯的毛病，应特别注意。

二要重用典型。所谓典型材料，就是指能够深刻揭示事物的本质、充分表现文章的主题、说服力极强的材料。鲁迅讲“要极省俭地画出一个人的特点，最好是画他的眼睛。我以为这话是极对的，倘若画了全副的头发，即使细得逼真，也毫无意思”。材料的运用不是“韩信点兵，多多益善”，而是要“以少胜多”、“以一当十”，这是从古到今文章大家写作的秘诀，就是要求必须选择那些最能说明问题的材料，即典型材料。

三要尊重事实。尊重事实是对写文章选用材料的一项基本要求。如果在真实性方面出了问题，文章的主题就必然不能成立了。《文心雕龙》强调“事信而不诞”，如果不遵守这一文章法则，所写的东西就不会有多少意义了。班固称赞司马迁的《史记》“其文直，其事核，不虚美，不隐恶”，对于史书的写作应当如此，对于普通写作也当如此。

四要讲究新颖。所谓新颖材料包含两种含义：一是新近发现、别人没有用过的材料；二是发掘出有新意的材料。只有材料新颖，才能使主题鲜明、生动，读者也才愿意读。如果总是使用一些陈谷子烂芝麻式的材料，读者读起来一定会倒胃口的。鲁迅一生写了大量的小说杂文，既有历史题材又有现实题材，所使用的材料，历史材料有新角度，现实材料有新发现，所以他的文章才会给读者不断带来新感觉。

【思考和练习】

1. 简述材料和主题的关系。
2. 素材和题材有什么区别和联系？素材有哪两大类？
3. 素材的搜集有哪些途径？
4. 结合本节所讲的"素材搜集的方法"做以下练习，要求抓住描写对象的主要特点：

   （1）《我的同学》

   （2）《十字街头》

   （3）《樱花》

   （4）《电脑的构造》

   （5）《五四新文化运动与欧洲文艺复兴之比较》

   （6）《龙井茶》
5. 略述材料选择的原则。

第四节　文章的结构

主题和材料是构成文章内容的两个基本要素。但文章和其他任何事物都一样，不仅有着自己的内容，而且有着自己的形式。文章的结构就是文章的主要形式之一。

一、结构的涵义

结构即文章的组织方式和内部构造。它是写作主体根据对生活的认识，按照主题表现的需要，运用各种表现手法，把一系列写作材料按轻重、主次、先后加以合理的安排，使其达到内容和形式的完美统一。

写文章仅仅有了主题和材料还不行，要想使主题真正成为文章的灵魂和统帅，使材料真正成为文章的血肉，成为文章不可割舍的有机整体，就必须紧紧围绕观点安排组织好材料。著名美学家朱光潜曾拿战争中的布阵来比喻文章的结构：

> 排定岗位就是摆阵势，在文章上叫做"布局"。在调兵布阵时，步骑炮工辎须有联络照应，将校尉士卒须按部就班，全战线的中坚与侧翼，前锋与后备，尤须有条不紊。虽是精锐，如果摆布不周密，纪律不严明，那也就成为乌合之众，打不来胜仗。文章的布局也就是一种阵势，每一段就是一个队伍，摆在最得力的地位才可以发生最大的效用。（朱光潜《选择与安排》）

这里所谈的"布局"，就是我们所说的"结构"。"结构"是一门艺术，是文章写作过程中的难点之一。

二、结构的原则

金代文学家王若虚著《文辨》云："或问文章有体乎？曰无。又问无体乎？曰有。然则果如何？曰：定体则无，大体须有。"这话的意思是说写文章没有一定的、不变的法则，但大体的规则还是有的。这大体的规则总起来说就是三个字：真、美、新。

真，包括两方面的含义。一方面是从文章的内容看，结构要能正确反映客观事物的发展规律或客观事理的内部联系。对于记叙文，结构总须和所记叙的事情的来龙去脉相一致，不能出现丢东拉西的结构情况，如果写一个事件，有开头但没有结尾或过程，这样的结构就不是真的。另一方面是从文章的自身看，结构要服从表现主题的需要。写文章就是要运用材料来表达主题，而结构的主要方面就是对材料的调遣。材料必须为主题表达服务，这是结构安排必须遵循的一条原则。刘勰《文心雕龙·附会》篇云：

> 凡大体文章，类多枝派，整派者依源，理枝者循干。是以附辞会义，务总纲领，驱万涂于同归，贞百虑于一致；使众理虽繁，而无倒置之乖；群言虽多，而无棼丝之乱。扶阳而出条，顺阴而藏迹；首尾周密，表里一体；此附会之术也。

这种看法是很有道理的。写文章谋篇布局，必须有条理，这样才可以纲举目张。

美，就是要使文章结构完整、严谨。“完整”就是没有残缺不全，“严谨”即是条贯统序，连接紧密，一气呵成，无斧凿之痕。美国美学家苏珊·朗格认为：“艺术构造与人的高级生命构造（情感与人性）之间确实存在着相似性，这种相似性（或同构性）使艺术品‘看上去像一种生命的形式；使它看上去像是创造出来的，而不是用机械方法制造出来的’。”虽然文章写得美不美，关键在于内容，但结构是否完整、严谨，也是重要条件。正像苏珊·朗格所说的那样，将文章的构造看成有生命的高级构造，就可以避免结构的赘臃与残破，自然获得一种与生命同构的灵性。

新，就是要根据不同文体特点，做到结构的变化与创新。文章写作应当“喜新厌旧”，因为对于读者来说，老是一种结构面孔，看得时间长了就会失去阅读兴趣。我国文学创作有相当长的一段时期缺乏创新精神，老套路、老格局使整个文坛显得死气沉沉。新时期以来，随着现代西方文艺创作新观念的传入，我国的文学创作也发生了巨大的革新。由于时空观念的变化和意识流等文艺思想的影响，出现了结构的陌生化、结构的无序化、结构的残缺美等新的结构方法。当代作家张炜的长篇小说《家族》，全篇对曲、宁两个家族近百年的发展史，是通过对时间顺序的打破，在三代人生活轨迹的交错叙述中进行的，虽然行文线索错综复杂，但却仍然条理分明。当代作家韩少功的长篇小说《马桥词典》,则是通过对空间意义上的马桥地方的分割,用词条的形式将一部马桥故事讲述出来的。

三、结构的内容

结构的内容由“大体”和“定体”组成。“大体”就是文章的基本构成要素:开头、主题、结尾。它是任何文章都有的。但组成这三项的具体内容则是变化无常的“定体”,“定体”才是我们结构研究的主要内容。定体指文章的层次和段落、开头和结尾、过渡和照应等项目,下面我们分别进行介绍。

(一) 层次和段落

所谓层次,即文章思想内容的表现次序。它体现着客观事物发展的阶段性,客观事理的各个方面,以及写作主体认识事物、表现事物的思路发展过程。

所谓段落,即人们习惯上所说的“自然段”,是表现思想内容的最小单位。它有表现主题、制造气氛、加深印象、承上启下、过渡照应的特定作用;它有换行的明显标志。

层次和段落既有区别,又有联系。层次着眼于整篇文章思想内容先后次序的划分;而段落则着眼于作者在表现某个意思时,在思想意义、感情色彩上的强调、转折或间歇。一般来说,层次大于段落,即数个段落表达思想内容上的一个层次;有时层次的划分,正好与段落相一致,即“层次”等于“段落”。在这两种情况下的“层次”,即我们习惯上说的“部分”。

层次、段落安排得好坏,直接影响结构的完整和严谨。现在就分别谈谈层次和段落的安排及其具体要求。

1. 层次。如何安排层次呢? 文章的体裁不同,安排层次的方式也不同。

(1) 记叙文安排层次的方式主要有:①按照时间顺序安排层次。这种方式,就是以事件发生的时间先后为顺序来安排结构。②按照空间位置的转换安排层次。这种方式，就是根据观察者立足点的转移，依次把所见所闻写出来。这也就是所谓“移步换形法”。随着空间位置转移变换，便出现一个又一个层次，行踪清晰，条理井然。③按照时间的推移和空间位置的转换相结合的方式安排层次。内容复杂的文章，多用这种方式，既照顾到时间的先后，又照顾到地点的变化，有经有纬，经纬交错，杂而不乱。④按照材料性质的分类来安排层次。这种方式是把表现主题的材料，根据它们的不同性质分别归类，每一类就是一个层次，然后一类一类地写下去。这样写就会使文章层次清晰，主题鲜明深刻。⑤按照作者认识发展变化的阶段来安排层次。

(2) 议论文一类文章，或阐发事理，或发表看法和主张，就大的层次安排来说，一般表现为“总—分—总”、“总—分”或“分—总”等形式。“总—分—总”，即是文章一开始先提出一个重要问题，确立全文论述的中心，接着对问题作具体分析论证，最后归纳得出结论。这是议论文的一种完整的结构方式。“总—分”和“分—总”，即各个层次表现为先“总”后“分”或先“分”后“总”。但是，议论文层次安排方式的复杂多样性，还不在文章的整体方面，而主要是在议论文的“本论”部分，即具体分析论证部分。这一部分篇幅长，内容复杂，如何安排好这一部分的内容层次，直接关系着整篇文章的成败得失。安排本论部分层次的方式主要有：①按照并列关系安排层次，各个层次之间的关系是并列的，基本上没有先后、主次之分。②按照递进关系安排层次，这种方式是指各层次之间有先后主次之分，而先后主次的划分，又是按照步步深入即递进的关系安排的。这种安排层次的方式，不能任意颠倒各个层次的前后顺序，否则就会使论述混乱，眉目不清。③按照并列关系和递进关系相结合的方式安排层次，这种方式纵横交错，有条不紊，析理入微而深刻。

(3) 说明文是非常讲究说明次序的。说明层次清晰,能使人们准确地了解被说明的事物;否则,颠三倒四,杂乱无章,也就难于达到说明的目的。说明文安排层次的方式,一般有以下几种:①按照空间位置的顺序安排层次。说明事物的形态和构造的,一般按照其构成部分的顺序,即空间位置来安排层次:或由里到外,或由上到下,或由左到右,或由前到后,或由整体到部分等等。②按照事物发展变化、历史沿革、生产过程的先后顺序安排层次。③按照事物属性、功能、特征的不同方面,依次分类安排层次。这几种安排层次的方式,是常见的、主要的几种,实际上并不仅仅只有这几种。就是介绍的这几种方式,也往往是交错使用的。因为文章实际表现出来的安排层次的方式,是多种多样的,在写作实践中要注意灵活运用。

2. 段落。如何分段呢?我们认为,分段应该遵循如下几个原则:

(1) 段落必须能清晰地反映文章的层次。我们知道,段落有时和层次相一致,但在多数情况下,段落都是小于层次的。在段落小于层次时,段落的划分必须能清晰地反映文章的层次。这就是说,段落的划分必须从表达文章的思想内容出发,或者一个段落表达一个意思,或者一个段落表达一个层次的内容,或者一个段落表达一个层次内部某一方面的内容,这样才能使文章从头到尾意脉贯注,结构谨严。脱离文章的内在层次划分段落,必然使文章的脉络不清,文理模糊,内容杂乱。

(2) 段落必须完整、单一。所谓完整,就是说一个意思一定要在一个段落里说完,不能把一个完整的意思割裂开写作几段,致使一个段落的意思残缺不全。所谓单一,就是说在一个段落里,只能说一个意思,不能把几个意思混在一个段落里说。

（3）前后的段落必须保持连贯性。文章是由段落构成的，前后段落所表达的意思只有具有连贯性，才能使一个个段落在整篇文章中起到应有的作用。

（4）分段要注意表达效果。分段要注意长短适度，匀称得体，同时又要充分考虑到文章总的表达效果。所谓长短适度、匀称得体，首先是对表情达意而言的，是从总的表达效果出发的。一个段落长一些或短一些，只要表达效果好，都应该看作是长短适度，匀称得体。总之，分段要从表情达意出发，要多考虑表达效果，不能只想到形式而忘了内容。

我们在前面已经讲过，随着西方文艺观念的传入，我国近二十年来的文学创作在结构上已经发生了不少的变化，由于这种结构方式还正处于变化之中，所以这里没有做总结。

（二）开头和结尾

开头和结尾，是文章结构的重要组成部分，对表现主题有着不可忽视的作用，历来被文章家所重视，是学习文章写作的一个重要内容。

1. 开头。文章的开头很重要，它起着贯通错综复杂的材料、豁开写作主体思路的作用。犹如“抽丝”，如若开始找不到“正头”，抓住的只是“散头”，就会越抽越乱；如果抓住了“正头”，就会一顺百顺。

那么，如何开头呢？应当注意以下几点：

（1）从文章的全局出发，考虑开头的方式。文章的开头，不是选词造句的问题，而是要给整篇文章定调。这个调子如何定，必须考虑文章要表现的主题，以及要用的材料，把全局了然于心。否则，开头的好坏就失去了标准，就会出现跑调现象，整篇文章也就难以写好了。

（2）要从文章的不同体裁、不同风格出发，考虑开头的方式。文章的体裁不同，风格不同，对开头的要求也不同。一般来说，记叙文多用叙述、描写的方式开头，或交代与事件有关的时间、地点、人物，或描写场面、景物等；议论文多用议论的方式揭示论点开头；说明文多用说明的方式交代说明的对象开头。至于风格问题，或低沉，或明快，或平和，或激昂，一定要保持开头与全篇文章的风格相一致。

（3）开头入题要快，切不可曲折盘桓，煞费周章。文章的开头，不管是采用哪种方式，都不能离题太远。那种从“盘古开天辟地”说起的作法，是万万要不得的。

（4）开头要引人入胜。不管是平实的开头，或是形象、生动的开头，都要能够抓住读者，使读者不忍离去，不愿离去。常见的开头方式有以下几种，现列出来供大家参考：

① 叙述开头。其中常见的有如下几种样式：A. 交代事件发生的时间、地点、人物。这是顺叙开头，虽比较平实，但清晰明白，也较好掌握。B. 从事件的结局或其中的一个情节写起。这是倒叙开头。采用这种方式开头，需要注意两点，一是选准从何处倒叙起，它关系到能否吸引人的问题；二是由倒叙转入正叙时，要过渡好，以免造成混乱。C. 叙述写作的原因。D. 从所记叙的事物直接写起。

② 描写开头，其中常见的有如下几种样式：A. 场面描写开头。B. 景物描写开头。

③ 抒情开头。

④ 引用开头。常见的有下面几种样式：A. 引用错误论点。B. 引用名言警句、神话传说、诗词歌谣。

从不同角度来谈，文章开头的方式还有许多说法，但我们认为，方法主要是用来参考借鉴的，最重要的还是创新，只有创新才会有生命力。

2. 结尾。结尾和开头一样，也是一篇文章不可缺少的重要组成部分。好的结尾，不仅能收束全文，而且能深化主题，发人深思，余味无穷。反之，结尾不当，会危害全篇。近代翻译家林纾论文时，把经营文章的结尾比作人们重视自己的晚节，以强调文章结尾的重要性，这是很深刻的。结尾的基本原则是：

(1) 结尾应是文章内容发展的必然结果，或自然深化，切忌画蛇添足。文章的结尾，不能是另外装上去的，它应该是文章内容发展的必然结果，这样首尾才能圆合，才能使文章具有整体美。有时收尾要展望未来，指明方向，但从内容上讲，它必须是文章内容的自然深化，自然延伸。

(2) 结尾要有余味。好的文章结尾，应该是言尽意不尽。如同我们听一支优美的歌，曲虽终，但余音缭绕，给读者留下无穷的韵味；写作文章的结尾，就要追求这个“言尽意不尽”的效果。

(3) 要简洁、利落，不能拖泥带水。文章的内容讲完了，就戛然而止，不要再反过来倒过去啰嗦个没完。元代王构在《修辞鉴衡》中讲“结文字须要精神，不要闲言语”，说的就是这个意思。

(三) 过渡和照应

安排层次，划分段落，开头，结尾，已把文章的间架结构确定了下来。那么，层次与层次、段落与段落之间的相互转关接缝，思想内容上的呼唤应对，靠什么来完成呢？这要靠过渡和照应。因此，“过渡”和“照应”也是文章组织构造的重要内容。

1. 过渡。过渡是文章的层次与层次，段落与段落之间相互转关接缝的连接形式。它的作用在于承上接下，使全篇文章血脉贯通，结构严谨，浑然天成。文体不同，需要过渡的情况也有所不同。

(1) 议论性文章有下列几种情况：①论述问题由总述到分

述，往往需要过渡。②论述问题由分述转入总述，也往往需要安排过渡。③分论点之间，也往往需要过渡。

(2) 记叙性文章有下列几种情况：①事件发展的不同阶段之间，往往需要安排过渡。②倒叙转入顺叙时，往往需要安排过渡。③顺叙与插叙之间，往往需要安排过渡。④不同事件之间，也要安排过渡。

如何才能过渡得好呢？

首先必须明确文章层次、段落之间的内在联系，确定是否需要过渡。该过渡而不安排过渡、意脉就不畅通；不该过渡而用过渡，那就是节外生枝。

其次过渡方法要恰当。或用过渡段，或用过渡句，或用过渡词语，或用小标题、序号、空行等等，要从文章层次、段落之间的特定关系出发，用一个过渡句就能解决问题的，就不要再用过渡段，以免浪费笔墨。

2. 照应。所谓照应，即指文章内容的前后关照呼应。

写文章要知变化，不知变化则千篇一律，易入板俗。古人论文，讲究“断”、“续”。所谓“断”，决不是意脉上的“断”，而是文字上的波澜起伏。从意脉上讲，是明断、暗伏，这样才有后边的“续”。明断暗伏，断续有致，造成神龙掉尾之势，方见主体写作技巧的高妙。照应，就是造成神龙掉尾之势的重要手段。在一篇文章中，前面说的，后面要有着落，后面说的，前面要有交代，这样有助于突出文章的主题，增强文章的感染力。

照应的方法有以下几种：

(1) 首尾照应。一篇文章议论或记叙完了，结尾时往往要回过头来与开头照应一下。这样，既概括了全文，又在结构上给人以整体感。

(2) 与伏笔照应。伏笔，即预先埋伏下的笔墨。与伏笔照应，这是记叙性文章常用的照应方法。为了使叙述波澜起伏，防止呆板平直，往往在叙述的某个关节处做“伏笔”、设“悬念”，然后在下文适当的地方加以照应。

(3) 与论点照应。这是议论性文章常用的照应方法。为了使文章主题突出，常常围绕中心论点多处照应。

(4) 行文与标题照应。比如魏巍的《谁是最可爱的人》一文，标题是个设问句，引而不发。但在行文中，多次与标题相呼应，使文章的主题得到了有力的表现。

对于照应，如能运用得好，就能使文章委婉、曲折，有起有伏，结构严谨而色彩斑斓。因此，对于学习写作的人来说，这方面需要很好地练习。

【思考和练习】

1. 文章结构的原则是什么？
2. 文章的结构具体包括哪些内容？
3. 认识不同文体的不同结构方法。
4. 根据90年代以来中外文学创作中结构的新变化，谈谈文章结构中“新”的意义。
5. 分析本书中所选例文的结构层次，看其中的真、善、美体现在哪些方面？

第五节　文章的起草与修改

文章的起草与修改是文章写作过程中的一个重要环节。在第二、第三、第四节中，我们主要是静态地分析了文章写作中的三个重要方面，在对主题、材料以及结构有了一个比较全面的了解后，从本节起我们来动态地观照一下文章的起草和修改。

一、文章的起草

起草就是写草稿，对于初学写作的人来说，一篇文章的产生必须先经过一个“打草稿”的过程，那种一看题目不假思索，下笔千言，离题万里的做法并不值得提倡。据《世说新语·文学》载，曹丕对胞弟曹植的才华一直心存妒忌，等做了皇帝后就命令曹植在七步之内做诗一首，做不出来就要处死。结果还不等曹丕的话音落下来，曹植便应声做出一首诗来：“煮豆持作羹，漉菽以为汁。萁在釜下然，豆在釜中泣。本自同根生，相煎何太急。”又传王勃当年写脍炙人口的《滕王阁序》时，也是不假思索，提笔即书，洋洋洒洒，挥洒自如，顷刻便成一篇千古绝唱。从以上两个例子来看，似乎他们都没有打草稿，其实不然，他们由于才思敏捷，眼高手熟，所以将打草稿的这一阶段掩盖过了，以至于在他人看来没有了这一阶段。更何况，在早期开始练习写作时，他们也都是打过草稿的。

不管是天才大师，还是普通作者，文章的起草阶段是必不可少的。

起草阶段大致分以下几个步骤：

（一）确立主题

主题是文章的灵魂和统帅，没有主题就不能构成文章。文章的缘起有很多种，在练习阶段主要有命题作文、看图作文、读后感等形式，当拿到文章的题目或材料后，不要急于动笔，应该先审题。因为对于同一个题目或同一个阅读材料来说，有很多不同的角度可以作为立意点，正所谓“横看成岭侧成峰，远近高低各不同”，所以要根据自己的实际情况，找自己擅长的角度来确立主题。比如2000年高考语文试卷（上海卷）的作文题目是要求考生为2010年将在上海举行的世界博览会确立一个主题，并加以论证，写这篇文章时，要找自己比较熟悉、擅长的方面来确立主题。有的同学对基因技术比较了解，所以将“基因，打开未来之门的钥匙”作为文章的主题；有的同学对环境问题关注较多，所以将“环境保护·知识经济·可持续发展”定为文章的主题。这样，他们写起来，就比较顺手。但有的同学对“禁毒”问题并不擅长，却将“毒品，毁灭人类的肿瘤”作为文章的主题，结果写起来梗塞蹇滞，文气不畅，严重影响了主题的表现。对于没有命题或资料的自发性写作活动来说，主题的确立也应当在自己熟悉的范围内展开。

（二）准备材料

确立了主题之后，就要围绕主题搜集写作材料。对于应试性或竞赛性等时间要求严格的作文活动来说，材料的准备时间很短，而且主要是从大脑的资料库中迅速整理提炼，因此，要求平时必须多阅读。对于时间要求不严格的写作活动来说，资料准备的时间可以根据实际情况作适当的调整，对文章要用到的史料、数据、理论等做很充分的搜集和整理。比如托尔斯泰写长篇小说《战争与和平》，就花了 6 年时间看了 700 多种历史书。有些人写文章习惯于见到题目就动笔，由于疏于材料的搜集，所以文章往往写得空空洞洞，既无可读性，又无应读性，因为既不能很好地突出主题，又不能很好地调动读者的阅读兴趣，这样的文章，不写也罢。

（三）进行构思

构思就是要根据表达的需要，对文章的结构安排进行周密、详细的分析、论证。结构的基本原则就是要立足于主题的表达，选择最佳结构方式。在构思的过程中，一般可以采取列提纲和打腹稿两种方式对构思进行物化处理。对于初习写作的人或写篇幅比较长的文章的人来说，列提纲不失为一种好办法。对于有一定的写作经验和写作技巧的人来说，如果写篇幅不长的文章,可以采用打腹稿的方法。这都可以避免写作过程中思路信马由缰,离题万里,起不到表达主题的效果。

(四) 开始写作

对于有些写作活动来说,开始写作还仅仅是在写草稿,这之后还有一稿、二稿、甚至三稿等修改稿出现。比如我们今天所读到的程乙本《红楼梦》,是经曹雪芹“批阅十载,增删五次”,外加诸多抄本的修订而成的,其中的稿次就很难推定了。当代女作家林白的中篇小说《一个人的战争》在 1993 年 9 月 30 日完稿的是初稿,1995 年 3 月 21 日修改了第二稿,到 1997 年 1 月 14 日才改为定本收进文集。当然,也有的写作只有一稿,既是草稿,也是定稿,不过除了在考试或竞赛活动中没有时间修改外,一般人的作品都是先有草稿,后修改确定的。

二、文章的修改

修改文章是文章写作的最后一个环节,对文章的总体水平提高意义重大,古今文章大家都十分注意修改。鲁迅先生谈自己的写作经验时说:“我做完之后,总要看两遍,自己觉得拗口的,就增删几个字,一定要它读得顺口。”但文章的修改又是十分不容易的,尤其是自己修改自己的文章。这往往是由于两方面的障碍造成的,其一是“当局者迷”,发现不了问题,如果是看他人的文章,其中的优劣高下、软伤硬痕还可以一目了然,因此动起手来也可大刀阔斧,但自己来看自己的文章就不那么容易了;另一方面是“心慈手软”,下不了手,我们常讲敝帚自珍,即使发现了问题,但想想自己构思得艰难、材料搜集得辛苦,觉得很是难以割舍。

文章的修改可以分为积极修改和消极修改两种。消极修改是最基本的修改,就是要修正错误,去掉赘疣。但仅仅有消极修改还是不够的,一篇文章想从一只丑小鸭变成美丽的大天鹅,就必须依靠积极修改。积极修改就是要在补充材料、丰富内容、加工字词等方面进一步下工夫，使文章增添魅力和色彩。只有积极修改和消极修改两者密切相连，才构成完整意义上的文章修改。

结合现在对文章写作的研究，我们认为文章的修改应从以下几方面入手：

1. 查主题。文章修改首先要考虑主题，看主题是否正确、是否明确、是否有创造性。主题正确就是要有正确的立场，要不违背人类所坚持的信仰和道德标准。主题的明确就是要表明自己的观点，不含糊其辞。主题是否有创造性，就是要求发他人所未发，见他人所未见，不步人后尘，不人云亦云。

2. 查材料。主要是围绕主题检查文章的材料是否充分，是否恰当，是否能起到突出主题，表现主题的作用。如果材料在量上还有不充分之处，不能很好地表现主题，那就要进一步增加新的材料；如果已有的材料中有的不能为突出主题、表现主题服务，那就要更换该项材料。

3. 查结构。在前边我们已经讲了结构的原则和要求，这里主要是根据这些原则和要求检查结构是否完整、层次是否分明、布局是否合理、前后是否照应，过渡是否自然等。

4. 查字、词、句以及标点符号。这属于最基本的检查，对文中的字、词、句要先从语法的角度进行分析检查，这属于消极检查范围，然后就要进行积极检查，尽可能使字、词、句有风采、有灵气，有活力，字词句的色彩往往会在最直接的层面上为文章增光添彩。标点符号也应当仔细检查，准确的标点符号能起到表情达意的作用，尤其是在引文时，当根据是否直接引语判断引号的有无。

5. 查标题。标题对一篇文章来说是十分重要的，读者接触到文章时，首先是通过标题来判断文章的可读性的，因此，设计一个别具一格的标题，能使文章的可读性大大提高。

三、文章修改的符号

修改文章必须有步骤有规则地进行。首先，要先整体，后局部地修改，不能没有次序，胡子眉毛一把抓；其次，要抓住重点，舍得割爱，对于不能表现主题的材料要勇于快刀斩乱麻；最后，就是要运用约定俗成的符号进行修改，这样不但能保持卷面的清洁，而且还可以使别人也了解你的修改意图。

【思考和练习】

1. 简述文章起草的四个阶段。
2. 什么是“积极修改”？什么是“消极修改”？
3. 文章修改应从哪几方面入手？

第二章　记叙文体写作

第一节　概　述

一、记叙文的涵义与特点

（一）记叙文的涵义

记叙文是以叙述、描写为主要表达方式，用以记人、叙事、写景、状物的文章。它通过对人、事、物等的叙述，以反映生活，表达作者的思想感情。记叙文是运用最广泛的一种文体。

记叙文有广义和狭义之分。广义的记叙文，是指以叙述和描写为主要表达方式的作品，比如消息、通讯、报告文学、散文、小说、故事、寓言等。狭义的记叙文是指内容真实，以记人叙事为主的文章，我们这里所论及的记叙文体，是指狭义的记叙文。

（二）记叙文的特点

1. 以事实为记叙依据。记叙文所记叙的人物、事件、景物等，应是作者耳闻目睹，亲身经历的，是现实生活中存在的事实，而不应是虚构的。

2. 以叙述为表述方式。记叙文的表达方式以叙述为主。叙述这种表达方式便于把事物发展、变化的过程清楚而有条理地展现出来。在记叙文中主要用于介绍人物的身份、经历，交代活动的时间、地点，说明事物的前因后果等。这类文字在记叙文中所占的篇幅最大。在以叙述为主的基础上,记叙文的写作还可不同程度地运用描写、抒情、议论等表现手法。

3. 以时空为表达顺序。人的活动、事物的发展总是在一定的时间、空间下进行的,时间的不断推移,空间的不断变换,便形成了时间顺序和空间顺序。因此,记叙文常常根据时间的先后,空间的变换为顺序来安排结构。虽然记叙文中也有打破时空顺序的结构形式,如以意识流动等手法,但时间和空间的顺序还是记叙文安排结构的主要依据,大多数记叙文还是以时空结构为基本结构形式。

二、记叙文的分类

记叙文按记叙的对象划分,有记人、叙事、写景、状物四种。下面分别作简要介绍:

(一)记人的记叙文

这类记叙文以人物为中心,通过叙述人物的经历、言行、事迹,表现人物的思想、感情、精神等风貌。例如朱自清的《背影》,通过对父亲的外貌、语言、行动等的描写,特别抓住父亲不辞辛劳为儿子去买橘子的过程,表现了父亲对儿子的深爱。这类记叙文写人离不开写事,但写事是为了更好地突出人物,因此要特别注意事件与人物的关系。

(二)叙事的记叙文

这类记叙文常常选取现实生活中重要、典型的事件,通过叙述事件发生的始末来表现其所蕴含的意义。例如,《清末杨乃武案始末》就是一篇叙事的记叙文。文章通过对案前、案发、各级官员的审案、案后这一过程的叙述,写出了清朝官官相护、草菅人命的腐败的司法内幕。叙事的记叙文,特别要注意线索清楚,要交代清楚事情的来龙去脉。《清末杨乃武案始末》的作者就是抓住"冤"字,作为全文的线索,贯穿文章的始终。

（三）写景的记叙文

这类记叙文通过对景物的叙述、描写，表现作者的思想情怀。例如柳宗元的《始得西山宴游记》，作者通过游西山的经历的叙述和描写，既写出了西山的山水之美，又突出了作者在游览中获得的精神感悟，表现了作者刚直不阿、特立独行的品格。

（四）状物的记叙文

通过对某种物体的描摹，以托物言志。例如冰心的《往事（之十四）》通过对大海的性格、形象、神态等的描写，赞美了大海"温柔而沉静"、"超绝而威严"、"神秘而有容"、"虚怀"而"广博"的性格和美德，召唤人们做"海化"的青年。

记叙文按性质和应用来划分，又可分为新闻（消息、通讯）、报告文学、散文等。这几种体裁的特点，我们将在另一节作专门介绍。

【思考与练习】

1. 记叙文的涵义和特点是什么？
2. 记叙文有哪些种类？
3. 以《我的老师》为题，写一篇记人的记叙文，字数1 000字左右。

第二节 散文的写作

一、散文的涵义和特点

（一）散文的涵义

散文有广义和狭义之分。广义的散文是指所有无韵不骈的散体形式的文章。

狭义的散文是一种除了诗歌、小说、戏剧、报告文学和杂文以外的，主要用形象的手法，但不特别强调人物和情节完整性的，着重于抒发感情的散体的文学样式。我们这儿谈的主要是狭义的散文。

（二）散文的特点

1. 形散神不散。所谓"形散"是指在取材上熔古今中外、天南地北于一炉；在风格上运笔如风，不拘成法，尤其是清淡自然，平易近人，可以随便写；把深刻的道理寓于轻松的文字之间，表现手法多样。散文的"散"，不是说可以漫无目的地杂乱无章，而是从内容到形式，看似形"散"，却"似散而非散"。

从内容看，散文主要记叙描述不完整的生活片断，这是为了更好地抒情：可以截取最典型的片断，为抒情提供艺术间隙，而且不会受到情节的限制。例如鲁迅的《藤野先生》选择了这样的片断：中国留学生无所事事，头上的发髻像富士山。这样的片断看似很散乱，其实是用来和藤野先生对中国的感情作比较的。藤野先生对中国留学生倾注了很多心血，为他们修改讲义、笔记，关心他们的生活，而中国的有些留学生却把时间精力用在装扮自己的头发上。鲁迅选择的片断都是为了充分表现藤野先生对中国的感情。

从形式看，散文舒卷自如，它灵活地运用各种表现手法。但不管表现手法如何多样，散文必须是"形散而神不散"，这"神"便是文章的"意"。只有围绕"意"来做文章，使立意明确和深刻，才能做到"神聚"。

2. 意境深远。"意"是作者的主观思想感情，"境"是作者的主观思想感情所注意的客观事物。也就是说，意境是作品中所描绘的生活图景和表现的思想感情，即情与景、意与境融为一体所形成的一种艺术境界。

散文的意境是通过艺术画面来传达的，它比诗歌具体、形象，比小说精粹。营造意境还要虚实藏露结合，以实为主，实中含虚；以露为主，露中有藏。

散文意境的创造可以通过下列方法：形象的画面和精巧的构思；丰富的联想和典型的片断；含蓄的抒情和深邃的哲理；优美的语言和恰当的技法。

二、散文的风格

风格是指作家在创作中所表现出来的艺术特色和创作个性。作家由于生活经历、立场观点、艺术素养、个性特征的不同，在处理题材、驾驭体裁、描绘形象、表现手法和运用语言等方面都各有特色，这就形成作品的风格。

散文的风格大致有以下几类：

（一）质朴深切

这类散文，笔法疏淡、平易、宁静，从容不迫，慢慢道来。例如老舍《我的母亲》，全文都用平易、疏淡的语言，娓娓道来，即使到了全文的最高潮，对母亲饱含深情，但语言却是质朴的：

> 生命是母亲给我的。我之能长大成人，是母亲的血汗灌养的。我之能成为一个不十分坏的人，是母亲感化的。我的性格、习惯，是母亲传给的。她一世未曾享过一天福，临死还吃的是粗粮。唉！还说什么呢？心痛！心痛！

（二）典雅细腻

这主要指思想内容细腻生动，语言形式典雅精致。例如朱自清的《歌声》：

> 仿佛一个暮春的早晨。霏霏的毛雨默然洒在我脸上，引起润泽，轻轻的感觉。新鲜的微风吹动我的衣袂，像爱人的鼻息吹着我的手一样。我立的一条白矾石的甬道上，经了那细雨，正如涂了一层薄薄的乳油；踏着只觉越发滑腻可爱了。
>
> 这是在花园里。群花都还做她们的清梦。那微雨偷偷

洗去她们的尘垢，她们的甜软的光泽便自焕发了。在那被洗去的浮艳下，我能看到她们在有日光时所深藏着的恬静的红，冷落的紫，和苦笑的白与绿。以前锦绣般在我眼前的，现在都带了黯淡的颜色。——是愁着芳春的销歇么？是感着芳春的困倦么？

大约也因那濛濛的雨，园里没了浓郁的香气。涓涓的东风只吹来一缕缕饿了似的花香；夹带着些潮湿的草丛的气息和泥土的滋味。园外田亩和沼泽里，又时时送过些新插的秧，少壮的麦，和成阴的柳树的清新的蒸气。这些虽非甜美，却能强烈地刺激我的鼻观，使我有愉快的倦怠之感。

这是朱自清听了“中西丝竹和唱”以后的感受，这感受是那么的细腻生动，语言是那么的典雅精致。

（三）委婉深隐

这主要表现在“小”、“隐”、“曲”、“婉”四个字上。所谓“小”，就是取材侧面小；所谓“隐”，是指表现方法隐藏、含蓄，重于画面传神；所谓“曲”，是行文曲折有致；所谓“婉”，是指语言委婉含蓄。例如鲁迅的《腊叶》：

灯下看《雁门集》，忽然翻出一片压干的枫叶来。

这使我记起去年的深秋。繁霜夜降，木叶多半凋零，庭前的一株小小的枫树也变成红色了。我曾绕树徘徊，细看叶片的颜色，当他青葱的时候是从没有这么注意的。他也并非全树通红，最多的是浅绛，有几片则在绯红地上，还带着几团浓绿。一片独有一点蛀孔，镶着乌黑的花边，在红、黄和绿的斑驳中，明眸似的向人凝视。我自念：这是病叶呵！便将他摘了下来，夹在刚才买到的《雁门集》里。大概是愿使这将坠的被蚀而斑斓的颜色，暂得保存，不即与群叶一同飘散罢。

但今夜他却黄蜡似的躺在我的眼前，那眸子也不复似去年一般灼灼。假使再过几年，旧时的颜色在我记忆中消去，怕连我也不知道他何以夹在书里面的原因了。将坠的病叶的斑斓，似乎也只能在极短时中相对，更何况是葱郁的呢。看看窗外，很能耐寒的树木也早经秃尽了；枫树更何消说得。当深秋时，想来也许有和这去年的模样相似的病叶的罢，但可惜我今年竟没有赏玩秋树的余闲。

这篇散文写的是小小的枫叶，其实人又何尝不是如此呢！

（四）粗犷豪放

这种风格表现在“广”、“阔”、“直”、“激”上。“广”，即取材面较广；“阔”，即意境宽阔；“直”，即意境坦直；“激”，即气势激越。例如李长之的《大自然的礼赞》：

这剧场就是大自然。一切变，大自然不变，这剧场永远是堂皇，伟大，神秘，崇高的。观众，戏曲，脚色，都渺小吧，这剧场却越发庄严。戏散了，这剧场也依然巍峨地矗立着。

……

大自然，天才，艺术，是宇宙间最永恒的，最伟大的，最庄严的。然而这一切源于大自然，因作大自然礼赞。

（五）宏博富丽

这种风格主要表现在知识广博，联想丰富，语言概括。比如培根的《论学问》：

阅读使人充实，会谈使人敏捷，写作与笔记使人精确。……史鉴使人明智；诗歌使人巧慧；数学使人精细；博物使人深沉；伦理之学使人庄重；逻辑与修辞使人善辩。

在气势宏博的排比中，闪现着智慧的光芒。

三、散文的写作

要写好散文，主要从立意、构思、语言三方面努力。

（一）散文的立意

散文不以情节取胜，而且有相当一部分散文取材于日常生活很普通的事物，因此，散文要有吸引力，散文的立意必须深、新、精。正如郑板桥所说："删繁就简三秋树，领异标新二月花。"

要立好意，还必须有真知灼见，能从普通的事物中发现深意，还要注意取材的角度。例如余秋雨的《上海人》。一般人写"上海人"，不是赞美他们的优点，就是批评他们的缺点，稍高明些的，把赞美和批评结合在一起写。但余秋雨却更胜人一筹，他在分析了"上海人"的长处与短处后，看到了更深的东西：

> 上海人人格结构的合理走向，应该是更自由、更强健、更热烈、更宏伟。它的依凭点是大海、世界、未来。这种人格结构的群体性体现，在中国哪座城市都还没有出现过。
>
> ……
>
> 如果人们能从地理空间上发现时间意义，那就不难理解：失落了上海的中国，也就失落了一个时代。失落上海文明，是全民族的悲哀。

（二）散文的构思

散文的构思包括选择题材、酝酿提炼主题，确立表现形式等。具体而言，可以从这几方面入手：

1. 大题小做和小题大做。所谓大题小做即"纳须弥于芥子"，所谓小题大做即"从一粒沙来看一个世界"。例如丰子恺的《吃瓜子》。"吃瓜子"在中国是一件极其平常的事，更与大道理无关。然而，丰子恺就能从这样平常的小事中，看到不平常的大道理，指出："将来此道发展起来，恐怕是全中国也可消灭在'格，呸'，'的，的'的声音中呢。"吃瓜子以至于吃亡了国，当然是不可能的事，但"吃瓜子"所体现出来的无所事事、懒散消磨时光的精神，却会毁了国家。

2. 以博见长和以巧取胜。以博见长的散文，反映的事物场景较为广阔，知识面宽，取材面广，作品所包含的事物较为多样。以巧取胜的散文，反映的事物比较集中，取材单纯，文字更为紧凑，显示出剔透玲珑的特征。例如周作人的《故乡的野菜》：

扫墓时候所常吃的还有一种野菜，俗称草紫，通称紫云英。农人在收获后，播种田内，用作肥料，是一种很被贱视的植物，但采取嫩茎瀹食，味颇鲜美，似豌豆苗。花紫红色，数十亩接连不断，一片锦绣，如铺着华美的地毯，非常好看，而且花朵状若蝴蝶，又如鸡雏，尤为小孩所喜。间有白色的花，相传可以治痢。很是珍重，但不易得。日本《俳句大辞典》云："此草与蒲公英同是习见的东西，从幼年时代便已熟识。在女人里边，不曾采过紫云英的人，恐未必有罢。"中国古来没有花环，但紫云英的花球却是小孩常玩的东西，这一层我还替那些小人们欣幸的。浙东扫墓用鼓吹，所以少年常随了乐音去看"上坟船里的姣姣"；没有钱的人家虽没有鼓吹，但是船头上蓬窗下总露出些紫云英和杜鹃的花束，这也就是上坟船的确实的证据了。

3. 似淡却浓和形平实高。这类散文，貌不惊人，实际是作者经过精心地艺术构思的美学追求的表现，是返朴归真，在平凡的题材中寄寓着深刻的用意，在清淡自然的语言风格里蕴含着惊人的情思。

（三）散文的语言

散文的语言是介于诗歌和小说间的，比小说优美精炼，但不及诗歌。它比小说多几分浓密雕饰，比诗歌多几分清淡和自然。散文语言的最高境界是如沈德潜所说的"平字见奇，常字见险，陈字见新，朴字见色。"要使散文的语言达到较高的境界，可以用散整结合、长短结合、奇偶结合等方法，使语言错综潇洒，达到不齐之齐。

【思考与练习】

1. 什么是散文？散文有哪些特点？
2. 散文是有风格的，散文的风格大致有几类？
3. 散文的构思，具体而言可以从哪些方面入手？
4. 课外阅读鲁迅、郁达夫、朱自清、丰子恺、冰心、老舍、周作人、梁实秋、余秋雨、贾平凹等的散文。

第三节　记叙技法举要

记叙文以叙述、描写为主要表达方式，同时辅以抒情、议论、说明等。在这里我们主要介绍叙述、描写、抒情这三种技法。

一、叙述

（一）叙述的涵义和要求

1. 叙述的涵义。所谓叙述，就是指把人物的经历、成长过程和事物发生、发展、变化的过程表述出来的一种表达方式。

叙述的对象主要是人和事。叙述的过程，就是写人记事的过程。要写人记事就会涉及时间、地点、人物、事件、原因和结果，这便是叙述的要素。一般具备叙事六要素的文章是常见的，因为有了叙事六要素就能使文章明白，条理清晰，使读者一目了然。然而，也有些文章，特别是散文、小说等文学作品，有时为了达到某种艺术效果，故意省略叙事六要素中的某几个要素。这样做，只要不影响表达的效果，也是允许的。

2. 叙述的要求。

（1）对人了解要深刻，对事物观察要仔细。不言而喻，如果对人了解不深，对事观察模糊，是很难写出真实而具体的叙述文字的。

(2) 交代明白，头绪清楚。一般要把时间、地点、人物、事件、原因、结果六要素一一写出来，以免影响叙述的效果。

(3) 详略得当，简洁生动。在现实生活中，不管哪个人哪件事总要涉及许多方面，在叙述中不可能把与人物、事件经过有关的一切方面都写出来，否则会使文章内容庞杂，主题模糊。一般来说，凡能直接表现主题或主要情节的内容要详写，那些与主题关系不大，但不写又会影响主题表达的内容，则要写得简略、概括。

(二) 叙述的人称

所谓叙述人称，指的是作者在叙述人物的经历、事迹和事件发生、发展的过程时所使用的某个人称。

人称有三种：第一人称（我、我们），第二人称（你、你们），第三人称（他、他们）。作者使用这些人称进行写作的叙述方式也有三种：第一人称叙述，第二人称叙述，第三人称叙述。

必须指出的是，三种不同的人称叙述，都有一个叙述的主体，这个主体就是写作过程中的真正叙述人，也就是作者。而叙述人称未必就是真正叙述人。使用各种叙述人称只是作者为了叙述的方便和取得较好的表达效果的一种艺术表现技巧。

1. 第一人称叙述。所谓第一人称叙述，指的是作者把自己或别人的所历、所见、所闻、所感等内容，用第一人称代词“我”或“我们”来叙述的一种方式。

第一人称叙述还可分为第一人称直接叙述和第一人称间接叙述。直接叙述是指文章中的“我”或“我们”代表的是作者自己，文章的内容都是作者讲述自己亲历、亲见、亲感和亲耳所闻的事情。而间接叙述一般用在文艺作品中，作品中的“我”或“我们”不是作者自己，而是作品中的一个人物。“我”实际上是在代表作者述说。

第一人称叙述的长处是亲切自然，真实可信，而且便于作者表达自己的思想感情，直接进行抒情和议论。它的短处是受时间和空间的限制，只能写“我”活动范围以内的人物和事件，活动范围以外的人物和事件就不能写进去。而且还不能直接表述其他人物的内心活动。

2. 第三人称的叙述。所谓第三人称的叙述，指的是作者把人物的经历、事迹和事件的经过，通过第三人称代词“他”或“他们”来叙述的一种方式。

第三人称的叙述比第一人称自由灵活，它不受时间和空间的限制，也不受生理和心理的限制，所以第三人称叙述用得最广泛。

3. 第二人称的叙述。所谓第二人称的叙述，指的是作者用第二人称代词“你”或“你们”来叙述写作对象的经历、事迹和事件的经过等文章内容的一种方式。

关于第二人称的叙述存在着不同的观点。有些观点认为叙述者的立足点只能是站在自身的立足点上或站在第三者的立足点上，作品中的“你”或“你们”的出现，总是说明有人在呼唤，这呼唤者不是“我”，就是“他”。其实，叙述“我”和“他”的事，是谁在叙述，是作者，而“你”也是作者在叙述，因此有第一人称叙述，第三人称叙述，当然也就有第二人称叙述。早在1957年，法国当代著名作家米歇尔·比托尔就以第二人称叙述写出了长篇小说《变》。近年来，我国的作家也在不断实践。

4. 叙述人称的改换。在一般情况下，一篇文章的叙述人称应前后一致，不能一会儿“我”，一会儿“他”，弄得人眼花缭乱。但是，这并不是说一篇文章的叙述人称绝对不能变更。有时为了文章内容和主题表达的需要，叙述人称的改换也是必要的。

尤其在文学作品中更常见。

但改换叙述人称时，必须注意，要在事先交代清楚，事后又要做到文章脉络清晰、贯通。

（三）叙述的方式

叙述的方式，按照不同的标准，有以下几种分类：

按照叙述人称的不同可分为：第一人称叙述、第二人称叙述、第三人称叙述。

按照叙述顺序的不同可分为：顺叙、倒叙、插叙、补叙、平叙。

按照所叙内容详略的程度可分为：具体叙述、概括叙述。

下面主要讨论按照叙述顺序的分类和按照所叙内容详略程度的分类。

1. 按照叙述顺序分类：

（1）顺叙。所谓顺叙，就是按照事件发生、发展的自然顺序进行叙述的一种叙述方式。

这种叙述方式可以将事件的发展过程，有头有尾地叙述出来，使来龙去脉清楚。比如魏巍的《我的老师》，按顺序记叙了孩童时期的三位老师，八岁上一年级时的柴老师，给人印象最深的是"挥舞教鞭"的粗暴；二、三年级时的蔡云芝老师，则是温柔、美丽、慈爱、诚挚的好老师；四年级转校后的宋老师，是个不尊重学生人格，给学生心灵蒙上阴影的严厉的人。

但顺叙容易流于平铺直叙，记流水账。要克服这个弱点，可以调动各种手法，比如设置悬念，引起波澜；采用反复的手法增强感染力；详略得当，突出重点，等等。

（2）倒叙。所谓倒叙，就是把后来发生的事：或结局，或高潮，或某个最突出的片断提到前面先写，然后再按时间顺序从事件的开头写起。

比如丁耶的《妻颂》，开头是这样的："今年是妻满五十岁，又恰恰是我们夫妻结婚三十整年。三十年呵！漫长的岁月好不容易度过，妻已是满头秋霜了。在青春时期虽然我们也像许多情侣一样相亲相爱过，但我从没有把她放在眼里，顶多不过是个平凡老实女子而已。老了反而发现她的美来?”接着，作者按顺序回忆了妻在初婚、反右、“文化大革命”等各时期的生活片断，歌颂了妻的善良、贤慧、坚韧与忠诚。

要注意的是，运用倒叙要从内容的表达出发，不要为倒叙而倒叙。运用倒叙时，还要注意上下的过渡与照应，不要颠三倒四，使读者不知所云。

(3) 插叙。所谓插叙，就是指由于内容和表达的需要，中断原来的叙述而插入另一段与中心事件相关的内容的一种叙述方式。

插叙运用得好，可以使文章结构紧凑，张弛有致，富于变化。例如《面向海洋》在叙述邓小平视察厦门的游程中，几次插入有关邓小平年轻时的经历，使人物形象更加丰满，内涵更加深广。

运用插叙时应注意：除非特殊情况，不能把插叙作为表现主题的主要内容来写，一般说来，插叙应当简明，篇幅不要长，以免冲淡主要内容在文章中的作用。

(4) 补叙。所谓补叙，就是在叙述过程中，对情况或事物作一些解释和说明的一种叙述方法。

鲁迅的《五猖会》有这么一段：

> ……我知道有些蹊跷，四面一看，父亲就站在我背后。
>
> “去拿你的书来。”他慢慢地说。
>
> 这所谓“书”，是指我开蒙时候所读的《鉴略》。因为我再没有第二本了。我们那里上学的岁数多拣单数的，所以这使我记住我其时是七岁。

这段文字中那一小段“所谓书”的文字，就是补叙，它对上学、读书等作了补充。

补叙与插叙极易混淆，我们需特别注意，一般来说，补叙是没有情节的，只是对某一事物情况作补充交代、说明。插叙是有情节的，比较具体。

(5) 平叙。所谓平叙，也叫分叙，指的是表达两件或多件同时发生的事情的一种叙述方式。

这种方式在古典小说中往往用“花开两朵，各表一枝”来表述。中央电视台的春节联欢晚会用的也是平叙的方法，同一时间有一个主会场，一个分会场。

采用平叙的方法一般有两种：一种是先写一件事，再写另一件事；还有一种是两、三件事并行交叉写。

2. 按照叙述内容详略程度分类：

(1) 具体叙述。所谓具体叙述，指的是用较大的篇幅、较多的文字，对人物的经历、事迹和事件的发生、发展的经过具体地进行叙写的一种叙述方式。

具体叙述也就是详叙，往往用在作者要着重告诉读者的地方，它是作品的关键，因此要求泼墨如水。例如贾平凹的散文《月迹》，记述了山村幼童追寻月亮踪迹的过程，向人们展现了一幅幅静谧、幽雅的中秋夜月图。在这篇散文里，寻找月亮是重点，是作品的关键，因而作者具体叙述了孩子们怎么看到“镜中月”，怎么去寻找“空中月”，再怎么享受“酒中月”，到怎么发现“水中月”，把月亮的皎洁柔美和幼童心灵的纯真表现得淋漓尽致，美不胜收。如果用概括叙述的话就达不到这个效果。

(2) 概括叙述。所谓概括叙述，指的是以比较小的篇幅，较少的文字对人物的经历、事迹和事件的主要经过及其特点概括地进行叙写的一种叙述方式。

概括叙述往往是不怎么重要的地方，如文章中的过渡段；有的是介绍事物的总貌，人物的轮廓等。

周立波的散文《灯》，开头是这样的：

三岁多的穗穗，生在城里，长在城里，看惯了城里的东西，没有见过乡下的什么。她跟别的孩子们一样，爱玩、爱哭、也爱笑，常常才哭过，小圆脸上还挂着一对小水晶灯笼，她又笑了。她也跟别的孩子们一样，对一切没有见过的事物，充满好奇心。可是，她没见过的东西实在太多了，多到数不清，说不尽。而且，在她眼里算是新鲜的东西，不见得都是真正新鲜的，其中有一些，已经存在好多年，甚至好多世纪了。

这一段就是概括叙述，介绍人物的总貌。

二、描写

（一）描写的涵义和要求

1. 描写的涵义。描写就是描绘和摹写，它是用形象的语言把人物、事件、环境的形态和特征刻画出来的一种表达方式。

描写和叙述经常结合在一起运用，有时不易区分。但是，它们是两种不同的表达方式，其目的有明显的不同。叙述着眼于交代、介绍，重在对总体进行概括，对过程进行反映；而描写着眼于局部的刻画、描摹，重在表现形态，反映特征。

例如宗璞的《紫藤萝瀑布》中有这么一段：

从未见过开得这样盛的藤萝，只见一片辉煌的淡紫色，像一条瀑布，从空中垂下，不见其发端，也不见其终极，只是深深浅浅的紫，仿佛在流动，在欢笑，在不停地生长。紫色的大条幅上，泛着点点银光，就像迸溅的水花。仔细看时，才知那是每一朵紫花中的最浅淡的部分，在和阳光互相挑逗。

这一段，以描写为主，间有叙述。

2. 描写的要求：

(1) 目的要明确。无论是描写人物、事件，还是环境、场景，都要紧扣主题，不要为描写而描写。有些初学写作的，为了让文章漂亮些，往往不管是否需要，都来上一大段描写，从而冲淡了主题。

(2) 特点要鲜明。人有个性，物有特征，描写就要抓住个性和特征。例如林语堂的散文《秋天的况味》，他由烟想到秋天的意味，他这样写道：

> ……这时才忆起，向来诗文上秋的含义，并不是这样的，使人联想的是肃杀，是凄凉，是秋扇，是红叶，是荒林，是萋草。然而秋确有另一意味，没有春天的阳气勃勃，也没有夏天的炎烈迫人，也不像冬天之全入于枯槁凋零。我所爱的是秋林古气磅礴气象。有人以老气横秋骂人，可见是不懂得秋林古色之滋味。在四时中，我于秋是有偏爱的，所以不妨说说。秋是代表成熟，对于春天之明媚娇艳，夏日之茂密浓深，都是过来人，不足为奇了，所以其色淡，叶多黄，有古色苍茏之慨，不单以葱翠争荣了。这是我所谓秋的意味。大概我所爱的不是晚秋，是初秋，那时暄气初消，月正圆，蟹正肥，桂花皎洁，也未陷入凛烈萧瑟气态，这是最值得赏乐的。

通过与春、夏、冬的对比，写出了初秋的特点，初秋的独特意味。

(3) 要符合生活真实。如果不深入生活，描写往往会失真。比如形容花常常用“花香袭人”，但并不是所有的花都是香的。我们常常会看到这样的句子：“一大捧红色的康乃馨，散发着馥郁的芳香。”其实养过康乃馨的人都知道，它是没有香味的。

（二）描写的对象

描写的对象数不胜数，世界上的万事万物都可以描写，但归纳起来，文章描写较多的还是人物、景物、场面、细节等四大类。

1. 人物描写。描写人物可以就人物的外貌、行动、心理、语言等来进行。

（1）肖像描写。肖像描写又称外貌描写，是指对人物容貌、衣着、神情、姿态等的描写。成功的肖像描写，能使读者在想象中仿佛看到人物形象的音容笑貌，并由表及里地想象到他的性格、为人、境遇等。例如巴金在《秋夜》中有一段对鲁迅的肖像描写：

> 仍旧是矮小的身材，黑色的长袍，浓浓的眉毛，厚厚的上唇须，深透的眼光和慈祥的微笑，右手两根手指夹着一支香烟。他深深地吸了一口烟，向空中喷着烟雾。

这段描写抓住了鲁迅的特征，惟妙惟肖地写出了鲁迅的外貌、神态。

（2）行动描写。行动描写指对人物举止行为的描写。行动描写是刻画人物的主要手段，因为人物总是和他的行动联系在一起的。因此，凡是著名的典型形象，就一定有几起使人永远难忘的典型行为。一提起孙悟空，人们就立刻想起大闹天宫；一提起严监生，人们便立刻想起他的两根灯草。因此，行动描写如果成功的话，人物就会生动、形象。例如王朔的《许爷》中有一段对主人公许立宇的行动描写，看后使人难忘。那是许立宇准备去日本之前，大请了一次客。他把自己打扮得像日本人，问“我”像不像，“我”说很像。接下来作者写道：

> 他十分高兴，站起来抹抹头发，抻直衣摆，两手交叉握在腹前，挺直腰板在餐桌旁走来走去，模仿着日本人的

派头严肃地鞠躬，致礼，嘴里还大声咕哝着所谓的“日语”。……他嘴里咕哝的日语愈来愈激烈，愈来愈混乱，而表情却愈来愈激动，愈来愈绝望。他如同一个已进入角色的独脚戏演员狂热痴迷地表演着，对观众念着大段内心独白。那些没有含义的句子滔滔不绝地从他口中冒出，他激昂，他悲愤，他声嘶力竭，喑哑的嗓音变成阵阵嘶吼，犹如一个落入陷阱的野兽的嗥叫。

他猛地扑过来，抓住我的双肩用力摇晃，泪流满面地吼着：“八格！八格牙路！”

在场的人都呆了，我也惊呆了，只是喃喃地说：“像，像，你就是了。”

他一把搡开我，掉脸向壁，两把擦干了脸上的泪，仰面看着天花板粗声喘息，接着掏出精心插在上衣口袋中的白手帕用力擤鼻涕。

这几段行动描写，生动、形象地体现出许立宇痛苦、自卑、绝望的心情。他作为一名出租车司机，社会地位低下，他觉得自卑，想通过出国提高自己的地位。但出国真能提高自己的地位吗？显然未必。即使在外表上可以装得很像日本人，但实际上却永远走不进日本的社会。后来事实也是如此，许立宇到日本后只能从事最低下的背死尸的工作。这段行动描写既体现许立宇离国前的复杂心情，又为许立宇去日本以后的生活埋下了伏笔。

(3) 心理描写。心理描写是指对于人物在一定环境中的心理状态和思想活动的描写。

心理描写的方法很多，主要有以独白形式展示心理，剖析式描写心理和借梦境幻觉反映心理等。

“独白”是人物自言自语，说出他心里的想法、感受、看法等。例如王英琦的散文《我遗失了什么》，全文侧重写心态：

我越来越不认得自己了。

我怎么会变成了这样？——

一个满心眼想拥抱生活的人，却在生活的面前变成了十足的胆小鬼；

一个自认为骨子里充满了男子气的家伙，却见花能落泪，见景能伤情；

一个貌似精神产品的创造者，自己的精神世界却是一片寸草不生的荒山秃岭……

这是我吗？

我不认得自己了。

剖析式心理描写，是指作者作为无所不知的叙述人，对人物心理进行直接剖析。王祥夫的小说《生活年代》，开头部分有一段对主人公灵文的心理描写：

灵文坐起来，在暗中看着叶草，坐了一会儿，躺下，又坐起来，看着被子里的叶草，再躺下。他想知道叶草去她母亲家办的事怎么样了？找到钱没？明天能不能把学校那边的钱还上？灵文心里真的很急，想问，又不敢问。怎么就会被发现了呢？灵文想一想那1万元的事就觉得呼吸有些窒息，"贪污犯"这个词自己以前怎么就没想过呢？幸亏这事让史校长给捂住了。

这是作者站在旁观者的立场，对小说中的主人公灵文的内心活动进行直接的剖析。

借梦境和幻觉也可以深入地描写人物心理，俗话说，日有所思，夜有所梦，梦境往往真实地反映了人物的心理。女作家苏叶有篇散文《梦断潇湘》，其中有一段写到梦境：

……我又梦见儿时离开我的湘西老家的情形了。是那样一个七、八岁的细妹子，一身黑衣黑裤，葫芦一样光光的前脑壳，后头拖两根麻花小辫，手里拎着一篮梧桐籽……。母亲和姐姐都说笑过，说我小时候可以整天整天地仰脸站在药王宫的大梧桐树下，呆等着秋风把小纱船样的瓢叶吹下来，吹下一片，捡一片，剥下籽儿，丢进小篮子里……那天深夜，我又到树底下去仰着脸了，却不知为什么会哭出来。

这一段梦境的描写反映了作者对家乡、对童年的深切怀念。

2. 景物描写。景物描写包括自然景物描写和社会环境描写。

(1) 自然景物描写。自然景物的描写，不是纯粹为了描写而描写。一般来说，景物描写可以烘托人物心情，表现人物性格；也可以渲染环境气氛，推动情节发展；还可以展示时代背景，深化作品主题。

赵丽宏的散文《秋风》里有这样的描写："秋风紧了，有几片梧桐叶飘进弄堂里来，瑟瑟地，在地上打着转，似乎低诉着谁也无法知道的朦胧的呓语……"写的是秋景，但衬托的是人物，被人们称为"扫地阿婆"的老妇人，她正如萧瑟秋风中的一片落叶，凄然地离开了人间。

(2) 社会环境描写。社会环境由人们的社会活动和社会关系组成，包括一定时期的社会制度、政治结构、经济形态、文化状况、风俗礼仪等。环境描写一般有两种情况：一是通过对某个特定历史时期的某种特定社会情景的展示，为人物活动提供大的社会历史背景。二是通过对人物生活的具体小环境，如居室的陈设、格局、装饰等的描绘，来烘托人物的志趣、爱好、性格、气质等。

王英琦的散文《我遗失了什么》中有一段这样的描写：

……北去的列车上，红卫兵挤满了车头车身。一个扎着朝天小辫，揣着五块钱就想走遍天下的小女孩，由于挤不上去，眼泪汪汪地站在一旁抽泣……一个年轻的、戴着袖章的解放军战士过来了，把小女孩高高擎起，像塞一个行李卷一样，把小女孩从车窗塞进了车厢。

这段描述直接显示了事件发生的时代背景。

3. 场面描写。场面描写就是对一定场合下的人物活动及其周围环境的综合描写。

有的场面描写悉心刻画人物，让人物充分展现其性格特征；有的刻意渲染气氛，或欢快，或悲戚；有的致力于推动情节；有的则着意深化主题，或明示，或暗点，让作者的倾向从描写中自然流露出来。例如茅盾的《香市》中有这么一段场面描写：

于是“香市”中主要的节目无非是“吃”和“玩”。临时的茶棚，戏法场，弄缸弄甏、走绳索、三上吊的武技班，老虎，矮子，提线戏，髦儿戏，西洋镜，——将社庙前五六十亩地的大广场挤得满满的。庙里的主人公是百草梨膏糖，花纸，各式各样泥的纸的金属的玩具，灿如繁星的“烛山”，熏得眼睛流泪的檀香烟，木拜垫上成排的磕头者。庙里庙外，人声和锣鼓声，还有孩子们手里的小喇叭、哨子的声音，混合成一片骚音，三里路外也听得见。

这段场面描写，描述的是往昔“香市”的热闹情景，与大革命失败后重兴的香市的冷落，形成明显对比，从而反映出旧中国由封建经济向半封建半殖民地经济的转变，并没有给农民带来发展繁荣。

4. 细节描写。显示个性是描写的本旨，而显示事物个性最重要的方法乃是细节描写。细节描写要有明确的目的，要为塑造人物和表现主题思想服务。细节描写不应是独立的、鸡零狗碎的。

张爱玲的《金锁记》里有一段描写七巧睡在烟铺上，回想自己三十年来走过的路的文字，其中写到了一个细节：

七巧似睡非睡横在烟铺上。三十年来她戴着黄金的枷。她用那沉重的枷角劈杀了几个人，没死的也送了半条命。她知道她儿子女儿恨毒了她，她婆家的人恨她，她娘家的人恨她。她摸索着腕上的翠玉镯子，徐徐将那镯子顺着骨瘦如柴的手臂往上推，一直推到腋下。她自己也不能相信她年轻的时候有过滚圆的胳膊。就连出嫁之后几年，镯子里也只塞得进一条洋绉手帕。十八九岁做姑娘的时候，高高挽起了大镶大滚的蓝夏布衫袖，露出一双雪白的手腕，上街买菜去。喜欢她的有肉店里的朝禄，她哥哥的结拜弟兄丁玉根、张少泉，还有沈裁缝的儿子。喜欢她，也许只是喜欢跟她开开玩笑。然而如果她挑中了他们之中的一个，往后日子久了，生了孩子，男人多少对她有点真心。七巧挪了挪头底下的荷叶边小洋枕，凑上脸去揉擦了一下，那一面的一滴眼泪她就懒怠去揩拭，由它挂在腮上，渐渐自己干了。

张爱玲在这里着重写了“胳膊”这个细节，从以前做姑娘时的“滚圆”，到出嫁几年后也“只塞得下一条洋绉手帕”，到如今能将翠玉镯子“顺着骨瘦如柴的手臂往上推，一直推到腋下”。这个细节暗示了七巧悲剧的一生，为了金钱，她失去了青春、爱情、亲情、友情，最后孤零零地离开人世。

（三）描写的方式

描写的方式是多种多样的，描写的角度不同，其分类也各不相同。在这里，主要介绍几种基本方式：细描和白描，静态描写和动态描写，直接描写和间接描写。

1. 细描和白描。细描也称工笔描写，是指用极为细腻的笔触，细致入微地描绘一个事物。犹如以放大镜或慢镜头来显示，使读者看得清清楚楚，留下深刻的印象。如峻青的《沧海日出》里对日出的描写：

早霞渐渐变浓变深，粉红的颜色，渐渐变成为桔红以后又变成为鲜红了。而大海和天空，也像起了火似的，通红一片。就在这时，在那水天融为一体的苍茫远方，在那闪烁着一片火焰似的浪花的大海里，一轮红得耀眼光芒四射的太阳，冉冉地升腾起来，开始的时候，它升得很慢，只露出了一个弧形的金边儿，但是，这金边儿很快地扩大着，扩大着，不住地扩大着涌了上来。到后来，就已经不是冉冉升起了，而是猛地一跳，蹦出了海面。霎时间，那辽阔无垠的天空和大海，一下子就布满了耀眼的金光。在那太阳刚刚跃出的海面上，金光特别强烈，仿佛是无数个火红的太阳铺成了一条又宽又亮又红的海上大路，就从太阳底下，一直伸展到鹰角亭下的海边。这路，金晃晃红彤彤的，又直又长，看着它，情不自禁地使人想到：循着这条金晃晃红彤彤的大路，就可以一直走进那太阳里去。

白描本来是中国画的传统技法，即用朴实明洁的线条勾勒画面，画幅中除线条本身的墨色之外，其余则滴彩不饰。后人将这一技法借用到文章的描写手法上，即把朴素、平易的描写技法称为“白描”。

例如赵丽宏的《秋风》，对“扫地阿婆”的描写就运用了“白描”的手法：

斑白的头发，皱纹密布的脸，一双浮肿的眼睛里，流溢着柔和黯淡的光。她永远是和她那把扫帚在一起的，扫帚是她的手臂的延伸。

2. 静态描写和动态描写。静态描写是指对静止状态的事物进行描写，也指对运动状态的事物一刹那进行的描写。这种描写便于细腻地描绘事物的形态。如朱自清散文《荷塘月色》中对荷花的一段静态描写：

> 曲曲折折的荷塘上面，弥望的是田田的叶子。叶子出水很高，像婷婷的舞女的裙。层层的叶子中间，零星地点缀着些白花，有袅娜地开着的，有羞涩地打着朵儿的；正如一粒粒的明珠，又如碧天里的星星。

作者运用了许多新颖贴切的比喻，写出了荷花的静态美。

动态描写是描写人物、动物、事物在运动状态下的情景和状貌。这种描写便于写出变化，写出动感，写出神态。如刘成章的散文《老黄风记》中写"老黄风"：

> 门窗外，黑小子砰地一声摔了酒瓶，掂起丈二长的一根大棒，无法无天，打家劫舍；儿马和叫驴挣脱了缰绳，尥着蹶子，狂奔乱跑。草棚被掀翻了。瓷盆被打碎了。水倒下一地。一会儿，黑小子登上磨顶，而儿马又从他头上跃过，咬住了叫驴的脖颈；叫驴被激怒了，疯狂地反扑过来。蹄下死了几只羊羔和小鸡。黑小子的怪笑声，有如夜空腾起一条冰冷的长蛇。到处烟喷雾罩，混沌一片。

写出了"老黄风"的粗野、疯狂。

静态描写与动态描写各有所长，也各有所短。前者能逼真地描写事物的形态，后者使事物神采飞扬，但有时难以给人以完整的印象。为互补长短，人们往往把这两种方法结合起来使用。

为避免单写静所带来的单调状态，可以用以动写静、化静为动等方法来克服。比如陆文夫的散文《深巷　小庭　人家》中对夜深人静的苏州小巷的静态描写，是通过一连串的动态描写来进行的：

小巷子里一天的生活也是由青年人来收尾,更深人静,情侣归来,空巷沉寂,男女二人的脚步都很合拍、和谐、整齐。这时节,路灯灼亮,粉墙反光,使得那挂在巷子头上的月亮也变得红殷殷的。脚步停住,钥匙声响,女的推门而入,男的迟疑而去,步步回头;那门关了又开,女的探出上半身来,频频挥手……

这段文字的目的是写小巷的静态——"更深人静",但作者的笔墨却落在动态上,写男女二人的脚步声,正因为空巷沉寂,所以能清晰地听到脚步声,而且能让人感受到他们的合拍、和谐、整齐,不静怎能让人有这样的感受。

3. 直接描写和间接描写。直接描写又称正面描写,即作者将目光直视着描写对象进行描写。例如鲁迅的《雪》中对北方雪花的描写:

但是,朔方的雪花在纷飞之后,却永远如粉,如沙,他们决不粘连,撒在屋上,地上,枯草上,就是这样。屋上的雪是早已就有消化了的,因为屋里居人的火的温热。别的,在晴天之下,旋风忽来,便蓬勃地奋飞,在日光中灿灿地生光,如包藏火焰的大雾,旋转而且升腾,弥漫太空,使太空旋转而且升腾地闪烁。

间接描写又称侧面描写,它对所要描写的人物、事物并不作直接的正面的描绘和刻画。而是通过别人的反应或是环境的烘托,间接地描写人物、事物。比如汉乐府《陌上桑》对美女罗敷的描写就采用了侧面描写的方法:

行者见罗敷,下担捋髭须。少年见罗敷,脱帽著绡头。耕者忘其犁,锄者忘其锄。来归相怨怒,但坐观罗敷。

写罗敷之美,不从罗敷本身实写,却从旁观者眼中、神态中写出罗敷的美。从侧面描写可以给读者更多的想象,能达到正面描写达不到的效果。

在写作中，直接描写和间接描写也常常结合着使用。

三、抒情

（一）抒情的涵义和要求

1. 抒情的涵义。抒情就是抒发感情。它是作者在文章中抒发主观感受、表露情感的一种表达方式。

抒情在文学作品中，尤其是抒情诗、抒情散文中使用较多，即使在一般文章写作中，也要运用抒情手法。一般来说议论文和说明文不直接运用抒情手法，而在记叙文中，运用得比较普遍，常常是和叙述、描写、议论等表达方式结合起来进行。抒情，作为文章的一种表达方式，本身没有一定的独立性，必须附着在叙述、描写、议论这三种表达方式上进行。离开了其他几种表达方式，也就根本谈不上抒情。

2. 抒情的要求：

（1）要有真情实感。写文章用抒情手法，是为了表达作者的感情，达到感染人的目的。情真才能感人，矫揉造作只会引人反感。真情来自实感。只有丰富扎实的生活体验，亲身的感受，才能在抒情时自然真切，打动人心。例如张守仁的散文《离别的时刻》，记述了他在告别居住二十年的小屋时，内心涌动的复杂情感，多次用了抒情手法：

> 别了，我亲爱的小院！
>
> ……
>
> 别了，度过我一生最好年华的斗室！
>
> 别了，过去那段使我早生华发的历史！
>
> 当搬运行李、家具的解放牌大卡车驶近临街小院的时候，涌溢出来的、百感交集的泪水，模糊住了我的视线。
>
> 别了……我的小阁楼！

这段抒情是基于对生活了二十年的小屋的回忆上的，在这二十年里，在这小屋里发生了多少难忘的事，由此而加以抒情，是情真意切的，具有感染力的。

(2) 要符合主题的需要。一切表达方式的运用，归根到底是为主题服务的，有时抒情对表现主题可以起到画龙点睛的作用。在许多作品中，抒情的文字恰恰是点破主题的警句。

(3) 要生动具体。生动才能引人入胜，具体才能感人。如果是干巴巴、空洞无物的抒情，一点不能起到感人的作用。

抒情要生动，能打动读者，可以借助于修辞的手段，比如比喻、对比、拟人、反复等。

(二) 抒情的方法

1. 直接抒情，就是通常所说的直抒胸臆。它是一种把作者自己抑制不住的感情在文章中直接抒发出来的表达方式。直接抒情情感强烈，具有感人肺腑、震撼心灵的力量。例如冰心的《往事(一·七)》：

> 我心中深深的受了感动——
>
> 母亲呵！你是荷叶，我是红莲，心中的雨点来了，除了你，谁是我在无遮拦天空下的荫蔽？

2. 间接抒情，这是指在叙述、议论和描写中，融进作者的感情。

间接抒情可分为叙述抒情、议论抒情和描写抒情。

(1) 叙述抒情，是通过叙述来进行抒情的一种方法。例如台湾作家张晓风的散文《遇见》就是通过叙述来抒情的：

> 那是一个夏天的长得不能再长的下午，在印第安纳州的一个湖边，我起先是不经意在坐着看书，忽然发现湖边有几棵树正在飘散一些白色的纤维，大团大团的，像棉花似的，有些飘到草地上，有些飘入湖水里。我当时没有十分注

意，只当是偶然风起所带来的。

可是，渐渐地，我发现情况简直令人暗惊。好几个小时过去了，那些树仍旧浑然不觉地，在飘送那些小型的云朵，倒好像是一座无限的云库似的。整个下午，整个晚上，漫天漫地都是那种东西。第二天情形完全一样，我感到诧异和震撼。

(2) 议论抒情是将抒情和议论结合在一起的一种抒情方法。通过对文章中的人、物、事、景的看法来表达自己的感情。例如叶圣陶的《没有秋虫的地方》：

虽然这些虫声会引起旁人的感叹，秋士的伤怀，独客的微喟，思妇的低泣；但是这正是无上的美的境界，绝好的自然诗篇，不独是旁人最喜欢吟味的，就是当境者也感受一种酸酸的麻麻的味道，这种味道在另一方面是非常隽永的。

这段文字就是在议论中抒发了作者对虫声的赞赏、喜爱之情。

(3) 描写抒情是指在描写景物、事物和人物时，将抒情和描写结合起来，并通过描写来抒发作者的感情。例如茅盾的《白杨礼赞》：

那是力争上游的一种树，笔直的干，笔直的枝，它的干呢，通常是丈把高，像是加以人工似的，一丈以内，绝无旁枝；它所有的桠枝呢，一律向上，而且紧紧靠拢，也像是加以人工似的。成为一束，绝无横斜逸出；它的宽大的叶子也是片片向上，几乎没有斜生的，更不用说倒垂了；它的皮，光滑而有银色的晕圈，微微泛出淡青色。这是虽在北方的风雪的压迫下却保持着倔强挺立的一种树！哪怕只有碗来粗细吧，它却努力向上发展，高到丈许，二丈，参天耸立，不折不挠，对抗着西北风。

这段对白杨树的描写中蕴含着作者对白杨树的赞美，对白杨树的敬佩。

[例文]

清末杨乃武案始末

张铭新

清朝光绪二年(1876年)十二月初九日,北京朝阳门外神路街海会寺门前,车水马龙,人群熙攘,以刑部尚书皂保为首的朝廷大员以及五城兵马指挥等地方官吏陆续来到,围观市民充街塞巷。原来,震动朝野,哄传京师的杨乃武谋妇杀夫案的"被害人"——葛品连的尸棺,已经千里迢迢押送到京,就要在此开棺验尸了!

这个案件为什么如此兴师动众,引人注目?它的来龙去脉是怎么回事呢?

杨乃武余屋出赁　葛品连疑奸迁居

浙江省余杭县城里有一个豆腐店的伙计叫葛品连,在清朝同治十一年(1872年)三月娶毕家女儿为妻。婚后正苦于没有合适住房,恰巧同城举人杨乃武前妻去世,有余屋一间准备出租。双方商议妥当,葛家便于当年四月搬入。

杨、葛两户比邻相居,经常往来,素无避忌。到了七八月间,葛品连下工回家,曾见杨乃武与葛毕氏同桌吃饭,便心生疑窦,多次躲在门外檐下暗中偷听。可是,除了听到杨乃武教葛毕氏读书诵经之外,既未发现双方调笑,更没抓获奸私。但他疑虑不释,便向母亲葛喻氏诉说。葛喻氏也曾见过杨乃武与儿媳同坐,便添枝加叶、大肆渲染,以至于流言四起,闾巷传遍。

第二年六月,杨乃武提出增加房租。葛品连疑团依然未解,便听从母亲的劝告,乘此机会迁居避嫌。葛家搬住王心培隔壁,王心培早闻风传,便留心观察,从未发现杨乃武与葛毕氏再有往来。但是,葛品连心胸狭窄,耿耿于怀,经常借故打骂妻子,弄得葛毕氏蒙受屈辱,寻死觅活,把头发剪了要去出家。

葛品连暴病猝死　葛喻氏县衙鸣冤

同治十二年(1873年)十月初七日,素患流火疯症的葛品连身发寒热,双膝红肿。葛毕氏劝他央人替工,他执意不肯。捱了两天,到初九日,葛品连由商店回家,浑身发抖,步履艰难;半路上买粉团吃,当即呕吐,面色铁青。这种种病状当时都有人目睹。

进了家门,葛品连倒头便睡,让妻子给盖上两条棉被依然觉冷,并说连日体弱气虚,需服用东洋参桂圆汤,令葛毕氏托人去买。这时,葛毕氏忽听丈夫喉头作响,急忙上前察看,见葛品连口吐白沫,言语不得。她大惊失色,高声叫喊。邻居王心培闻声而至,觉得情况危急,遂把葛喻氏及其岳母毕王氏一齐找来,连夜请医延治,诊断为痧症,医治无效,竟于十月初十日上午死去。葛喻氏亲手为儿子换穿衣服,查看尸身毫无反常,也说是痧胀致死。

当时虽已入秋,但南方天气尚热。葛品连身躯肥胖,尸体很快开始腐败,口鼻中流出少量淡红色的水。他干娘冯许氏见状扬言:"死得突然,尸体怪异,事有可疑。"葛喻氏听后也觉有理,又看到死者面部发青,臆想可能中毒,便再三盘问儿媳。葛毕氏一口断绝无其他缘故。葛喻氏身为婆母,平日就不满意儿媳的行止。此时又怀疑她谋杀亲夫。便以儿子死因不明为由,求人代写诉呈,递到县衙,鸣冤请验。

刘锡彤草率臆断　葛毕氏无辜入监

余杭知县刘锡彤在十月十一日接到诉状,正拟访查情由,秀才陈竹山来到县衙给他看病。诊脉过后,二人闲谈。陈说:"葛家曾与举人杨乃武邻居,来往密切。杨与葛妻关系暧昧,甚招物议,今葛突然死去,都说被葛毕氏毒死。"刘锡彤一听与状词吻合,便先入为主,立命衙役、仵作(类似今之法医)随其前往验尸。

正午时分,官吏们来到葛家。这时尸体腐败加剧,上身变青,肚腹膨胀,腹部有数个皮疹一按即破,仵作沈详见死者口鼻内有红水流出,溢于眼耳,便认作"七窍出血";看到指甲灰暗,便认作"甲色青黑";用银针探入咽喉，银针颜色变暗，不按规定拭净再验，便认为中毒确证，断言服毒致死。因为尸体软而不僵，沈详说似是烟毒。衙役沈彩泉在县署就听到陈竹山的议论，也有成见在心，在旁插言："烟毒只能自己吞服，显然不合情理。腹部出现疱疹，定是砒霜中毒。"沈详与沈彩泉争辩不清，无由确认，只好含含糊糊报称"服毒身死"。

县官刘锡彤一听中毒，正中预料，便讯问亲属邻里，众口一词，都说不知毒从何来。知县把葛毕氏看成关键，便命押回衙中严审。

葛毕氏受刑伪供　杨乃武屈受诬攀

刘知县坐堂，讯问葛毕氏，葛品连因何中毒身亡？葛毕氏如入五里雾中，供称毫不知情，刘锡彤断定淫妇诡辩，下令施用酷刑。捶楚之下，何求不供？葛毕氏受刑难耐，加之现场勘验认定其夫中毒而死，百口莫辩，只好信口胡说，承认与杨乃武早有奸情，迁居后旧情未断，杨于十月初五日送来砒霜，两人同谋毒杀葛品连。

杨乃武祸从天降，被拘到堂。审讯之下，坚不承认。第二天，刘锡彤禀明上司，将杨乃武的举人革去。

十月十六日，杨乃武的堂弟杨恭治、妻弟詹善政分别具呈申诉，内称："十月初五日，杨乃武正在南乡詹家作客，怎么能当面送交砒霜？葛毕氏显系凭空诬赖，恳请明察。"虽然言之凿凿，刘知县并不查证，仅再次提讯"案犯"。葛毕氏害怕受刑，供述如前；杨乃武不屈不挠，矢口否认。刘锡彤成见在胸，再不追查，把审讯情况及歪曲了的验尸记录上报杭州府，要求二审。

杭州知府陈鲁于十月二十日亲提人犯讯问，不问青红皂白，首先严刑威逼。杨乃武不堪皮肉之苦，只好含屈招供。陈鲁追问砒霜来源，杨乃武无从作答。严刑之下，他想到由余杭来杭州，路经仓前地方，曾见有一家"钱记爱仁堂"药铺，便随口说是十月初三冒称毒杀老鼠，买了钱宝生铺内红砒，用钱四十文，交给了葛毕氏。陈鲁见毒物来源已经讯明，得意洋洋，立命刘锡彤查核取证。

刘知县软硬兼施　钱掌柜易名伪证

刘县令奉命取证，担心证人害怕牵连不愿出头，便预先布置，让家居仓前的幕僚章抡香以乡亲身份致函钱掌柜，叮嘱务必到堂作证，不必畏惧。钱某人心怀惴惴，到衙受讯，反复声明："我绝未向杨乃武卖过红砒，而且我的名字叫钱坦，从未叫过钱宝生。"刘锡彤把他领到花厅，百般逼诱，当面发誓：只需出证，绝不牵累。钱坦犹豫不定，县令命他三思。

钱坦的弟弟钱垲见哥哥被拘传入衙，急忙设法开脱。素知秀才陈竹山与知县亲密，便前去拜托说情。陈竹山本好事之徒，马上与钱垲一同到县。走到门房，听说县令在花厅讯供。不便闯入，便向衙役沈彩泉索要杨乃武口供记录查阅。不久，钱坦退出，神情沮丧，陈竹山上前讯问，钱便将知县定要他承认卖砒的经过叙述一遍。陈竹山迫不及待，遂把杨乃武供词详加转告，安慰钱坦道："杨买红砒伪称毒鼠，卖主受骗不知杀人，即使承认也不过略受小责，不必过虑。"钱坦在上压下劝之下无可奈何，就依照杨乃武的口供，改名钱宝生，在承认卖砒的供状上具结画押。刘锡彤大功告成，又怕钱坦翻悔，即亲笔写下此案与钱坦无干的保证，不让杨、钱对质，申报知府。陈鲁也再不深究，立刻定案。

各证据互歧互异　郑委员偏听偏信

葛毕氏在严刑拷打之下，曾经信口乱供说："八月二十四日杨乃武来家调笑，被葛品连撞见痛打；葛品连暴死之后，婆母葛喻氏当即盘诘，我便说明了与杨乃武同谋杀夫的情由。"口供传出，葛喻氏明知不是事实，但为子报仇心切，不管真假，照样胡说。以至于她的口供与原递控状牛头不对马嘴，矛盾重重。邻居王心培本来从未见到杨乃武前往葛家，不知底细，也随着葛喻氏信口开河。知府陈鲁完全依照二审逼得口供定案。根本不去查究原审情节。刘锡彤见各人口供都说葛品连"口鼻流血"，与他上报的尸单所记不符，顾虑上司复核驳斥，公然继续弄虚作假，将口供一律改成"七窍流血"。经过府县一番修改拼凑，将全案报省审核，并拟定葛毕氏凌迟处死，杨乃武斩首示众，钱宝生予以杖责。

十一月初六日，浙江巡抚杨昌浚亲自审讯各犯。葛毕氏、杨乃武因早已屈打成招，料想难以翻案，便依样画供。杨昌浚为表示慎重，又委派候补知县郑锡滜为委员秘密察访。钱坦听省中委员前来，商之于陈竹山，决定将错就错，原供不变。郑委员偏听偏信，草率应差，汇报"案情确凿，无冤无滥"，杨昌浚信以为实，便依照杭州府拟定罪名上报刑部。

叶杨氏托人京控　胡瑞澜奉旨查核

清廷刑部正在复核该案，同治十三年(1874年)四月，杨乃武在狱中写了一篇亲笔辩状，为了翻案，他捏造了两项情节：一个是衙役何青芳曾在葛家与葛毕氏玩笑，被葛品连发觉痛打；一个是余杭县令刘锡彤的儿子刘子翰向杨乃武索诈不成，才串通其父恃权诬陷。杨乃武设法将这份材料送给胞姐杨氏，她便准备了诉呈，委托王廷南到京城向都察院申控。诉呈转回浙江，巡抚杨昌浚指令原办官吏复审，虽然另外增讯了几个证人，但因犯人早已供认，证人都不愿招惹是非，谁都没有提出翻案的证据，杭州知府仍依原样复命。在此期间，杨乃武的后妻杨詹氏到省里申诉，也无效果。

九月，杨詹氏委托姚士法到京城步军统领衙门具控，转奏朝廷，奉旨交浙江巡抚亲审复查。杨昌浚指派湖州知府锡光代办。审讯中，杨乃武、葛毕氏双双翻供，案情仍未查明，悬而未决。

光绪元年(1875年)四月，给事中(官名、司进谏，属都察院)王书瑞上了道奏章，指责浙江巡抚复查重大案件，居心不公，粗糙马虎。"垂帘听政"的慈禧太后命令浙江学政胡瑞澜审办，调委宁波知府边葆城、嘉兴知县罗子森、候补知县颜德恒、龚世潼随出研讯。胡瑞澜等人提审杨乃武，杨备诉冤情而又夹杂谎言。胡瑞澜不加分辨，只把部分伪供当成全盘胡说，对于验尸记录一味轻信，夜以继日，熬审人犯。杨乃武与葛毕氏支撑不住，只得照原供诬服，胡瑞澜等人虽将有关证人逐一复审，但对前后之间的矛盾及彼此之间的歧异不加深究，遂以原定案意见无误复奏。

边宝泉上奏异议　众京官联名请勘

光绪元年十月十八日，给事中边宝泉递上一本奏折，内称："杨乃武谋妇杀夫一案传闻已久，说法各异。尤其是近来有传言说胡瑞澜与巡抚杨昌浚关系甚密，复查本案外示严厉，中存偏袒，关键情节不加详究，想必事出有因，并非虚构。”又称：“本案中杨乃武是否屈抑，虽不敢贸然判断，但长期以来各省办成之案，经过上京控告发回重审而能得以平反的，百不得一，相沿成习。考察其中的原因，各案均由督办审定，复查官吏皆其下属，而官吏的升迁降谪又都操之上司，因此办事无不仰承上司鼻息，没有为了一个案件便去得罪上司的傻瓜。故而名虽复查而实为形式，纵有冤滥，势难纠正。”并建议：“如仅命刑部复核原卷，恐怕很难驳回，因为上报案卷必然经过整理，明显漏洞已做粉饰，无从指摘。为了整顿吏治，使官吏不敢互相回护，这件议论纷纭的大案应由刑部亲自提审人犯，亲自取证复查。如原案不错，不过拖延数日审决；如原案实枉，则可借此惩一儆百，打破陋习，其意义就不只是为杨乃武一人平反了。”

朝廷见边的奏章振振有词，堂而皇之，便令刑部详细研求。刑部找出原案若干矛盾，发交胡瑞澜查复。胡除逐项解释之外，复报杨乃武又翻了供，钱宝生已经病死，一时无法结论，把案件推回了刑部。

光绪元年十二月，数十名浙江籍的京官受同乡的委托，联名书写奏章，请求慎重办理此案，务必过细查实。这时，朝廷发下谕旨，令刑部亲自查核，秉公论断。

皂尚书开官重验　杨乃武奇冤获伸

刑部尚书皂保受命之后，首先调阅全部卷宗详加推敲，发现重重疑点。如：谋妇杀夫，事虽机密，但男女情恋却绝难不露行迹，为什么邻居王心培从未发现杨乃武与葛毕氏往来？为什么葛喻氏最初向县衙控告，并未提过杨乃武一句一字？钱宝生卖砒霜是关键情节，为什么只潦草具结便行释放，不令其与杨乃武当堂对质？如果葛品连确系中毒致死，其母当时就应该看出迹象，为什么事过两天才出指控？等等，都应彻底根究。

皂保继而把犯人、证人提押到京，逐一详加审讯，又查明了验尸草率，仵作和衙役当场争辩，各执一词，可见原勘验记录不足为凭。还弄清了钱坦出证是经人函嘱、劝诱、改易原名，足以说明砒霜来历不清。于是，上奏朝廷，请求开棺重验死者尸体，得到准许。

光绪二年十二月初九日，以皂保为首的刑部官员会同京师五城指挥，在朝阳门外海会寺当众开棺验尸。检验时，正犯葛毕氏，原告葛喻氏，邻居王心培以及余杭知县刘锡彤，仵作沈详等人在场。

打开棺材，尸体肉皮消化，只剩骨殖，刑部指定的老练仵作荀义、连顺由上至下逐一详验，随验随报：死者的头部囟门骨并无浮出红晕，颌骨及牙齿、牙根、手足指趾十骨颜色黄白，胸部龟子骨、尾椎骨颜色黄暗，系血沁所致，其余周身大小骨殖颜色黄白。对照法医古籍专著《洗冤录》所载：如中砒毒，牙根、心坎、手足骨尖应呈青黑，故而得出结论：葛品连并非中毒而死，实是因病而亡。当场填写勘验尸单，经原验县令刘锡彤、仵作沈详亲自复验，他们全部承认原验草率，错将正常变化误作中毒证据，现无异说，甘愿具结领罪。

至此，这件拖延了三年多的冤案真相大白，水落石出。杨乃武无端被押，备受挞掠，几乎被砍掉脑袋，不白之冤终得彻底昭雪。

西太后借题发挥　众官员纷纷丢官

接着，刑部便追查承审各官有无徇私舞弊，故入人罪的行为，经反复查问，杨乃武承认翻案时有所捏造，刘锡彤申辩身边并无儿子，无由索诈。最后，刑部把案情归纳为：最初葛喻氏怀疑请验；继而刘锡彤误断中毒；然后刑讯逼供，葛毕氏屈招牵连杨乃武；又因杨乃武受刑伪供而传讯钱宝生；钱宝生在逼诱之下伪证而导致定杨、毕的死罪。复核中杭州府草率定案，浙江省依报照结，胡瑞澜迁就复奏，几乎酿成错杀错剐。依次书写奏折，于光绪三年(1877)二月十六日上报。

当时，清廷内部官员勾心斗角，互相倾轧，出了这样一件冤案，自然成为大作文章的把柄。当政的慈禧太后久欲拿一批官吏开刀，借以排除隐患，巩固自己的统治权力，于是借题发挥，大兴问罪之师。结果，包括浙江巡抚杨昌浚、学政胡瑞澜在内的一批大员被“摘了顶子”；一大批府、县官吏被革职免官；余杭知县刘锡彤发配到黑龙江；余杭仵作沈详被杖责八十、徒刑二年；其余诬告、伪证者各担罪责、一一受罚。

【思考与练习】

1. 按照叙述顺序的不同，叙述可分哪几类？
2. 描写的对象有哪些？描写的方式有哪几种？
3. 抒情的方法有哪些？
4. 写一篇状物的散文，要求运用多种表达方式，有叙述，有描写，有议论，有抒情。可参考丰子恺的《杨柳》。

第三章　议论文体写作

第一节　概　　述

一、议论文的涵义

议论文,又称说理文、论说文、论辩文。

这种文体以议论为主要的表达方式,以概念、判断、推理为主要的思维方式,表达作者对于世界和人类生活的理性思考,揭示生活的内在规律和事物的本质特征。

其一,议论文是人们用来传达自己独立思考的过程和结果的文体。

德国著名的哲学家、诺贝尔奖获得者鲁道夫·奥伊肯在他的《生活的意义与价值》(The Meaning and Value of Life)一书中指出,人是自然与精神的会合点,生活的意义就在于以积极的态度不断地追求精神生活,触摸宇宙的广袤以及人类历史和现实生活中的真理。他强调的就是理性认知对精神生活的意义。

以议论为主要表达方式的文章,就是人类这一思考本性与欲望的一个重要产物。人们把自己的思考过程和结果用文字诉诸笔下,就形成了议论文章。

因此,我们看到,议论文充满理性的思辨色彩、多样的分析方法、巧妙的从现象到深层本质的推进、洋溢着无穷智慧的驳斥技巧、严密的逻辑进攻与防守、娓娓而进的说理层次……这是议论文和注重感性描述与传达的记叙文极不相同的地方。

其二，议论文是中国传统的写作样式，是一种带有浓厚的中国思维特点、语言风格和写作体制的文体，它是中国文化的精神气质与思辨智慧的结晶。

翻开中国的古籍不难发现，中国是一个多思的民族。春秋战国时期“百家争鸣”的现象，就非常典型地表现出对于社会结构、群体精神、历史规律的强烈的思考冲动和表达欲望。著书立说、当庭辩论、讲学和游说，这些重要的议论方式和说理行为在当时都已经出现并且极其盛行。这种对于社会人生的强烈的思考和言说的冲动与欲望，一经出现便作为一种文化基因存续在后世的民族文化精神之中。

春秋战国时期形成了中国文化中所特有的议论文体的基本体制。这种议论体制在后世不断得到完善和发展，诸如秦代李斯的《谏逐客书》、汉代贾谊的《过秦论》、唐代韩愈的《师说》、柳宗元的《封建论》、宋代苏轼的《朋党论》、苏洵的《六国论》、王安石的《答司马谏议书》以及明清时期王夫之的《原君》等说理论世的经典名篇，都不断把富于中国传统色彩的议论体制逐步推向成熟。今天，虽然中国传统的议论文体受到了西方文化的冲击，也接纳了许多西方化的思维方式与表达方法，但这种文体仍然保持着浓厚的中国文化的色彩，在运思、结构、论辩、逻辑等各方面都体现并延续着中国文化特有的精神气质和行文特点。

比如，注重论据的翔实、生动和充盈；注重抽象思维与具象思维的结合，习惯采用“既事见理”的思维方法、青睐取譬托讽、援譬设喻、言近旨远等化抽象为具象的表述方法；讲究结构的完整和谐、层次的清晰紧密；追求议论技巧的多样化和灵巧性；致力于营造议论与说理本身的气势与感染力，喜欢“理中寓情”。

相对于西方注重知性分析、高度抽象、习惯于采取放射状思维的说理体制，中国传统的议论体制所具备的细腻、生动、有条不紊、轮廓清晰、结构完整，体现出了东方思维所特有的魅力和智慧，也是我们当代在议论文写作中所必须注意保持和发挥的重要的写作精神和特点。

二、议论文的种类和特点

（一）议论文的种类

一般来说，了解议论文的种类可以从三个角度入手：

1. 从写作范围、内容和对象上来说，议论文可以粗略归纳为两种：

一种是社会文化论谈。这是最常见、最常用也最普遍的议论文。这部分论谈所关注的对象，涉及社会的方方面面，小到风俗习惯、日常生活、街头巷尾，大到国际风云、政治动向、社会热点，无论政治、经济、文化、教育还是新闻、时事，甚至个人的阅读心得，都能说说论论。这种内容的议论文，表达了作者对于社会中各方面问题的发现与思考。这是应用最广的一种议论文。

另外一种议论文则带有很强的专业性，可以称之为学术论谈。这类议论文所涉及的对象，是自然科学和社会科学各个领域的专业研究及其成果。从事专业研究的人员，把对于某个专业问题的研究过程和研究成果，通过文字形式进行表述和论证，就形成了这类学术论文。

2. 从议论文的论证方法上来说，可以分为立论文和驳论文两种。立论文重“立”，即表明自己的见解、观点和主张，要设计有效的方法和路径来证明自己观点的正确性。而驳论文则重在“破”，即推翻某种见解、观点和主张，要设计有效的方法和路径来证明对象的荒谬性。当然驳论文最终也是要表明自己的见解、观点和主张，也是要“立”，但它不同于立论文的地方，就是在“破”中而“立”。

3. 从议论文的写作样式上，也可以把议论文分成很多种类，比如：短论、杂文、随感、社论、编者按，以及书评、影评等等。

（二）议论文的特点

1. 说理性。议论文与其他文体的一个重要不同，就是作者必须在文章中表达自己对于生活的见解、观点和主张。也就是说，作者必须阐述一个什么道理，或者批驳一个什么观点。

正如刘勰在《文心雕龙·论说》中所强调的："论者，伦也。伦理无爽，则圣意不坠。"意思是，论，便是论伦理；所谓伦理，通俗说就是自然与人类生活中的秩序与规律。他认为，"论"的本质就是表达自己对于这种内在秩序和规律的认识与感知。

一句话，议论文必须有论点，而且这个论点必须正确、明确而且新颖。不正确，文章就站不住脚；不明确，就会言辞含糊，枝节混乱，令人不知所云，实际上等于没有发言；不新颖，就会说些老话套话，拾人牙慧，文章就没有存在的价值和意义。

2. 说服性。叶圣陶在《文章例话》一书中说："说明文以'说明白了'为成功，而议论文却以'说服他人'为成功。"这是对议论文说服性特点的精辟论断。

对议论文而言，无论表达了什么样的观点，采用了什么样的样式，它的最终目的还是要说服别人，让别人接受自己的观点。议论文的说服性特点要求作者不仅要有深刻而新颖的观点，还必须有出色的证明技巧、严密的证明过程，以及翔实贴切的证据和材料。只有具备了这些，写出的议论文才能有说服别人的力量。

在议论文中，这样的证明方法和路径，以及用来证明的材料和依据，是至关重要的。前者即"论证"，后者即"论据"。论证、论据和论点在议论文中是平分秋色、同等重要、不可重此轻彼的组成部分。缺少了任何一点，文章都是不成功、不规范的。这是议论文不同于其他文体的又一个显著特点。

因为议论文有这样的说服性的特点，所以首先证明过程就必须没有漏洞，无懈可击，要能“自圆其说”，营造严密的论证过程。论证的过程，实际上就是进行逻辑推理的过程，这个过程必须全面、辩证，要避免一些破坏逻辑的完整性和合理性的做法，比如：片面化的结论、自相矛盾、前后抵触、概念混乱等，这都会导致逻辑的混乱和推理的漏洞。

其次，论证方法必须恰当妥帖。论证的方法有很多，或者举例、或者类比、或者分析、或者引用等等，作者必须根据论点的需要，考虑所掌握材料的特点，然后选择出相应的最合适、最有效的论证方法。

其三，论据必须真实可信。宋代的洪迈在《容斋随笔》中就已经为我们总结出了这一条写作经验，书中说：“作议论文字，须考引事实，不使差忒，乃可传信。”只有真实可信的论据才能成为你观点的有力支撑。而不准确、存在偏差甚至虚假的论据，不但不能支援观点，相反会使观点的说服力大打折扣。除了真实性，论据的典型性、生动性、新颖性也很重要。不典型的论据，会变成意义含糊的材料堆积，而典型性的论据则可以以一当十，既支援了论点，又能保持文章结构的简洁精悍；同样，不生动不新颖的论据，也会使说服力大大受损，达不到预期效果。

3. 抽象性。根据上面的分析，可以看出议论文所体现的是分析判断的智慧，这一点反映到创作语言、结构和构思上，就使议论文的语言、结构和构思呈现出浓厚的抽象性。

从结构上来说，相对于记叙文体靠曲折的情节和一系列生动的形象和画面来结构全文，议论文却是依靠抽象性的推理来结构全文的。把文章连缀起来的，不是形象和画面，而是作者运思的一个个环节和一道道层次。因此，条理清晰，对议论文来说是极其重要的。

从构思上来说，记叙文体的写作者需要考虑的是怎样通过叙述、描写和抒情来塑造形象、渲染气氛，用这些形象和气氛去感染读者；而议论文的写作者则要考虑怎样通过下定义、作对比、举例子等方法展开判断、推理、驳斥和证明的逻辑过程。

从语言上来说，相对于记叙文体的形象生动，议论文体要求的是准确、简练、概括和严密。

当然，如果把议论文体的表达方式理解为只有抽象途径，而没有形象化手段也是片面的。譬如，议论文的结构框架和中心线索都是建立在抽象运思上的，但是对于论据却可以采用形象化的处理手段，把原本枯燥的数据和事实材料作形象化处理。另外，议论文在表达上也可以使用排比、比喻、反问等一系列修辞手法，来营造说理的雄辩气势。特别是杂文，更是大量运用形象化手法帮助说理和议论。因此，对于议论文在表达方式上的"抽象性"特点，也不能机械地理解，而应该灵活地运用。

三、议论文的三要素

论点、论据和论证是议论文的三个要素。论点是议论的目的，论据是议论的材料支持，论证是通过论据证明论点的方法，也就是把论点和论据结合起来，相互支撑的方法。一篇成功的议论文，必须有明确的论点，充实恰当的论据，以及合理的论证方法，三者缺一不可。

也有一种观点认为，议论文还有一个要素，就是论题。所谓论题，就是议论对象，是作者从生活各个方面的问题中捕捉到的，准备进一步思考，并找出自己见解和观点的思考题目。通俗地说，就像讨论会中的话题。围绕一个话题，每个人都有自己的看法和观点。这个话题，就是论题；个人的看法和观点，就相当于论点。

因此，很多人认为，对议论文来说，论题的选择也很重要。一个好的论题，会帮助文章写出新意；而一个老掉牙的论题，无论作者怎样苦思冥想，也很难写出新意。同样，作者如果能选择一个大家所关注的论题，写出来的文章，就很有阅读意义，如果选择的是一个引不起人们兴趣的论题，写出来也没人爱读。

有人因此提出，议论文的要素应该是四个：论题、论点、论据和论证。这也是一种行得通的说法，但是我们在这里还是主要按照通行的说法，来讨论议论文的三要素。

（一）论点

论点就是作者针对所论述的问题提出的、并加以阐述、证明的观点、见解和主张。

论点是议论文的心脏。从结构上来说，它是议论文的中心，所有的材料和论证方法都必须紧紧围绕论点展开；从运思上说，它是论证过程的起点，也是论证过程的终点。没有论点，论证方法和论据就无从谈起。甚至论点不明确，论证方法和论据也将失去意义。可见，论点对议论文来说，是至关重要的。

议论文一般只有一个论点。这个论点有时直接出现在文章标题中，比如，王蒙的《论“费厄泼赖”应该实行》，标题就是论点，这样的情况比较多。但是要注意的是，很多议论文的标题是论题，而不是论点。比如，朱自清的著名文章《论气节》，这就是一个论题，至于作者的论点，也就是作者是怎么理解和看待气节的，要到文章中去体会。在阅读和写作中，要注意到论题和论点的区别。

在大多数情况下，论点在文章中的位置是比较灵活的，除了可以把它放在标题中，也可以放在开头，开门见山地提出论点，也可以把论点放在文章最后总结性地提出，另外，也可以不直接提出论点，而把它渗透到论证方法和论据中去，让读者自己去总结、去体会。

有的议论文，不止一个论点。一种情况是当论点的内涵比较复杂，包含的问题比较多的时候。在这些情况下，为了把论点说清楚，就要把论点划分成几个部分或几个要点分别进行论述。这些划分出来的部分和要点就是分论点。每个分论点都有自己的论证方法和论据，形成大论述过程里面的一些小的论证过程。还有些情况，每个分论点下又有更小的分论点，这些小的分论点同样有自己的论证方法和论据，这样在文章中形成一级级、一层层的论述层次和结构。

（二）论据

有个成语为："言之有据"。可见，对论据的高度重视，也是我国议论文的传统之一。对议论文的作者来说，不仅要在文中就某一问题提出观点、看法和见解，还要设法证明这观点、看法和见解的正确性。而要证明其正确性，就必须有一些证明材料。这种证明材料就是论据。因此，所谓论据，就是用来证明自己观点的正确性的理由和依据。

在议论文中，没有论据的支持，只有一个干巴巴的论点就很难让人信服。甚至论据不够充分，不够真实可靠，都会使论点难以言之成理，难以具备足够的说服力。因此，充分而且真实可靠的论据，是议论文获得说服性的必不可少的保障。

论据一般分为两类：

1. 事实论据。事实论据包括古今中外的真人真事，也就是具体的事实，以及各种统计数字和各种自然界的客观现象。这些事实，可以是正面的，也可以是反面的，只要是能支持论点的，就可以拿来使用。事实因为都是在历史和现实中真实存在的，所以具有无可辩驳的说服力，即所谓"事实胜于雄辩"。不过，在运用事实论据时，要注意这么几点：一是事实要真实确凿，即所使用的事实论据必须是真实可靠的，而不能是道听途说、街谈巷议或是模棱两可的不清“事实”。二是事实要典型，即所使用的事实论据必须是很典型地说明论点的，而不能打擦边球，更不能牵强附会、生拉硬扯。三是事实要新颖，可供使用的事实材料很多，要尽量选取一些比较新鲜的，而不要选择那些被人一用再用，已经用滥了的一些材料。

2. 理论论据。又称道理论据。它指的是经过时间和实践证明的、各种被社会公认的、具有裁决性或权威性的真理、法规和言论，包括科学原理、法规条文、名人名言、格言警句、传统谚语，以及各领域的经典著作和研究成果。这些理论论据，因为其经典性和权威性，对社会历史与现实的规律有着极强的揭示性和概括性，所以具有特殊的说服力。好的理论依据，可以称作是“一言九鼎”，是对论点的有力支撑。

引用理论论据，应注意的问题有：一是论据的精确度，因为理论论据都是一些抽象化的材料，因此在使用时一定要尊重原始材料，不可随意更改和杜撰，必要时要对原始材料进行查阅和核对。二是要明确论据的出处，比如对一些经典著作和研究成果的使用，一定要明确这些材料的来源。特别是一些从国外翻译进来的材料，因为不同的翻译版本有不同的文字表达，因此更要明确论据的出处。三是要注意避免使用不雅论据。这一点在引用民间俗语、歇后语或谚语时要特别注意。无论一些俗语、歇后语或谚语有着怎样精辟的归纳力，但是如果过于粗俗，就不能用于文中，以免破坏议论文所独有的理性之雅。

（三）论证

有了论点，也有了论据，是不是就可以完成一篇议论文了呢？当然不是，因为，这时候论点和论据还只是相互孤立的两大块，如果只把论点和论据简单相加，是不能证明自己，说服别人的。这里面还有一个重要的任务需要作者去做，那就是把论点和论据之间的联系解释清楚。只有把这种内在的联系解释清楚了，才能真正以理服人，才算是完成了说服过程。这种寻找、分析、解释论点和论据内在联系的方法和过程，就是论证。所以，论证又被称作论证方法。

一句话，所谓论证，就是阐述论点和论据之间的内在联系，用论据证明论点的方法和过程。

论证的作用就是根据论点的需要，来合理组织安排论据，通过把二者有理有据地结合起来，最终达到证明的目的。所以，有了论证，才能使论据能够真正起到证明论点、为论点服务的作用，也才能把论点和论据有机地统一起来，成为一个相互支撑的整体。

在议论过程中，论证方法是非常重要的。在作文实践中，我们经常可以遇到这样的情况：两篇文章的论点一样，所用的论据也差不多，但文章的质量和效果却天差地别。这就是能否运用好论证方法带来的不同结果。如果作者运用的论证方法适当、合理，并且巧妙，就可以把论据和论点之间的内在逻辑关系一点点、一层层地说明清楚，并按照这种逻辑关系，把各种论据围绕论点有条不紊地组织起来，使论点得到充分的说明和论证。相反，如果论证方法不当，就不能说清楚论据和论点之间的逻辑关系，结果造成论据论点两张皮，论据不能支撑论点，论点也不能驾驭论据，这样的文章必然是失败的。

如果说论点体现着作者对生活的认识能力，论据体现着作者的知识面，那么论证就体现着作者的逻辑分析能力。

可以说，论证方法，是议论文的主要组成部分，也是核心部分，是决定议论成功与否的一个重要关键。

【思考与练习】

1. 请比较记叙文和议论文的不同。

2. 议论文有什么样的写作特点?

3. 议论文的三要素是什么?它们各有什么作用?

第二节　杂文及随感的写作

一、杂文的写作

(一) 杂文的起源

1. 萌芽阶段。杂文是一种比较年轻的文体,确切地说,它是在"新文化运动"之后才产生的。

"新文化运动"是中国现代文化史上的一个重要事件。一批具有先进思想的青年,通过这次运动,对中国传统文化和社会制度中存在的弊病和痼疾进行了一次彻底的翻检和批判,他们极力推崇"德先生"(democracy)和"赛先生"(science),号召青年人起来推翻陈腐落后的旧文化和旧制度。这一行动在当时遭到了一些文化守旧派的强烈反对,于是双方就新旧思想以及社会文化各个方面的问题展开了一场激烈的论战。

当时,主张新文化的一方创办了一个刊物,作为自己论战的阵地,那就是创办于1915年的著名的《新青年》。

《新青年》从1918年4月出版的四卷四号开始,正式开辟了一个叫"随感录"的专栏。随感录大胆地在议论过程中大量使用形象化手法,把叙述、描写甚至抒情等记叙文体的写作方法引入议论文体,使议论不再局限于高度学术化、理论化的模式,它形象生动,具有极强的艺术感染力。并且它的篇幅短小、形式活泼、不拘一格,围绕社会时事和文化焦点,或批判、或揭露、或讽刺,目光敏锐,语言泼辣锋利,很具有杀伤力。因为这些特点,随感录一经出现就受到了社会上众多读者的欢迎，扩大了写作队伍，调动了广大青年的写作积极性。同时，它的写作范围也就得到了大大的扩展，无论是画符、念咒之类的迷信，还是裹脚、纳妾之类的陋习，抑或粗暴专制的军阀政治、腐败肮脏的官场，都被暴露在随感录的光照之下。

随感录因此在当时被称作“寸铁”、“弹丸”，成为一种最轻便的文化武器，在新文化的推进过程中起到重要的作用。

随感录由于受到作者和读者共同深深的喜爱，于是逐渐作为一种新的写作样式被社会和文坛承认，随感录因此成为现代杂文的先导和萌芽。

2. 成熟与发展。随感录这个萌芽能够进一步成熟和发展，直到形成了一个独立的现代新文体——杂文，是和鲁迅的创作实践分不开的。实际上，杂文从萌芽到发展到成熟的过程，就是鲁迅杂文从萌芽到发展到成熟的过程。

鲁迅把他写作的一些短小的文章，包括书信、日记、序跋、讲演稿、回忆录以及大量“随感录”之类的杂感和随笔放在一起，编成文集。在给这文集起名字时，因为里面所收的文章不是按类别，而是按写作年月编排，不管什么文体都夹在一处，所以鲁迅就给这集子起名叫《且介亭杂文》。“杂文”的名称由此而生。

虽然鲁迅这里所说的“杂”，还是指其中各种文体的“杂”，但是“随感录”之类作品在其中占据着绝对优势，即使是一些书信和序跋，也带着鲜明的针砭现实、幽默辛辣的议论色彩，因此，鲁迅所起的“杂文”的名称，就这样被固定下来，成为一种新的现代文体的名称。

从20年代中期到30年代中期，鲁迅共出版了十七本杂文集。鲁迅在这十七本杂文的写作实践中，对杂文的写作手法进行了多方面的探索和实践，奠定了杂文的写作精神和写作艺术的基础。漫画、反讽、欲擒故纵、寓庄于谐等等杂文写作的经典手法，都是在鲁迅的笔下出现并一步步逐渐发展和成熟起来的。直到今天，杂文的写作风格、手法和技巧，仍然带有浓厚的鲁迅杂文的痕迹与遗风。

鲁迅不仅自己写作杂文，还积极地培养新的青年杂文作者。在他的努力下，当时的很多报纸（比如《申报》的副刊《自由谈》）和一些刊物（比如《芒种》、《太白》、《杂文》）都开辟了杂文创作的栏目，众多的青年在这些报刊上刊登自己的杂文作品，使30年代成了杂文发展的高潮时期。

总之，杂文是萌芽于五四新文化运动，发展于20年代，成熟于30年代，在40年代和建国以后得到长足发展的一个新的现代文体。

应该说明的是，从杂文的一些写作特点上来说，它和我国古代的创作实践也并非没有关系。比如，从形象性与抽象性相结合这一写作特点来看，很多古代的文章，比如诸子散文中的文章就都有着与杂文类似的风格。而且鲁迅的杂文创作也正是在继承中国古代议论文的传统、吸取其经验的基础上发展起来的。

不过，真正现代意义上的杂文毕竟是根植于一种特定的文化意义和文化指向，有着文体自身特定的内在精神的，比如现实批判的精神，文化反思的精神，从这些角度讲，古代的一些议论文虽然有着杂文所运用的一些艺术特点，但二者还是有着很大区别的。

（二）杂文的涵义

通过上面的介绍，我们也许已经能够大致地了解杂文这种文体的大致风格和特点。

首先，杂文是不折不扣的议论文。它也是以说理为核心，以说服别人为目的，以议论为表达方式，来表达作者的见解、看法和观点的文体。杂文和一般的议论文体不同的地方是议论手段的形象化、议论语言的感情化，它通过生动活泼的形象和作者鲜明的感情色彩展开判断、推理、证明等逻辑程序。另外，杂文的内容也与一般的议论文体有所不同，它的内容有很强的现实针对性。

其次，杂文的文学色彩很浓厚，是一种文艺性的、直接而迅速地反映社会现实问题的议论文。

此外，对于杂文还有一种广义的理解。因为鲁迅最初是把他的书信、日记、序跋、讲演稿、回忆录以及杂感和随笔编成文集，命名为"杂文集"。所以，有的时候，人们就把书信、日记、序跋、讲演稿、回忆录以及杂感和随笔之类，统称为"杂文"。但这种看法着眼的是文体形式和内容的"杂"，是另一种分类方法。因此，这种理解和一般意义上的杂文还是存在很大的区别的。

（三）杂文的特点

1. 现实批判精神。杂文是在特殊的社会条件下，为了满足五四思想解放和新文化运动的需要而产生的一种新的现代文体，它带有鲜明的思想色彩、政治色彩和时代痕迹。这是它和其他文体很不相同的一点。杂文这种文体是一代知识分子热情关注现实，勇敢批判现实的产物，这种直面现实的批判精神就是杂文所具备的独特的文体精神。

也正因为杂文所具备的这种精神，才使人们把那些敢于尖锐、迅速地反映社会不良现象和文化弊端的行为称为"杂文精神"。鲁迅把杂文比喻成"小小的显微镜的工作，也照秽水，也看脓汁，有时研究淋菌，有时解剖苍蝇。从高超的学者看来，是渺小、污秽，甚而至于可恶的，但在劳作者自己，却是一种'严肃的工作'，和人生有关，并且也不十分容易做"（《做"杂文"也不易》）。

在20世纪30、40年代，这种直面现实的批判精神带有浓重的政治斗争色彩，是左翼作家们手中的有力武器。田仲济在《略论杂文的特质》一文中说："杂文最凸现的一个特质，不是冷嘲，不是热讽，而是正面短兵相接的战斗性，把它作为旁敲侧击的战法，或是站在高岗上，旁观的指指点点地谈说的俏皮话，是不对的；这不是闲情的说东论西，而是关于自己生命的肉搏战。"鲁迅称杂文为"匕首"，为"投枪"，也正是这个意思。

现在虽然时代环境和社会性质与20世纪30、40年代已经发生了很大的变化，但是杂文仍然是人们关注现实，洞察社会和文化，及时发现问题，揭示问题的一个重要领地。如果杂文没有了这种关注现实、批评现实的勇气和热情，这种文体就必然会发生退化和走样，变成一些无关痛痒的文字堆积，甚至变成幽默小品文，从而失去了杂文自身的魅力和存在的意义。

2. 抽象化与形象化的完美结合。抽象化，就要求杂文必须对现实进行分析和判断，从现象到本质，发现现实中不易被发现的弊病和需要解决的问题。唐弢在《关于杂文写作中的几个问题》中指出："杂文要写得一针见血，'血'就是问题的实质，也是我们对现象进行了分析和判断的结果。"田仲济也指出，"独到的"、"精辟、深透、不落俗、不同凡响"的见解是杂文的一个重要特质。因此，杂文必须有严密的逻辑推理过程。

形象化，要求杂文在议论时，要力求对逻辑推理的枯燥过程进行想象化处理，增加趣味性和可读性。它不只是抽象地说理或者机械地引用一些材料，它更多的是活灵活现地描述事物，甚至抓住某个类型，塑造一些生动饱满的形象，通过形象来展开议论。譬如，鲁迅的杂文《二丑艺术》描写了其家乡绍兴戏中常有的一种丑角形象，叫作"二丑"。这种丑角最大的特点，就是一方面在主人面前唯唯诺诺，但一转脸，就对台下的观众做鬼脸，说：

"你看,这个公子多蠢啦!"作者没有直接说理,但却入木三分地批判了当时一些知识分子投靠当权者,但又假装清高的两面派作风。在鲁迅的杂文中,这样的形象化处理随处可见。

形象化是杂文区别于一般议论文的重要标志。正如穆子沁在《论杂文的语言》中所说的,杂文"不可以充满了哲理的说教。哲学的语言一旦代替了艺术的语言,概念就篡夺了文学作品的主要特征——形象性——的宝座,杂文也就不复存在了"。

3. 说服性与抒情性的完美结合。杂文作为一种议论文体,也是以说服别人为最终目的,所以它也和一般的议论文一样需要深刻的论点、严密的论证过程、恰当的论据来以理服人。并且,因为杂文有很强的针对性,在说理方面绝不能模棱两可、含糊其词,也不能绕来绕去,而必须尖锐、泼辣、锋利,三言两语就要抓住问题的要害,暴露对方的荒谬与错误。

但是,除此以外,和一般的议论文不一样的是,杂文还以情感人。杂文是理与情的结合。杂文有很强的感情色彩,杂文作者可以直接表露自己的主观感情,毫无保留地呈现出自己的喜怒哀乐,和读者进行感情交流。秦牧在《杂文小识》中说:感情性是杂文的一个重要特征,"读杂文和读一般的社会科学论文不同,往往可以感觉到作者的音容笑貌,甚至他的性格特征。因为杂文作者在'倾诉胸臆'的时候,是不回避流露自己的感情的。唯其如此,才使我们觉得亲切,觉得像读一切好的文学作品似的,有一种感情共鸣"。

4. 篇幅短小,内容广泛,幽默讽刺。曾有人把杂文称作"千字文",以喻其篇幅之短。当然,杂文对篇幅并没有严格的要求,洋洋洒洒的"万字"杂文也并不少见。不过一般来说,杂文还是比较短小精悍的。杂文必须有极其简练并且富于表现力的语言,有很强的透视性和概括性,以及十分简洁集中的结构,这样才能把形象、感情和思想融为一体，在较短的篇幅里完成说理任务。枝节纷繁、拖沓松散是杂文的大忌。

杂文的内容却十分的宽广，涉及社会生活的方方面面：政治、经济、文化、教育、历史、人生。为了达到形象化的说理，杂文经常需要通晓古今、引经据典、旁征博引、挥洒自如。但是需要注意的是，无论是谈论什么方面的问题，都必须是围绕自己的思想、体会和看法。就像秦牧指出的，同样是谈了许多天南地北的事情，有的让我们读起来津津有味，觉得深刻，而另一些却让人感到莫名其妙，问题就在于“那种杂究竟是有机配合的，还是拉扯拼凑的”。所谓的有机配合，就是指思想性的存在。没有思想性的“杂”文，就必然变成一堆“杂”谈。杂文毕竟传达的是思想和见解，而不是传授知识。一些没有思想，而大谈天文地理知识和古今历史人文的文章，也许可以说是科学小品，或者生活小品，但决不是真正的杂文。

杂文的风格是多样化的，或辛辣、或俏皮、或冷隽、或洗练、或委婉，不一而足。但总体来说，幽默和讽刺是一个比较显著的共同的特点。幽默和讽刺可以增加说理的戏剧性，使论证过程不再枯燥无味，并且常常可以把对手置于滑稽可笑的尴尬境地，大大增加了说服性和阅读快感，使读者在趣味盎然的文字中达到思想的交流。就像鲁迅说的，杂文也可以给人愉快和休息。

（四）杂文的写作

1. 作者必须有独立的思维方式。杂文是一种最能体现作者的思想智慧的文体，它有很强的思想针对性，它比任何一种文体都更需要作者拿出真知灼见。这就要求作者必须拥有独立的思维方式，对社会现实和各种文化现象进行自己的思考、分析和判断。只有拥有独立的思维方式，才能够见人所未见，思人所未思，从纷繁复杂、习以为常的生活现象中发现存在的问题。譬如，袁世凯当权时期，由于政局动荡，国家银行纷纷牺牲百姓的利益，以求自保。面对纸币的急剧贬值，百姓纷纷到黑市折价换银元，虽然亏损了很多，但能换到的人无不觉得心满意足。这是当时司空见惯的一个现象，但是鲁迅正是从这个人人习以为常的现象中，看到了不寻常的问题，发现了中国传统文化心态中的奴性心理，写出了著名的杂文《灯下漫笔》。

另外，这种独立的思维方式，还体现在逆向思维的能力。所谓逆向思维，就是能够对一些已成定论的道理进行反思和挑战，发现问题。譬如，五四时期，挪威作家易卜生的作品《玩偶之家》在社会上十分盛行。《玩偶之家》中的娜拉勇敢地与家庭决裂、离家出走的行为，成了当时众多新女性仿效的对象。倡导妇女解放的社会舆论也为之摇旗呐喊。但是，在这样一片热潮中，鲁迅却对这种现象从反面进行了冷静的思考，写出了《娜拉走后怎样》这篇著名的文章，指出，如果妇女没有从经济上得到真正解放和独立，那么离家出走就不能从根本上解决妇女问题。没有独立经济能力的娜拉出走以后，不可能找到自己的人生道路，要么饿死，要么回到旧路，甚至更糟。

2. 立意应大处着眼，小处着手。大处着眼，是指杂文所关注的问题、所分析和思考的问题，决不能是生活中琐琐碎碎、无关痛痒的细枝末节。杂文不是关于个人生活内容的闲笔杂谈，或者说它不以个人生活内容为表现目的，这是它和很多文体，特别是一些记叙文体不同的地方。杂文所表达的是作者对于社会现实和文化现象的关注、审视与思考。鲁迅说，写杂文就是“论时事”、“砭痼弊”。论时事，就是密切关注现实社会的风云变化；砭痼弊，就是洞察社会文化和人性中所存在的一切阴暗之处。唐弢说：“杂文写的应该是人们普遍关心的问题。”(《关于杂文写作的几个问题》)也是一样的道理。

但是，这并不是说要把杂文写成理论化的社会科学论文。杂文和社会科学论文都思考社会现实和文化现象，但它们之间有着很大的区别，这种区别就是杂文在表达对这些“大问题”的思考时，是从“小问题”、“小事情”入手和展开的。它常常是从日常生活中的小事情、小细节入手，进行分析，最后引申出一个有关社会和文化问题的实质性道理，唤起人们的注意和警醒。比如，鲁迅就特别擅长在普通的生活现象中，挖掘出实质性的深刻意义。他的《国骂》就是从大家司空见惯的不雅的大众口头禅入手，挖掘出面临困难时外强中干的国民性弱点。而聂绀弩的《阮玲玉的短见》，也是从女电影明星阮玲玉自杀，留下“人言可畏”的遗书这件事入手，对“妇女解放”这个中国社会的大问题进行了深刻的分析。

当然，要注意的是，杂文所选择的这些“小”事情，“小”细节，并不是不加选择，随手牵来的日常琐事，实际上，这些小事情，小细节，都有一个共同的特点，就是它们都蕴涵着某种尖锐的、深刻的问题，能体现出关于社会某方面问题的本质。因此，选择写作的切入口时要注意，并非所有的日常生活，都能够有挖掘的意义和潜力。所以，在写作杂文时，必须花大工夫，潜心寻找最尖锐、最有代表性的“小事情”和“小细节”，只有这样的“小”，才能像杠杆一样，四两拨千斤，揭示问题的本质。

可以这样说，杂文就是一门“以小见大”的聪明的艺术。

3. 活泼多样的议论手段。杂文是说理的，但又是用艺术性的议论手段说理的。这种艺术性表现为这么几种情况：

其一，在叙事中说理。杂文总是把叙述和议论这两种表达方式结合起来，展开议论。叙述一个故事，或者叙述一段经历，在叙述的过程中，揭露问题，说明道理。比如，田仲济的《猫》。这篇杂文讲了一个有趣的故事：以前有个地方家家户户都热衷于养猫，但奇怪的是，这个地方的鼠害却比任何地方都严重。这是什么原因呢？原来，这个地方的人特别爱猫，因为爱猫，所以都把猫用小绳拴起来。于是，“爱”反而断送了被爱者的天性和自由。这样，文章就揭示了生活中的一个误区：狭隘的爱，对自由的物事将是一种囚禁。在生活中，无论是亲情，还是爱情，或是其他，这都是一个发人深思的问题。

其二，用描写来说理。杂文很少进行干巴巴的直接说理，它另一个常用的艺术手法，是描写，甚至塑造各种生动的形象来说明道理。比如，鲁迅的《夏三虫》，就是通过描写跳蚤、蚊子和苍蝇的不同特性和形象，来分析当时社会中的几种典型。比如，跳蚤吃人总是很干脆，就像军阀；而蚊子却在吃人之前先在你耳边“嗡嗡”半天，就像一些御用文人，总是要制造舆论，让人心甘情愿地被吃；而苍蝇则要不停地把所有美好的东西都玷污一遍。鲁迅这样就总结了当时社会上的各种反面类型，生动而且形象，给人留下很深的印象。

其三，漫画手法。抓住对方的特点，进行适当的夸张和变形，使这些特点突出出来，就是漫画手法。比如，鲁迅的名篇《“丧家的”“资本家的乏走狗”》就是运用了漫画的智慧，抓住论敌的三个弱点，进行适当的夸张，就为对方画了一幅栩栩如生的肖像画。

杂文的形象化手法，是非常多样的，其他比如：比喻、拟人、联想等等，在杂文中都有广泛的使用。但是，应该注意的是，杂文无论勾画了怎样生动的形象，它最终的目的，还是说理，而不是为形象而形象，在这一点上，杂文是与记叙文体很不一样的。

4. 风趣幽默的笔调。杂文的笔调是多样化的，其中风趣和幽默是非常重要的一种笔调。风趣和幽默能够抓住论述对象最薄弱的环节，最敏感、最尖锐的问题本质，暴露对象的谬误和荒唐。同时,风趣和幽默,在给人理性的冲击的同时,也给人艺术的享受。

但是,需要注意的是,杂文的幽默和风趣,来自于论述对象本身的特点,是对论述对象本身所存在的毛病或逻辑矛盾的揭示,是读者看到其中的可笑之处而发出的会心一笑。因此,幽默和风趣,来自于锐利的眼光和深刻的观察与思考,而不是人为地去搞笑。另外,在冷嘲热讽时,也一定要抓住对方的实质,做到有的放矢。否则,就会流为谩骂,使文章的质量大打折扣。

二、随感

(一) 随感的涵义

随感是不拘体例、形式短小、取材随意、以议论的方式表达作者感想的议论文章。

其实,随感和杂文、随笔、小品文等这些文体之间的区别是比较模糊的。从篇幅上说,它们都比较短小精悍;从表达手法上来说,它们都采用夹叙夹议、借形象说理的方法。在很多情况下,这些文体都是"同"大于"异"的。

它们之间主要的区别在于表达的侧重点不同。比如,随笔和小品文虽然也有浓重的议论色彩,但相比之下,它们对记叙和抒情有比较明显的侧重,因此,一般把它们归于议论性的散文,而非议论文。至于随感和杂文,虽然它们也有记叙和抒情,但相比之下,更侧重于展示议论和说理的推论过程。因此,同属于议论文。

而随感和杂文相比,主要的区别是,作者主体的色彩比杂文要更为浓重。杂文更侧重对事物本身的分析和判断,而随感则侧重于说明作者主体的感想和发现。虽然杂文也有主观的思想和感情色彩,但是相比之下,随感在这方面要比它更明显。

可以说,随感是议论文中最靠近散文的一种文体,因为它的文章的线索是作者自身的感想，在这一点上它和散文十分相像。但它又不同于散文，因为它是用议论的方式来表达作者感想的，在这一点上它又和用记叙和抒情来表达作者感想的散文十分不同。

（二）随感的特点

1. 随意性。这一点可以把随感和杂文做个对比。杂文有很强的现实针对性，所关注的一般都是比较尖锐的、严肃的、有代表性的问题，在它嬉笑怒骂的外表下边，一般体现着作者对于社会文化的一种很强的责任感。因此，它常常被人看做是一种"政论"。而随感主要是表达作者的感想，是随时记录下来的，因此在内容上要更为广泛、随便而平和，无论题材大小，道理大小，即使是生活中的偶然所感，皆可入文。也可以说，随感的取材范围比杂文要更广泛，更随意。

2. 主体性。如果说杂文中可以看到作者的音容笑貌，那么随感中作者自身形象在作品中的投影就更为鲜明了。作者在议论说理的过程中，可以更为自由地表露自己的感情变化和思想倾向，并且在说理的前提下，进行更为自由的抒情。因此，我们在随感中不仅可以看到作者对于事物的分析和判断，也可以了解作者的内心世界和情感特点。

3. 灵活性。随感在写作上是不拘体例的，没有自身规范的严格设定，因此在形式上十分灵活。从文体上来说，可以是思想录，也可以是读书笔记；可以是读后感，也可以是观后感。从风格上来说，它不像杂文那样强调幽默、讽刺、犀利和辛辣，因为随感的主体性很强，所以风格也十分自由多样。可以幽默诙谐，也可以明白晓畅；可以直接爽快，也可以委婉喻示……

（三）随感的写作

1. 确定感想的重点。在生活中，人们对于社会生活和文化中的现象，往往有很多感想，同样读了一本书，看了一部电影，或是经历了一件事，也往往会感慨万千。因此，在写随感之前，首先必须找出自己感受最深的东西，确定感想的重点。否则，就会不分主次轻重，一股脑地写上去，不仅杂乱无章，而且会大大减弱文章的启示作用。确定感想的重点，实际上就是找出哪种感想最能揭示问题，最能接近事物的本质和生活的真实规律。

2. 联想性的议论手法。随感不是一事一议，也不能只停留在自己的感想上，而是要以"感"为中心，展开多层次的联想。这样从一件事，或一个现象，联想到社会生活、历史文化、现实人生等各个方面的实际，从而在联想中展开分析、归纳、判断和推理，最后得出一个共同的结论。

这里要注意几个问题，其一，联想要自然。"联想"不是"胡思乱想"，也不是一大堆事实材料的生硬堆砌。因此，在联想时，一定要按照内在的逻辑进行运思周转，而不能忽东忽西，让人摸不着头脑。其二，联想要有说明性。联系实际要有针对性，而不是不着边际的泛泛而谈。其三，联想时的感情要真实，要写自己真实的感触，而不要故作姿态，发一些无谓的感慨。

3. 语言的情感化。随感的魅力来自于作者丰富的情感和联想的智慧。与此相对应，随感的语言也应该是情感化的，有比较浓厚的文学感染力。随感的语言不能理论化，也不能像一般的议论文那样有比较明显的程序化。随感的语言要能表现出作者的感情特点，要有比较多的抒情成分。这样才能使随感的议论不仅形象化而且情感化。形象和感情是随感说理过程中的重要特色。

同时，要注意的是，随感与散文毕竟不同。散文可以不必告诉读者结论，而让读者在形象和感情的渲染中去自己体会。而随感的本质还是议论文，因此它的核心线索还是说理，它必须告诉读者推论的过程和结论，而且还得告诉得清楚明白。因此，随感的感情色彩要有所节制，不能让抒情代替推理，用情绪代替逻辑。随感的议论过程也同样必须有理有据，完整严密。

【思考与练习】

1. 什么叫杂文？杂文的特点是什么？
2. 杂文在立意上有什么特点？
3. 随感有哪些特点？随感在议论手法上有什么独特之处？

第三节　议论技法举要

一、议论技法的涵义

所谓议论，就是议事论理，作者通过分析、判断、推理等逻辑化的手法，对社会和生活中的现象与问题提出自己的观点、见解和主张。而这些分析、判断、推理等逻辑化的手法，就是议论技法。

议论技法是一些抽象化的运思方法。它们通过对社会和生活现象进行分析、对比、综合、归纳进行推理和判断，从而穿越事实的表面现象，获得事物的本质规律。议论技法体现着人们抽象思维的智慧，是人们对生活进行理性思考和把握的主要途径。

二、议论技法举要

（一）议论的两种方式

议论有两种方式，即立论和驳论。根据议论方式的不同，所有的议论文都可以被划分为这两类，或是立论文，或是驳论文。

立论和驳论的差别主要是提出论点、展开议论的角度不同。立论是从正面提出自己的观点，然后从正面进行证明。驳论则是通过反驳对立的观点，从反面提出自己的观点，从反面进行论证。

立论和驳论在具体进行论证时，都有非常丰富的论证方法。下面我们就分别进行介绍。但是，需要注意的是，虽然立论和驳论有所不同，但从本质上说，它们都是对观点的证明，因此在本质上是相同的，因此，这里作分别介绍很大程度上是出于分类说明的方便，而并非说立论的论证方法，驳论中就不会用，或者反之。实际上，无论立论或是驳论，在具体的论证方法上，相互交叉使用的情况是非常多的。

（二）立论的技法

1. 例证法。例证法是用事实论据证明论点的方法，也就是用事实举例来证明观点的论证方法。这里的事实，既可以是一些人和事，也可以是统计数字。

例证法在使用上，根据所用的事实材料的数量可以分为这么主要的几种：一是单一式，指只用一个事实材料，当然，这个事实材料必须是极具代表性和典型性的。二是对举式，是指举正反一对事实材料做论据。三是列举式，是指用两个以上的事实材料做论据。

在使用例证法时，要注意的是，例证法绝对不是单纯的举例子，更重要的是分析例子。举例的目的是为了支援论点，因此如果只举不分析，就达不到这个结果。

那么怎么分析例子呢？例证法的本质是一种归纳推理的思维方法。所谓归纳推理，就是从个别性的现象推出普遍性的结论，也就是从个别到一般的推论方法。这就要求作者必须选取最具典型性的事实，然后把它所蕴涵的与论点相呼应的实质因素揭示出来，从而达到证明论点的目的。

比如，朱光潜在《咬文嚼字》中，为了说明“要认真研究字的含义，才能正确运用字”的道理，就运用了例证法：

无论阅读或写作，字的难处在意义的确定与控制。字有直指的意义，有联想的意义。比如说“烟”，它的直指的意义见过燃烧体冒烟的人都会明白，只是它的联想的意义迷离不易捉摸，它可联想到燃烧弹，鸦片烟榻，庙里焚香，“一川烟水”，“杨柳万条烟”，“烟光凝而暮山紫”，“蓝田玉生烟”……种种境界。

通过这些例子，就能恰当地证明作者所要说明的道理了。

2. 引证法。所谓引证法，就是运用理论论据来证明论点的论证方法。

引证法有原引和意引两种。原引是对原始材料的摘抄引用，原引又有两种情况，一种是“段中引”，也就是把所摘抄的内容加上引号和作者自己的文字放在同一段落中；还有一种是“脱行引”，指所引文字单独成段。原引对原始材料的文字和标点照搬照抄，不作改动。意引是原始材料的转述，是用作者的语言把原始材料的内容复述出来，意思不变，但文句不同。无论是原引还是意引，都一定要说明出处和作者姓名。

同例证法一样，使用引证法，同样需要作者的分析，而不能是材料的堆积。引证法的分析方法与例证法不同，它使用的是演绎推理法。所谓演绎推理，是和归纳推理正好相反的一种推理方法。演绎推理是从一般到个别的推论方法。因为引证法所使用的材料都是理论论据，也就是说，都是一些已经成为一般性结论的材料，所以在分析中就不能使用归纳推理法，而应该从一般推到个别。

比如，梁启超的《最苦与最乐》中，就引用了孟子的“君子有终身之忧”，从这句话引申出：“越是圣贤、豪杰，他负的责任便越是重大；而且他常要把种种责任揽在身上，肩头的担子，从没有放下的时节。”这就是很典型的引证法。

3. 类比法。类比论证法是通过对两个相似的事实进行比较、分析，根据它们在某一属性上的相同或相似，证明它们在另外一种属性上也相同或相似的论证方法。

类比论证法的分析方法，是以类比推理为基础的。所谓类比推理，就是由特殊事例到特殊事例，或者由个别事例推理出个别事例的推理论证方式。比如，朱光潜的《选择与安排》，在这篇文章里，作者要证明的是"文章写作必须进行合适、恰当的安排"这样一个命题。那么，他怎么证明这一点呢？他就用"用兵布阵"这样一个事实材料和写文章做类比。他首先把用兵布阵和写文章进行类比，指出二者的相通之处：文章所用的材料或字句就像一个个的兵，文章的布局就像摆阵势。在证明了二者相通之后，作者就很自然地从用兵布阵的原理和规则，推出写文章的原理和规则：比如，从"兵不在多而在精"的道理，类比出写文章的用字要简洁贴切；从用兵布阵的中坚侧翼、前锋后备、步骑炮工辎、将校尉士卒互相配合的道理，一一类比出写作中的相应道理。这样得出的结论，不仅令人信服，也因其生动的形象说理，让读者容易接受其中的道理。

4. 对比法。对比论证法跟类比论证法恰好相反，它是通过把两个相反的事实进行比较、分析的论证方法。

对比论证从比较内容上来说，有两种情况：一种是把两个截然相反的事实放在一起进行多方对比，通过比较和分析，来区分、证明出好坏、优劣和正误。这种立论的方法因为对比强烈，可以很容易地给读者留下深刻的印象。比如，鲁迅在他的杂文《电的利弊》中就运用了对比论证：

> 外国用火药制造子弹御敌，中国却用它做爆竹敬神；外国用罗盘针航海，中国却用它来看风水；外国用鸦片治病，中国却拿来当饭吃。同是一种东西，而中外用法之不同如

此，盖不但电气而已。

通过把中国文化和世界文化的对比，作者就把中国文化中的一些弊端，生动形象而又发人深思地揭示出来了，造成了很强烈的效果。

第二种是把两个或两个以上有所差异的事物放在一起进行对比，通过对比，突出双方各自不同的特点和本质。如，茅盾的《谈〈水浒〉的人物和结构》一文就通过对比手法，把杨志、林冲和鲁智深进行了对比。这三个人的经历都差不多，一开始都是仕途中人，后来又都是逼上梁山，但这三人又有着很多不同之处，作者于是用对比来分析他们的不同及所蕴涵的意义：

> 杨志一心想做官，“博个封妻荫子”，结果是赔尽小心，依然落得一场空。林冲安分守己，逆来顺受，结果被逼得无处容身。只有鲁达，一无顾虑，敢作敢为，也就不曾吃过亏。

通过对比，既揭示了这三个类似人物之间不同的个性特点，又论证了“敢作敢为”才是真好汉的道理。

另外，对比论证从比较方法上来说，也可以分为两种情况：

一种是横向对比，比如，前面举到的两个例子，就都是横向对比。所谓横向对比，就是把同一时间不同空间的事物进行对比。一种是纵向对比，这种对比方法是把不同时间不同空间的事物在同一问题上的表现和情况进行对比。比如，著名考古学家沈从文在《古代人的穿衣打扮》一文中，为了说明服饰跟生产发展的关系，就运用了纵向对比的论证方法：

> 商代能穿丝绸衣服的，究竟还是少数，到西周情形便不同了，成王及周公个人，不一定比纣王穿着更奢侈，但是各地大小邦国封君，穿衣打扮却都有了种种不同的排场……服装最讲究的是春秋战国。不仅统治者本人常常一身华服，从臣客卿也是穿珠履，腰配金玉，出入高车驷马。

这样就把生产力决定服饰发展的命题论证清楚了。

5. 喻证法。所谓喻证法，就是用比喻来证明论点的方法。它通常是用一些人们比较熟悉易懂的具体形象和具体事物，来论证道理。它可以把抽象的推理过程变得生动具体，轻松有趣。鲁迅在《门外文谈》中论述“艺术的起源是劳动”时，就进行了形象化的比喻手法：

> 我们的祖先原始人，原是连话也不会说的，为了共同劳作，必须发表意见，才渐渐练出复杂的声音来，假如那时大家抬木头，都觉得吃力了，却想不到发表，其中有一个叫道“杭育杭育”，那么，这就是创作；大家也要佩服，应用的，这就等于出版；倘若用什么记号留存了下来，这就是文学；他当然就是作家，也是文学家，是“杭育杭育派”。

这种形象化的比喻手法，就把一个很抽象的命题变得具体可感了。这就是典型的喻证法。需要注意的是，在使用喻证法时，无论喻体是什么，都必须和主体，也就是论点，有着本质的密切的联系和理论上的互通性，否则，就达不到通过比喻进行论证的目的。

6. 分析法。所谓分析法，就是直接对论据或事理进行分析，然后从中综合出符合论点的结论、从而证明论点正确性的论证方法。分析论证法的分析方法是根据辩证逻辑的方法(包括辩证分析和辩证综合)来进行的。

最常见的分析论证法，是因果分析法。这种方法通过分析事物的前因后果，来证明作为论点的某个道理。比如，叶燮在《原诗》中论述学习习作该如何对待古人的文化遗产时，提出了“不可忽略古人，也不可附会古人”的论点，他在论证这一点时，就运用了分析论证法：

> 忽略古人，粗心浮气，仅猎古人皮毛。要知古人之意，

有不在言者；古人之言，有藏于不见者；古人之字句，有侧见者，有反见者。此可以忽略涉之者乎？不可附会古人：如古人用字句，亦有不妨自我为之者。……今人偶用一字，必曰本之昔始之人，昔人又推而上之，必有作始之人；彼作始之人，复何所本乎？……

这段文字分别就“忽略古人”和“附会古人”两种情况展开分析，分别得出两种不合理的结果，从而证明了“不可忽略古人，也不可附会古人”的论点。

（三）驳论的技法

1. 反驳论点。反驳论点就是直插对方的心脏，对对方的论点进行批驳，这是驳论中最直接击倒敌人的办法。因为论点是议论文的核心，一旦证明其论点为错误的，对方自然就彻底崩溃，无法立足了。反驳论点又有两种途径：

其一，直接反驳。这里也有两种直接反驳的方法。一种是用例证法直接反驳，即通过事实论据来证明论点是错误的。例证法应用在驳论中和应用在立论中，最大的不同就是，在立论中要选择能够说明论点正确的事实材料，而驳论中则相反，要选择典型的、有代表性的能说明所驳斥的论点为错误的事实材料。比如，鲁迅在他的杂文《文学和出汗》中，就运用了这种反驳方法。《文学和出汗》所针对的是当时的一种观点，即“文学当描写永远不变的人性，否则便不长久”，鲁迅就直接对对方的这一论点进行反驳：

人性是永久不变的么？

类人猿，类猿人，原人，古人，今人，未来的人……如果生物真会进化，人性就不能永久不变。不说类猿人，就是原人的脾气，我们大约就很难猜得着的，则我们的脾气，恐怕未来的人也未必会明白。要写永久不变的人性，实在难哪。

譬如出汗罢，我想，似乎于古有之，于今也有，将来一定暂时也还有，该可以算得较为“永久不变的人性”了。然而，“弱不禁风”的小姐出的是香汗，“蠢笨如牛”的工人出的是臭汗。不知道倘要做长留世上的文学，要充长留世上的文学家，是描写香汗好呢，还是描写臭汗好？

鲁迅通过这样的论证，就揭示了对方论点的荒谬性，从而彻底否定了对方的论调。

还有一种直接反驳对方论点的方法，就是用分析论证法来驳斥对方的论点。这种方法主要是分析对方论点所包含的因果关系，通过指出其因果关系上的谬误性，来反驳论点。比如，王安石在《答司马谏议书》中，针对司马光强加于新法的“侵官、生事、征利、拒谏”等多条罪名，逐一反驳。

某则以为受命于人主，议法度而修之于朝廷，以授之于有司，不为侵官；举先王之政，以兴利除弊，不为生事；为天下理财，不为征利；辟邪说，难佞人，不为拒谏。

这样的分析论证有的放矢，对症下药，批驳性是极强的。

其二，间接反驳。间接反驳也有两种具体的方法：

一种是运用归谬论证法来证明其论点的错误性。所谓归谬法，就是先假设其论点为对的，然后按照这个论点进行推理引申，最后得出一个错误的结果。这种方法欲擒故纵，让其自我暴露，是很有说服性的一种方法。比如，梁实秋在他的《文学是有阶级性的吗？》一文中提出了一个观点：“好的作品永远是少数人的专利品，大多数人永远是愚蠢的，永远是与文学无缘的。”根据“曲高和者寡”的传统说法，这个论点听上去很有道理，但是鲁迅在《文艺的大众化》一文中使用归谬法进行分析，就暴露了这个论点的漏洞：

文艺本应该并非只有少数的优秀者才能够鉴赏，而是只有少数的先天的低能者所不能鉴赏的东西。倘若说，作品愈高，知音愈少。那么，推论起来，谁也不懂的东西，就是世界上的绝作了。

间接反驳的另一种方法是运用独立证明法反驳论点。所谓独立证明法，就是设立一个和所驳斥的论点正好相对的新论点，然后分析证明这个论点的正确性，从而就证明了所驳斥论点的谬误性。这个掌握起来是比较简单的，因为它实际上是在驳论过程中包含了一个立论的过程。

2. 反驳论据。反驳论据就是对对方的论据进行批驳，指出论据的虚假和荒谬，因为论据为立论的根据，把论据驳倒了，自然论点也就不能成立了。这也是比较常用的驳论方法。

例如有篇题为《中小学文言运动》（见1934年6月21日上海《申报》），作者鼓吹文言比白话好，其理由是可以省去许多力气。文章说"例如说'这一个学生或是那一个学生'，文言只须'此生或彼生'即已明了，其省力为何如？"鲁迅因此写了《"此生或彼生"》（见《花边文学》）来驳斥这一荒谬的说法，用的就是驳论据的方法。鲁迅写道：

……这五个字，至少还可以有两种解释：一，这一秀才或是那一秀才（生员）；二，这一世或是未来的别一世。文言比起白话，有时的确字数少，然而那意义也比较的含糊。我们看文言文，往往不但不能增益我们的知识，并且须使我们已有的知识，给它注解，补足。待到翻成精密的白话之后，这才算是懂得了。如果一经就用白话，即使多写了几个字，但对于读者，"其省力为何如？"

通过对对方论据的驳斥，指出了对方所持有的论据的荒谬性，从而证明了这个论据根本不能支持他的论点，这样就达到了推翻对方的论点的目的。

3. 反驳论证。就是对对方议论过程中的论证方法进行批驳,指出其推论过程中的谬误,以证明它的论证方法无法推出它的论点,从而揭露出诡辩的部分,也就是常说的"以子之矛,攻子之盾"的做法。

驳倒了对方的论证过程,实际上也就是否定了其论据和论点之间的逻辑联系,这样对方的论点也就不攻自破了。比如:鲁迅在《论辩的灵魂》有一段话:

> 倘你说你没生疮,那么你就在说谎了。卖国贼是说谎的,所以你是卖国贼。我骂你是卖国贼,所以我是爱国者。爱国者的话是最有价值的,所以我的话是不错的,我的话既然不错,那你就是卖国贼无疑了!

这段话通过揭示对方使用"三段论"时所存在的漏洞和诡辩成分,把对方论证过程的不可靠性淋漓尽致地揭露出来了。

[例文] 爬和撞

鲁迅

从前梁实秋教授曾经说过:穷人总是要爬,往上爬,爬到富翁的地位。不但穷人,奴隶也是要爬的,有了爬得上的机会,连奴隶也会觉得自己是神仙,天下自然太平了。

虽然爬得上的很少,然而个个以为这正是他自己。这样自然都安分的去耕田,种地,拣大粪或是坐冷板凳,克勤克俭,背着苦恼的命运,和自然奋斗着,拼命的爬,爬,爬。可是爬的人那么多,而路只有一条,十分拥挤。老实的照着章程规规矩矩的爬,大都是爬不上去的。聪明人就会推,把别人推开,推倒,踏在脚底下,踹着他们的肩膀和头顶,爬上去了。大多数人却还只是爬,认定自己的冤家并不在上面,而只在旁边——是那些一同在爬的人。他们大都忍耐着一切，两脚两手都着地，一步步的挨上去又挤下来，挤下来又挨上去，没有休止的。

然而爬的人太多，爬得上的太少，失望也会渐渐的侵蚀善良的人心，至少，也会发生跪着的革命。于是爬之外，又发明了撞。

这是明知道你太辛苦了，想从地上站起来，所以在你的背后猛然的叫一声：撞罢。一个个发麻的腿还在抖着，就撞过去。这比爬要轻松得多，手也不必用力，膝盖也不必移动，只要横着身子，晃一晃，就撞过去。撞得好就是五十万元大洋，妻，财，子，禄都有了。撞不好，至多不过跌一交，倒在地下。那又算得什么呢——他原本是伏在地上的，他仍旧可以爬。何况有些人不过撞着玩罢了，根本就不怕跌交的。

爬是自古有之。例如从童生到状元，从小瘪三到康白度。撞却似乎是近代的发明。要考据起来，恐怕只有古时候“小姐抛彩球”有点像给人撞的办法。小姐的彩球将要抛下来的时候——一个个想吃天鹅肉的男子汉仰着头，张着嘴，馋涎拖得几尺长……可惜，古人究竟呆笨，没有要这些男子汉拿出几个本钱来，否则，也一定可以收着几万万的。

爬得上的机会越少，愿意撞的人就越多，那些早已爬在上面的人们，就天天替你们制造撞的机会，叫你们花些小本钱，而预约着你们名利双收的神仙生活。所以撞得好的机会，虽然比爬得上的还要少得多，而大家都愿意来试试的。这样，爬了来撞，撞不着再爬……鞠躬尽瘁，死而后已。

八月十六日。

【思考与练习】

1. 立论和驳论分别有哪些具体方法？
2. 请在你的阅读范围中寻找文例，并以此来说明立论的几种方法。
3. 在驳论过程中，可使用哪些方法反驳对方的论点，举例说明。

第四章　说明文体写作

第一节　概　　述

一、说明文的涵义与作用

(一) 说明文的涵义

所谓说明文,就是指以说明为主要表达方式,旨在介绍、解说客观事物及事理而能给读者以相应知识与技能的文章体裁。说明文经常用来说明事物的状态、性质、结构、成因、功用,事物之间的联系及事物的意义。

和叙述、议论相比较,说明方法在写作目的、表达方式上都有很大不同。叙述,是从动态的角度表达事物发生、发展、结束的过程,使读者得到清晰的印象;议论则需鞭辟入里、雄辩阔论,显示出充分的说理性,让读者理解信服;而说明,则主要是对事物的原理、构造等进行剖示、介绍、解释,使读者对说明对象的本质、特征获得准确明晰的了解和认识。

说明的方法在各类文章中都有广泛应用。如新闻写作中起注释作用的背景材料、理论写作中的概念解释、记叙类写作中的人物经历、事物由来及特征、用途的介绍,乃至剧本中的舞台提示、诗歌前的小序、游记中的风光、文物介绍等,都离不开说明的表达方式。但这些文体只是部分地采用了说明的方法,只有说明文才是主要以说明来解说事物、阐明事理的。

（二）说明文的作用

1. 有利于国家机器高效率运转。一些说明文体如行政公文、法律文书、财经文书等都是国家政治生活、经济活动、法制执行、行政事务（如总结、计划、调查报告）中不可缺少的一部分。另外，说明在立法、司法文书中，也常需对人、物、现场以及其他与案件有关的方面加以说明。如，各种法律条文大多是用说明方法写成；司法文书中对案件有关人员（如报案人、原告人、被告人、受害人等）的情况要有所说明；在侦察文书里，对案发现场中发现的痕迹、凶器等要作明了的说明，对尸体更要作详尽细致的说明。总之，它直接关系到国家政治、经济、法律的正常高速运转，起着极为重要的作用。

2. 有利于人们的日常生活、工作与学习。人们要生活得安定、舒畅、愉快，就必须懂得一些饮食起居的生活知识，以说明文集成的《养生之道》、《生活顾问》等满足了人们的这一需要。如《家居如何抗噪音》告诉我们怎样在家里降低噪音；《能净化环境的植物》列举了月季、杜鹃、紫薇、米兰、石榴等抗污染植物净化环境的能力。此外，如《学生守则》、《观众须知》、《旅游介绍》、书刊影剧介绍、药品说明书等说明文都能直接为人们提供帮助，成为人们日常工作、学习、生活中必不可少的参谋。

3. 有利于宣传、普及科学知识。一些科普读物如《科技报》、《百科知识》等刊登的文章主要是说明文。中央电视台《科技之光》栏目播出的科普片，邀请了雷洁琼、吴阶平、卢嘉锡、钱伟长、朱光亚、王淦昌、何祚庥等一大批著名科学家担任顾问，采访包括杨振宁、李政道、丁肇中等著名科学家，讨论诸如中国水资源、环境污染、信息高速公路、阪神地震的启示、艾滋病对中国的侵害以至美国科学家提出的炸掉月球等热门话题，其中的解说词便是一些精彩的说明文。这些科普读物能使人们更科学地生活和工作，认识自然，认识社会，因此颇有实用价值。

二、说明文的种类和写作特点

（一）说明文的种类

说明文按照不同的标准，可以分成若干种类。

如按说明的对象分，就有实体事物说明文和抽象事理说明文。凡说明事物的本质特征、运动变化的发展规律的说明文就属实体事物说明文。凡主要是说明事物的内部联系、事物彼此之间的关系、事物的成因、方法等的说明文即属抽象事理说明文。

从说明的性质来分，则大体有：

1. 介绍性说明文：对事物进行介绍或解说的说明文即介绍性说明文。如：产品说明书、书刊影剧介绍、文献提要、辞书条目、书中注解等都属这类说明文。

2. 记述性说明文：记录天象、物象的变化，生产流程、实验经过、科学考察报告等的说明文，如各类实验报告、考察报告、司法鉴定报告以及我们中学时所学过的如《人类的出现》、《一次大型泥石流》等文章。

3. 阐述性说明文：即阐述事物、事理的说明文。如自然科学的教科书、科普读物的知识阐说以及像《石油的用途》、《食物从何处来》等类文章。

4. 应用性说明文：日常生活、工作中应用的说明文。如行政公文、财经文书、法律文书以及其他的事务文书——书信、日记、总结、计划、调查报告等。

以上四种说明文也叫单纯性说明文。它往往采用平实的语言对事实作出科学客观的说明。它的表达方式一般比较单纯，很少运用带有文学色彩的修辞手法和写作技巧。语言平实、简明，笔调质朴、严谨，严格遵守事物的规律与科学逻辑，概念明晰、准确，并在此基础上力求具体、翔实。

此外，还有一种运用更为广泛而又较特别的种类，即：

5. 文艺性说明文：这是运用比喻、联想、拟人化等方法对事物进行阐述和说明的文体。它采用文学写作的诸多方法和技巧，寓科学性、知识性于趣味性、娱乐性、艺术性之中。语言不仅要求准确明晰，而且还要华丽多彩，生动活泼，具体形象，引人入胜，使人们在获得知识的同时，也或多或少地得到艺术的享受。如《雄伟的人民大会堂》、《第比利斯地下印刷所》等，都属文艺性说明文。

文艺性说明文常见的种类有：科普读物、知识小品、科学史话、文物品赏、古迹览胜、建筑特写、新科学新技术漫谈等。如获全国科普节目一等奖的《凯丽阿姨讲科学》(100 集)、获中央电视台科技节目一等奖的《欢迎你，哈雷彗星》等。此类说明文写作方法灵活，表达方式多样，常采用自述式、叙事式、诗歌式、散文式、童话式等形式。

(二) 说明文的特点：

1. 知识性。如果说记叙文是通过具体形象的记叙描写，让人有所"感"，议论文是通过严密的逻辑推理让人有所"信"的话，那么，说明文则是通过简明、准确的介绍、阐述，让人有所"知"。

无论是介绍人物经历，说明事物的性质、形状、特征，还是介绍事物的发展变化，讲解事物的客观意义，其目的都是为了"授人以知，教人以用"，可以说知识性是说明文存在的首要条件。

如上海将要在浦东修建先进的磁悬浮列车线，但很多人对磁悬浮列车还相当陌生，上海《新民晚报》2000 年 8 月 3 日刊载的《磁悬浮列车向我们驶来》(曹炳坤)一文告诉我们：

磁悬浮列车是利用常导或超导电磁铁与感应磁场之间产生相互吸引或排斥力，而使列车悬浮在轨面上，然后再运用线性电动机的原理产生推力，使列车作无摩擦的运行。它实现了列车与地面轨道间的无机械接触，从根本上克服传统列车轮轨粘着限制、机械噪声和磨损等问题，并具有启动停车快和爬坡能力强等优点，所以它将成为人们梦寐以求的理想陆上交通工具。

磁悬浮列车高速前进时，只能听到轻微的嘶嘶声，就像一架超低空飞机贴近特殊的轨面飞行，除了空气摩擦外，没有其他阻力，可达到陆地交通工具前所未有的高速。德国和日本在磁悬浮列车技术的研究领域里一直处在世界领先地位，德国开发的磁悬浮列车于1989年在埃姆斯兰特试验线上达到每小时436公里的速度。日本开发的磁悬浮列车于1997年12月在山梨县的试验线上创造出每小时552公里的世界最高纪录。因此，有关专家称"磁悬浮列车是未来理想的交通工具之一，是短途飞行的主要替代工具"。

简短的文字却起到了释疑解惑的效果。

2. 说明性。说明文的特点就是"说"，即说明事物，阐明事理。它不同于记叙文和议论文，记叙文主要以叙述、描写为主要表达方式，议论文则主要用议论的方式进行逻辑论证。以"柳树"为例，若写成议论文，既可从它"能适应环境，容易成活"的特点入笔，提炼出"到哪儿都能扎根生长"这一观点来，也可从它随风摇摆的姿态来说理，"不作风前的杨柳，要作岩上的青松"；若从记叙、描写的角度看，那不同的心态更会有不同的情感：林黛玉悲天悯人，便觉得连柳树也带上了愁容；唐玄宗怀旧伤春，于是看那柳叶，就像已故的杨贵妃的眉毛；而闺中少妇"遥见陌上杨柳色"，心中就不由涌起了"悔教夫婿觅封侯"的慨叹。但同样是"柳树"，若换成说明方法来介绍，那么，不管由谁执笔，都不能改变它"落叶乔木或灌木"的属性，以及"枝条柔韧"，"叶常狭长"

的特点，对它的介绍也离不开“花雌雄异株，柔荑花序，苞片全绿，无花被，有腺体，……种子具毛……”等内容。当然，说明文并不排斥其他表达方式，有时，为使说明文写得既有科学性，又富有生动性和趣味性，往往除说明外，还间以记叙、描写、议论、抒情等其他表达方式。但必须明确指出：只能以说明为主，其他表达方式为辅。

3. 客观性。与记叙、议论等文体相比，说明文在表现事物、事理时的态度是最客观的。它不带任何个人的主观好恶。事物的原貌是怎样的，就作怎样的介绍、解说。面对着浩瀚的长江及江上的扁舟，诗人可以根据自己不同的心境写出“孤帆远影碧空尽，惟见长江天际流”或“百舸争流”的诗句，但这种写法绝不是说明文所能采用的。说明文只能客观、具体、准确地把对象的本来状貌表述出来。任何主观情绪的掺入都会影响它的客观性、科学性。

4. 简明性。简，就是简洁。从现代信息科学的角度来说，一篇优秀的说明文应该具有高密度的信息量，也就是说，要用尽可能少的文字，来承载尽可能多的信息量。明，就是明了，即让读者一看就明，一目了然。

说明是“知者”用来向“不知者”传播知识信息的手段，有些对于“知者”来说是驾轻就熟的知识，对于“不知者”来说却是陌生的。除了一些专业论著外，极大部分说明文都是文化普及型的，因此，作者应该考虑到读者的文化层次和专业知识的局限，尽可能注意说明文表达的通俗化，即通常所说的化艰深为浅显，化陌生为熟悉。

好的说明文总是能迅速抓住事物的主要特征，使人们能通过简洁明了的文字，对事物的原理、构造等有一个准确的了解和全面的认识。如果文笔冗长，枝节繁杂，不得要领，读者就难以形象而又深刻地了解被说明的对象。

三、说明文的撰写及需注意的问题

运用说明方法应注意以下几点：

（一）抓住事物的主要特征

要把事物说明白，就必须把握事物的特征，进一步揭示出事物的本质属性，即它区别于其他事物的主要标志。世界上的事物是十分复杂的，有的极其相似，所谓“物有异类，形有同色”。例如：多数动物都是用嘴喝水的，可青蛙却是靠皮肤吸收水分；动物的耳朵一般生在头上，而蚱蜢的耳朵却生在一对前脚的小腿上。若不注意对事物独具的形状、构造等细加分辨，就可能出现像诸葛亮在《察疑篇》中所说的“白石如玉，愚者宝之；鱼目似珠，愚者取之；狐貉似犬，愚者畜之”那样“愚者”的错误。不仅如此，即使是同类事物，也往往是同中有异，例如，都是名山，黄山、泰山、庐山……就各有各的“美”：泰山松奇，黄山云妙，庐山瀑丽，百态千姿，各个有别。只有把事物的特征抓住了，才能对事物作出准确、清楚的说明。

（二）合理安排说明的层次

事物尽管复杂多变，千姿百态，但总有它自身固有的条理和层次，人们对事物的认识也是有其客观规律的。说明的顺序，总的说，就是要按照事物本身的条理和人的认识规律来安排，从而最有效地表现事物的特征和本质。

说明文常见的布局大体有：

1. 时间式。即按时间先后顺序及过程渐近的顺序来安排。它常用于对某事物诞生、发展并形成如今规模的历史过程的介绍。一般适用于科技史话、品物趣谈、人物介绍、文化追溯以及用品制作过程、技术操作等的说明。

2. 空间式。即按说明对象的一定方位来安排。如介绍景物、建筑的导游词、解说词，大多根据地理环境和方位来布局。

3. 并列式。被说明对象按照自身的性质可分成几个方面，将这几方面的内容一一说明即为并列式的结构。并列式一般适宜于对复杂事物的介绍。如叶圣陶在介绍苏州园林时，为说明苏州园林是“一幅完美的图画”，就采用并列式结构，分别从苏州园林讲究“亭台轩榭的布局”、“假山池沼的配合”、“花草树木的搭配”、“近景远景的层次”等几个方面来结构布局，读来总分有序，纲目明晰，有条不紊。

4. 纵深式。人们认识事物总是由浅入深，由现象到本质。说明事物也往往按照先提出问题到指出原因这样的顺序行文，这就是纵深式。纵深式一般适宜于需要说明成因，阐释事理的说明文。华罗庚《统筹方法平话引子》一文就是由日常生活中烧水泡茶的小事入笔，由浅入深，阐释复杂事理的典型例子。

5. 交错式。有的事物较复杂，要从时间、空间及其他方面组织材料，加以说明。这种纵横交错的形式可称为交错式。实际写作中，往往是将几种方法结合运用，以便最简洁、科学地将说明对象介绍清楚，让读者真正有所“知”。

（三）语言文字准确简明

语言准确，这是说明文具有科学性的重要标志。也就是在用词上必须注意概念范围的大小要适当，要力求表达出事物的细微差别。简明，则需要作者对知识研究有素，并且有纯熟地驾驭语言的能力，善于抓住主干，不用生僻字眼，多用短句，尽量用浅显的口语说明问题。

【思考与练习】

1. 说明文区别于其他文体的特点是什么？
2. 运用说明方法应注意哪些问题？

3. 结合你的体会,谈谈如何写好说明文。

第二节　科学小品、解说词的写作

一、科学小品

科学小品是科普创作中常用到的一种文体。与一般科普文章相比,它除了同样具有科学性、知识性、通俗性等特点外,还具有文艺性,即在保证科学性的前提下,采用了某些文学表现的手法,通过讲故事、打比方、从古到今的联想等手法,力求既有科学文章的精确性,又有文艺作品的感染力,既有科学的严谨,又有文学的情趣。

有的科学小品与文学(如科学童话)的界限并不很明显,但它们还是存在区别的,区别主要在于:科学童话等渗入到允许虚构的小说领域,它的人物可以上天入地,它可以寻访洪荒的历史,探望未来的世界,出现实际生活中从未存在或还未诞生的事物,它虽有科学的凭借,却不乏幻想的成分,像我们在法国作家儒勒·凡尔纳的《地心游记》、《神秘岛》等作品中读到的那样。而科学小品则属于要求有客观真实性的散文领域,因而它是更直接、更朴素地介绍在现实生活中存在的和被认识的科学知识,拿出的是实践的经验和成果,经得起考察和检验。

这也体现了科学小品的特点,即:

(一) 以普及科学知识为主要内容

科学小品的取材范围是十分广泛的,上至天文地理,下至自然界的动植物,都可作为说明的对象。如苏联著名科普作家伊林写的《隐身人》,普及的是气象知识。他将风喻为“隐身人”,告诉人们气流变成风的知识。李四光的《看看我们的地球》,普及的是地质学知识。总之,科学小品以传授知识为其首要目的,所以有时我们也把科学小品称作知识小品。

（二）篇幅短小，小中见新

科学小品大都较短。一般一篇文章只说明一个科学现象，介绍一种知识，文字短小，通常不过千字左右，所以又有人称之为“千字文”。叶永烈在《谈科学小品》一文中这样介绍道：“科学小品行文挥洒自如，文情并重，生动活泼，短小精悍，是科学文艺中的轻骑兵。”

写作科学小品，既要篇幅简短，又要旁征博引，既要广录杂收，又要集中凝练。它们往往内容精短，结构紧密，知识新奇，如《教授与黑猩猩换脑》、《会飞的婴儿》、《两个舌头同时说两种外语的奇才》、《无骨软体人》等，新鲜独特，引人入胜。

说明文不能是教科书式的短文，而应在很短的篇幅里，用新的材料，新的成就，或从新的观点、新的角度向人们普及科学知识。如有的作者为了突出新鲜感，常以《……趣闻》、《……趣谈》、《神奇的……》、《……奇观》等为题，使文章新奇而有趣味。但科学小品真要做到意新语工，避陈去俗，还是要下一番苦功的。

（三）语言通俗，雅俗共赏

科学小品在行文中往往用一些形象的语言把严肃的科学道理浅显易懂地介绍清楚，而不是板起面孔说教。一些枯燥的学术术语常被比喻、拟人等修辞手法表达得生动活泼，雅俗共赏。如高士其的科学小品《床上的土劣》，就将比喻、拟人的手法运用得相当精巧妥帖：

> 蝴蝶，美丽而活泼，好比电影明星；秋蝉，清脆而有韵节，好比音乐家；螳螂，好比挺着胸膛的武人；蠹鱼，好比专读死书的文士；蚂蚁，好比靠着两条腿吃饭的洋车夫；蜜蜂，好比忙着搬行李的码头工人；苍蝇是白天的强盗，蚊子是黑

夜的土匪，这两个也还有不怕死的胆量；至于臭虫，名称先已不雅，态度又畏首畏尾的不光明正大，看它那胖胖圆圆扁扁的褐木色的大肚皮里，吃的都是我们小百姓的汗和血，一旦光明来到被窝里，它们早已吓得逃个精光了。拿它们来比喻一般贪官污吏、土豪劣绅不为过吧。

上文这些形形色色的小昆虫，经作家这么一比喻，一下子都像活跃在舞台上的演员一般，生动活泼，栩栩如生。人们对它们的形态、特点，对它们与人类的利害关系，读后便能基本理解掌握了。人们甚至还可以从社会中各形各色人的肖像、性格中，找到与这些小昆虫相似的类型。即使时隔多年，现在人们读后，仍会发出会心的微笑，有所领悟。

因此，科学小品应该像贵贱能卖，雅俗共赏的宜兴陶壶那样，不论摆在书斋，还是置于农舍，都能供人实用，给人美感。

（四）诗、哲、知三味调和

科学小品要求科学性、艺术性、思想性三者紧密结合，运用形象思维与逻辑思维的交错作用，使主观思想感情同客观自然规律互相交融。把引人入胜的诗情画意，耐人寻味的哲理遐思渗透到有趣味的科学知识之中。因此，阅读优秀的科学小品，就能品尝到诗、哲、知三味调和的美感，不仅能增长知识，还可启发思想，陶冶情操，受到潜移默化的教育。

写好科学小品大致可从以下两方面入手：

第一，巧妙选择写作角度。同一事物若从不同角度加以表现，往往会产生不同的效果。在科学小品中，应该有意识地选择新奇的、容易引起读者兴趣的角度，使读者一看文章开头，甚至只看到标题，便“一见倾心”，急于读完全文。如宣传戒烟这一题材，根据选择角度和不同的侧重点，可以写出《香烟的自白》、《送别香烟一身轻》、《吸烟对肺的摧残》、《外国人看中国吸烟问题》

等文章，均能给人以新鲜感。

从人类认识规律来看，一般总是由近及远，由浅入深，由具体到抽象的，任何一种专门知识，无论它多么深奥，也往往会在日常事件中找到它的影子。如有篇谈保健知识的文章，就由浅入深，把林黛玉和唐琬的短命跟“七情”伤身之说，以及现代医学中神经系统及内分泌系统的学说联系起来，说明忧郁的情绪对健康的危害。从大家熟悉的事情入笔，消除作品与读者的隔阂，就会让人感到亲切、自然，易于接受。

第二，语言通俗而有文采。在讲清一个道理的过程中，难免会遇到一些读者难以理解的专用术语或“行话”，要使读者易于接受，就应尽量将它们“翻译”成通俗而又大众化的语言。

高士其在他的第二篇科学小品《我们的抗敌英雄》中，就用极其饱满的热情，通俗晓畅的语言讴歌了白血球：

> 白血球，这就是我们所敬慕的抗敌英雄。这群小英雄们是不知道什么叫做无抵抗主义的，他们遇到敌人来侵，总是挺身站在最前线的……一碰到陌生的物体就要攻击，包围，并吞，不稍存畏缩退怯之念，真是可敬。
>
> 白血球尤恨细菌，细菌这凶狠的东西一旦侵入人体的内部组织，白血球不论远近就立刻动员前来围剿……

这段话不仅通俗形象，新鲜明快，而且也颇有文采，生动地介绍了白血球的功能，而且还另有寓意，匠心独运，值得我们借鉴。

(五) 综合运用多种表现手法

1. 借助虚拟，启发想象。虚拟，即创造或设计一种意境，或以物作人(即拟人)，或虚构故事，或想象一种并不存在的情境，以此启发读者的想象力，更形象地证明所表述的科学问题。如《假如举办细菌奥运会》一文中就虚构了一个“细菌奥运会”的背景，然后逐一介绍各项"金牌得主"，在真实确凿的科学内容的基础上，为文章所要表达的内容服务。

将拟人化手法运用于说明文中，往往可使文章生动活泼，让人感到情趣怡然，爱不释手。如，对数学中"零"的介绍，若采用拟人法，"零"便具有了鲜明的形象性和逗人的性格：

> 我是零，我是没有数的数。我是无形的有，我是有形的无。我最贫寒，也最富足。多大的数都不能把我填满，但其实，我小于任何最小的正数。二进位中，我可顶半边天。小数点后，我可表示精度。我在正负之间，是一切数中唯一的中性数。恩格斯说，零比任何一个数的内容都丰富。

2. 巧用描绘，直观有趣。被说明的事物，尤其像山水景色、工艺美术、花卉动物等，在形态神韵上颇具特色。作者在运用其他方法介绍时，也可辅之以描绘法，对该事物摹声绘色、描形画态，使之声色俱佳、形态毕备，从形象上调动读者抽象的认识功能。如《看云识天气》中对不同姿态的云的描绘便是浓墨重彩，姿态万千。

必须注意，描绘的运用，应视具体情况，根据不同的内容和写作手法而定，切不可喧宾夺主，哗众取宠。

二、解说词

顾名思义，解说词就是对事物进行介绍解说的文字。通常以解说员的口头解说或文字解说两种形式出现。

解说词的种类大致有三种：

一是实物（静物）解说，如产品展销、文物陈列、书画展览、摄影图片、标本说明、园林介绍等；

二是画面解说，主要是影视片中的解说词，如《敬爱的周总理永垂不朽》、《欢迎你，哈雷彗星》；

三是音响解说，如电影录音剪辑、广播剧中的插入介绍，音乐作品的介绍等。

解说词一般具有以下几个特点：

(一) 程序恰当，节段分明

解说词一般篇幅短小，文字简明，因此必须抓住事物的本质特征，按照对象陈列的顺序或画面推移的顺序，有条理，节段分明地进行介绍。

如要介绍“人体呼吸系统”的挂图，就应按照鼻、咽、喉、气管、支气管的顺序进行解说。

在一般解说词中，若是介绍人物的，往往是一个人物写一段，若是展览会上的实物介绍，则按它的陈列顺序进行解说，此外还有以地理位置和政治意义的重要性为次序进行解说的。

对电影、电视片，一般应按镜头推移、变换的顺序来解说。如获奖电视专题片《欢迎你，哈雷彗星》中的解说词，就是一个场面一段，中间用空行表示，分节分段，有助于讲解员解说，也有助于观众领会每个画面的意思。

(二) 形式多样，方法灵活

撰写解说词，不仅要使别人读懂，还要激发人们的阅读兴趣，所以需有一定的文学性，尽可能调动一切表达手段，运用多种形式以增强解说的效果。它和其他形式的说明文相比，方法更加多样，手法也更灵活，可以三言两语，也可洋洋长篇。

如对科技成果或产品的解说，可采用平实的语言作客观科学的介绍；对人物事迹、建设成就、社会活动等新闻性图片、影视的解说可用新闻性、评述型的写作形式，以揭示其新闻价值；对河山风光、文物古迹、艺术造型的介绍，则可用散文式解说。为了打动观众，有时还可采用文学色彩较浓，抒情气质较强的散文诗形式，将说明与抒情、议论、描写结合起来。

为了使读者对被解说的对象产生兴趣，有时还可采用故事形式，如《长江三峡名胜古迹介绍》的解说词中，在介绍神女峰时，就采用故事形式，写了一个“神女导航”的美丽传说，说明了神女峰的来历，听来生动有趣，给人留下了深刻的印象。

（三）扣物写话，言简意明

解说词总是针对具体实物而写，因此，既要琅琅上口，便于理解，又要使观众能借助简明的解说文字，对实物或画面有一个深刻的认识。所以，解说词必须语言简练，重点突出。

[例文] 欢迎你，哈雷彗星

赵致真

茫茫宇宙，浩浩太空。每当我们把望远镜伸向星际的深渊，作为人类，自豪感和谦卑感总会同时油然升起。

我们庞大而壮丽的银河系拥有一千亿颗恒星，但在无限的时空海洋中，它只是一个普通的宇宙岛。

太阳像一个威严的家长，带领着它的家族逡巡在银河之滨。第三轨道上这颗美丽的行星，便是我们伟大的母亲——地球。

当猿人直立行走后，观察星空的活动便随之开始了，天文学的历史几乎和人类自身的历史一样悠久而漫长。

把行政区划的办法移到天上，人们掌握的星空图和地图一样日趋详尽。大熊星座、猎户座、半人马座……于是天上有了一座动物园，并写满了迷人的神话传说。

然而，当一种奇特而罕见的天象赫然出现时，人类曾陷入极度的恐惧和惊惶，那便是彗星的猝然光临。

在汉语中，“彗”是扫帚的意思。老百姓也向来把彗星称为扫帚星，它的确像一把凌空高悬，熠熠发光的扫帚。

这样一个毛茸茸的陌生天体，突然间闯进秩序井然的星空，难怪幼年时代的人类不知所措了。

古人曾相信："彗出北斗，兵大起；彗在三合，君害臣。"

《基辅编年史》认为："彗星预示着内乱频繁和恶人入侵俄罗斯土地。"

流行于欧洲的《奇迹史记》一书则说："彗星是不幸事件的可靠征兆。世界末日和可怕的最后审判已经来临，并站在门坎上。"

真可谓迷信所见略同。其实世界之大，哪年没有天灾人祸发生。信手拈出一两件和彗星的出现相附会的确不是困难的事。这也算"欲加之罪，何患无辞"吧！

彗星当然不介意它蒙受的不白之冤，倒是人类在自己编造的荒唐故事中，无端受了几千年惊吓。

自从哥白尼把地球从宇宙中心的位置移开后，地球便再也没有回到那个位置上去，人类却因此找到了认识宇宙的新起点。

彗星神秘而恐怖的面纱也一层层揭开了。原来它是一种很普通的天体，有人称它是太阳系的流浪汉。

迄今发现的彗星共有 1 800 多颗，它们中的大部分和我们仅有一面之缘，匆匆绕过太阳后，便沿着抛物线或双曲线一去不返了。

只有沿着封闭轨道运行的彗星才能去而复来，这便是周期彗星。科学家把 200 年定为短周期彗星和长周期彗星的分界。

英国天文学家哈雷几乎把毕生精力消磨在对彗星的研究中了。他观测了 1682 年的大彗星后，发现它描绘的曲线和 1531 年、1607 年的彗星惊人地相似，哈雷大胆断定，这是同一天体的三次出现，并预言它将于 76 年后再度回归。

这颗彗星没有失信于哈雷的期待，它于 1759 年准时回来了，而哈雷却在此前 17 年溘然长逝。人们怀着深深的敬意，以发现者的名字为这颗彗星命名，爱德蒙·哈雷的名字从此被大写在天空中。

而哈雷彗星最完整的资料，是中华民族的祖先用汉字书写的。公元前 613 年，"秋七月，有星孛入于北斗"。这是人类关于哈雷彗星的第一次记载。

从海王星之外的太阳系郊区急急来归，沿着扁平的椭圆一直走到金星轨道内的近日点，然后匆匆绕过太阳又扬长而去，这便是以 76 年为周期的哈雷彗星之路。大行星的摄动常常影响它行程时刻表的精确性。

光谱分析表明，水、氨、氮、甲烷、一氧化碳、二氧化碳……和不完备分子的自由基，是哈雷彗星的主要成分。在幽冷深邃的空间，它们和尘埃沙砾一起，冻结成硬邦邦的团块。科学家形象地把彗星称为“脏雪球”。

渐渐靠近太阳了，表面开始受热而汽化，于是冬眠的彗星进入生命的活跃期。反射阳光和自身受激发光使它披上了辉煌灿烂的外衣。

中间那团明朗而密集的凝聚物是彗核，朦胧而蓬松的气体包层是彗发，边缘还有一圈暗淡而稀薄的氢云，它们共同组成了怒发冲冠的彗头。

彗尾则更加壮观了。这根势欲扫天的大尾巴从何而来呢？

光焰喷薄的太阳，照耀着辖区的每一寸空间，同时抛射出源源不断的亚原子流，形成吹向四面八方的太阳风。彗星上弱不禁风的尘埃和挥发物质便在太阳风的吹拂和光的压力下，拖出一条明亮的大尾巴来。难怪离太阳越近，尾巴越长，不管走到何处，尾巴总是指向背着太阳的一面。当它辞别自己的主宰再次远行时，尾巴已经成了照耀路程的一盏车灯了。

哈雷彗星上次回归的 1910 年，许多地方曾举行了世界末日集会，人们怀着不可遏制的恐怖，等待地球和哈雷彗星相遭遇。直到 5 月 19 日地球安然无恙地穿过彗尾，这种杞人之忧才告结束。原来彗尾是比实验室里制造的真空更为空虚的稀薄气体，科学家把彗星比做“空口袋”，“看得见的乌有”。

哈雷彗星横跨太阳系的跋涉并不是优哉游哉的闲庭信步，来到太阳身边一次，它便要被剥掉一层皮。这种有去无回的物质损耗将导致哈雷彗星在遥远的将来走向消亡。

今年又是哈雷彗星归来的时候了。从 1910 年算起，人类社会所经历的变化是哈雷彗星任何两次回归之间所不能比拟的。再也没有人像上次那样如临大敌，全世界在翘首期待，就像迎接久盼的节日。

国际天文学会第一次制定了全球通力合作的国际哈雷彗星观测计划，并把 1985 至 1986 年定为国际哈雷彗星观测年。

太空时代的人类已不再满足于地球上的守株待兔了。美国、苏联、日本和欧洲空间局都竞相发射了各种探测器,飞向哈雷彗星经过的天域。这是人类和哈雷彗星结识以来,最隆重而盛大的欢迎仪仗。

哈雷彗星的回归究竟给我们带来什么礼物呢?科学家认为,彗星一生中的大部分时间,是在太阳系边缘的深度冷藏区度过的,如同被保存在巨大的冰箱之中。构成彗星的物质,应该保持形成时期的初始状态。通过对彗星这一宇宙化石的研究,无疑将大大丰富我们的天文学知识,并有助于最终揭开太阳系的起源之谜。

不错,对于我们大多数人来说,一生只能有一次珍贵机会瞻望哈雷彗星的风采,但人类的观察和探索将永无止境。我们的子孙无疑会和哈雷彗星建立更亲密的交往——当它走完76年的道路再度回归的时候。

【思考与练习】

1. 参观一个历史名胜或博物馆等,写一篇解说词。
2. 向你的中学母校高三毕业生介绍你所就读的大学概况,写一篇800字左右的说明文。

第三节　说明技法举要

说明的方法大致有定义、解说、分类、举例、比较、引用、比喻、描摹、数字、图表等十多种,下面分别介绍几种:

一、定义

下定义是一种揭示事物特有属性的逻辑方法。它使用简洁而明确的语言指出对象的性质、特点,并把那些与之相混的对象区别开来。它在说明文中,能够最准确、最简明地说明事物的特征、揭示事物的本质。所以它在各种说明文中常被采用,尤其是在教科书和科技说明文的写作中更为常见。

如"未来学"的定义,就是"预测社会与科学技术的发展变化,研究科学技术的进步与人类社会相互影响、相互关系的一门综合性学科”。

下定义的关键是确定对象的性质和特点，即该事物的属和种差。所谓属，就是被定义对象所属更广泛的概念。如“未来学”定义中的“学科”。所谓种差，就是被定义对象的特有属性，即它与同类事物之间的差异。

下定义一般适用于内容品位和读者层次较高的说明文，如《现代自然科学中的基础科学》（钱学森著）、各种专业书籍等。而大部分普及型、通俗型的说明文，则比较多的是以解说法来代替定义法，或两种方法结合起来使用。至于一般人们日常常见的而且比较熟悉的说明对象，如书、笔、猫、狗之类，就不必再去硬下定义了。

二、解说

如果说定义的特点贵在“一言以蔽之”，准确揭示事物的外延和内涵的话，那么解说的长处就在于用通俗、浅显、简明的语言，阐述清某一事物的基本方面或主要特征。

如《世博会由来》（新民晚报 2000 年 7 月 29 日 15 版）：

> 世界博览会简称世博会，是人类在政治、经济、科技、文化等多领域进行交流的重要方式，也是各国比较国力的竞赛场地。世博会分为两种类型。一种为“综合博览会”，它的主题广泛，规模盛大，每 5 年举办一届；另一种为“专业博览会”，专业性强，每 2 年一届。’99 昆明世界园艺博览会就是一次专业博览会，而时下举行的德国汉诺威世界博览会则是一次综合博览会。目前上海正积极申办的是 2010 年综合博览会。
>
> 博览会的雏形产生于 19 世纪初，那时有些集市被称为博览会。但真正意义上的世界博览会定型于 1851 年的伦敦世界博览会。此届博览会的本意在于展示英国工业技术

的成就，但维多利亚女王以外交方式邀请各国参展，于是形成了“万国博览会”格局。

1928年国际展览局成立后作出规定，每一届世博会必须要确定一个主题，并从1933年美国芝加哥世博会开始实施。

上文用解说的方法，从若干方面对“世博会”作了科学的解说，起到了同下定义一样的作用。

从总体上说，一般说明文(除童话式等少数说明文外)的大部分文字均为解说，因此，这种说明方法运用范围是极广泛的。许多文本写作中所涉及的专门术语的特定含义、所引用的历史典故的由来和本意，以及引文材料的出处来源等，都需要采用解说这种方法。

三、分类

将说明内容按逻辑划分法化整为零，分解剖析的写法称分类法。对一些内容复杂，涉及面广的事物，宜于作分类说明。

一次就把事物的各类划分完毕的叫一次分类法。如“法定代理人是指被代理人的父母、养父母、监护人和负有保护责任的机关、团体的代表”。

有时所分的各大类下面还可分成若干小类，这时可采用多次分类法，即用不同的标准多次分类。如“法”有宪法和普通法。宪法是国家的根本大法，是母法；普通法是子法，有组织法、实体法和程序法。组织法有法院组织法、检察院组织法和公安机关组织法。实体法有刑法、民法、婚姻法、劳动法等。程序法有刑事诉讼法和民事诉讼法等。

分类说明的要领是：一要包举，二要对等，三要正确。

包举是指在分类时，所划分出的各个类别(子项)之和必须等于其属(母项)的全体，即对事物的属性和主要特征的类别要力求穷尽。如世界上的生物约有二百多万种，要将它们介绍清楚，就必须进行分类：首先按"二界"说，将它们分成动物界和植物界，再分别在动、植物界中，按不同的标准把它们分成门、纲、目、科、属、种等，然后再逐一进行介绍解说。

所谓对等，就是指在分类时，所划分出的各个类别不能互相交叉重合。如前面所举的对"法"的分类。

所谓正确，就是指分类时所根据的标准要一致，一次分类只能有一个标准，不能任意交换。如有人把文学作品分成"古典文学、现代文学、浪漫主义文学和现实主义文学"，就错了。因为它是按照两个标准：即创作年代和创作方法来分的，这就违背了分类一致的标准。

又如，对"人"的分类，可以有肤色、民族、国籍、性别、文化程度等各个角度。写文章时，应根据需要选择某一标准进行分类，不一定面面俱到。若是介绍地理知识，可着重按肤色分；若讲风土习俗，就可能要按民族和国籍来分了。

四、比较

比较是把两个或两个以上的事物加以对比的方法。

比较法也称纵横比较法。在同一范围内，可以是同类或异类相比较（即横比），也可以是同一事物的前后情况相比（即纵比）。

俗话说：有比较才能有鉴别。比较的目的主要有三个：

一是可以比较优劣，突出某个说明对象的特点。如华罗庚在《统筹方法平话引子》一文中，分别用甲乙丙三种烧水泡茶的方法作比，比较出最科学、省时、最有效率的方法，浅显而又生动地介绍了"统筹方法"这一原本较抽象的概念。

又如，为突出乐山大佛之大，有人用比较方法写道："乐山大佛高七十一米，几乎和上海国际饭店相等。它的一枚手指有半个篮球场大，它的脚趾厚度比一个成年人还高……”鲜明地突出了被说明对象的特点。

二是比较出差异，显示出各个对象的各自特点。如法律中抢劫罪与抢夺罪之区别、盗窃罪与诈骗罪的比较等。

三是将两个相似事物相比，通过其中较熟悉的事物，推知另一事物的特征，即类比比较。

在说明文写作中，比较法运用得最多的就是这一种情况。如导游词中常涉及我国的历史年代，这对外国游客来说是相当陌生的，这时就应采用外国游客较熟悉的历史年代进行类比。如对美国的游客解释故宫的建筑年代，就可用哥伦布发现新大陆的时间来类比，指出这一宏伟建筑在哥伦布发现美洲之前70年就已落成；而对英国游客，则可以告诉他们故宫远在莎士比亚出世前140年就建成了。这样一比，就将原来不太熟悉的时间解释得明晰而有趣味，也更能激起外国游客游览的兴趣。

又如《什么是解差和三班衙役》一文中也采用了类比比较：

> 解差，是旧时押解犯人的差役，由衙门里的衙役派充。衙门里的衙役分三个班，叫皂班、壮班、快班。皂班相当于法庭上的法警；壮班负责押送囚犯等差事；快班相当于刑警。这三个班的工作人员都是“役”。此外，衙门里还有“六房”：吏、户、兵、刑、礼、工。“六房”的工作人员是“胥吏”，相当于现在的机关干部。

运用比较法，必须注意该比较物应是人们熟悉的业已认识的事物，否则就难以揭示被说明对象的特征。譬如，可以把人民大会堂的宴会厅比作一个“足球场”，但若将“足球场”换成“故宫太和殿前的广场”就不合适了。因为人们知道足球场的面积有多大，却不一定知道太和殿广场的大小，这就起不到比较说明的目的。

此外，还要注意比较物与被比较物的相似度，即用来对比的事物确有可比之处。如果说“宴会厅比两千只乒乓桌的面积还大”或“宴会厅比几十万个分币还大”，读者就会因两者不相似或面积相距太大而无法比较了。

五、举例

用具体的实例来印证解说或阐释事物的特征的方法称举例法。

举例法可以使被说明的事物具体可感，易为人们理解和认识，给人以美感和启发。若运用得好，可以起到举一反三的效果。

如有篇介绍“运筹学”的文章，在介绍了“运筹学”的概念后，举了个“挖沟修宫”的实例来帮助说明：

> 我们做一件事情，总想做得又快又好又省。这种求快、求好、求省，也就是想以最优的方案达到预期的目的，即运筹学的基本思想。
>
> 北宋有个“挖沟修宫”的故事。有一次皇城失火，皇宫烧毁。宋真宗派大臣丁谓主持皇宫修复工程。丁谓想了个巧妙的方法：把皇宫门前的一条大街挖成一条大沟，用挖出来的土烧砖；将水灌入大沟，运进建筑材料；皇宫竣工后，将废墟上的瓦砾填进沟中，修复了原来的大街。就此挖沟一举，同时解决了就地取土烧砖，运进建筑材料及清理废墟三个问题。丁谓采取的是最优的施工方案。

通过一个例子，很好地说明了“运筹学”的基本思想，这就是举例法的精妙之处。必须指出，在使用这种方法时，应注意事例的典型性、真实性和准确性。

六、比喻

凭借事物之间的相似点，把此事物比作他事物，以此来说明复杂事物和抽象事理的说明方法，叫比喻法。正像伊林在《原子世界旅行记》中所说的："不仅是诗人需要比喻，比喻也常常帮助科学家。"它可以浅显生动地揭示事物的本质，用不多的笔墨揭示一个抽象的道理或深奥的学术名词。

例如，地球的寿命长达几十亿年，从地球形成到地球上诞生人类，若用一般解说法的话，那一连串天文数字将会令人眼花缭乱。有位作者在文章中巧妙运用通盘比喻法，将地球的 45 亿年"寿命"用 12 个月来表示：

1 月份形成地球；

2 月份地壳凝结；

3 月份产生海洋、山川；

4 月份出现最初的生物形态——单细胞；

5 月份有了最早的化石；

6 月到 12 月上旬是生物演化的漫长时期，千万种生物以各自适应环境的形态出现在地球上；

12 月中旬是恐龙主宰地球的时代；

12 月 26 日出现灵长类动物；

12 月 31 日开始进入有"人"的时代；

12 月 31 日晚 9:43 分人类诞生。

通过比喻，作者将人们难以准确了解和记忆的事项，换成了简明、熟知的内容，使人一看就明，一读便知。

说明文中的比喻是为了使说明对象的特征更加形象、鲜明、突出。因此，必须注意几点：

首先要强调它的准确性和科学性，遵循贴切、浅显、明了的原则，不夸张，也不要太含蓄。像"燕山雪花大如席"这样的夸张比喻只能在文学作品中出现，而不能用在说明文中。

其次，还应考虑喻体的浅显性，若把 45 亿年的地球发展用中国历史的发展来比喻，说什么春秋时期形成地球、战国时期地壳凝结，那就不浅易了。

再次，比喻还应新颖、别致，不落俗套。

七、描摹

描摹，即用生动形象的文字将所要表现的人、事、物具体、真切地描绘、摹写出来，使读者如闻其声，如见其人，如睹其物，如临其境。

运用描摹，首先必须遵循逼真如实、朴素自然的原则，不事夸饰；其次还应注意不喧宾夺主，只能将描摹作为辅助手段运用。

八、引用

古人说得好："他山之石，可以攻玉。"借他人之说为我所用，可以增强说明的科学性和说服力，充实解说的内容。

如在说明文中，引用一些文献资料、名人述说、文艺作品中的语句、农谚俗语等以充实和丰富说明的内容。有时还可适当引用一些民间传说、神话故事等，以增加说明的趣味性，使作品锦上添花。

如竺可桢在《沙漠里的奇怪现象》一文中，开篇就引用了晋僧法显、唐僧玄奘著述中所记述的沙漠里的怪异可怕现象，然后用一简短的过渡段引出下文，对他们提到的怪异现象一一作出科学的解说，用形象生动的语言揭开了这些奇异现象之谜。文中大量运用了引用的方法，如文学作品《西游记》、孟奇对"魔鬼的海"的解释与鸣沙山有关的夏历端阳节的民俗传说等，使这篇说明事理的文章读来丝毫没有枯涩之感。

使用引用方法最重要的一条是：既要有典型性、代表性，又要与说明的内容密切相关，所引材料必须严格考证，查明出处。切忌寻章摘句，随意曲解原意。

[例文]　　　　　沙漠里的奇怪现象

竺可桢

古代亲身到过沙漠的人,如晋僧法显、唐僧玄奘,统把沙漠说得十分可怕,人们对它也就产生了深刻的印象。晋法显著《佛国记》说沙漠有很多恶鬼和火热的风,人一遇见就要死亡。沙漠是这样荒凉,空中看不见一只飞鸟,地上看不到一只走兽。举目远看尽是沙,弄得人认不出路,只是循着从前死人死马的骨头向前走。玄奘《大唐西域记》卷十二也说:东行入大流沙,沙被风吹永远流动着,过去人马走踏的脚印,不久就为沙所盖,所以人多迷路。

沙漠真像法显和玄奘所说的那样可怕么?解放以来,我们的地质部、石油部、中国科学院的工作人员已经好几次横穿新疆塔克拉玛干大戈壁,并没有什么鬼怪离奇的东西阻挡了他们的行进,这是什么缘故呢?

试想法显出发时只有七个和尚结队同行,而走了不久,就有人不胜其苦开了小差,有人病死途中,最后只留下他一人。唐玄奘也是单枪匹马深入大戈壁,所谓孙行者、猪八戒、沙和尚等随从人员,那是《西游记》小说中的神话。那时既无大队骆驼带了大量清水食品跟上来,更谈不到汽车和飞机来支援,当然就十分困苦了。

沙漠里真有魔鬼吗?在那时人们的知识水平看起来,确像是有魔鬼在作怪。但是人们掌握了自然规律以后,便可把这种光怪陆离的现象说清楚。光怪陆离的现象在大戈壁夏天日中是常见的事。当人们旅行得渴不可耐的时候,忽然看见一个很大的湖,里面蓄着碧蓝的清水。看来并不很远,但当人们欢天喜地似的向湖面奔去的时候,这蔚蓝的湖却总有那么一个距离,所谓"可望而不可即"。阿拉伯人是对沙漠广有经验的民族,阿拉伯语中称这一现象为"魔鬼的海"。这一魔鬼的法宝到了19世纪的初叶,才被法国数学家和水利工程师孟奇所戳穿。孟奇随拿破仑所领军队到埃及去和英国争夺殖民地,当时法国士兵在沙漠中见到这"魔鬼的海"

极为惊奇,就去问孟奇。孟奇深深思考以后,便指出这是因为沙漠中地面被太阳晒得酷热,贴近地面一层空气温度就比上面一两米的温度高许多。这样由于光线折光和反射的影响,人们产生了一个错觉,空中的乔木看来好像倒栽在地上,蔚蓝的天空,倒映在地上,便看成是汪洋万顷的湖面了。若是近地面的空气温度下面低而上层高,短距离内相差七一八度,像平直的海边地区有时所遇见的那样,那便可把地平线下寻常所见不到的岛屿、人物统统倒映到天空中,成为空中楼阁,又叫做海市蜃楼。中国向来形容这类现象为"光怪陆离"四个字是确有道理的。

在沙漠里边不但光线会作怪,声音也会作怪。唐玄奘相信这是魔鬼在迷人,直到如今,住在沙漠中的人们,却也还有相信的。群众把会发出声音的沙地称为"鸣沙"。在现宁夏自治区中卫县靠黄河有一个地方叫鸣沙山,即在今日沙坡头地方,科学院和铁道部等机关在此设有一个治沙站,站的后面便是腾格里沙漠。沙漠在此处已紧逼黄河河岸,沙高约一百米,沙坡面南坐北,中呈凹形,有很多泉水涌出。此沙向来是人们崇拜的对象,据说,每逢夏历端阳节,男男女女便在山上聚会,然后纷纷顺着山坡翻滚下来。这时候沙子便发生轰隆隆的巨响,像打雷一样。两年前我和五六个同志曾经走到鸣沙山顶上慢慢下来,果然听到隆隆之声,好像远处汽车在行走似的。据说,只要沙漠面部的沙子是细沙而干燥,含有大部分石英,被太阳晒得火热后,经风的吹拂或人马的走动,沙粒移动磨擦起来便会发出声音,这便是鸣沙。古人说"见怪不怪,其怪自败",沙漠里的一切怪异现象,其实都是可以用科学道理来说明的。

【思考与练习】

1. 运用说明方法应注意哪些问题?
2. 运用多种说明方法介绍家乡一土特产。
3. 以《校徽》为题,分别用记叙、说明、议论的方法各写一篇小文章,注意区别三种方法的不同写作特点。

下　　编

应用文体写作

第五章　行政公文写作

第一节　概　　述

一、行政公文的涵义和分类

（一）行政公文的涵义

2001 年修订的《国家行政机关公文处理办法》指出："行政机关的公文（包括电报，下同），是行政机关在行政管理过程中形成的具有法定效力和规范体式的公务文书，是依法行政和进行公务活动的重要工具。"这段文字表述了如下的内容：

第一，揭示了公文的性质。如果用一句话来概括，公文的性质即"行政机关的公文"，是"公务文书"，是"重要工具"。它有别于"私人文书"和一般工具，是国家行政机关"在行政管理过程中"的"公务文书"，"是传达贯彻党和国家"领导管理职能的"重要工具"。

第二，阐明了公文的功能。公文的功能突出的是它的领导管理职能。

第三，指出了公文的特点。具体表现在：公文从属于国家行政机关，为施行行政管理服务，因而具有政治性特点；公文由法定的机关发布，在特定的范围内有法定效力，因而具有权威性特点；公文在国家行政机关实施管理的过程中，进行具体的指导和沟通，解决各种实际的问题，因而具有实用性特点；公文虽出于国家行政机关，却又与亿万群众息息相关，涉及各行各业和方方面面，因而具有群众性特点；公文体式规范，运作程序相对稳定，因而具有规范性特点。

（二）行政公文的分类

为了撰制、处理与管理的需要，可依据不同的标准，从不同角度对行政公文作如下分类：根据使用范围，公文分为通用公文和专用公文两类；根据内容涉及国家秘密的程度，公文分为对外公开、限国内公开、内部使用、秘密、机密、绝密六类；根据行文方向，公文分为上行文、下行文和平行文三类；根据处理时限的要求，公文分为平件、急件、特急件三类；根据内容的性质，公文分为指挥性公文、报请性公文、知照性公文和记录性公文四类；根据来源，在一个机关内部公文则分为收文和发文两类。

二、行政公文的构成及其写作规范

（一）构成公文的基本要素

公文构成的要素众多，但基本要素则是文种、事由、收发机关和生效日期。

1. 文种。

什么是文种？文种是公文的品种，指的是命令、决定、报告、请示等等一个个具体公文体式的名称，是具体公文体式名称的统称。《国家行政机关公文处理办法》列出公文有 13 种。文种是区分公文类别的最小单位，是公文标题构成的核心，是公文构成的第一基本要素，是公文不同于其他文体的鲜明标志。为什么说“文种”是公文构成的第一基本要素呢？因为不解决文种问题，公文的撰拟就无从下笔；不知道公文是何文种，就难以知道它该如何办理，保管也会发生困难。

公文的文种必须选用准确。一是不可缺，二是不可错，三是不可重叠，四是不可模糊不清。文种是否准确、规范、稳定，是关系到公文是否合格，是否有效、高效、及时办理的大事。

2. 事由。

事由指的是公文的基本内容、主要内容或中心内容。它是任何一份公文都不可或缺的主体部分，是公文赖以构成的基础。在多数公文标题中都有极简要的事由表述。其基本使命就是通过表述事由来体现公文正文主旨。如《最高人民法院、最高人民检察院、公安部、民政部、司法部、全国妇女联合会关于打击拐卖妇女儿童犯罪有关问题的通知》，其中"关于打击拐卖妇女儿童犯罪有关问题"，就是最高人民法院等七个中央部门所发文件"通知"的事由，是这份中央文件的中心内容。所以，事由理所当然地构成公文的又一基本要素。但事由必须同文种结合起来才能公文化，所以第一基本要素的地位便让给"文种"。

事由必须真实、确凿、具体。事由是否真实，是事由能否成立的前提。事由不能成立，则一切都无从谈起。事由的真实还不能只是大体上的真实，而且必须是确凿、具体的。事由只有真实、确凿、具体，才能有力、有效地体现制文意图，实现制文目的。事由的表达一定要扼要。只要能准确无误地表现制文意图与目的，圆满地解决实际问题，就是只有一句话也不为少。

3. 收发机关。

收发机关是收文机关与发文机关的合称。公文若无发文机关，便失去效力，不成其为公文；若无收文机关，或收文机关不明，或收文机关错误，那么文件发出去也没什么意义。所以，收发机关也是构成公文的基本要素。但有些公文省略了收发机关的，不能认为是缺少了收发机关。如有的规范性公文，因另有颁布令或发布通知写明了收发机关，它自己就可以省略不写了。

有的下行文未写主送机关，但已注明“发至××级”，就有了收文机关。有些普发性下行文，虽未写主送机关，但实际上收文机关也依然存在。

4. 生效日期。

拟制公文，为的是要具体实施、办理，若没有生效日期，或生效日期有错或不明，就无法实施、办理，或者实施、办理起来会遇到重重困难以至被坚决抵制，或者被钻空子引向邪道。这样的公文应立即宣布撤销，再重新制作，补上生效日期而后实施、办理。由此可见，生效日期也是构成公文不可缺少的又一基本要素。公文的生效日期，多数就是发文日期而不另外标明，有的则明文规定自发布之日起施行或生效，有的除标明发文日期外，还明文规定在公文发出或发布后的某个确定的时间施行或生效。

一份公文，若文种、事由、收发机关、生效日期都具备，就可搭成一个粗的框架，在此基础上，可进而创制出完整的公文来。

（二）行政公文的基本结构内容

《国家行政机关公文处理办法》第三章“公文格式”第十条规定：“公文一般由发文机关、秘密等级、紧急程度、发文字号、签发人、标题、主送机关、正文、附件、印章、成文时间、附注、主题词、抄送机关、印发机关和时间等部分组成。”这几项内容，我们按文头部分、行文部分和文尾部分三部分分别说明，并按《国家机关公文格式》说明各项内容的“标识域”。

1. 文头部分。

文头又叫文件版头，通常发文机关均有专门设计。一般分为“红头”文件和“白头”文件两种。白头文件一般用于份数较少的打印文件或内部文件等。文头部分由发文机关、秘密等级、紧急程度、发文字号、签发人等5项内容组成。

（1）发文机关。

发文机关字样由发文机关全称或规范化简称后加“文件”两字组成，一般红色套印，习惯上称之为公文版头，俗称“红头文件”。如《国务院办公厅文件》。

公文版头的大小，因发文机关单位级别、公文内容性质和行文关系的不同而有所差别。大版头公文，体现领导机关的权威和公文的严肃性。中版头公文，体现机关、单位的庄重；版头上机关、单位名称后“文件”两字可加可不加；局级机关、单位一般都采用中版头规格。小版头公文，体现下级对上级的尊重；对平级和不相隶属的上下级机关、单位行文，显示谦逊得体；小版头公文的机关、单位名称后一般不套印“文件”两字，与一般惯用的信笺相同。

《国家机关公文格式》规定：“发文机关”即版头用大字居中标识于公文首页13—22行或37—46行范围内。

（2）秘密等级。

公文的秘密等级是指公文秘密程度的等级，简称密级，分绝密、机密和秘密三种。秘密等级由公文拟稿人提出，核稿人审核，签发人决定。秘密的标识为“★”。“★”前标密级，“★”后标保密期限。如保密期在20年的，以“秘密★20年”方式标识；保密期限为长期的，以“绝密★长期”方式标识；保密期限不作规定的，以“机密★”方式标识，对此类公文保密期限可按20年认定。给公文划定密级，应注意精确，宽严适当。随着时间的推移，许多机密已失去意义，有关机关应适时“解密”，以供后人“考察历史”。

《国家机关公文格式》规定：公文密级一律标识在公文首页右上角。

（3）紧急程度。

公文的紧急程度(缓急时限)是指对公文送达和办理所规定的时间长短的要求。它分特急件、急件、限时送达三种。不作特别时间要求的为平件。对平件的处理以一周时间为限,急件应在三天内处理完毕,特急件随到随办,最迟不超过 24 小时,限时送达件必须按限定时间送到并加快办理。紧急程度由公文拟稿人提出,核稿人审核,签发人审定,紧急程度的划定,应力求精确,不要随意提高“急度”,防止滥用。

《国家机关公文格式》规定:“紧急程度”标识在版头右上角,密级下方。

(4) 发文字号。

发文字号,是某一机关的某一公文的代称,由发文机关代字、发文年度和该文在该机关该年度的发文顺序号三部分组成,缺一不可,次序也不能颠倒。

① 代字。各机关、单位可取一个字或几个字为本机关、单位代字,以区别别的机关、单位,以使收文机关、单位见到“代字”,便知公文来处。“代字”后是否缀“发”,则自定。如中共中央的代字是“中”,用“中发”,是表示“中共中央发文”;国务院的代字是“国”,用“国发”,是表示“国务院发文”。代字字数最多不超过 5 个字。

② 年度。发文年度的拟制有三点要求:一是“年度”要用方括号而不用圆括号括入,如[2001],不能写成(2001);二是“年度”不能缩写,如[2001],不能缩写成[01];三是“年度”的位置应在“代字”和“序号”的中间,不得置于“代字”之前,如“国办发[2001]60 号”。

③ 序号。发文序号编制有大流水序号、小流水序号和收、发文同序号三种。有些文种亦有例外,如“命令”序号不按年度编制,多以发令机关领导人任期开始至任期满止编制流水

号。有的“公告”的序号,如人代会以届编号,每届自第1号起编制。

《国家机关公文格式》规定:“发文字号”位于公文首页发文机关标识域以下,占4行(即23—26或47—50行的位置)。

(5) 签发人。

指代表“发文机关”最后核查并批准公文发出的领导人姓名,以示对签发的公文负有全面的责任,并为直接联系工作、迅速查询有关问题提供方便。

《国家机关公文格式》规定:签发标识域紧靠发文字号标识域右侧,空4列(两个字)。

文头部分一般还有“文件编号”和“间隔横线”。文件编号是一份文件在总印数中的次序号,标识在文件名称的左上侧。党政机关大批下发的正规文件常用编号,目的是利于登记、分发和收回。间隔横线位于发文字号之下,把文头部分和行文部分分开,眉目十分清楚。

2. 行文部分。

行文部分由标题、主送机关、正文、附件、印章、成文时间等6项内容组成。

(1) 标题。

公文的标题是公文的眉目,它集中而鲜明地反映出公文的基本精神。公文标题是由发文机关名称、公文主题(事由)、文种(公文种类)三部分组成。它首先明确发文机关发了什么文件(文种),如《中共中央……通知》、《国务院……决定》;其次是点明文件(文种)的内容,即发文的事由,用“关于”、“对”等介词组成介词结构修饰“文种”,充当“文种”的定语。如《中共中央关于加强学习邓小平理论的决定》。

在实际运用中,公文标题有两种类型,一种是完全式,一种是省略式。

完全式:发文机关名称＋事由＋文种。如《中共中央、国务院关于加强人口与计划生育工作稳定低生育水平的决定》。

省略式:这是或省去发文机关名称,或省去事由,或发文机关名称与事由都省去。

省略式一:省事由,发文机关名称＋文种,如《中国共产党第十一届中央委员会第三次全体会议公报》。

省略式二:省发文机关,事由＋文种,如《关于妥善处理高等学校学生退学后有关问题的请示》。

省略式三:既省去发文机关,又省去事由,仅留文种,如《公告》。

完全式也好,三种省略式也好,唯有“文种”不可缺,可见“文种”确实是构成公文的第一基本要素。

公文标题一要文种准确,二要事由扼要,三要文字简练,四要形式醒目,五要题文一体,有龙目传神之妙。

拟制标题要推敲,要锤炼。如《国务院关于保护森林、制止乱砍滥伐的通告》是经过两次修改才确定的。初拟为《国务院关于保护森林的通告》,此题抽象,主旨宽泛,很不具体,不知是针对防止乱砍乱伐还是防火、防风的;再拟为《国务院关于贯彻森林法的通告》,此题远离了正文事由的精神实质与制文意图,没有采用;只有三拟题才抓住了中心与关键。再如1981年的《国务院关于职工探亲待遇的规定》,其前文是1958年的《国务院关于工人、职员回家探亲的假期和工资待遇的暂行规定》,前者的事由表述为8个字,后者则为18个字,两者表述哪一种好呢?当然是前者。

公文标题具体排列式样主要有齐肩形、正梯形、倒梯形、除号形等。分行排列不得将一个词、词组、人名、地区名等拆开。字体一般为标题宋体、黑体，字号大于正文字号。公文如经会议讨论通过或批准的，应在标题下加题注，即居中在圆括号中排出“××年×月×日经×会议通过或批准”，字号应小于标题。

标题要正确使用书名号。若使用时，应是双书名号《　》和单书名号〈　〉交替使用，如《〈　〉》或《〈《　》〉》，如写成《“　”》或《[“　”]》是不正确的。标题结尾不用标点符号。

《国家机关公文格式》规定：标题表达域位于公文首页发文字号标识域以下，占16行(即27—42行或51—66行的位置)。

(2) 主送机关。

主送机关，旧称“台头”，即公文的主要行文对象或受文机关。应顶格写，写全称或规范化简称或同类机关统称。有些机关的名称不能简称，否则会闹笑话，如开封刀具厂、上海吊车厂、自贡杀虫剂厂、上饶测绘所，不能简称为“开刀厂”、“上吊厂”、“自杀厂”、“上测所”等。应根据受文机关的职能权限与行文目的选准主送机关，这是公文发出后能否得到及时处理的关键。不要在主送机关前附加带感情色彩的形容词。另外，主送与抄送，也必须分得清清楚楚。

上行文一般都写明主送机关，而且一般只写一个，不主送个人，不多头主送，不越级主送，以免延时误事。如需主送第二个上级机关，就用“抄送”形式表示。其排列应按机关性质、职权和其他隶属关系顺序排列。平行文必写主送机关，不可省略。下行文除了普发性公文(如省政府发给各市、县人民政府、各地区行署及省直各单位的文件)外，一般也只写一个主送机关，如批复。有的下行文主送机关多，可用泛称，如“各省、自治区、直辖市党委和人民政府党组，各大军区、省军区、野战军党委，中央各部委，国家机关各部委党组，军委各总部，各军兵种党委，各人民团体党组”、“各省、自治区、直辖市人民政府，国务院各部委，各直属机构”、“市属各单位”等。有些公文如公告、通告、会议纪要等，可不写主送机关。

《国家机关公文格式》规定：主送机关标识域位于公文标题表达域或题注域以下占 8 行靠左顶格标识。

(3) 正文。

正文是公文内容主体和核心部分。正文表述公文的内容与制文意图，我们通常所说的公文写作，主要指的就是公文正文写作。不同文种的正文虽有不同的写作特点和要求，但从结构上说，一般由开头、主体、结尾三个环节构成。

正文开头的基本原则是开门见山，一起笔即触及公文主旨，为展现公文主旨开路。一般有三种形式。第一种是根据式，就是以“根据”、“依据”、“遵循”、“遵照”、“按照”等介词，组成介词结构发端，交代制文的法律、法规、上级文件、领导指示等本源有所根据的开头方法，可说明此文的权威性，增强说服力；第二种是目的式，就是以“为”、“为了”等介词，组成介词结构发端，交代制文的意图、目的，以强调重要性，引起受文者注意；第三种是原因式，就是以“由于”、“鉴于”等介词，组成介词结构发端，交代事实基础，说明制文原因，以强调发文的重要性。此外还有单刀直入式、情况概述式、举文表态式、综合式等等开头方法，不管采用哪一种开头方法，总的要求是简明扼要。

正文主体是交代公文事项和要求的部分，文种不同，写法也不同。或提出解决问题的指示、措施、意见、办法；或请求指示与批准；或询问和答复问题；或商洽和联系工作等。主体写作总的要求是层次分明。

正文结尾用语因发文的目的、要求不同，各文种也略有差异。常用的有习惯用语式，如“特此通知”、“妥否，请批示”、“当否，请指示”、“请遵照执行”、“希参照办理”等。此外，还有希望号召式、自然收束式等。结尾总的要求是干脆利落。

正文写作要做到层次分明。序数连接段落是常用方法，结构层次序数的写法应当一致。排列顺序是：第一层为“一”，第二层为“(一)”，第三层为“1”，第四层为“(1)”。此外，公文中的数字，除成文时间、词、词组、惯用语、缩略语、具有修辞色彩语句中作为词素的数字必须使用汉字外，应当使用阿拉伯数字。

《国家机关公文格式》规定：公文正文在公文标题或主送机关标识域以下，生效标识域或附件说明域以上，每一段落的首行一律空 4 列(两个字)开始书写。回行时要顶格书写。

由于篇幅所限，常使生效标识与正文不能同处一页纸上而出现分离情况，为维护公文的完整，应对其加以说明，标作：“此页无正文”。

(4) 附件。

附件用于说明公文正件所附材料的名称及件数，如有关照片、图表、统计数字以及文字依据材料、参考材料，对正文内容作补充、说明和印证。

《国家机关公文格式》规定：附件说明域位于正文或无正文说明域以下，公文生效标识域之上。

(5) 落款(印章、成文时间)。

落款包括制文机关名称或主管领导人签署、成文年月日和印章三项内容。

多数公文成文后在文后写上制发公文的机关全称或规范化简称，通常称为落款。特殊情况下需要机关领导人签名落款的叫签署。其作用在于表明公文的责任者，展示公文的法定权威性。如果公文标题已有发文机关名称，文后制发公文机关名称可略。

在制文机关名称的右下方，标明成文时间。一般公文以签发日期为准；会议通过的文件以通过日期为准，会议通过日期常写于正文标题之下，外加括号标之。成文时间是文件生效考查的根据之一，必须完备、准确，年、月、日缺一不可，且用汉字书写。

印章是公文制发机关对公文生效负责的凭证，要端正盖在成文日期的上方，上不压正文，下压成文年、月、日 4—7 个字，做到“骑年压月”。几个机关联合行文时，盖印不得稍有重叠。

《国家机关公文格式》规定：落款生效标识域位于附件说明域或正文表达域以下偏右位置。

3. 文尾部分。

文尾部分由附注、主题词、抄送机关、印发机关和时间等 5 项内容组成。

(1) 附注。

附注用以说明公文中在其他区域不便说明的各种事项，如：需要加以解释的名词术语，或用于表示公文的传达范围、使用方法等。

《国家机关公文格式》规定：附注位于公文生效标识域以下，主题检索标识域之上。

(2) 主题词。

主题词是标印在公文上概括地反映公文主题或中心内容的一组规范化名词或名词性词组，它是反映公文内容，搞好公文内容存储与检索的一种先进手段，是实现公文全方位利用的有效措施。每份公文所用的主题词一般为三至五个，词与词之间不考虑语法上的结构，不使用标点符号，每两个词之间空出一个字的位置。

《国家机关公文格式》规定:主题词位于附注说明域以下,抄送机关标识域之上。

(3) 抄送机关。

抄送机关是指需要了解文件内容的平级或上下级单位。抄送机关总的原则是要防止滥抄乱送,但也要防止漏抄漏送,以免造成工作脱节,不能协调一致。

《国家机关公文格式》规定:"抄送机关"位于"主题词"以下,印发说明域之上位置。整个区域用两条等宽的平等细实线作为界线。第一条界线下首空 2 列(一个字)标注"抄送"两字,后面依机关性质、职权、隶属关系及其他逻辑关系依次标注抄送机关的全称或规范化简称。移行时与上一行平行书写。

(4) 印发机关和时间。

表明公文承印单位,印发时间以及印刷份数,其作用在于明确公文印刷质量、时限的责任归属并便于受文者直接与公文印发单位取得联系。

《国家机关公文格式》规定:印发说明域位于公文末页页码域上端,并由一条与图文区等宽的细实线作为两个区域的分界线。

以上公文结构内容,分为指定项目和选择项目两种。指定项目是每一件公文必须具有的项目,即由发文机关、发文字号、公文标题、主送机关、正文、生效标识和页码等 7 项组成。选择项目是某一件公文在实际需要时才选择使用的项目,即由秘密等级、紧急程度、签发人、附件、附注、主题词、抄送机关、印发机关和时间等 9 项组成。

(三) 行政公文的标准格式

《国家机关公文格式》有三张图表如下:

图 1:下行文格式首页

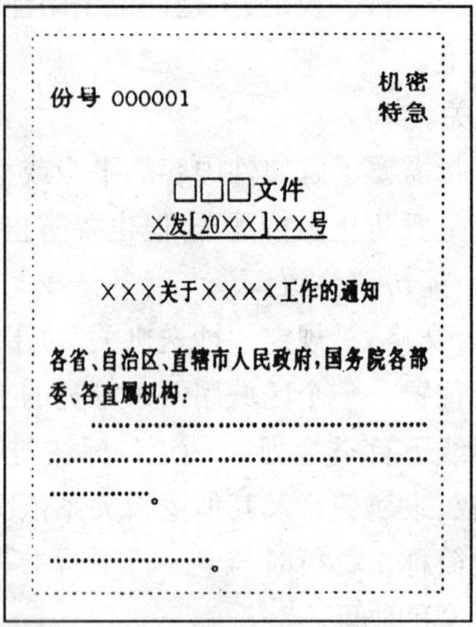

图 2:上行文格式首页

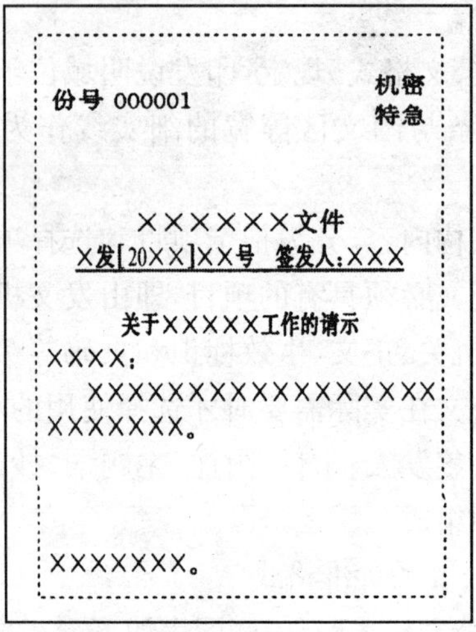

图 3:通用公文格式末页

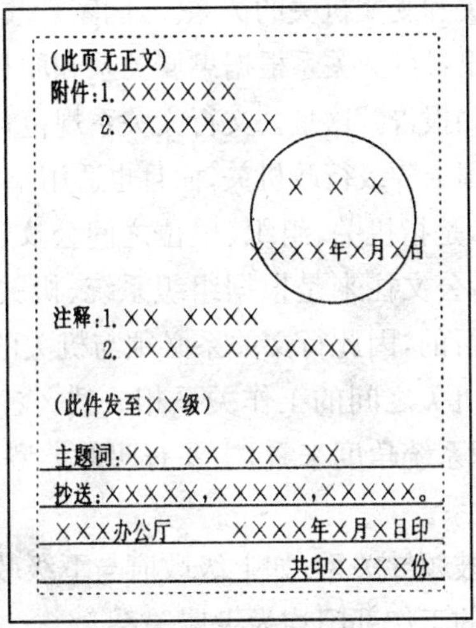

三、行政公文的办理程序及行文规则

(一) 行政公文的办理程序

公文的办理程序可分为公文的撰制(发文)程序和公文的处理(收文)程序。这两个程序构成公文工作的全过程。

1. 公文的撰制程序。

公文的撰制是指公文的撰拟和印制。它包括:(1)交拟;(2)拟议;(3)拟稿;(4)审核;(5)签发;(6)缮校;(7)用印;(8)封发;(9)立卷归档等一系列环节。

2. 公文的处理程序。

公文处理是指从收到公文至最后处理的过程。公文处理的具体环节包括:(1)收文;(2)分办;(3)承办;(4)催办;(5)立卷;(6)销毁。

(二) 行政公文的行文规则

公文的行文规则是指公文的行文关系的规范性要求。发文机关和受文机关是公务文书中不可缺少的要素。公文的行文关系就是发文机关和受文机关的关系。《国家行政机关公文处理办法》第14条指出:“行文关系根据隶属关系和职权范围确定,一般不得越级请示和报告。”这是公文行文关系规范化应遵循的原则。它不仅适用于国家各级行政机关,而且也适用于其他各类机关。

行文关系,是指机关、组织、单位之间公文往来所构成的关系。在实践中,公文往来是根据组织系统、机关职权、机关之间的工作关系进行的,因此行文关系必须与机关的组织系统、机关的职权范围和机关之间的工作关系相一致。各机关、单位的工作关系,从组织系统角度来看,主要有四种类型:

1. 隶属关系。

即领导与被领导关系,如上级政府与下级政府,某级地方政府与各自所属的工作部门均为隶属关系。

2. 指导关系。

上级政府的职能部门与下级政府的相关部门,如国务院各部、委与各省、自治区、直辖市的相关部、委、厅、局之间为业务指导与被指导关系。

3. 平行关系。

同级政府之间、同一级政府的职能部门之间均属平行关系,在各自的职权范围内可以相互行文。如国务院各部、委之间或各省、自治区、直辖市各部、委、厅、局之间均属平行关系。

4. 不相隶属关系。

非同一组织系统内的任何机关、单位之间均属不相隶属关系,它们之间因工作需要可以相互行文。如国务院某部委可以同某市的一个企业相互行文,部队可与学校相互行文,不受任何级别限制。

(三) 上行文、下行文和平行文

公文按照隶属关系和职权范围，可分为上行文、下行文和平行文。要处理好行文关系，必须明确行文关系规则的具体要求。

1. 上行文的行文规则。

上行文是指下级机关向上级机关行文，如请示、报告等。上行文的行文规则有如下三点：

(1) 上行文的主送机关一般只有一个。受双重领导或不受双重领导的机关，在向上级机关请示问题时，必须分清主送机关和抄送机关。《国家行政机关公文处理办法》第23条规定："受双重领导的机关向上级机关行文，应当写明主送机关和抄送机关。"请示一般不能直接送领导个人，而应送上级主管机关。《国家行政机关公文处理办法》第23条规定："除上级机关负责人直接交办的事项外，不得以机关名义向上级机关负责人报送'请示'、'意见'和'报告'。"

(2) 下级业务部门不能直接向上级领导机关行文。下级业务部门只能向上级对口的业务部门行文请示。

(3) 上行文应逐级行文。根据隶属关系，同一组织系统的各级机关、单位实行逐级领导与被领导的关系，因此下级机关向上级行文时必须向直接所属的上级机关行文。一般不得越级请示和报告。

2. 下行文的行文规则。

下行文是指上级机关向下级机关行文，内容大多为指导工作、通知事项等，下行文包括命令(令)、决定、批复、通知、意见等。下行文的行文规则有如下三点：

(1) 下行文的主送机关可以有多个。大多数情况下，上级机关在布置工作、通知事项时，往往同时发文至各个下级机关。如国务院发文，主送机关常常是"各省、直辖市、自治区人民政府"。只有批复的主送机关只能是上报请示的下级机关，《国家行政机关公文处理办法》第20条规定:“向下级机关或者本系统的重要行文,应当同时抄送直接上级机关。”以便于上级机关及时了解、掌握情况。

(2) 上级业务部门可以向下级对口业务部门行文。《国家行政机关公文处理办法》第15条规定:“政府各部门依据部门职权可以相互行文和向下一级政府的相关业务部门行文,除以函的形式商洽工作、询问和答复问题、审批事项外,一般不得向下一级政府正式行文。部门内设机构除办公厅(室)外不得对外正式行文。”

(3) 下行文可以以个人名义发文。下行文大部分是上级机关根据自己的发文权限以机关名义发文。但与上行文不同的是,下行文可以以领导者个人名义制发,以个人名义发文时,要在领导人姓名之前冠以职务名称。

3. 平行文的行文规则。

平行文是同级机关或不相隶属机关之间行文,内容大多是商洽工作、询问和答复问题、请求批准、提请审议事项等,如函、议案。平行文的行文规则有以下一点:

(1) 同级机关或不相隶属机关之间可以互相行文,指的是可以互发非指令性文件。如果必须发指令性文件,可请示领导机关,以领导机关或秘书部门(办公厅、室)的名义行文,将有关指令性内容的文件转发给同级机关或不相隶属机关执行。

四、行政公文的表述方式与语言运用

(一) 行政公文的表述方式

公文写作的表述方式主要是说明、叙述和议论,至于描写和抒情则基本不用。

公文的实质就是说明,说明是公文最基本的表述方式。大量的公文都以说明为主要甚至唯一的表述方式。公文说明则侧重于对社会管理方面的情况、性能、原则、要求、方法等作直接、清楚、准确、扼要的陈述，主要为的是让人们去普遍地加以实践，给人们以决策的依据、行动的准则、查考的可靠凭证等。

说明，在公文中主要用以表述以下几方面的内容：第一，表述对有关组织或个人提出的共同性、普遍性的规范要求与实现这些要求的原因、目的、意义、原则、方法，以及对违背规范要求的组织或个人所进行处理的依据、原则、准绳、方法、措施等，所有的法律、法规一类的公文，都属于这一类性质说明；第二，表述要求下级贯彻执行、切实办理的事项，包括原因、目的、意义、要求、原则、方法、步骤等，多数指挥性公文都是这样；第三，表述需要下级或群众知道或遵守的事项，诸如命令（令）、决定、公告、通告、通知、函、会议纪要等；第四，表述需要上级了解、审批、批转等的情况与事项，报告、请示，大都如此。

公文叙述特别强调直叙其事。叙述开始即触及主旨，与公文主旨发生直接关系；下笔后即依时间顺序平铺直叙，如实说出有关事实情况，意思明确无误，一目了然；语言质朴、平实；完全根据公文主旨需要决定叙述详略。此外，公文的叙述突出客观性，感情色彩一般都不鲜明。

公文中单独使用议论形式一般比较少，多数是在一篇公文中含有一些议论的表达成分。这种议论成分在公文写作的表达上，有一个最突出的特点，即只是原则的表述事理，一般不做多方面、多层次、多角度的完整的论证。在手法上往往是直接加以议论，即一针见血、一语道破、画龙点睛，有时只是一两句结论性的话，是直接说明的简单的逻辑论证方法。公文之所以要用议论，其中心目的是为说明制文原由，为制文者作出决策、采取行动、制定政策、提出要求与建议等提供理论根据，无须作完整论证，而只需点到为止。

（二）行政公文的语言运用

行政公文的语言特点是准确、简洁、庄重、平实。

行政公文的语言运用有与其他文体不同的地方：

1. 文种不同所用词语也不同。

不同文种的公文，对词语和句式有不同的要求。指挥性公文如命令（令）、决定、通知等，由于政策性、指导性强，因此要多选用概括性词语，不用居高临下的生硬的词语；公布性公文如公告、通告等，由于周知性强，因此要选用说明性词语，文字简明扼要，力求通俗化；报请性公文如报告、请示等，由于是向上级机关报告、请示，因此要选用陈述性和说明性词语，切忌混淆；通联性公文如函等，是机关之间联系工作、沟通信息用的，因此要选用商洽性、征询性词语，不亢不卑，以诚相待，措辞得体。

2. 广泛使用能愿动词。

在下行文中广泛使用能愿动词和带动词性宾语的动词。如“要”、“可以”、“应当”、“必须”等能愿动词。也常用“予以”、“加以”、“给予”、“严加”、“严禁”等带动词性宾语的动词。

3. 大量使用习惯用语。

公文里的习惯用语大致有以下四类：

第一类是特殊用语。包括称谓用语、期请用语、回复用语。

称谓用语。包括三种人称，都有专门的习惯用语。

第一人称：“我”、“本”。如“我公司”、“本校”。

第二人称：“你”、“贵”。如“你校”、“贵局”。

第三人称：“该”。如“该县”、“该厂”。

期请用语。就是希望对方给予回答或请其办理或执行的公文的某些专门用语。

上级机关对下级机关：“请”、“希”、“望”。如“请予回复”、“望即遵照执行”、“希即知照”。

下级机关对上级机关:“请”、“恳请”。如“当否,请批示”,“是否妥当,请指示”,“恳请予以答复”。

平行的或不相隶属的机关之间:“请”、“拟请”、“希”。如“请予回复”,“拟请予以协助”,“希予支持为盼”。

回复用语。包括“同意”、“不同意”、“拟予同意”、“不拟同意”、“可行”、“不可行”等,上级机关对下级机关的公文均可使用;平行的或不相隶属的机关之间的公文一般不用“可行”、“不可行”。

第二类是结构用语。所谓结构用语,是指公文里开头、结尾、过渡性的用语,它也体现了公文语言语法方面的特色。

开头用语。如“为了”、“根据”、“对于”、“关于”、“按照”、“遵照”。“按照”、“遵照”多是引述理论、政策或法律的根据;“为了”大多引出动机或目的;“对于”、“关于”一般是引出已经熟知的情况、事由,加以申述。

结尾用语。如“为要”、“为盼”、“是荷”、“为荷”、“此布”、“此致敬礼”、“特此通报”、“特此通知”。结尾用语也有上行、下行、平行的区别,不宜乱用。如“为盼”含有希望、请求的意味,多用于上行和平行公文。“为要”用于要求执行的下行公文。“是荷”、“为荷”多用于知照性的下行公文。

过渡用语。如“为此”、“对此”、“因此”、“据此”。陈述情况、事实、理由之后,用过渡用语引出办法、措施,不仅行文简便,而且具有照应作用。

第三类是行业用语。原则是可用可不用行业用语的,尽量不用;一些非用不可而又不为一般人所熟悉的行业用语,可加注释。

第四类是简称。使用简称要注意三点:一是约定俗成,如“三中全会”、“十五大”、“中纪委”、“国家计委”等;二是忌歧义,江苏南京大学简称“南大”,天津南开大学就不要简称“南大”,而简称“南开”；三是区别对待，内容重要的公文尽量少用简称，反之可适当多用一些。

4. 常用介词结构。

所谓介词结构，就是用介词和名词、代词和名词性词组结合，表示方向、对象、时间、范围、原因、目的等的语法结构。它在句子中作状语或定语，既使句子表意严密，又能使表意清楚、明确、突出，从而保证公文内容的准确性、严肃性和庄重性。用介词结构作修饰语，通常有两种情况：一是标题中用介词结构，如《×××关于××××的通知》；二是正文中用介词结构。常用的介词有：为了、对于、根据、依照、自从、在、由等。

5. 常用并列复句和递进复句。

公文语言里的联合复句，两个或两个以上的分句之间不分主次，并以并列关系、递进关系的复句为多。并列关系的复句，分句之间分别说明几件事或几种情况，用关联词“既……又……”来表示。递进关系的复句，后一分句比前一分句更进一层意思，用关联词“不但……而且……”来表示。

此外，公文的语言运用，还需运用一定的修辞手段。但为了保证公文的准确性，避免虚浮失实，一般只用比喻、对比、排比、对偶等少量的修辞格，而不能用夸张、比拟、反语、双关、象征等修辞格。

【思考与练习】

1. 行政公文的性质、功能、特点是什么？
2. 构成公文的基本要素是什么？
3. 为什么说文种是公文构成的第一基本要素？选用文种应遵循哪些基本方法？
4. 公文标题由哪三部分组成？有哪两种类型？总的要求是

什么？

5. 公文正文的写作有哪些要求？

6. 公文文尾部分由哪几项内容组成？

7. 公文的办理程序分哪两大程序？

8. 机关行文必须遵守哪些规则？

9. 行政公文的主要表述方式是什么？

10. 举例说明公文写作是怎样使用介词结构的。

第二节　行政公文种类和写作

《国家行政机关公文处理办法》第二章“公文种类”第九条指出：“行政机关的公文种类主要有”：（一）命令（令）；（二）决定；（三）公告；（四）通告；（五）通知；（六）通报；（七）议案；（八）报告；（九）请示；（十）批复；（十一）意见；（十二）函；（十三）会议纪要。

一、命令(令)

（一）概述

命令（令）“适用于依照有关法律公布行政法规和规章；宣布施行重大强制性行政措施；嘉奖有关单位及人员”。

命令（令）都有强制的法规性和约束力，不能随便发布，也不是任何机关或个人都可以发布的。根据宪法有关规定，中华人民共和国主席、国务院及其所属各部委都有权发布命令。军队使用命令较多。

令的发布，一般限于颁布法律或任免国家主要行政人员以及其他重大事项。决定这些事项的权力属于全国人民代表大会及其常务委员会，中华人民共和国主席是根据全国人民代表大会和全国人民代表大会常务委员会的决定发布命令的。

（二）特点

1. 强制性。俗话说“命令如山倒”，命令一旦发布，其内容就具有了不可移易性、不可变通性，不管理解还是不理解，有关下级机关和人员必须无条件地服从和执行，“令行禁止”，不允许延误、干扰甚至违抗，否则将受到严肃处理甚至严厉惩罚。

2. 权威性。命令(令)是权力威望的体现。一方面，它的发布机关级别规格高，一般由国家行政机关或权力机关发布，社会团体、企事业单位不能使用；另一方面，法随令出，它是对法律、法规的确认。命令(令)是公文中最具有权力象征的一个文种。

3. 严肃性。一是令不轻出，“慎乃出令”；二是命令既出，不可朝令夕改；三是文句简洁，语气决断，结构严谨，风格庄重。

（三）类型

1. 发布令。用于发布法律、法规、重要规章或其他重要事项的命令。这种命令(令)，一般只写什么文件在什么时间经过什么会议通过，或者批准予以公布，什么时间开始施行或生效等。至于文件的具体条文，则以命令(令)的附件形式公布。如《中华人民共和国审计署令》。

2. 行政令。是政府机关宣布即行采取重大强制性行政措施的命令；多由国家主席、总理、国务院及各部委局署发。如《国防部关于台湾当局在金门海域引进美舰护航必须恢复炮击以示惩罚的命令》(1958年10月20日)。

3. 任免令。用于任免国家机关工作人员职务的命令，一般用于国家主席任免国务院部长以上工作人员和驻外使节，国务院任命副部长级工作人员。如国家主席江泽民任命朱镕基为国务院总理的《中华人民共和国主席令》。

4. 嘉奖令。常见的嘉奖令是国家、政府用以表彰在战争中或突发险情中表现特别突出的英模人物的命令。如《国务院对胜利粉碎劫机事件的民航杨继海机组的嘉奖令》(1982 年 8 月 12 日)。

此外,还有动员令、戒严令、特赦令、通缉令等特殊形式的命令。

(四) 结构与写法

1. 标题。

命令(令)的标题有四种类型:

(1) 由发令机关、事由和文种构成。多为行政令、奖惩令所用,如《国务院关于在我国统一实行法定计量单位的命令》。

(2) 由发令机关或发令者和文种构成。公布令、任免令可省略事由,如《中华人民共和国主席令》。

(3) 由事由和文种构成。动员令等可省略发令机关,如《向全国进军的命令》。

(4) 只用事由作标题。固定的命令公文可采用,如《授予十烈士"共和国卫士"荣誉称号》。

2. 令号。

是命令(令)的编号。命令文种的序号不按年度编制,多以发令机关领导人任期开始至任期满止编制流水号,下一届机关领导人上任又重新自第一号开始编制。

3. 正文。

命令类型不同,正文内容构成也有所不同。发布令、任免令一般直述公布事项或任免人员名单和职务,一气呵成。命令的事项如较复杂,通常先写行令缘由,其次写命令事项,最后写执行要求。行令缘由即正文开头,简要说明发布命令的原因、目的、根据、意义,给人以责任感,增强执行命令的使命感。命令事项,即正文主体,一般是硬性规定或措施,多分条列项写,也可一段到底。执行要求,即正文结尾,对受命者提出希望、要求或嘱咐。

4. 落款。

即署上发布机关名称或发布者姓名。发布日期标注于发布机关名称的下方，也可以标注于标题的下方。

5. 盖印或由领导人签署。

盖印是此令生效和发令机关或发令人对此令负责的标志和凭证。

[例文] **中华人民共和国司法部令**

第 98 号

《国家司法考试应试规则》已经 2005 年 7 月 19 日部务会议审议通过，现予发布，自 2005 年 9 月 1 日起施行。

部　长　吴爱英

二〇〇五年七月二十九日

国家司法考试应试规则

第一条 为规范国家司法考试考场秩序，根据《国家司法考试实施办法（试行）》，制定本规则。

第二条 参加国家司法考试的应试人员应当遵守本规则。

第三条 应试人员应当凭准考证和有效身份证件进入指定的考场。无准考证、身份证件的人员不得参加考试。

应试人员进入考场后，应当对号入座，并将准考证和身份证件放在桌面左上角。

第四条 应试人员除携带必需文具外，不得随身携带任何书籍、笔记、报纸、稿纸、电子用品、通讯工具等物品参加考试。

第五条 除现役军人外，应试人员一律不得着制服参加考试。所有应试人员不得持械参加考试。

第六条 应试人员应当在考试前 15 分钟内进入考场。

考试开始30分钟后，应试人员不得入场。

考试开始后60分钟内，应试人员不得交卷出场。

第七条 应试人员应当在规定时间内按要求填写、填涂姓名、准考证号；应当使用规定用笔答题或填涂答题卡。

第八条 应试人员应当遵守以下考试纪律：

（一）不得在考场内吸烟、喧哗或有其他影响他人的行为；

（二）不得在考场内以交头接耳、左顾右盼、互打手势等方式传递信息；

（三）不得窥探他人答卷（答题卡）或查看其他资料；

（四）不得与他人交换答卷（答题卡）；

（五）不得抄袭他人答卷（答题卡）或同意他人抄袭；

（六）不得在规定时间以外答题；

（七）不得将试卷、答卷（答题卡）带出考场；

（八）不得有其他扰乱考场秩序的行为。

第九条 应试人员除按规定在答卷（答题卡）上填写、填涂相应的内容外，不得在非署名处署名或作标记。

第十条 因应试人员原因致使试卷（答题卡）损毁、污皱的，不予更换。

因应试人员原因损坏答卷（答题卡），填写、填涂不清，填错、不填姓名、准考证号，导致无法识别准考证号、姓名，无法判读成绩及成绩失准的，责任由应试人员自行承担。

第十一条 应试人员对试题内容有疑问时，不得要求监考人员解释试题，但遇有试卷分发错误或字迹模糊问题，可举手并经监考人员同意后询问。

第十二条 应试人员提前交卷的，应当向监考人员举手示意，经监考人员同意后，方可离开，离开考场后不得在考场附近逗留、喧哗。

第十三条 考试时间终了，应试人员应当立即停止答题，并将试卷、答卷（答题卡）正面朝下放在桌面上，等候监考人员核验回收后离场。

第十四条 应试人员违反本规则规定的，依据违纪行为处理有关规定给予相应处理。

第十五条 本规则自2005年9月1日起施行。

【思考与练习】

1. 命令(令)的用途和特点是什么?

2. 命令的一般结构是怎样的?

3. 拟写“任免令”或“嘉奖令”一篇。

二、决定

(一) 概述

决定“适用于对重要事项或者重大行动作出安排,奖惩有关单位及人员,变更或者撤销下级机关不适当的决定事项”。

决定是指令性的下行文,具有权威性和严肃性。

(二) 特点

1. 强制性。凡决定中写明的决定事项,都必须贯彻执行,不允许不执行、打折扣或阳奉阴违。否则,视情节轻重,予以严肃处理。

2. 指导性。多数决定往往要布置工作,阐明指导原则,规范人们行动,起着指导的作用。

3. 广泛性。决定应用范围广泛,涉及各行各业,内容丰富多样。决定不写主送机关,只注明阅读范围,在规定的范围内广泛地进行指挥,不向具体对象发号施令。

(三) 类型

1. 法规制度型。如全国人大常委会通过的《关于严惩严重危害社会治安的犯罪分子的决定》。

2. 重大决策型。如《中共中央关于经济体制改革的决定》。

3. 工作安排型。如《国务院关于坚决打击骗取出口退税严厉惩治金融和财税领域违法乱纪行为的决定》。

4. 宣告事项型。如《全国人大常委会关于授予宋庆龄同志中华人民共和国荣誉主席称号的决定》。

（四）结构与写法

1. 标题。

一般由发文机关、事由和文种（决定）组成，如《国务院关于加强政府法制工作的决定》；也可由事由和文种组成，如《关于增强党性的决定》。如果决定系会议通过的或批准的，可用全标题，并在标题下写明什么日期，经什么会议通过或批准，如《全国人民代表大会关于授权汕头市和珠海市人民代表大会及其常务委员会、人民政府分别制定法规和规章在各自的经济特区实施的决定——1996 年 3 月 17 日第八届全国人民代表大会第四次会议通过》，破折号后面称题注。会议通过的“决定”也有省略的，由事由和文种组成，如《关于修改〈中华人民共和国税收征收管理法〉的决定》，就省略了“第八届全国人民代表大会常务委员会第十二次会议”。

2. 成文时间。

“决定”的成文时间，如是领导机关制发的，标注在正文后面的落款处；如是会议通过或批准的，则标注在标题的下方（用圆括号括入）。

3. 正文。

正文一般由决定依据、决定事项、执行要求三部分组成。决定依据要写明发布决定的原因、目的和根据。决定事项是指“决定”的具体内容，如果事项较多，可分条列项表述。执行要求有的单列，有的则与决定事项融为一体。

4. 落款。

即发文机关署名，即在正文之下偏右签署发文机关全称或规范化简称。如标题下未标注成文日期，则在发文机关名称下写出年月日。

［例文］ 全国人民代表大会常务委员会关于授予宋庆龄同志中华人民共和国名誉主席荣誉称号的决定

（1981 年 5 月 16 日第五届全国人民代表大会常务委员会第十八次会议通过）

宋庆龄同志早年追随伟大的革命家孙中山先生，始终不渝地致力于中国民族解放和人民解放事业，是中华人民共和国的缔造者之一。建国伊始，即被选为中央人民政府副主席；1959 年和 1965 年继续被选为中华人民共和国副主席。70 年来，她一贯在我国人民民主革命和社会主义革命、社会主义建设事业中，坚定地和中国各族人民站在一起，是中国各族人民包括台湾同胞和海外侨胞衷心敬爱的领导人，是举世闻名的爱国主义、民主主义、国际主义、共产主义的伟大战士。她在发展各国人民友好关系、发扬进步文化、保卫世界和平的事业中，受到中外各方人士的广泛崇敬。宋庆龄同志在我国革命和建设事业中，为国家和人民建立了光辉的业绩。为此，全国人民代表大会常务委员会决定：授予宋庆龄同志中华人民共和国名誉主席的荣誉称号。

【思考与练习】

1. 决定有哪些类型？
2. 决定的正文写些什么内容？
3. 拟写“决定”文稿一篇。

三、公告

（一）概述

公告“适用于向国内外宣布重要事项或者法定事项”。但社会上不懂公告的适用范围，不懂公告的性质和作用，乱用、滥用公告。

（二）特点

1. 传播的公开性。公告的内容是重要的，也是公开的，它通过张贴、刊载、广播或电视公之于世。

2. 内容的重要性。公告所发布的内容是涉及政治生活、军事生活、社会活动中的重要的或法定的事项，是世人所关注的，如颁布宪法、公布国家领导人的重大国事活动和外交活动、公布国家主要领导人的健康状况、发布国家重大科技成果、发布重要军事演习以及发射洲际导弹等。

3. 风格的庄重性。公告发布机关的级别很高，一般是党、国家最高机关，或授权新华社发布，内容又涉及重要事项或者法定事项，行文庄重。

（三）类型

1. 国家事项公告。是宣布关系国家政治、经济、军事等方面的重要事项的公告。如宣布中华人民共和国成立这一历史性事件的《中华人民共和国中央人民政府公告》，有宣布特定政策的《关于不再追诉去台人员在中华人民共和国成立前的犯罪行为的公告》，有宣布国家领导人人选的《中华人民共和国全国人民代表大会公告》，有宣布试验洲际导弹的《新华社公告》等。

2. 执法事项公告。是执法部门为执行法律、法规事项而发布的公告。如《中国人民银行关于严肃金融纪律、严禁非法提高利率的公告》。按《中华人民共和国诉讼法（试行）》规定，人民法院送交诉讼文书，无法送达本人或代收人时，可以发布公告送达；法院强制迁出房屋或者强制退还土地，要发出公告，通知被执行者限期履行。

（四）结构与写法

1. 标题。

公告的标题有三种形式：

一是由发文机关＋事由＋公告（文种）组成，如《中共中央、全国人大常委会、国务院关于宋庆龄名誉主席病情的公告》。

二是由发文机关＋公告(文种)组成,如宣布向香港特别行政区派驻部队的《中华人民共和国国务院、中华人民共和国中央军事委员会公告》。

三是以文种“公告”代标题。如1971年7月基辛格秘密访华后发表的《公告》。

2. 正文。

公告的正文一般由公告缘由、公告事项、公告结语三个部分组成。公告缘由也叫公告依据,多则几句话,少则一句话,写出根据什么“缘由”发布此公告的。公告事项,即公告具体内容,包括时间、地点、事件、决定、要求等,要简明、具体、准确地写清楚。如果内容较多,则分条列项,有条理、有层次地叙述、说明。公告结语,一般以“特此公告”、“现予公告”等规范用语作结语,也可没有结语。

3. 落款。

发文机关名称或出现在标题中,或标注在文后落款处。发布日期可写在标题之下,也可写在落款的发文机关下方。

[例文] **新华社公告**

新华社受权公告:中国人民解放军将于1995年7月21日至7月28日,向东海北纬26度22分、东经122度10分为中心,半径10海里圆形海域范围内的公海上,进行地对地导弹发射训练。中国舰船和飞机将在该海域进行作业。为了过往船只和飞机的安全,中国政府要求有关国家政府和地区当局通知本国、本地区的船只和飞机,在此期间不要进入上述海域和海域上空。

【思考与练习】

1. 公告有哪些特点?

2. 怎样写公告的正文?

3. 试拟“公告”文稿一篇。

四、通告

(一) 概述

通告“适用于公布社会各有关方面应当遵守或者周知的事项”。

通告与公告的共同点是都属于告晓性公文。但两者也有区别:

1. 公布的范围不同。通告是在国内“一定范围内公布”,而公告是“向国内外宣布”。

2. 公布的内容不同。通告宣布的是一般性事项,但“应当遵守”之;而公告宣布的是“重要事项或者法定事项”。公告宣布的“重要事项”,是告晓性的;“法定事项”则当事人不仅知晓而且要“照办”。

3. 发文的机关不同。通告由各级政府机关发布,而公告则由国家最高机关及其委托的部门发布。

4. 发布的形式不同。通告多用张贴形式发布,当然也有通过传媒发布;而公告多通过传媒发布,一般不用张贴形式。

(二) 特点

1. 法规性。通告所公布的“事项”,“在一定范围”“应当遵守”,具有一定的法规性和行政约束力。如《最高人民法院、最高人民检察院关于贪污受贿投机倒把等犯罪分子必须在限期内自首坦白的通告》。两院的通告,犯罪分子如不遵守必遭严惩。

2. 周知性。通告所公布的“事项”,“在一定范围”应当“周知”。如《中国人民银行关于新人民币 10 元券颜色、图景的通告》，是完全周知性的，只不过这“一定范围”就很大了，大到凡使用这种10元券的人都应“周知”。

（三）类型

1. 制约性通告。这类通告“在一定的范围”不但应当“周知”，更应当“遵守”。如《天津市人民政府关于禁止随地吐痰乱扔乱倒的通告》，这通告对所有在天津的人都有制约作用。又如《北京市人民政府关于扫除卖淫嫖娼等“六害”的通告》，这通告所有在京的人都应“周知”，都应“遵守”，对“六害”，则不仅是制约，更是法规了。

2. 知照性通告。是向一定范围的人告知、晓谕一定事项的文告。如《国家外汇管理局北京分局关于换发〈外商投资企业外汇登记证〉的通告》，这类通告主要是需要有关单位和个人遵守和周知某件事情，它的约束力较小，不具有法规性作用。

（四）结构与写法

1. 标题。

（1）完整式：发文机关＋事由＋通告（文种），如《国务院、中央军委关于长期保护测量标志的通告》。

（2）省略式一：省略事由，如《上海铁路新客站工程指挥部通告》。

（3）省略式二：省发文机关，如《关于禁止学生酗酒的通告》。

（4）省略式三：省发文机关、事由，只用文种“通告”。

2. 正文。

通告正文大体上由三个部分组成：一是通告缘由，概括写明发布通告原因、依据和目的，要求写得简明扼要，然后用“特通告如下”或“现将有关事项通告如下”引出下文。二是通告事项，需要人们遵守或周知的事项，要一一交待清楚；事项不多的，一段到底，一气呵成；事项较多的，则分条列项，要注意条理性和严密性。

三是通告结语，有以“特此通告”等规范用语作结语的；有以提出“以上各点，希遵照执行”等执行要求用语作结语的；有以说明执行日期“本通告自公布之日起执行”作结语的；有以提出奖惩要求作结语的，如“对……有功单位和人员，给予表扬和奖励”，“对违反本通告者将依法严惩”等。有的通告无结语。

3. 落款。

正文之后，署上制文机关全称，注上发文日期，盖上印章，谓之落款。标题如是全称式，或出现过发文机关，正文后就不必再标注制文机关了，发文日期则标注在标题下。

[例文] **上海市人民政府文件**

沪府发〔2005〕40号

上海市人民政府
关于对高污染车辆实施限制通行措施的通告

为改善本市大气环境质量，保障广大市民的身体健康，市政府决定，对达不到国家第一阶段机动车排放标准（相当于欧洲Ⅰ号机动车排放标准）的高污染车辆实施限制通行措施。现通告如下：

一、自2006年2月15日起，每天7时至20时，高污染车辆不得在本市内环线以内（含内环线）高架道路、延安路高架道路、沪闵路高架道路上行驶（在本市逗留7日以内的外省市过境车辆除外）。

二、自2006年10月1日起，每天7时至20时，高污染车辆不得在本市内环线以内（含内环线）的高架道路和地面道路、延安路高架道路、沪闵路高架道路上行驶（在本市逗留7日以内的外省市过境车辆除外）。

高污染车辆限制通行的具体实施办法，由市环保局、市公安局另行制定。

二〇〇五年十二月二十七日

【思考与练习】

1. 比较通告与公告的异同。

2. 怎样写通告的正文？

3. 试拟一份“通告”文稿。

五、通知

（一）概述

通知“适用于批转下级机关的公文，转发上级机关和不相隶属机关的公文；传达要求下级机关办理和需要有关单位周知或者执行的事项；任免人员”。

通知的使用范围最广，职能最多，使用频率最高，行文灵活。

（二）特点

1. 适用范围的广泛性。通知是应用最广泛的文种。这种广泛，一是作者广泛，任何机关、团体、单位，任何级别，上至中央，下至班组都可“发”通知；二是职能广泛，它可以“批转”和“转发”公文，发布规章，传达情况，任免和聘用干部，大至吹响“十年动乱”的号角，如“5·16通知”，小至通知一件小事，如通知什么时间举行足球赛；三是行文方向较广，以下行为主，也用于平行。

2. 内容事项的多样性。通知可以作指示，提要求，指挥工作；可以明措施，定办法，指导工作；也可以告情况，晓事项，布置工作。其内容包罗万象，不一而足。

3. 受文对象的专指性。通知不像公告、通告那样“广而告之”，它的受文对象基本是有关机关、单位和人员，与此无关的，“通知”根本没人理会，因此，它的受文对象是特定的，专指的。

4. 行文时效的有限性。通知总是根据“当前”的情况布置工作，明确政策，时间一推移，情况有变化，通知就不起作用了。特别是会议、活动、宴请等，时间一过，还有什么意义呢？所以通知的时效性是很强的。

（三）类型

1. 发布性通知。有关部门发布一般行政法规、条例、办法等规章时所用的通知，如《关于颁发〈外国人在中国就业管理规定〉的通知》。

2. 批转性通知。是批转、转发文件或发布法规时作出批示意见，连同原文一并印发的通知，如《国务院办公厅转发教育部等部门关于调整国务院部门（单位）所属学校管理体制和布局结构实施意见的通知》。

3. 指示性通知。阐明某种工作活动指导原则，布置某种具体工作，有指示性，如《最高人民检察院、审计署关于建立案件移送和加强工作协作配合制度的通知》。

4. 事务性通知。上级机关向下级机关布置工作、安排活动、办理事务而使用的一种通知，如《关于开展国家公务员普通话培训的通知》。

5. 知照性通知。即告知某一事项的通知，诸如某一机构的建立或撤并，某些人员的任免、聘用、奖惩，某种会议的召开，都可用此种通知知照晓谕，如《国家教委关于同意上海市四所高校合并建立上海大学的通知》。

（四）结构与写法

1. 标题。

（1）完整式：发文机关＋事由＋通知（文种），如《国务院办公厅关于发布〈国家行政机关公文处理办法〉的通知》。

（2）省略式一：省略事由，如《中共中央紧急通知》。

（3）省略式二：省略发文机关，如《关于对青少年进行爱国主义和革命传统教育的通知》。

（4）省略式三：仅用文种《通知》。

如果通知内容重要，时限紧迫，或联合发文，或有所补充，应在标题中加入“重要”、“紧急”、“联合”、“补充”等字样，如《关于在小学减轻学生过重负担的紧急通知》。

2. 主送机关。

通知一般都要写明主送机关，通知以下行文为主，主送机关多用泛称。少数普发性通知主送机关可以省略不写。

3. 正文。

通知的正文一般由缘由、事项、结语三部分组成。

通知缘由即制发这则通知的原因、理由、根据和目的。这是制发通知的出发点。通知的开头常常写一二句来说明发通知的起首语，以表缘由、表根据、表目的、表经办。表缘由的即表示发文缘由的用语，如“承蒙”、“顷接”、“近接”、“欣悉”、“欣闻”、“值此”等等；表根据的是用于说明发文根据的用语，如“据”、“根据”、“遵照”、“按照”等等；表目的的即表示发文目的的用语，如“为”、“为了”等等；表经办的是指用于说明工作处理过程或有关情况的用语，如“通过”、“经由”、“兹经”、“业经”、“兹定于”、“拟”等等。由起首语转入叙述事项，一般以“为此”、“现将……如下”、“特……如下”作过渡语。

通知事项一般分条列项或分段写，要注意各条各段之间的内在联系，有详有略，避免重复交叉。对基本事项和具体要求，必须写得明确具体。对时间的要求要准确，明白。一般通知只写明年、月、日，有特殊要求的还要写明时、分，如需马上执行的，要写明“立即”或“即刻”。有的需要在一定时限内完成的，就写明起止日期。

通知结语，即对执行通知提出原则要求等，如“希遵照办理”、“请认真贯彻执行”、“请参照执行”等，一般还要加上表期望的用语，如“为要”、“为盼”、“为荷”等。一般简单通知的用语，用“特此通知”，也可不写结束语。

以上仅是就一般而言，实际上各种通知的结构环节和侧重点是有差异的。

发布性通知的正文基本格式为，某文件经某会议通过（或经某机关批准或同意），现发给你们，请遵照执行，如《国务院关于发布〈国务院工作人员守则〉的通知》。

批转性通知的正文基本格式为，少数只表明转发，多数则根据公文的内容、要求，提出贯彻执行的措施，如《国务院批转国家经贸委、冶金部关于邯郸钢铁总厂管理经验调查报告的通知》。

指示性通知的正文结构形式与写法，则因其形成原因或内容性质的不同而有多种表现。有的内含指示性，但重在说明情况，分析形势，讲明道理，提高人们的思想认识，而不重在指导具体工作，如《中共中央关于同国民党进行和平谈判的通知》；有的制文机关无权直接发表指示，也未直接发指示，但传达了上级机关的指示，代上级机关阐发了传达的指示，如《中共中央办公厅、国务院办公厅关于解决当前机关作风中几个严重问题的通知》；有的仅稍述工作活动指导原则而重在布置一般性的具体工作，如《国务院关于改善高级知识分子工作条件的通知》。

事务性通知的正文在写作中一定要讲清为什么制发通知的道理，阐明其意义，然后用“现将有关事项通知如下”，或“特作如下通知”等承启语，转入通知事项部分。在通知事项部分要把工作任务、具体活动、需要注意的问题等交待清楚，使受文者能把握做什么，怎么做，做到什么程度，如《国务院关于开展第一次全国基本单位普查的通知》。

知照性通知的正文一般由缘由、事项和结语构成,但只要说明因为什么原因,或根据什么精神,或依据什么情况,决定了什么事项即可,文字简约,表述简当。如《国务院办公厅关于成立国务院信息化工作领导小组的通知》。

4. 落款。

写明发文机关名称和年月日,并加盖印章。

[例文] 国务院办公厅关于开展保护知识产权专项行动督查工作的通知

国办函〔2005〕93号

有关省、自治区、直辖市人民政府,国务院有关部门:

为督促检查各地保护知识产权专项行动工作,国务院决定,于今年11月下旬至12月中旬,对《国务院办公厅关于印发保护知识产权专项行动方案的通知》(国办发〔2004〕67号)落实情况进行督查。经国务院领导同志批准,现就有关事项通知如下:

一、督查地区

北京、上海、天津、河北、内蒙古、辽宁、江苏、浙江、安徽、福建、山东、河南、湖南、广东和陕西等15个省(区、市)。

二、督查内容

本着"突出重点,点面结合"的原则,对保护知识产权专项行动进行全面检查,总结经验、查找问题。具体内容如下:

贯彻落实《国务院办公厅关于印发保护知识产权专项行动方案的通知》(国办发〔2004〕67号)、《国务院办公厅关于印发2005年全国整顿和规范市场经济秩序工作要点的通知》(国办发〔2005〕19号)的情况。主要是商标专用权、著作权、专利权的保护;知识产权海关保护;出口商品交易会、商品批发市场、定牌加工和印刷复制等重点环节的知识产权保护;侵犯著作权、商标专用权违法活动相对集中和国际影响较大的重点地区的专项整治；对重大侵权案件的查处；2005 年开展的“保护知识产权宣传周”活动；保护知识产权基础工作等方面的情况。

三、督查组织和方式

由全国整规办牵头组织，请公安部、文化部、海关总署、工商总局、新闻出版总署（国家版权局）、知识产权局等部门负责同志带队，国务院办公厅、信息产业部、商务部、质检总局、食品药品监管局、法制办等部门以及高法院、高检院抽调人员参加，组成 7 个督查组，采取听取汇报、查阅相关资料、召开座谈会、直接访谈和对基层工作进行抽查等方式开展实地督查。督查结束后，由全国整规办将有关情况汇总后向国务院报告。

四、工作要求

（一）各有关地区在督查组进行实地督查前，要认真组织自查，查找问题，抓紧整改。要认真总结本地区保护知识产权专项行动工作的情况，在保护知识产权工作中的基本做法和经验，存在的主要问题，并提出有针对性的措施和建议。有关地方政府要重视这次督查工作，切实加强组织领导，主管负责同志要亲自挂帅，密切配合督查组工作；有关部门和单位要分工负责，安排好抽查和检查项目，认真准备相关材料，并做到客观准确，如实反映情况，不回避问题和矛盾。

（二）督查组要深入基层，注意听取群众意见，收集第一手资料。要注重实效，防止流于形式和走过场。对发现的问题要及时与地方政府沟通，并如实向国务院报告。在检查中要轻车简从，严格遵守廉政规定。

国务院办公厅

二〇〇五年十一月三日

【思考与练习】

1. 通知的特点是什么？
2. 通知有哪几种类型？
3. 怎样写一般性通知的正文？
4. 试拟一篇关于举办“韬奋奖”作文比赛的通知文稿。

六、通报

（一）概述

通报“适用于表彰先进，批评错误，传达重要精神或者情况”。

通报作为下行文，发自领导机关，用来指导和推动工作。主要有：(1)表彰作用；(2)惩戒作用；(3)指导作用；(4)知照作用。

（二）特点

1. 典型性。通报所表彰的先进，所批评的错误，所传达的重要精神和重要情况，都是真实的，有代表性的，具有一定的普遍意义，因而是典型的。通报了一位先进典型人物或先进典型事迹，“点亮了一盏灯，照亮了一大片”；批评了一个犯错误的人物或严重错误事件，敲响了警钟，警戒了众人。

2. 及时性。通报总是及时地、迅速地发表，很注重时效，这是通报“指导”、“推动”工作的要求所决定的。

3. 导向性。通报不管是表彰先进，还是批评错误，或是揭露问题以及反映情况，都有知照、鼓励、警戒、导向作用，告诉人们什么该做，什么不该做，怎么做对，怎么做不对，从而提高人的素质，净化环境，美化社会。

（三）类型

1. 表彰性通报。是表扬先进人物、先进事迹的通报，如《关于命名王刚同学为见义勇为好青年的通报》。

2. 批评性通报。选择犯错误的典型(集体或个人)，予以通报批评，以儆效尤，防止类似错误发生。如《中共××省纪委关于对参与嫖娼活动的共产党员必须坚决开除出党的通报》。

3. 传达性通报。向下级机关、单位及有关人员传达重要情况和重要精神的通报，如《关于情况的通报》。

（四）结构与写法

1. 标题。

(1) 完整式的：如《中央纪律检查委员会关于必须严肃处理党员干部中的违法乱纪案件的通报》。

(2) 省略式一：省事由，如《中共中央政治局会议通报》。

(3) 省略式二：省发文机关，如《关于原海南省副秘书长李善有诬陷他人、腐化堕落和经济犯罪的通报》。

(4) 省略式三：仅用文种《通报》。

2. 主送机关。

通报见诸报端或内部张贴，为普发性，不用“主送”什么地方。上级机关为推动社会主义精神文明发现了一个好典型，大张旗鼓予以表彰；发现一个坏现象、坏典型，大张挞伐予以揭露，一般按系统下行“主送”。如《关于命名王刚同学为见义勇为好青年的通报》主送机关为“××市教委、团委、各市(地)、县(区)教育局、团委”，因为该文的发文机关是“省教委、团委”。

3. 正文。

通报正文写法较为多样，不同类型、不同内容的通报，写法不一样。表彰性通报和批评性通报的正文一般由通报事由、分析评议、决定要求等部分组成。

表彰通报的对象兼及人和事，这是因为任何先进事迹都是人做出来的，而人的高尚品质和精神又都是通过事件和行动来表现的。事实是构成表彰通报的客观基础，通报的生命是如实，即按照实际情况进行叙述，一是一，二是二，防止含混不清，尤忌夸张渲染。凡是足以反映精神境界的事实和情节，要突出详写。分析评议既要避免轻描淡写，又要防止随意拔高。决定不外是表扬、记功、提级、奖励，要有分寸，要适度。

批评通报本身就是处分：“被通报了！”加上通报时常常宣布处分决定，惩戒作用十分突出。有些批评通报还侧重于对当前工作和思想动向的指导，内容就复杂得多。它的内容虽与表彰通报截然相反，然而具体写法却没什么两样，不外乎是摆情况，论根源，说措施。说到情况，时间、地点、人物、事情、结果都要交代清楚，但又不能像调查报告那样详细，这就要点面结合，详略得当，简明扼要。论说根源，话不在多而在精，要求深入开掘，点明性质，指出危害，评论错误。最后说到措施，贵在对症下药，方能解决问题。至于处分，则要宽严适度。

传达性通报的目的在于使下级单位和干部、群众了解全面情况，统一认识和步调，这对推动工作的发展和深入裨益甚大。情况必须具体明晰，有重点，有针对性，在摆情况时，要有分析，夹叙夹议，画龙点睛。

4. 落款。

即发文机关、发文日期和印章。如标题中已出现过发文机关，则落款可省略发文机关，但发文日期不可省去，加盖印章时“骑年盖月”。

［例文］ **广州市人民政府文件**

穗府〔2003〕6 号

关于表彰 2002 年度无偿献血先进集体和先进工作者的通报

各区、县级市人民政府，市府直属各单位，驻穗各单位：

2002 年，在各级政府的领导和社会各界人士的关心和支持下，我市以国家逐步实现无偿献血“三个转移，一个延伸”的工作方向为指导，认真贯彻执行《中华人民共和国献血法》，无偿献血工作取得了可喜的成绩，全年共有155 395人次参加无偿献血，比2001年增长了14.7%，涌现出大批参与无偿献血工作的先进集体和先进工作者。

为总结工作，表彰先进，继续推进我市无偿献血工作的开展，市人民政府决定，授予广州市黄埔区人民政府等370个单位为“广州市2002年度无偿献血先进集体”、林生珠等391位同志为“广州市2002年度无偿献血先进工作者”，并授予广州市委宣传部等32个集体和潘史扬等22位同志“广州市2002年度无偿献血促进奖”荣誉称号，现予通报表彰。

希望受表彰的集体和个人戒骄戒躁，再接再厉，争取更大的成绩。各单位和广大群众要学习他们的先进经验和奉献精神，认真贯彻《中华人民共和国献血法》，积极组织和参加无偿献血活动，不断推动我市无偿献血事业的发展，实现我市临床用血全部来自无偿献血的目标，更好地造福社会。

广州市人民政府

二〇〇三年一月十六日

【思考与练习】

1. 通报的特点是什么？
2. 通报的主送机关怎样确定？
3. 怎样写表彰通报的正文？
4. 怎样写批评通报的正文？
5. 整理下列材料（可以增删），以学校名义拟一篇“通报”。

  * 1997年11月，华东政法学院法律援助中心成立，现法援中心共有136位同学。
  * 市老龄委、上海人民广播电台、上海电视台等单位纷纷前来表达合作意向，法援中心已在各个媒体亮相，进行普法宣传，赢得了社会各界好评。
  * 中心成立一年来，共回复来电800余件，来函近千封，接待来访1 600余人次，代拟法律文书50篇，参加非诉讼调解10余次，成功地进行了四次义务公民代理，收到当

事人感谢信百余封，鲜红的“法律捍卫者，弱者的佳音”的感谢锦旗，高挂在法援中心办公室。

* “立足华政，放眼社会，为维护公平与正义而奋斗”是法援的宗旨。
* 在顾问教师的指点关心下做了大量的工作，通过三来一体（来电来函来信）的定点接待，特色节日的法律咨询（消费者权益保护日、敬老节、妇女节等），以及模拟法庭、巡回演出、社区法律服务和社会考察活动扩大了影响，锻炼了自身，也为华政树立了良好的窗口形象。
* 法援中心通过一年的辛勤工作，已逐步走上了规范化、制度化、组织化的轨道。

七、议案

（一）概述

议案“适用于各级人民政府按照法律程序向同级人民代表大会或人民代表大会常务委员会提请审议事项”。

议案的内容，有法律、法规和政策方面的；有经济计划与财政预算、决算方面的；有各项工作中的大事和人民群众亟须解决的重要问题；有修改法律、法规和强化国家机关建设方面的；以及有关的重要人事任免问题等。

议案的作用有二：一是权力机关审议的依据；二是通过后的法定效力。没有各级人民政府提出议案，各级人民代表大会或人大常委会就失去了审议、表决的依据、前提和对象；而议案一经各级人民代表大会或人大常委会过半数通过，即成决定了，就有了特定的权威性和法定的效力。

（二）特点

1. 制作主体的法定性。议案是由具备法定权限的各级政府向各级人民代表大会及其常委会提出审议事项的公文，不是随便什么组织或个人都可以提议案的。

2. 议案内容的特定性。议案提请各级人民代表大会或常委会审议，必须是属于它们职权范围的，不是随便什么事情、问题都可以形成议案提请审议通过的。

3. 提请审议的时限性。议案必须在人代会及其常委会举行会议期间提出，会后提出，无从审议。

4. 提请程序的法律性。议案的形成、提请、审议、表决等过程，在什么范围，什么时间，都必须“按照法律程序”进行。

（三）类型

1. 立法案。即提请人代会或其常委会审议、批准有关法律、法规的议案。如《国务院提请审议〈中华人民共和国学位条例（草案）〉的议案》。

2. 重大事项案。即提请人代会或其常委会审议、批准有关重大建设项目、重大举措事项的议案。如《国务院关于提请审议兴建长江三峡工程的议案》。

3. 机构变动案。即提请人代会或其常委会审议、批准有关机构设立、撤销或合并的议案。如《国务院关于提请审议设立中华人民共和国监察部的议案》。

4. 人事任免案。即提请人代会或其常委会审议、批准有关部门负责人职务任免的议案。如《国务院关于提请审议××等同志职务任免的议案》。

5. 其他事项案。

（四）结构与写法

1. 标题。

标题通常有两种写法：一种是采用完整式标题，即由发文机关、事由和文种（议案）三部分组成。如《国务院关于提请审议

〈中华人民共和国外商投资企业所得税法〉(草案)的议案》。还有一种是采用省略式标题,即由事由和文种(议案)组成。如《关于提请审议修改后的国务院机构改革方案的议案》。

2. 主送机关。

即左起顶格用全称或规范化简称明确标出同级人民代表大会或者人民代表大会常务委员会的名称,后加冒号。

3. 正文。

正文是议案的核心内容部分。一般写提请审议的缘由、提请审议的内容和提请审议的要求三个部分。

如果提出审议的内容是法律、法规,那么正文中仅提法律、法规的名目,而法律、法规本身则作为附件附上。如果是其他重要事项,那么提请审议的内容就要写上"重要事项"。正文的写作重点常随审议需要而定:对需要充分说明缘由才能获得通过或批准的以写作缘由为重点;而有些无需详叙缘由的,甚至基本不写提请审议缘由而详述提请审议的内容。提请审议的要求,即请审结语是必不可少的。如"请审议"、"请予审议"、"请审议决定"、"请审议批准"等。

4. 落款。

落款即制发此议案的一级人民政府的名称,或政府官员职务、姓名,并标明日期,加盖公章。

5. 附件。

提请审议议案的目的是批准议案。而议案的内容如果是法律、法规和重大政策性文件,一般都很长,便作为附件附上。附件的标题注明在正文下方,落款前左方。

［例文］ 国务院关于提请审议《中华人民共和国国旗法（草案）》的议案

国函［1992］12号

全国人民代表大会常务委员会：

为了维护国家的主权和尊严，增强公民的国家观念和爱国意识，国务院法制局经过广泛征求意见和调查研究，起草了《中华人民共和国国旗法（草案）》。这个草案已经国务院常务会议讨论通过，现提请审议。

国务院总理　李　鹏

一九九〇年二月六日

【思考与练习】

1. 议案的用途和特点是什么？
2. 怎样写议案的正文？
3. 拟写“议案”文稿一篇。

八、报告

（一）概述

报告“适用于向上级机关汇报工作，反映情况，答复上级机关的询问”。

报告是下级机关主动或应上级要求，向上级达情献策的重要上行文。

拟制报告，如提出意见或者建议，多为事前行文；反映情况，多为事中行文或事后行文；汇报工作、答复上级机关询问，亦多为事后行文或事中行文。

（二）特点

1. 汇报性。毛泽东《关于建立报告制度》的指示指出：“为了及时反映情况，使中央有可能在事先或事后帮助各地不犯或少犯错误，争取革命战争更加伟大的胜利起见，从今年起，规定如下的报告制度。”这话最主要的一点是说明报告主要为上级了解下情所需要，是为上级更好地作出决策、指导工作服务的。不带请示，不要批示，无须答复，为上级而向上级达情献策的汇报性便是“报告”的最本质特征。

2. 沟通性。报告是下级机关将“下情上达”的主要手段，以取得上级领导的了解、支持和指导，减少和避免工作上的失误；而上级机关则从“报告”中获得信息，了解下情，听取“意见和建议”，有助于上级机关决策的科学化、民主化。

（三）类型

1. 按报告的性质要求分类：

（1）呈报性报告。向上级汇报工作，反映情况，不要求上级批示、转发的报告，包括工作报告、情况报告、建议报告、回复报告等多种。如《关于进一步开展学习“三个代表”重要思想活动的报告》。

（2）呈转性报告。向上级汇报工作、反映情况，侧重提出建议和意见，并请求上级批转有关部门参考或执行的报告。如国家工商管理局呈报国务院的《关于工商行政管理工作的报告》，最后提出“以上报告如无不当，请批转各地区、各部门执行”。

2. 按报告的内容含量分类：

（1）综合报告。向上级全面汇报工作或几方面工作情况，其内容具有综合性特点。综合报告大多数是定期性的工作总结报告，如《上海市长宁区华阳街道 2000 年社区工作情况综合报告》。

（2）专题报告。向上级汇报某一方面工作、某一个事件或某种问题的报告，其内容具有专项性特点。如《华东政法学院国际法系党总支建设“凝聚力工程”的报告》。

（四）结构与写法

1．标题。

（1）完整式：发文机关、事由、文种三者齐全。如《中国计划生育协会关于加强计划生育协会工作的报告》。

（2）省略式：省去发文机关，如《关于在招工、招生、提干等方面存在的轻视妇女、歧视妇女问题的报告》。

2．主送机关。

报告的主送机关一般是一个，即发文机关的直属上级机关。如果是联合行文，则主送两个或两个以上机关，如市委和市府联合“报告”省委、省府即是。注意不要越级主送。

3．正文。

不同类型的报告，正文的写法不尽相同。但其格式大同小异。一般总是包括报告缘由、报告内容、报告结语三部分。报告缘由是“报告”的开头，一般说明报告的原因、依据、目的。不同的报告侧重点是不一样的，或侧重原因，或侧重依据，或侧重目的。“开头”说完，用“现将工作情况报告如下”之类的习用语过渡到“报告内容”。报告内容包括一般情况，成绩与经验，问题与教训，今后设想或打算等。这些内容，不同类型的报告侧重点也是不一样的。报告结语，呈报性报告用“特此报告”；呈转性报告用“以上报告如无不妥，请批转有关部门执行”等。不管什么报告，都不带请示事项，因此结语不应出现“请指示”、“请批示”之类的用语。

4．落款。

正文的右下方是报告的发文机关、报告日期和加盖的印章。

［例文］　　华东政法学院

华政院交[1999]279 号

关于续聘美籍刘晓堤女士为我院长期文教专家的报告

上海市教育委员会：

根据〔1998〕司聘外专 1 号批复，我院聘请了美国籍刘晓堤(TITIM. LIU)女士为长期外国文教专家，聘期自 1999 年 2 月 1 日至 2000 年 2 月 28 日。

该专家在我院讲授公司法、法律英语课程，其间她所授的课受到学生的好评。经双方同意，决定延长聘期五个月，至 2000 年 7 月 28 日，续聘期间享受原合同所规定之待遇。

特此报告

附件：〔1998〕司聘外专 1 号批复(复印件)

华东政法学院

一九九九年十一月二十二日

抄送：司法部法规教育司

【思考与练习】

1. 报告的特点是什么？
2. 报告有哪些类型？
3. 怎样写报告的正文？
4. 请就本年级或者本班的学习，或者生活某方面的情况向有关上级组织提出一份“报告”。

九、请示

（一）概述

请示“适用于向上级机关请求指示、批准”。

在以下6种情况下，必须“请示”：

1. 属于上级机关明确规定必须请示批准才能办理的情况下；

2. 对现行方针政策、法律、法规不甚了解，有待上级明确答复才能办理的情况下；

3. 工作出现了新情况、新问题，而又无章可循，或有了处理办法，但不知是否可行，有待上级机关明确才能办理的情况下；

4. 因情况特殊，难以执行现行规定，有待上级重新澄清才能办理的情况下；

5. 因本机关意见分歧，无法统一，难以开展工作，有待上级裁决的情况下；

6. 事情重大，但心中无底，需要上级同意的情况下。

请示和报告虽然同属上行公文，但性质、行文和表述不一。

第一，性质不同。“报告”是陈述性公文，向上级机关汇报工作，反映情况，提出意见或者建议，答复上级机关的询问，一般不要求上级答复；而“请示”则是请求性公文，它请求上级指示、批准，上级同意与否，均应作出答复。

第二，行文时限不同。“报告”行文时限灵活，事前、事中和事后均可行文；“请示”则必须“事前”行文，不得“先斩后奏”。

第三，表述要求不同。“报告”内容广泛，篇幅较长，可以一文一事（专题报告），也可以一文数事（综合报告），但不得夹带请示事项。“请示”则必须一文一事，内容单一，行文较短。请示也可陈述情况，但必须与请示事项有关，是请示事项的依据。此外，两者尾语不同。“报告”尾语多为陈述性词语，常用“特此报告”等；而“请示”尾语多表示请求和期望的态度，常用“以上请示当否，请批复”等。

（二）特点

1. 表述的请求性。请示的事项或是自己无法解决，或是自己无权解决，只有请求上级机关指示、批准才能解决，因此决定了请示表述的请求性特点。

2. 内容的特定性。不是任何事情、任何问题都可请示的，必须是前文所述 6 种情况的则可请示。请示时必须“一文一事”，不能“一文数事”。

3. 行文的时限性。请示不能像“报告”一样事前、事中、事后“灵活”行文，而必须“事前行文”，不得“先斩后奏”。

（三）类型

1. 请求指示的请示。对上级的方针、政策、指示精神等理解不深，领会不透，或对下面出现的新情况，难问题把握不准，或对某事项认识不一，无法办理而请求上级加以明确阐释、指导、裁决，作出指示的，如《关于交通肇事是否给予被害者家属抚恤问题的请示》。

2. 请求同意的请示。对有关事项有明确意见，但无上级同意、批准不得办理，因而请求上级同意批准的请示，如《关于建立中国工程院有关问题的请示》。

3. 请求审批的请示。对有关事项限于自己部门的财力、物力、人力的限制无法办理而请求上级部门审核实情拨款、调物、增编以解决问题的请示，如《华东政法学院关于申请专项资金建造教工高层住宅的请示》。

（四）结构与写法

1. 标题。

(1) 完整式：发文机关＋事由＋请示（文种），如《国家语言文字工作委员会关于废止〈第二次汉字简化方案（草案）〉和纠正社会用字混乱现象的请示》。

(2) 省略式：省发文机关，事由部分用“关于”起头的介词结构来表述，如《关于华东政法学院与荷兰佛雷杰大学法学院签订合作协议的请示》。

请示的标题在使用动词时，不能与文种词语重复，即一个标题中不能出现两个请示。在表述主要内容时，一般只宜使用一个动词。

2. 主送机关。

《国家行政机关公文处理办法》第四章“行文规则”第十八条：请示一般只写一个主送机关，如需同时送其他机关，应当用抄送形式，但不得同时抄送下级机关。除领导直接交办的事项外，“请示”不得直接送领导者个人。

3. 正文。

请示的正文，一般由请示缘由、请示事项、请示要求三部分组成。

请示缘由，写明请示的原因、背景、根据、目的等，以说明请示的合理性、重要性、紧迫性。具体的表述方式应从请示内容出发，但不外乎是摆情况和说道理。摆情况，力求明白清晰，忌避抽象笼统，不着边际、繁琐啰嗦和现象罗列。说道理应与摆情况密切结合，说理融于情况叙述之中，也即所谓的夹叙夹议。说理要针对请示事项所提出的问题，切忌文不对题，莫名其妙。说理还要简明扼要，不说空话，尤要注意行文语气，不可摆出论辩架势或使用教训口气。否则，不仅不得体，与身份不符，而且效果适得其反。摆情况和说道理为“请示”内容提供事实方面和政策理论方面的依据。

请示事项，是请示的主要内容，也是要求上级给予指示或批准的具体事宜。请示时大都提供一种解决问题的措施和方案，请求上级指示和批准；但也有些请示提出不止一种措施和方案，请上级从全局衡量加以选择。但不论哪种情况，撰写时应当注意：一是从实际出发；二是要体现法律、法规、方针、政策；三是措施要切实可行。如果请示内容较为单纯，措施可以概括为一段文字。如果内容较为复杂，措施可分条分款来写，显得清晰。请示上级同意批准的内容一定要明白、具体，以便于上级决断。如果超出请示单位的职权范围，也要提出建议，供上级考虑。切忌矛盾上交。

请示要求，即结语，其规范用语应依据请示的具体目的要求、请示的类型的不同，分别使用相适应的结语才更贴切。请求明确指示的，用"以上意见当否，请指示"；请求批准同意的，用"以上请求，请予批准"；请求审核批准的，用"以上请示，请审批"；还有一些请示是一些政策法规请求上级批转有关部门参照执行的，用"以上意见如无不妥，请批转各地区、各部门执行"。这样，不同内容的请示用不同的用语作结，才能使上下文有和谐完美、浑然一体之感。

这里再重申一下：请示要一文一事，不要把两个以上毫不相干的问题放到一项请示里；要按级请示，特殊情况越级请示，应当同时抄报被越过的上级机关；如是双重或多重领导，那么，应当以主管此项请示事项的上级机关为主送，其他上级机关为抄报，切忌多头主送，以免造成几个受文的上级机关互相等待、推诿或者批示意见不一致，影响问题的解决。

4. 落款。

如果标题中没出现发文机关名称，则在文后落款并写上成文具体时间，加盖印章。如果标题中出现发文机关名称，则文后发文单位名称省略，日期和印章如常。

［例文］ 华东政法学院

华政院交[1999]312号

关于华东政法学院与荷兰佛雷杰大学法学院签订合作协议的请示

司法部法规教育司：

为适应法学教育对外开放的要求，我院拟与荷兰阿姆斯特丹佛雷杰大学法学院签订双边合作协议。

佛雷杰大学成立于1880年，是一所坐落于荷兰首都的私立综合性大学，目前拥有15个学院，4 000名教工和14 000名学生。该校素以历史悠久、学科齐全、教学严谨而在欧洲享有很高的声誉，1996年曾获得荷兰政府为杰出成就而颁发的奖项——Hoger Onderwijsprijs奖。佛雷杰大学法学院为荷兰最著名的法学院之一，拥有32名教授、70名讲师与研究人员以及1 500名学生，设有私法、宪法与行政法、刑法、公证和税法、国际法与比较法等7个系，包括本科生和研究生教育的不同层次。该法学院尤其以民商法和国际私法领域的教学与研究为特色，并且注重法学理论与司法实践的结合，是荷兰培养法官与律师人才的摇篮。

就处于经济中心和所具备的专业特色来说，我院与佛雷杰大学法学院有一定的相似之处。近年来，双方接触频繁，都表现出加强联系与学术交流的意向。不久前，该学院教授Gregor van der Burght前来我院访问，双方拟订了合作协议（见附件），规定有学生交流、教研人员互访、科研教学管理等项内容。签订这份协议，将有利于增进我院与荷兰及欧盟国家法学院的专业合作，有利于我院提高教学与科研水平，培养高质量的涉外法律人才。

当否，请指示。

附件：《华东政法学院与荷兰阿姆斯特丹佛雷杰大学法学院合作协议》中、英文本

华东政法学院

一九九九年十二月二十八日

抄送：司法部司法协助外事司

【思考与练习】

1. 在哪些情况下必须“请示”？
2. 比较一下请示与报告的异同。
3. 请示主送机关要注意些什么？为什么只能有一个主送机关？
4. 怎样写请示的正文？
5. 以某社团或某组织名义，起草一篇“请示”文稿，请求有关主管部门同意批准某事项。
6. 整理下列材料（可以增删），以院基建处的名义发一份公文（须包含公文体式指定项目中除页码外的6个项目）。

* 我院河东田径场西侧有2 200平方米空地，有水、电、煤气设施，无动迁户，建一幢9 000平方米的七层公寓没有问题。
* 我院现有本科学生2 790人，预计几年内规模增扩至近5 000人（含研究生），现在学生住宿人均仅4.79平方米，住宿条件……
* 公寓建设资金约1 250万元，由上海市教委统筹解决，然后由今后的公寓管理费逐年归还，预计15年内还清本息后，产权归我院所有。
* 上海市委、市政府关于科教兴国，加快学生公寓建设的指示，

提出在本世纪末达到 4 个学生住一间宿舍，人均面积 10 平方米的标准。

* 上海市教委要我院解决建设基地“七通一平”等的前期及后期费用。目前，已与市教委签订了双方合作意向书，预计该项前期费用约 100 万元，恳请给予拨款。
* 拟建的学生公寓标准为 4 人一间，每间设有独立的盥洗室和室外阳台，并装有电话，有线电视端子，配有相应家具，学生将有一个舒适安宁的生活和学习环境。
* 公寓 1998 年 7 月开工，1999 年 7 月竣工，9 月启用。

十、批复

（一）概述

批复“适用于答复下级机关的请示事项”。

“批复”与“请示”相对应，先有下级的“请示”，而后有上级的“批复”。请示是批复存在的条件，没有请示，也就没有批复。批复中所答复的意见，下级要认真遵守与执行。请示是请求性的上行文，而批复则是指挥性的下行文。

但“批复”又不是“意见”。批复是应下级的“请示”而行文回复，是被动的；而“意见”是上级根据工作要求或出现的某些问题主动发出的，此其一；批复只是针对来文“请示”表态、回答、指示，针对性单一、具体，而“意见”行文面广，所涉事项多，此其二；批复有指导性、指示性，但仅限于对来文反映的情况、问题回复，通常不带有普遍意义，而“意见”有指导性、政策性，由上级机关根据需要作出，此其三。

批复属于指挥性公文，不可与知照性公文中的复函混为一谈。一些业务主管部门对另一部门来函请求批准，业务主管部门应以“复函”行文，不宜以“批复”行文。

（二）特点

1. 行文的针对性。有请示，不管准与不准，必有答复，有请示而无答复，则是上级失职，要承担由此而产生的后果。批复是针对着请示的，行文针对性很强。

2. 内容的单一性。请示“一文一事”，那么批复也“一事一文”，内容单一。

3. 功用的权威性。上级作的批复，往往体现上级的意图，一经批复，请示单位“一体照办”，彰显了批复的权威。

（三）类型

1. 按适用范围分。

直接性批复。对下级的请示直接答复，如《国务院关于同意上海市黄浦区与南市区合并为新黄浦区的批复》。

转发性批复。有的批复有一定的普遍适用性，则转发给其他下属机关，如《国务院关于淮河流域水污染防治规划及“九五”计划的批复》，就转发给淮河流域的河南、安徽、江苏、山东的人民政府和与此有关的国家环保局、国家计委、财政部、建设部等部门。

2. 按批复内容分。

对请求指示的批复。针对下级提出的难以解决的政策界限问题和没有明文规定的实际疑难问题，作出具体的解释或答复，如《公安部关于消防监督机构是否具有行政诉讼主体资格及有关问题的批复》。

对请求批准事项的批复。针对下级机关请求批准的事项予以同意和批准，如《关于同意设立大陆法系研究所的批复》。

（四）结构与写法

1. 标题。

（1）完整式，有单介结构和双介结构两种。

单介结构，即一层介词结构，如《国务院关于福建省进一步对外开放问题的批复》。

双介结构，即两层介词结构，如《国务院关于简化字问题给中国文字改革委员会的批复》。

(2) 省略式，省略发文机关名称，如《关于湖南省设立韶山市的批复》。

2. 主送机关。

即"主送"给来文"请示"的机关、单位。

3. 正文。

批复正文一般由批复因由、批复内容、批复尾语三部分组成。批复因由即批复涉及下级请示的事项，一般都很简单。如华东政法学院法律系向院部提出《关于设立大陆法系研究所的请示》，院长办公室代表院部答复"你系《关于设立大陆法系研究所的请示》(华政法[1994]728 号)收悉。"只一句话就说明了批复的因由。接着就是上级"同意"或是"不同意"的态度。同意的程度有"完全同意"、"原则同意"、"部分同意"几种。然后明确实施措施，强调落实方法，有时还要提出希望，发出号召。答复直截了当，用词确切、肯定，文字简练、明白。最后以"此复"或"特此批复"结语。

4. 落款。

批复要签署批复的上级机关名称，标上批复的日期，并加盖印章。如标题中已写发文机关名称，落款则可省略。

[例文]　**最高人民法院文件**

法释〔2003〕16 号

最高人民法院关于挪用公款犯罪如何计算追诉期限问题的批复

(2003 年 9 月 18 日最高人民法院审判委员会第 1290 次会议通过)

天津市高级人民法院：

你院《关于挪用公款犯罪如何计算追诉期限问题的请示》(津高法〔2002〕4 号)收悉。经研究，答复如下：

根据刑法第八十九条、第三百八十四条的规定，挪用公款归个人使用，进行非法活动的，或者挪用公款数额较大、进行营利活动的，犯罪的追诉期限从挪用行为实施完毕之日起计算；挪用公款数额较大、超过三个月未还的，犯罪的追诉期限从挪用公款罪成立之日起计算。挪用公款行为有连续状态的，犯罪的追诉期限应当从最后一次挪用行为实施完毕之日或者犯罪成立之日起计算。

二〇〇三年九月二十日

【思考与练习】

1. 批复与指示、复函有什么不同？
2. 批复的类型有哪些？
3. 怎样写批复的正文？

十一、意见

（一）概述

意见“适用于对重要问题提出见解和处理办法”。

意见是一种指导性公文，多为中央国家机关和各省市级机关使用。

（二）特点

1. 指导性。上级机关对事关全局性的问题提出自己的见解和处理办法，以供下级机关参照执行。

2. 政策性。上级机关在意见中不仅表明自己对某一问题的见解和看法，同时提出某一问题解决的建设性意见，对下级机关具有全局性的指导意义和很强的政策性。

3. 灵活性。意见不要求下级机关立即照办，而要求下级机关在领会上级机关意见精神实质的基础上，根据实际情况，因地制宜，因时制宜，制定自己的办法和措施。

（三）结构与写法

1. 标题。

意见的标题大多是完整式的，即由发文机关＋事由＋意见（文种）组成，如《国务院关于进一步深化粮食流通体制改革的意见》；也有的是采用省略式标题，即由事由＋意见组成，如《推进资本市场改革开放稳定发展的若干意见》。标题下多标示成文日期。

2. 受文机关。

如果是对某一全局性的问题发表的意见，可略去此项；如果是针对某一部门的问题发表的意见，就需写明受文机关。

3. 正文。

一般由某一问题的现状以及存在问题的分析，提出见解和处理办法三部分内容组成。先对某一问题产生的历史和现状进行总结性的回顾，然后分析原因与症结所在，针对存在的问题提出指导性的建议和措施、新的政策。意见的内容的表述一般采用分条列项的方式，条目要清楚，要求要明确、具体，切实可行。

［例文］ 市财政局、市监委、市纠风办关于本市开展整顿统一着装工作实施意见

根据《国务院办公厅关于整顿统一着装的通知》(国办发〔2003〕104号)、《财政部、监察部、国务院纠风办关于做好整顿统一着装工作的实施意见》(财行〔2004〕15号)的要求，结合实际，现就本市开展整顿统一着装工作提出如下实施意见：

一、组织机构

成立市整顿统一着装办公室，由市财政局、市监察委、市纠风办参加，负责全市整顿统一着装工作。市整顿统一着装办公室设在市财政局。各区县、各有关部门要相应成立整顿统一着装办事机构，具体负责本区县、本部门的整顿工作。

二、整顿范围

根据国务院规定，整顿范围包括：(一)未经国务院批准的着装部门及人员。(二)经国务院批准着装的，部门擅自扩大着装范围的人员。(三)统一配发与国务院批准的统一制式服装颜色、式样雷同的行业标志服或工作服的行业及人员。

三、整顿方式

由区县政府和市有关部门采取自上而下、条块结合，自查自纠为主与重点检查抽查相结合的方式，对本区县、本部门的统一着装问题进行整顿。

四、实施步骤

(一) 摸底调查阶段(从现在开始到4月15日前)。各区县和各有关

部门要对本区县、本部门存在的违规着装情况进行摸底清查，制订相应的整顿方案，对整顿工作作出部署，并将整顿方案和整顿办事机构负责人及联系电话报市整顿统一着装办公室。市整顿统一着装办公室汇总有关情况，形成全市整顿方案报经市政府同意后，在4月底以前报财政部、监察部和国务院纠风办，并将全市整顿方案发至各区县和各有关部门。

（二）自查自收阶段(6月底以前)。各区县和各有关部门根据全市整顿方案，对违规着装人员进行自查自纠，纠正期限最迟不得超过8月底。经自查自纠收回的制式服装(包括库存服装)及其制式标志，交同级整顿统一着装办事机构。

（三）检查抽查阶段(9月底以前)。由各区县和各有关部门对本区县、本部门的整顿情况开展重点检查。市整顿统一着装办公室将组成联合检查组，对重点地区和部门进行检查或抽查。同时，接受财政部、监察部和国务院纠风办联合检查组的检查。

（四）总结报告阶段(10月15日以前)。各区县、各有关部门在8月底以前，向市整顿统一着装办公室报送整顿情况，并填报"整顿统一着装情况统计表"(附软盘)。市整顿统一着装办公室根据各区县和各有关部门报送的整顿情况，在9月底以前形成全市整顿工作总结报市政府，经市政府同意后在10月15日前报财政部、监察部和国务院纠风办。

附件：1. 国务院批准的统一着装部门及人员名单
2. 整顿统一着装情况统计表

上海市财政局　上海市监察委员会
上海市纠正行业不正之风办公室
二〇〇四年三月十八日

【思考与练习】

1. 意见的适用范围？
2. 怎样写意见的正文？
3. 代拟一份"意见"。

十二、函

（一）概述

函“适用于不相隶属机关之间商洽工作、询问和答复问题，请求批准和答复审批事项”。

所谓“不相隶属”，一是指机关之间不属于同一组织系统，没有管辖与被管辖的隶属关系；二是指同级机关，即同一组织系统的同层级的机关，它们的关系是平等关系，平等关系不是隶属关系，不存在管辖与被管辖。

在行政机关的公务活动中，函不具有指挥、领导的作用，但它具有桥梁、纽带作用，同时也具有记载和凭证作用。

（二）特点

1. 行文的多向性。函可以往任何方面的任何机关行文，可以上行，可以下行，但其基本行文方向是平行，即向同级机关和不相隶属机关行文，函是平行文中唯一的一个主要文种。

2. 适用的广泛性。一是指函的作者范围广，不受限制，任何法定组织的任何级别的机关都可以成为函的作者，其范围之广，仅次于“通知”；二是指函的适用范围广，它既可以商洽工作，也可以询问和答复问题，还可以请求有关主管部门批准事项，或告知有关机关、单位有关情况，适用范围非常广泛。

3. 写作的灵活性。函的写作自由灵活，文字可多可少，篇幅可长可短，制作程序较为简易，语言平和，自然流畅，可以说函是公文中最轻型的一个文种，使用频率仅次于通知。

（三）类型

1. 按成文形式分，函有正函与便函之分。正函，是按正式公文标准格式制作成文的函件，有版头和发文字号，有的还有主题词，有抄送机关等项目，内容属日常工作事宜，整个构成都很规范。便函，是不必按标准公文格式制作成文的函件，它不用发文字号，也可不要版头，内容属细小的业务事宜，一般用信笺誊写再加盖机关印章即可，是一种构成形式灵活、简便的函件。常用的公函与便函的划分不妥。因为便函也是公文，即也是公函。

2. 按成文的出入方向分，函有来函与去函，或曰收函与发函之分。

3. 按行文目的与内容分，函有商洽性函、询问性函、答复性函、请批性函、委托性函和告知性函等。

(1) 商洽性函，是相互就有关公务进行商讨、接洽的公函，多用于平行或不相隶属机关、单位之间。

(2) 询问性函，主要用于向对方查询情况，或者征求对某事宜的处理意见，请对方答复的公函。

(3) 答复性函，是对商洽工作、查询情况、征求意见、请求批准等函件作出答复的公函。

(4) 请批性函，是向主管某业务的同级机关、不相隶属机关请求批准某事项的公函。注意不要与“请示”相混。

(5) 委托性函，主要用于委托对方代为办理某一事项的公函。

(6) 告知性函，是将有关情况告诉对方而不要对方回复的公函。

(四) 结构与写法

1. 标题。

(1) 发函标题，有完整式和省略式两种。前者如《中国科学院关于通报中国科学院院士增补结果的函》；后者如《关于申请河东学生公寓楼生活用水的函》。

(2) 复函的标题，一般也有完整式和省略式两种。前者如

《国家计委关于高等学校向毕业生收取补偿培养费问题的复函》;后者如《关于成立华兴贸易公司的复函》。

复函的标题与发函标题的构成基本相同,但“事由”要针对来函内容,或以来函标题作“事由”,或引述来函标题的基本内容作“事由”,文种必须用“复函”字样。公函不能只用“函”或“复函”作标题。便函可不写标题。

2. 发文字号。

正式的公函,不管是发函或是复函,都有发文字号,位置在标题下方右侧。

3. 主送机关。

即接受公函的机关,复函的主送机关与来函的发文机关是一致的。

4. 正文。

函虽有类似日常应用书信之处,其正文写法也相当自由,但作为公文,自然就与日常书信有质的不同。开头务须开门见山,直叙其事。全文一文一事,不同时讲几件事,目的明确。用语平实,简洁明了。正文写作与结束用语,因公函类型不同而有所区别:

1. 商洽性函。商洽工作是函的首要职能。通常要先说明商洽缘由,再说明商洽事项,最后提出商洽请求,如“请函复”、“盼函复”等等。

2. 询问性函。以查询情况、提出要求回答的问题为主的询问函,一般要写明询问缘由、询问事项和请求回复三项内容,其较为特别处是询问缘由与请求回复两项可结合先写,而后将询问事项逐一列出,并多用提问的形式。询问函的重点在写清询问事项和回复请求。

3. 答复性函。开头是回复引语,即“你处某年月日来函收悉”。接着是回复事项，就来函提出的问题，作出明确答复，若内容较多，可分条作答，常以“现答复如下”开始，回答完了，常有回复用语，以“此复”、“专此函复”作结语。

4. 请批性函。在写法上分请批缘由、请批事项、请批结语三部分，用语诚挚、恳切、谦和，意尽言止。

5. 委托性函。正文先写缘由，要写清委托目的，并交待托办事宜的基本情况；再写委托事项，要将托办的要求、具体内容写清，如果有时间限制、质量要求和数量指标等，也要具体标明；最后用“以上事项，务请鼎力协助，并希即复函”等结束语。

6. 告知性函。主动将情况告知给对方的函，一般分两部分，主要篇幅写所告知的情况，最后用“特此函告”作结语。

[例文] 国家工商行政管理局公平交易局公函

各省、自治区、直辖市工商行政管理局公平交易（经济检查）局（处）：

今年5月，山东济南东风制药厂向我局投诉，反映江苏肤美灵化妆品总厂仿冒该厂扬帆牌新肤螨灵霜商品的特有名称、包装装潢，侵害了该厂的市场资源、侵害了该厂的名誉权；山东省工商行政管理局也向我局反映，江苏肤美灵化妆品总厂仿冒了济南东风制药厂新肤螨灵霜商品特有的包装装潢，请求制止江苏肤美灵化妆品总厂的不正当竞争行为。山东省局的定性符合《反不正当竞争法》的有关规定。

现将有关材料转去，请立即开展调查，依法严肃处理，并将处理结果报我局。

国家工商行政管理局公平交易局

二〇〇〇年六月二十七日

【思考与练习】

1. 函有哪些特点？

2. 函的类型有哪些？

3. 函的正文写法各有什么不同？

4. 试拟一篇“函”稿。

事由：我院学生、教工的食堂和餐厅分布在苏州河两岸，连接各食堂、餐厅的煤气管道为10年前由司法部拨款安装。煤气管道大部分埋设在地下，少部分装置在地面上（主要是校园桥部分）。现经检查，煤气管道地下部分腐蚀严重，地面部分也锈斑累累，有事故隐患。现经上海市煤气公司技术设计部门勘察，需排设新煤气管道。经费计材料费40万元，施工费10万元。

以上“排设新煤气管道工程”要拟两份公文稿：第一，需向主管我院的领导部门申请拨款，你看拟什么文种稿合宜？第二，需向有关部门提出施工申请，你看拟什么文种稿合宜？

以上两份公文稿，任作其一。

十三、会议纪要

（一）概述

会议纪要“适用于记载、传达会议情况和议定事项”。

会议纪要是对会议讨论研究工作事项的成果择要整理而形成的公文。纪要的内容与决定、决议有某些交叉现象，兼有决定、决议的一些特点，但也有明显的不同。会议纪要有沟通情况、交流经验、统一认识、指导工作的作用。

（二）特点

1. 纪要性。具体表现为择要性、提要性和显要性。择要性是说会议纪要只选择重要会议撰写，一般性会议是不需要写会议纪要的。提要性是说会议纪要是在会议记录的基础上，分析综合，择其要点整理而成。显要性是说会议纪要对会议内容的表述，要突出一个“要”字，显现会议的主要精神和重点内容。

2. 记载性。纪要“记载”重要“会议情况和议定事项”，作为会议的纪实，作为信息的依据，作为“历史”的记录。

3. 传达性。纪要“传达”重要“会议情况和议定事项”，“会议情况和议定事项”以纪要所载内容为准，纪要是传达的依据，传达或通报给有关领导、有关人员以及一定范围的群众，具有明显的周知性特点。

（三）类型

1. 工作会议纪要。是会议讨论有关工作，作出决定或决议后而形成的纪要。如《重庆市计划生育工作会议纪要》。

2. 座谈会纪要。是召开座谈会之后而形成的会议纪要。如《上海师范大学教书育人座谈会纪要》。

3. 现场会纪要。现场会的作用在于以某一地方的先进经验推动其他地方的工作，纪要就是经验的总结。如《全国农村爱国卫生运动现场经验交流会纪要》。

（四）结构与写法

1. 标题。

会议纪要的标题，一般是用“会议名称＋纪要”的方式组成的，如《中国内地、台湾、香港、澳门应用文研讨会会议纪要》。有的是“事由＋会议纪要”，如《关于改革北京、太原铁路管理体制的会议纪要》。报刊上发表的会议纪要标题常常是双行题，如《打破大锅饭，推行责任制——首都部分经济、科技工作者座谈会纪要》。

2. 正文。

会议纪要的正文，分会议情况概述与会议内容述要两大部分。会议情况概述，一般是简要交代会议召开的时间、地点、主持单位、参加人员、主要议程等；有的还简要交代会议召开的背景、原因、目的、依据，领导人在会上的讲话及其他活动等；有的还概述会议讨论情况与结果，指明会议的意义与作用，对会议进行评价等。会议内容述要，一般是着重写明会议研讨的问题、情况与结果，集中将会议的主要精神和成果反映出来。会议纪要没有单独的结尾，如有类似结尾的部分，也是属于会议主要精神或议定事项的。会议纪要的正文结构，其基本框架为总分式，但不同性质和内容的会议，其具体写法也略有不同。

会议纪要的语言应有叙述性，一般用客观的第三人称的语气，如“会议决定”、“会议听取了”、“会议认为”、“会议强调”、“会议指出”、“经会议认真讨论，提出如下意见”、“与会同志一致认为”等等。若无叙述语言，严格说应属摘要会议记录，而非会议纪要。

［例文］

2003年全国广告协会秘书长工作会议纪要

（2003年8月20日）

2003年度全国广告协会秘书长会议已于2月27日—28日在吉林省长春市胜利召开。来自全国43个省、自治区、直辖市、计划单列市、副省级市广告协会的会长、秘书长近90人参加了会议。出席此次会议的主要领导有：国家工商行政管理总局副局长韩新民、中国广告协会会长杨培青、中国广告协会秘书长时学志、吉林省工商行政管理局局长王宪林及中国广告协会副秘书长孙英才。

会议由中国广告协会会长杨培青主持。吉林省工商局副局长李彦首先代表吉林省工商局、省广告协会致欢迎辞。国家工商行政管理总局副局长韩新民在会上发表了重要讲话。他指出:广告协会作为自律性的社会中介组织,是广告企业自我保护、自我协调、自我监督、自我服务要求的必然产物,是现代市场经济发展的必然要求,在我国完善社会主义市场经济体制的改革进程中,行业协会有着不可替代的地位和作用,有着广阔、大有作为的发展空间。他要求大家要更深刻认识到广协工作在新形势下的重要作用和意义,鼓励大家在今后的工作中要更好地把握机遇,开拓创新,使协会工作开展的更加有声有色。

中国广告协会秘书长时学志在会上做了以"认真学习贯彻十六大精神、努力推动广协工作的创新与发展"为题的工作报告。时秘书长从三个方面总结了2002年度中广协的工作,提出了2003年主要工作与安排。时秘书长强调:要紧紧围绕总局提出的"大力整顿和规范市场经济秩序,积极推进诚信体系建设,努力维护经营者、消费者合法权益,为全面建设小康社会创造公平竞争的市场环境和安全健康的消费环境"这一中心,提高认识、树立信心、团结一致、与时俱进地开展好今年广协的工作。在会上福建省、新疆自治区、长春市、广东省及重庆市五个广告协会的负责人分别以"主动·开拓·发展";"用三个代表思想为指导促进新疆广告业健康发展";"建立自律机制、切实履行协会职能、推动广告行业规范健康有序发展";"广告从业人员职称评定的主要做法";"优化产业结构、划清经营层次、促进广告业健康成长"为题,从不同侧面介绍了本协会开展工作的见解与做法,与会代表受益匪浅。

全体会议后进行了分组讨论,主要议题有:讨论韩副局长讲话、时秘书长的工作报告,讨论《广告业企业资质管理暂行办法》与《中国广告业企业资质申请表》内容以及讨论《全国先进广告协会和全国广告协会优秀工作者的评选暂行办法》。与会代表一致认为韩局长讲话和时秘书长的工作报告使大家深受鼓舞,开展"广告业企业资质认定"工作、评选"全国先进广协及广协优秀工作者”活动是非常及时和必要的，并对两个“暂行办法”提出了大量富有建设性的意见。大家表示一定要认真贯彻落实会议精神，结合本地区的实际情况开展好今年的广协工作。

【思考与练习】

1. 会议纪要有哪些特点？
2. 简述会议纪要的正文写法。

第三节 公文写作中常见的错误

一、文种用错

（一）请示与报告不分

请示是“向上级机关请求指示、批准”的公文，而报告是“向上级机关汇报工作，反映情况，提出意见或者建议，答复上级机关的询问”的公文。但在实际应用中，将两个文种用在一道“请示报告”，或该用“请示”行文的，用了“报告”。“报告”中不得夹带请示事项，也写成“特此报告，请指示”，这样，一些急待解决的事项就不能得到上级机关的及时批复而影响了工作。

（二）乱用公告

公告是用得最乱、最滥的一个文种。公告是“向国内外宣布重要事项或者法定事项”的非常庄重的公文，但却变成了“广告”、“通告”、“通知”，甚至“启事”。什么商品展销、商店开业的“公告”，禁止车辆通行的“公告”，不准喂鸡养狗的“公告”，补伞修鞋的“公告”，供应豆腐、烧饼的“公告”、更名“公告”、出租“公告”等等。不少媒体，如报刊、电视也乱用公告。究其原因，最主要的是不懂公告的适用范围，不懂公告的性质与作用所致。

（三）批转与转发性通知混用

批转性通知适用于上级机关对下级机关的公文，转发性通知适用于对上级、平级或不相隶属的机关的公文。但是，这两种通知经常被混用，该用批转性通知的，却用转发性通知；该用转发性通知的，却用批转性通知。

（四）函与请示混用

“函”一是“用于不相隶属机关之间相互商洽工作、询问和答复问题”；二是“向有关主管部门请求批准”。这里的“有关主管部门”是指主管某项业务的同级机关、不相隶属的机关。如主管部门是本机关业务的直接主管，自然是“顶头上司”，以上级对待，当然用“请示”；但是“主管部门”是同级机关，或不相隶属的机关，为求“办好事”，不用“函”，讨好用“请示”，是不妥的。

二、格式不对

1. 发文机关。其标识由发文机关全称或规范化简称后加“文件”两字组成。大版头公文为机关名称和“文件”，套红印制；中版头公文机关名称后“文件”两字可加可不加；而小版头公文一般机关名称后不套印“文件”两字，如为提升自己“规格”，加上“文件”两字，就有点滑稽了。

2. 秘密等级。其标识如不分秘密程度（绝密、机密、秘密），不标秘密标识“★”，不注保密期限是不对的。

3. 紧急程度。其标识写成“缓急”，到底是“缓”还是“急”？

4. 发文字号。由发文机关代字、发文年度（用方括弧括入）、发文顺序号三部分组成。主要的错误有：(1)缺某一项；(2)次序颠倒；(3)代字不规范；(4)发文年度缩写，如[1999]，写成[99]；(5)年度不用方括号而用圆括号括入。

5. 签发人。公文，特别是上行文，不经有关领导人核准签署就发文是不可以的。

6. 标题。经常出现的错误:(1)只写文种"请示"、"报告";(2)分行写一个词、词组、人名、地区名;(3)书名号不规范,标题后用标点符号。

7. 主送机关。其错误有:(1)不看是否主管部门,只看级别高,乱送;(2)多头主送;(3)书写不顶格;(4)在主送机关前加带感情色彩的形容词。

8. 正文。其不规范表现:(1)书写正文,起行不空两格;(2)标点不占格,一逗到底,或乱用标点;(3)结构层次序号不是按照第一层为"一",第二层为"(一)",第三层为"1",第四层为"(1)"标明;(4)此文种结语用彼文种结语,如"报告"结语为"特此报告",却用"请示"结语"以上当否,请指示"。

9. 附件。将附件夹在文件中,或将无关紧要的材料"塞"在附件里。

10. 印章。不"骑年盖月";联合行文印章重重叠叠。

11. 成文时间。写阿拉伯数字"2001 年",不写汉字"二○○一年",或年、月、日不全,或缩写"二○○一年"为"○一年"等。

12. 附注。应注释、说明的不注释、说明。

13. 主题词。不标注主题词,或标注一大串(超过 7 个)。

14. 抄送机关。对上级用"抄送",对下级却用"抄报"。

三、语言不当

(一) 用词不当

1. 语意轻重不当,如:"经过卫生工作者们多年的努力,鼠疫、霍乱已经在我国消失了。"其中,"消失"语意过轻,用语意较重的"灭绝"比较合适。

2. 感情色彩不当,如:"守候在候机室里的旅客们,焦躁地等着,又担心,又充满希望。"应该将贬义词"焦躁"改为中性词"焦急"。

3. 生造词语,如:"告诉你,你当年是我心中的春偶。""青春偶像”生造为“春偶”。

（二）句子不通

1. 句子成分残缺，如：“从大量的生动例子中告诉我们，必须进一步提高政法系统的汉语水平。”“从……中”是一个介词结构，不能作主语，此句缺少主语，应去掉“从”、“中”，让“大量的生动例子”作主语。此外，缺谓语、缺宾语等，都是句子成分残缺，造成句子不通。

2. 句子搭配不当，如：我们仔细研究的结果，认为他应负完全责任。主语中心词“结果”与谓语中心词“认为”搭配不当，可去掉“的结果”，在“仔细”前加“经过”，让“我们”担任主语。或把“认为”换成“证明”，与“结果”搭配。

（三）数字书写错误

公文中的数字，除成文时间、部分结构层次序数和词、词组、惯用语、缩略语与具有修辞色彩语句中作为词素的数字必须使用汉字外，应当使用阿拉伯数码。但是，有些公文在该用阿拉伯数码书写的地方，却用了汉字书写；在该用汉字书写的地方，反而用了阿拉伯数码书写。

（四）标点符号错误

标点符号应占格，尾随文后，原则上每行第一格内不得有标点。14 种标点符号，常用的顿号与逗号容易用错，分号与句号也较难掌握。

【思考与练习】

1. 公文写作中一般会有哪些错误？

2. 修改下列病文：

秘密
缓急

华东政法学院

(95)华政院科第8号

《华东政法学院关于华东政法学院九五年试行学分制情况的请示报告》

尊敬的教育部:

华政在95年试行了学分制,现将情况请示报告如下:

一、……

1. ……

2. ……

二、……

特此报告,如有不当之处,请审批。

印章　　　　　　　　华东政法学院院长办公室

1996.12.10

抄送:司法部教育司

上海市教委

附录一

国家行政机关公文处理办法

(国务院2000年8月24日发布,2001年1月1日起施行)

第一章　总　　则

第一条:为使国家行政机关(以下简称行政机关)的公文处

理工作规范化、制度化、科学化,制定本办法。

第二条:行政机关的公文(包括电报,下同),是行政机关在行政管理过程中形成的具有法定效力和规范体式的文书,是依法行政和进行公务活动的重要工具。

第三条:公文处理指公文的办理、管理、整理(立卷)、归档等一系列相互关联、衔接有序的工作。

第四条:公文处理应当坚持实事求是、精简、高效的原则,做到及时、准确、安全。

第五条:公文处理必须严格执行国家保密法律、法规和其他有关规定,确保国家秘密的安全。

第六条:各级行政机关的负责人应当高度重视公文处理工作,模范遵守本办法并加强对本机关公文处理工作的领导和检查。

第七条:各级行政机关的办公厅(室)是公文处理的管理机构,主管本机关的公文处理工作并指导下级机关的公文处理工作。

第八条:各级行政机关的办公厅(室)应当设立文秘部门或者配备专职人员负责公文处理工作。

第二章 公文种类

第九条:行政机关的公文种类主要有:

(一) 命令(令):适用于依照有关法律公布行政法规和规章;宣布施行重大强制性行政措施;嘉奖有关单位及人员。

(二) 决定:适用于对重要事项或者重大行动做出安排,奖惩有关单位及人员,变更或者撤销下级机关不适当的决定事项。

(三) 公告:适用于向国内外宣布重要事项或者法定事项。

（四）通告：适用于公布社会各有关方面应当遵守或者周知的事项。

（五）通知：适用于批转下级机关的公文，转发上级机关和不相隶属机关的公文，传达要求下级机关办理和需要有关单位周知或者执行的事项，任免人员。

（六）通报：适用于表彰先进，批评错误，传达重要精神或者情况。

（七）议案：适用于各级人民政府按照法律程序向同级人民代表大会或人民代表大会常务委员会提请审议事项。

（八）报告：适用于向上级机关汇报工作，反映情况，答复上级机关的询问。

（九）请示：适用于向上级机关请求指示、批准。

（十）批复：适用于答复下级机关的请示事项。

（十一）意见：适用于对重要问题提出见解和处理办法。

（十二）函：适用于不相隶属机关之间商洽工作，询问和答复问题，请求批准和答复审批事项。

（十三）会议纪要：适用于记载、传达会议情况和议定事项。

第三章　公 文 格 式

第十条：公文一般由秘密等级和保密期限，紧急程度、发文机关标识、发文字号、签发人、标题、主送机关、正文、附件说明、成文日期、印章、附注、附件、主题词、抄送机关、印发机关和印发日期等部分组成。

（一）涉及国家秘密的公文应当标明密级和保密期限，其中，“绝密”、“机密”级公文还应当标明份数序号。

（二）紧急公文应当根据紧急程度分别标明“特急”、“急件”。其中电报应当分别标明“特提”、“特急”、“加急”、“平急”。

（三）发文机关标识应当使用发文机关全称或者规范化简称；联合行文主办机关排列在前。

（四）发文字号应当包括机关代字、年份、序号。联合行文，只标明主办机关发文字号。

（五）上行文应当注明签发人、会签人姓名。其中，“请示”应当在附注处注明联系人的姓名和电话。

（六）公文标题应当准确简要地概括公文的主要内容并标明公文种类，一般应当标明发文机关。公文标题中除法规、规章名称加书名号外，一般不用标点符号。

（七）主送机关指公文的主要受理机关，应当使用全称或者规范化简称、统称。

（八）公文如有附件，应当注明附件顺序和名称。

（九）公文除“会议纪要”和以电报形式发出的以外，应当加盖印章。联合上报的公文，由主办机关加盖印章；联合下发的公文，发文机关都应当加盖印章。

（十）成文日期以负责人签发日期为准，联合行文以最后签发机关负责人的签发日期为准。电报以发出日期为准。

（十一）公文如有附注（需要说明的其他事项），应当加括号标注。

（十二）公文应当标注主题词。上行文按照上级机关的要求标注主题词。

（十三）抄送机关指除主送机关外需要执行或知晓公文的其他机关，应当使用全称或者规范化简称、统称。

（十四）文字从左至右横写、横排。在民族自治地方，可以并用汉字和通用的少数民族文字（按其习惯书写、排版）。

第十一条：公文中各组成部分的标识规则，参照《国家行政机关公文格式》国家标准执行。

第十二条:公文用纸一般采用国际标准A4型(210 mm×297 mm),左侧装订。张贴的公文用纸大小,根据实际需要确定。

第四章　行文规则

第十三条:行文应当确有必要,注重效用。

第十四条:行文关系根据隶属关系和职权范围确定,一般不得越级请示和报告。

第十五条:政府各部门依据部门职权可以相互行文和向下一级政府的相关业务部门行文;除以函的形式商洽工作、询问和答复问题、审批事项外,一般不得向下一级政府正式行文。

部门内设机构除办公厅(室)外不得对外正式行文。

第十六条:同级政府、同级政府各部门、上级政府部门与下一级政府可以联合行文;政府与同级党委和军队机关可以联合行文;政府部门与相应的党组织和军队机关可以联合行文;政府部门与同级人民团体和具有行政职能的事业单位也可以联合行文。

第十七条:属于部门职权范围内的事务,应当由部门自行行文或联合行文。联合行文应当明确主办部门。须经政府审批的事项,经政府同意也可以由部门行文,文中应当注明经政府同意。

第十八条:属于主管部门职权范围内的具体问题,应当直接报送主管部门处理。

第十九条:部门之间对有关问题未经协商一致,不得各自向下行文。如擅自行文,上级机关应当责令纠正或撤销。

第二十条:向下级机关或者本系统的重要行文,应当同时抄送直接上级机关。

第二十一条:"请示"应当一文一事;一般只写一个主送机

关，需要同时送其他机关的，应当用抄送形式，但不得抄送其下级机关。“报告”不得夹带请示事项。

第二十二条：除上级机关负责人直接交办的事项外，不得以机关名义向上级机关负责人报送“请示”、“意见”和“报告”。

第二十三条：受双重领导的机关向上级机关行文，应当写明主送机关和抄送机关。上级机关向受双重领导的下级机关行文，必要时应当抄送其另一上级机关。

第五章　发 文 办 理

第二十四条：发文办理指以本机关名义制发公文的过程，包括草拟、审核、签发、复核、缮印、用印、登记、分发等程序。

第二十五条：草拟公文应当做到：

（一）符合国家的法律、法规及其他有关规定。如提出新的政策、规定等，要切实可行并加以说明。

（二）情况确实，观点明确，表述准确，结构严谨，条理清楚，直述不曲，字词规范，标点正确，篇幅力求简短。

（三）公文的文种应当根据行文目的、发文机关的职权和主送机关的行文关系确定。

（四）拟制紧急公文，应当体现紧急的原因，并根据实际需要确定紧急程度。

（五）人名、地名、数字、引文准确。引用公文应当先引标题，后引发文字号。引用外文应当注明中文含义。日期应当写明具体的年、月、日。

（六）结构层次序数，第一层为“一”，第二层为“（一）”，第三层为“1”，第四层为“(1)”。

（七）应当使用国家法定计量单位。

（八）文内使用非规范化简称，应当先用全称并注明简称。

使用国际组织外文名称或其缩写形式，应当在第一次出现时注明准确的中文译名。

（九）公文中的数字，除成文日期、部分结构层次序数和在词、词组、惯用语、缩略语、具有修辞色彩语句中作为词素的数字必须使用汉字外，应当使用阿拉伯数字。

第二十六条：拟制公文，对涉及其他部门职权范围内的事项，主办部门应当主动与有关部门协商，取得一致意见后方可行文；如有分歧，主办部门的主要负责人应当出面协调，仍不能取得一致时，主办部门可以列明各方理据，提出建设性意见，并与有关部门会签后报请上级机关协调或裁定。

第二十七条：公文送负责人签发前，应当由办公厅（室）进行审核。审核的重点是：是否确需行文，行文方式是否妥当，是否符合行文规则和拟制公文的有关要求，公文格式是否符合本办法的规定等。

第二十八条：以本机关名义制发的上行文，由主要负责人或者主持工作的负责人签发；以本机关名义制发的下行文或平行文，由主要负责人或者由主要负责人授权的其他负责人签发。

第二十九条：公文正式印制前，文秘部门应当进行复核，重点是：审批、签发手续是否完备，附件材料是否齐全，格式是否统一、规范等。经复核需要对文稿进行实质性修改的，应按程序复审。

第六章　收文办理

第三十条：收文办理指对收到公文的办理过程，包括签收、登记、审核、拟办、批办、承办、催办等程序。

第三十一条：收到下级机关上报的需要办理的公文，文秘部门应当进行审核。审核的重点是：是否应由本机关办理；是否符合行文规则；内容是否符合国家法律、法规及其他有关规定；涉及其他部门或地区职权的事项是否已协商、会签；文种使用、公文格式是否规范。

第三十二条：经审核，对符合本办法规定的公文，文秘部门应当及时提出拟办意见送负责人批示或者交有关部门办理，需要两个以上部门办理的应当明确主办部门。紧急公文，应当明确办理时限。对不符合本办法规定的公文，经办公厅（室）负责人批准后，可以退回呈报单位并说明理由。

第三十三条：承办部门收到交办的公文后应当及时办理，不得延误、推诿。紧急公文应当按时限要求办理，确有困难的，应当及时予以说明。对不属于本单位职权范围或者不宜由本单位办理的，应当及时退回交办的文秘部门并说明理由。

第三十四条：收到上级机关下发或交办的公文，由文秘部门提出拟办意见，送负责人批示后办理。

第三十五条：公文办理中遇有涉及其他部门职权的事项，主办部门应当主动与有关部门协商；如有分歧，主办部门主要负责人要出面协调，如仍不能取得一致，可以报请上级机关协调或裁定。

第三十六条：审批公文时，对有具体请示事项的，主批人应当明确签署意见、姓名和审批日期，其他审批人圈阅视为同意；没有请示事项的，圈阅表示已阅知。

第三十七条：送负责人批示或者交有关部门办理的公文，文秘部门要负责催办，做到紧急公文跟踪催办，重要公文重点催办，一般公文定期催办。

第七章　公 文 归 档

第三十八条：公文办理完毕后，应当根据《中华人民共和国档案法》和其他有关规定，及时整理（立卷）、归档。个人不得保存应当归档的公文。

第三十九条：归档范围内的公文应当根据其相互联系、特征和保存价值等整理（立卷），要保证归档公文的齐全、完整，能正确反映本机关的主要工作情况，便于保管和利用。

第四十条：联合办理的公文，原件由主办机关整理（立卷）、归档，其他机关保存复制件或其他形式的公文副本。

第四十一条：本机关负责人兼任其他机关职务，在履行所兼职务职责过程中形成的公文，由其兼职机关整理（立卷）、归档。

第四十二条：归档范围内的公文应当确定保管期限，按照有关规定定期向档案部门移交。

第四十三条：拟制、修改和签批公文，书写及所用纸张和字迹材料必须符合存档要求。

第八章　公文管理

第四十四条：公文由文秘部门或专职人员统一收发、审核、用印、归档和销毁。

第四十五条：文秘部门应当建立健全本机关公文处理的有关制度。

第四十六条：上级机关的公文，除绝密级和注明不准翻印的以外，下一级机关经负责人或者办公厅（室）主任批准，可以翻印。翻印时，应当注明翻印的机关、日期、份数和印发范围。

第四十七条：公开发布行政机关公文，必须经发文机关批准。经批准公开发布的公文，同发文机关正式印发的公文具有同等效力。

第四十八条:公文复印件作为正式公文使用时,应当加盖复印机关证明章。

第四十九条:公文被撤销,视作自始不产生效力;公文被废止,视作自废止之日起不产生效力。

第五十条:不具备归档和存查价值的公文,经过鉴别并经办公厅(室)负责人批准,可以销毁。

第五十一条:销毁秘密公文应当到指定场所由二人以上监销,保证不丢失、不漏销。其中,销毁绝密公文(含密码电报)应当进行登记。

第五十二条:机关合并时,全部公文应当随之合并管理。机关撤销时,需要归档的公文整理(立卷)后按有关规定移交档案部门。工作人员调离工作岗位时,应当将本人暂存、借用的公文按照有关规定移交、清退。

第五十三条:密码电报的使用和管理,按照有关规定执行。

第九章　附　　则

第五十四条:行政法规、规章方面的公文,依照有关规定处理。外事方面的公文,按照外交部的有关规定处理。

第五十五条:公文处理中涉及电子文件的有关规定另行制定。统一规定发布之前,各级行政机关可以制定本机关或者本地区、本系统的试行规定。

第五十六条:各级行政机关的办公厅(室)对上级机关和本机关下发公文的贯彻落实情况应当进行督促检查并建立督查制度。有关规定另行制定。

第五十七条:本办法自 2001 年 1 月 1 日起施行。1993 年 11 月 21 日国务院办公厅发布,1994 年 1 月 1 日起施行的《国家行政机关公文处理办法》同时废止。

附录二

国家语委等七部门发出联合通知

出版物上数字用法要统一体例

目前国内出版物在涉及数字(如时间、长度、重量、面积、容积和其他量值)时,使用汉字和阿拉伯数字没有统一的体例,情况比较乱。为此,国家语言文字工作委员会、国家出版局、国家标准局、国家计量局、国务院办公厅秘书局、中宣部新闻局和中宣部出版局最近发出联合通知,公布《关于出版物上数字用法的试行规定》。

这个规定是由这七个部门会同部分新闻出版单位研究制定的。

七部门的联合通知指出,出版物数字写法上的混乱,给编辑、排版、校对工作增加了许多不必要的负担,也不利于计算机输入、检索。制定一个统一的规则,有利于语言文字的规范化。

通知要求新闻出版等有关单位采取必要的措施,积极而又稳妥地施行这一规定。

关于出版物上数字用法的试行规定

(国家语言文字工作委员会,国家出版局,国家标准局,国家计量局,国务院办公厅秘书局,中宣部新闻局、出版局公布)

为使出版物在涉及数字(如表示时间、长度、重量、面积、容积和其他量值)时使用汉字和阿拉伯数字体例统一,特制定本规定。

1. 总的原则

凡是可以使用阿拉伯数字而且又很得体的地方，均应使用阿拉伯数字。遇特殊情形，可以灵活变通，但应力求保持相对统一。重排古籍、出版文学书刊等，仍依照传统体例。

2. 应当使用阿拉伯数字的两种主要情况

2.1 公历世纪、年代、年、月、日和时刻

例：公元前 8 世纪　20 世纪 80 年代　公元前 440 年　公元 7 年　1986 年 10 月 1 日　4 时 20 分　4 时 3 刻　下午 3 点　屈原（约公元前 340～前 278）　扬雄（公元前 53～公元 18）　鲁迅（1881.9.25～1936.10.19）。

注：① 年份不能简写，如 1980 年不能写作 80 年，1950～1980 年不能写作 1950～80 年。

② 星期几一律用汉字，如星期六。

③ 夏历和中国清代以前历史纪年用汉字，如正月初五　丙寅年十月十五日　秦文公四十四年（公元前 722 年）　太平天国庚申十年九月二十四日（清咸丰十年九月二十日，公元 1860 年 11 月 2 日）。

④ 中国民国纪年和日本年号纪年使用阿拉伯数字，如民国 38 年（1949 年）　昭和 16 年（1941 年）。

2.2 记数与记量（包括正负整数、分数、小数、百分比、约数等）

例：41　302　－125.03　1/16　1/1 000　4.5 倍　34.05％　4.5‰　3∶1　1 736.8 万公里　4 000 克　12.5 平方米　21.35 元　45.6 万元　270 美元　48 岁　10 个月　－17 ℃　0.59 安〔培〕　东经 123°50′　维生素 B_{12}　500 多种　60 多万公斤　HP-3000 型计算机　21/22 次特别快车　国家标准 GB 2312-80　84602 部队

注：① 一个数值的书写形式要照顾到上下文。不是出现在一组表示科学计量和具有统计意义数字中的一位数（一、二……

九)可以用汉字,如一个人、三本书、四种产品、六条意见、读了九遍。

② 4 位和 4 位以上的数字,采用国际通行的三位分节法。节与节之间空半个阿拉伯数字的位置。非科技专业书刊目前可不分节。但用“,”号分节的办法不符合国际标准和国家标准,应该废止。

③ 5 位以上的数字,尾数零多的,可改写为以万、亿作单位的数。一般情况下,不得以十、百、千、十万、百万、千万、十亿、百亿、千亿作单位(千克、千米、千瓦、兆赫等法定计量单位中的词头不在此列)。如:

345 000 000 公里可改写为 3.45 亿公里或 34 500 万公里,不能写作 3 亿 4 500 万公里或 3 亿 4 千 5 百万公里。

④ 一个用阿拉伯数字书写的多位数不能移行。

3. 应当使用汉字的两种主要情况

3.1 数字作为词素构成定型的词、词组、惯用语、缩略语或具有修辞色彩的语句

例:一律　十滴水　二倍体　三叶虫　八国联军　四氧化三铁　二万五千里长征　第三世界　“一二·九”运动　十月革命　“七五”计划　五省一市　中国工农红军第二方面军　上海二商局　第一书记　路易十六　某部五连二排六班　白发三千丈　相差十万八千里

3.2 邻近的两个数字(一、二……九)并列连用,表示概数(连用的两个数字之间不应用顿号隔开)

例:二三米　三五天　十三四吨　四十五六岁　七八十种　一千七八百元　五六万套　十之八九

4. 引文标注中版次、卷次、页码,除古籍应与所据版本一致外,一般均使用阿拉伯数字。

例：① 许慎：《说文解字》四部丛刊本卷六上，第九页。

② 许慎：《说文解字》中华书局 1983 年影印陈昌治本，第 126 页。

③ 马克思、恩格斯：《共产党宣言》、《马克思恩格斯全集》第 4 卷，人民出版社 1958 年第 1 版，第 493 页。

5. 横排标题涉及数字时，可以根据版面实际需要和可能灵活处理。

6. 提倡横排。确需竖排时，文中所涉及的数字除必须保留的阿拉伯数字外，应一律用汉字。确需保留的阿拉伯数字以顶右底左的方向横置。

例：

雪花牌 Y155A 型家用电冰箱容量是一百五十五升，功率为九十三瓦，售价八百四十五元。

海军 J12 打捞救生船在太平洋上航行了十三天，于八月二十六日返回基地。

7. 本规定自 1987 年 2 月 1 日起试行。在试用过程中可随时提出意见，以便进一步修订。

（《人民日报》1986 年 12 月 31 日第五版）

附录三

国务院公文主题词表

（1997年12月修订）

国务院办公厅秘书局

使 用 说 明

为适应办公现代化的要求，便于计算机检索和管理公文，特编制《国务院公文主题词表》（以下简称词表）。词表主要用于标引国务院、国务院办公厅印发的文件和各地区、各部门上报国务院及其办公厅的文件。

一、编制原则

（一）词表结构务求合乎逻辑，具有较宽的涵盖面，便于使用。

（二）词表体现文档管理一体化的原则，即词表中主题词的区域分类别词可分别作为档案分类中的大类和属类。

二、体系结构

（一）词表共由15类1 049个主题，分为主表和附表两大部分，主表有13类751个主题词，附表有2类298个主题词。词表分为三个层次。第一层是对主题词区域的分类，如“综合经济”、“财政、金融”类等。第二层是类别词，即对主题词的具体分类，如“工交、能源、邮电”类中的“工业”、“交通”、“能源”和“邮电”等。第三层是类属词，如“体制”、“职能”、“编制”等。第二层和第三层统称为主题词，用于文件的标引。

（二）1988年12月和1994年4月修订的词表中曾列入本

词表中而不再继续用作标引的主题词，用黑体单列在区域分类的最后部分。

三、标引方法

（一）一份文件的标引，除类别词外最多不超过5个主题词。主题词标在文件的抄送栏之上，顶格写。

（二）标引顺序是先标类别词，再标类属词。在标类属词时，先标反映文件内容的词，最后标反映文件形式的词，如《国务院关于加强水土保持工作的通知》，先标类别词“农业”，再标类属词“水土保持”，最后标上“通知”。

（三）一份文件如有两个以上的主题内容，先集中对一个主题内容进行标引；再对第二个主题内容进行标引。如《国务院关于在若干城市试行国有企业兼并破产和职工再就业有关问题的通知》，先标反映第一个主题内容的类别词“经济管理”，再标类属词“企业”、“破产”；然后标反映第二个主题内容的类别词“劳动”，再标类属词“就业”；最后标“通知”。

（四）根据需要，可将不同类的主题词进行组配标引。如《国务院关于“九五”期间深化科学技术体制改革的决定》，可标“科技、体制、改革、决定”。

（五）当词表中找不出准确反映文件主题内容的类属词时，可以在类别中选择适当的词标引。同时将能够准确反映文件内容的词标在类属词的后面，并在该词的后面加“△”以便区别。

（六）列在区域分类最后，用黑体标出的主题词只供检索用，不再用作标引。

（七）附表中的主题词与主表中的主题词具有同等效力，标引方法相同，不同的是，如果附表中所列的国家、地区的实际名称发生了变化，使用本表的各单位可先按照变化后的标准名称进行修改和使用。国务院办公厅秘书局将定期修订附表。

四、词表管理

（一）本词表由国务院办公厅秘书局负责管理和解释，具体工作由档案数据处承办。

（二）本词表自1998年2月1日起执行，1994年4月修订的词表同时废止。

01　综合经济(77个)

01A　计划:规划　统计　指标　分配　统配　调拨

01B　经济管理:经济　管理　调整　调控　控制　结构　制度　所有制　股份制　责任制　流通　产业　行业　改革　改造　竞争　兼并　开放　开发　协作　资源　土地　资产　资料　产权　物价　价格　投资　招标　经营　生产　转产　项目　产品　质量　承包　租赁　合同　包干　国有　国营　私营　集体　个体　企业　公司　集团　合作社　普查　工商　商标　注册　广告　监督　增产　效益　节约　浪费　破产　亏损　特区　开发区　保税区　展销　展览　商品化　横向联系　第三产业　生产资料

02　工交、能源、邮电(69个)

02A　工业:冶金　钢铁　地矿　机械　汽车　电子　电器　仪器　仪表　化工　航天　航空　核工　船舶　兵器　军区　轻工　有色金属　盐业　食品　印刷　包装　手工业　纺织　服装　丝绸　设备原料　材料　加工

02B　交通:铁路　公路　桥梁　民航　机场　航线　航道　空中管制　飞机　港口　码头　口岸　车站　车辆　运输　旅客

02C　能源:石油　煤炭　电力　燃料　天然气　煤气　沼气

02D　邮电:通信　电信　邮政　网络　数据　民品　厂矿

空运　三线　通讯　水运　运费

03　旅游、城乡建设、环保(42 个)

03A　旅游

03B　服务业:饮食业　宾馆

03C　城乡建设:城市　乡镇　基建　建设　建筑　建材　勘察　测绘　设计　市政　公用事业　监理　环卫　征地　工程　房地产　房屋　住宅　装修　设施　出让　转让　风景名胜　园林　岛屿

03D　环保:保护区　植物　动物　污染　生态　生物　风景　饭店　城乡　国土　沿海

04　农业、林业、水利、气象(56 个)

04A　农业:农村　农民　农民负担　农场　农垦　粮食　棉花　油料　生猪　蔬菜　糖料　烟草　水产　渔业　水果　经济作物　农副产品　副业　畜牧业　乡镇企业　农膜　种子　化肥　农药　饲料　灾害　以工代赈　扶贫

04B　林业:绿化　木材　森林　草原　防沙治沙

04C　水利:河流　湖泊　滩涂　水库　水域　流域　水土保持　节水　防汛　抗旱　三峡

04D　气象:气候　预报　预测　烟酒　土特产　有机肥　多种经营　牧业

05　财政、金融(57 个)

05A　财政:预算　决算　核算　收支　财务　会计　税务　税率　审计　债务　积累　经费　集资　收费　资金　基金　租金　拨款　利润　补贴　折旧费　附加费　固定资产

05B　金融:银行　货币　黄金　白银　存款　贷款　信贷　贴现　通货膨胀　交易　期货　利率　利息　贴息　外汇　外币　汇率　债券　证券　股票　彩票　信托　保险　赔偿　信

用社　现金　留成　流动资金　储蓄　费用　侨汇　折旧率

06　贸易(62个)

06A　商业：商品　物资　收购　定购　购置　市场　集贸　酒类　副食品　日用品　销售　消费　批发　供应　零售　拍卖　专卖　订货　营业　仓库　储备　储运　货物

06B　外贸：对外援助　军贸　进口　出口　引进　海关　缉私　仲裁　商检　外商　外资　合资　合作　关贸　许可证　驻外企业　贸易　倒卖　外向型议购　议售　垄断　经贸　贩运　票证　外经　交易会

07　外事(42个)

07A　外交：对外政策　对外关系　领土　领空　领海　外交人员　建交　公约　大使　领事　条约　协定　协议　议定书　备忘录　照会　国际涉外事务　抗议

07B　外事：国际会议　国际组织　对外宣传　出访　出国　出入境　签证　护照　邀请　来访　谈判　会谈　会见　接见　招待会　宴会　外国人　外宾　对外友协　外国专家　涉外

08　公安、司法、监察(46个)

08A　公安：警察　武警　警衔　治安　非法组织　安全　保卫　禁毒　消防　防火　检查　扫黄　案件　处罚　户口　证件　事件　危险品　游行　海防　边防　边界　边境

08B　司法：政法　法制　法律　法院　律师　检察　程序　公证　劳改　劳教　监狱

08C　监察：廉政建设　审查　纪检　执法　行贿　受贿　贪污　处分　侦破

09　民政、劳动人事(85个)

09A　民政：基层政权　选举　行政区划　地名　人口　双拥工作　社会保障　社团　救灾　救济　募捐　婚姻　移民　抚

恤　慰问　调解　老龄问题　烈士　纠纷　残疾人　基地　殡费　社区服务

09B　机构:驻外机构　体制　职能　编制　精简　更名

09C　人事:行政人员　干部　公务员　考核　录用　职工家属　子女　知识分子　专家　参事　院士　文史馆员　履历　聘任　任免　辞退　退职　职称　待遇　离休　退休　交流　安置　调配　模范　表彰　奖励

09D　劳动:就业　失业　招聘　合同制　工人　保护　劳务　第二职业　事故

09E　工资:津贴　奖金　福利　收入　老年　简历　劳资人才　招工　待业　补助　拥军优属　丧葬　奖惩

10　科、教、文、卫、体(73个)

10A　科技:科学　技术　科普　科研　鉴定　标准　计量专利　发明　实验　情报　计算机　自动化　信息　卫星　地震　海洋

10B　教育:学校　教师　招生　学生　培训　毕业　学位留学　教材　校办企业

10C　文化:文字　文史　文学　语言　艺术　古籍　图书宣传　广播　电视　电影　出版　版权　报刊　新闻　音像文物　古迹　纪念物　电子出版物

10D　卫生:医院　中医　医疗　医药　药材　防疫　疾病计划生育　妇幼保健　检验　检疫

10E　体育:运动员　教练员　运动会　比赛　馆所　院校校舍　地方志　软科学　社科

11　国防(24个)

11A　军事:军队　国防　空军　海军　征兵　服役　转业民兵　预备役　军衔　复员　文职　后勤　装备　战备　作战

训练　防空　军需　武器　弹药　人武　退伍

12　秘书、行政(74个)

12A　文秘工作:机关　国旗　国徽　机要　印章　信访　督察　保密　公文　档案　会议　文件　秘书　电报　提案　议案　谈话　讲话　总结　批示　汇报　建议　意见　文章　题词　章程　条例　办法　细则　规定　方案　布告　决议　命令　决定　指示　公告　通告　通知　通报　报告　请示　批复　函　会议纪要

12B　行政事务:行政　工作制度　纪念活动　庆典活动　休假　节假日　着装　参观　接待　措施　调查　视察　考察　礼品　馈赠　服务　出席　发言　转发　名单　批准　审批　信函　事务　活动　纪要　督察

13　综合党团(54个)

13A　党派团体:共产党　民主党派　共青团　团体　工会　协会学会　民间组织　文联　学联　妇女　儿童基金会

13B　统战:政协　民主人士　爱国人士

13C　民族:民族区域自治　民主事务

13D　宗教:寺庙

13E　侨务:外籍华人　归侨　侨乡

13F　港澳台:香港问题　澳门问题　台湾问题

13G　综合:整顿　形势　社会　精神文明　法人　发展　其他　试点　推广　青年　政治　范围　党派　组织　领导　方针　政策　党风　事业　咨询　中心　清除

第六章　事务文书写作

第一节　概　述

一、事务文书的涵义和分类

事务文书是党政机关、社会人民团体和企事业单位用于交流情况或制定计划时的常用文体。它是除行政公文、法律文书等公务文书之外,机关和私人处理日常事务的应用文书的总称。事务文书除计划之外,一般不具有行政约束力。它虽然不是国家行政机关的法定公文,却常常具有公文的特点和性质,可称之为“准公文”。事务文书是管理文书之一,但它不是决策性文书,只是为决策提供依据或传递信息。

事务文书的分类尚无明确的规定,随着社会生活的发展,它的范畴还在扩大。我们仅介绍几种使用频率较高的事务文书:

1. 用于日常工作安排,如工作计划、工作总结等,它是事前对工作的设想和事后对工作回顾检查的文书。

2. 用于反映日常工作情况,如简报等,它是以最简洁的文字和最快捷的速度,反映当前工作中各种情况的简要报道。

3. 用于调查了解情况,如调查报告等,它是将调查研究的结果用书面形式发表出来的文书。

二、事务文书的特点和作用

(一) 政策性较强

事务文书虽然不像行政公文那样负有处理行政公务的职能，本身一般也不具有行政约束力和法律效力，但是它和公文一样，也担负有传达党和政府的方针政策的重要职能，因此也具有很强的政策性和鲜明的政治性。有些事务文书随同公文一起制发，成了行政公文的一部分，如以通知形式下达的计划，批转的总结、调查报告等，其政策性就体现得更加明显了。

（二）指导性较强

事务文书作为机关内部处理日常事务的一种常用文书，它的使用往往具有明确的目的，因此对日常工作有较强的指导性。如工作计划，它将指导一个时期、一定范围内的工作安排；又如总结，它总结以前工作的经验教训的目的，就是为了指导今后的工作；再如简报，或上情下达，或下情上达，传递信息的目的就是以期对“点”上或“面”上的工作能起到指导作用；至于调查报告，更是为了掌握某一方面的情况，或解决某个具体问题而写的，其指导性是十分明确的。

（三）实用性较强

事务文书如计划、总结、简报、调查报告等，始终是机关企事业单位内部沟通信息、交流情况、处理日常事务不可缺少的一种手段。它能及时向上级领导提供来自下级和基层的新情况、新经验、新问题，是领导机关作出正确决策的重要参谋。它还能起到沟通上下级关系，统一思想，统一行动的作用。它的这种实用性是其他文书所不能替代的。

事务文书的主要作用是部署工作、总结经验、交流情况、推动工作。此外，事务文书还是工作情况的实录，它记载着各个时期的政治、经济、文化等方面的情况，是宝贵的历史资料，可以存档备查。

【思考与练习】

1. 举例说明事务文书的特点。

2. 事务文书写作为什么首先要明确写作目的？

第二节 计　　划

一、计划的涵义、特点和分类

（一）计划的涵义

计划类文书是具有时代特色的一种文书，它是各部门各单位在一定时期内准备完成的某项任务或想达到某一目标而作出的设想和安排，并将这种安排条理化、具体化而形成的书面文件。

计划类文书包括纲要、规划、方案、设想、意见、安排以及工作要点等，上述这些都可以称作计划，但是它们的内涵略有不同。

"纲要"和"规划"是带有发展性的计划，有发展的远景、长远的总目标，并分出若干阶段，每阶段有不同的分阶段目标，如《残疾人教育十年发展纲要》。

"方案"一般是针对某项任务或某种具体工作目标而制定以供讨论、选择的计划，如《职工工资改革实施方案》。

"设想"是一种不成熟的预备性的初步计划，可供讨论或参考，如《新技术开发区实验设想》。

"安排"是短期的、具体的工作实施计划，如《上海市庆祝六一儿童节活动安排》。

"工作要点"只列出计划的关键内容，提纲挈领，不列出具体方法步骤，如《教育部 2000 年工作要点》。

"意见"只列出实施计划的原则和准备做哪几项工作，对具体实施步骤不作规定，如《关于 2000 年全国证券期货工作安排意见》。

古人说："谋先事则昌，事先谋则亡"（刘向《说苑》）。考虑计划在事前，就易成功；事后再作计划，就会失败。“凡事预则立，不预则废”说的也是相同的道理。计划是一种主动、积极的行为，任何单位、个人要想工作事业成功都离不开计划。国家有发展远景目标，企业单位有发展规划，个人有自己的理想和奋斗目标，有了目标，努力的方向才会明确，行动才会一致，达到事半功倍的效果。

（二）计划的特点

1. 具有明确的目标：制定任何计划都必须有明确的目标，即在一定时间内要完成什么任务，达到什么目标，取得什么效果。计划的目标可为人们的行动指明方向。确定计划的目标是科学决策的结果，要经过充分的调查研究，周详严密的论证，保证计划的科学性，这样确定的目标才会是切实可行的，不至于脱离实际。

2. 具有很强的预见性：计划是尚未实现的预想和期望，是事前行文。制定计划时，要充分预见到可能遇到的问题和困难，要站在时代的前列，对可能出现的问题和曲折作出科学的前瞻，这样的计划才能体现出对工作的指导意义。当然，任何计划都不可能十全十美，科学的预见性不等于现实中的客观性，因此计划要留有一定的余地，要随客观情况的变化在实施中作出必要的调整。

3. 具有切实的可行性：计划要有可行性，这样才能把美好的预期化为现实。计划中拟采取的方法、步骤在实施中应该是可以实行的，所拟定的目标经过努力也应该是可以达到的，否则再好的计划，会成为一纸空文。

（三）计划的分类

计划的应用范围很广，从不同的角度，可将计划分为六类：

按内容分：有综合计划、生产计划、学习计划、科研计划、教学计划等；

按范围分：有各级党的计划、各级政府计划、部门计划、科室计划、个人计划等；

按时间分：有长远计划、年度计划、季度计划、月份计划等；

按形式分：有条文式计划、图表式计划等；

按效力分：有指令性计划、指导性计划、一般性计划等。

在具体制定计划时，由于工作内容的多面性，一个计划可以同时划归于几个不同的类型。如《××市××区 2000 年工作计划》，就可分属于综合计划、单位计划、年度计划、条文式计划、指导性计划等类型。

二、计划的结构

计划一般由标题、正文、结尾三部分组成。

（一）标题

标题的写法有三种：

一种是由计划单位、计划时限、计划事由加文种构成，如《华东政法学院 2000 年度招生工作计划》。

另一种是由计划时限、事由和文种构成，如《2000 年机构改革计划》。这种计划中的单位名称不出现在标题中，而在计划末尾右下方要写上单位名称。

还有一种由计划时限和文种构成，如《2000 年第四季度工作要点》。

（二）正文

文字式计划，正文部分一般由前言和主体两部分组成。

1. 前言：计划的前言，主要交代制订计划的指导思想、目的及依据或对基本情况作概述。前言是计划的总纲，用来统率全文，文字表达要有高度概括性。

2. 主体：计划的主体部分，一般由目标和任务、措施和方法、步骤和要求三部分组成，这简称为计划的“三大要素”。

(1) 目标和任务。

目标和任务是一份计划的核心，一份计划若没有明确的目标、任务，也就失去了制定计划的意义。计划的目标、任务必须具体明确。总目标、总任务还可分解成各项细指标、细任务。

(2) 措施和方法。

措施和方法是计划实现的根本保证，如果只有目标，没有具体的方法、相应的措施，计划就容易流于形式。俗话说：“十分计划，十二分措施”，从某种意义上来说，制定措施更难。方法得当，措施有力，目标就容易实现。措施还应与目标紧密结合，这样目标的实现就有了可靠的保证。

(3) 步骤和要求。

步骤是工作的程序和时间的安排，每个步骤的具体要求是什么，哪些工作是主要的，应先完成；哪些工作相对来说是次要的，可以后完成，在时间上都要有交代，这样才能有条不紊地开展工作，也便于随时检查督促计划的落实情况。

以上是计划主体部分的三项基本内容，可以简要概括为“做什么”、“怎么做”、“何时完成”。作为一份规范的计划，这三项基本内容一项也不可缺少。

(三) 结尾

一般的计划在措施、步骤之后就结束了，有的计划可根据各自需要安排结尾，结尾部分可对执行计划者提出希望，或对计划的前景作出展望。

计划最后要标明制订计划的日期或制订计划的单位名称，或附上与计划有关的一些材料。

三、计划的写作要求

(一) 制定目标必须从实际出发，量力而行制定目标和任务要实事求是，一切从实际出发，有多少力量办多少事情。不能凭一时的热情，将目标定得过高，脱离实际，致使计划难以完成，最后挫伤了群众的积极性。反之，目标定得过低，同样不利于调动群众的积极性。只有通过努力，挖掘潜力，切实可以达到的目标，才是比较科学合适的目标。

订计划还应注意留有余地。因为实行计划的环境不会是一成不变的，在制订计划时不可能把可能出现的问题、可能遇到的困难都设想周全。计划的目标如果定得过死，一旦出现意外情况，没有回旋余地，就会给实行计划带来被动。

（二）制订计划时要注意听取群众意见

为了使计划制订得切实可行，必须要集思广益，广泛地听取群众的意见，尤其制订具体措施时要善于吸取群众的好的意见、好的想法，发挥集体的智慧，这样制订出来的计划才能取得群众广泛的支持，才不会出现脱离实际的现象。这样才能从根本上保证我们制订的计划在执行中得到群众的拥护，把计划变成群众的行动。

（三）计划的内容要具体明确

无论是计划的目标、任务、措施还是步骤，必须写得明白具体，不能模棱两可。比如有人在制定目标时“产量要比去年有所提高”或“工作要比去年有所改进”，提高多少，怎样改进均不具体明确。从这样的目标出发，制定的措施必然也是空话、套话，这样的计划执行起来难免要落空。

【思考与练习】

1. 分析规划、安排、意见、工作要点、方案之间有什么不同？
2. 计划有些什么特点？
3. 计划的三要素具体指什么？

4. 制订计划要注意哪些事项?

5. 制定一份个人在大学读书期间的总体计划。

第三节 总　结

一、总结的涵义、特点和分类

(一) 总结的涵义

总结是集体或个人对过去所做的工作的回顾、分析、评价,从理论认识的高度概括出经验教训,并从中引出规律性认识,以指导今后实践所写的一种应用文体。

总结和计划一样,与人们的工作、学习、生活密切相关。古人很早就有许多关于总结的精辟言论,如“前事不忘,后事之师”、“前车覆,后车鉴”,讲的就是总结对于不断深化对客观事物的认识的重要性。

总结和计划是一对孪生姐妹,有计划就有总结,有总结也就有计划。总结是为检查计划的落实情况而写的,计划是在总结过去工作的基础上所订的;总结以计划为依据,计划以总结为基础,两者的关系密不可分。但总结和计划还是有一定的区别,它们的区别在于:

1. 时间上不同:计划是事前行为,而总结是事后行为。

2. 侧重点不同:计划侧重于对工作的安排打算,而总结侧重于对工作的回顾、分析,探索事物的发展规律。

3. 所回答的问题不同:计划要回答的是:做什么? 怎样做? 何时完成? 而总结要回答的是:做了什么? 做得怎样? 该怎么办?

(二) 总结的特点

总结是一种研究性的应用文体。它有着自身的实践性、表述的证明性和结论的指导性等鲜明特点。

1. 自身的实践性。总结是对本地区、本单位或作者自身实践活动的反映,因而紧紧抓住并完全忠实于自身的实践活动,就成为总结的一个基本特点。所谓自身实践性,就是说总结的对象,只能是从自身实践活动中抽象出来的认识;总结的材料,只能是实践活动中真实的、具体的材料。

2. 表述的证明性。总结基本的表述手法是论证(严格的说是证明),它要用自身实践活动中真实的、典型的材料来证明它所提出的各个判断的正确性。

3. 结论的指导性。总结是对以前的学习、工作、生活的检查和回顾,其目的是对已经历的实践进行分析、研究,并提高到理论的高度加以认识,从而抓住事物的本质,找出事物的发展规律,以指导今后的实践。

(三) 总结的分类

总结的种类很多,按内容分有工作总结、生产总结、科研总结、思想总结;按范围分有地区总结、部门总结、单位总结;按性质分有活动总结、经验总结、成绩总结;按时间分有阶段总结、年度总结、季度总结、月份总结。但无论哪一种总结都可以分成全面总结和专题总结两大类。

全面总结,反映工作的全貌,涉及面广,时间跨度较长,内容比较详细。但全面总结也不可能事无巨细,统统总结,还必须结合实际,突出重点,这样才能做到总结既有广度,也有深度。全面总结的写作相比之下较有难度,作者掌握的情况和材料必须全面,而且必须站在全局的高度来对实际工作作回顾和分析。

专题总结是针对某一方面的问题或经验作总结,专题总结的内容集中、单一,反映局部情况或某一值得推广的好经验、好做法,这样的总结往往比较深入、具体、透彻。如《组建专业化分厂是搞活大型企业的一种有效形式》就是一篇值得推广的经验总结，对搞活大型企业很有指导意义，从题目就可以看出这篇总结的主题是一种专题总结。

二、总结的结构

总结的基本结构一般由标题、正文和落款三个部分构成。

（一）标题

总结的标题形式一般有两种：

一种是公文式的标题，由单位名称、时间、事由、文种四部分组成，如《上海市 2000 年度市政建设工作总结》、《华东六省市 1999 年计划生育工作总结》；有的标题还可以省略其中某些成分，如《1999 年教学工作总结》、《机构改革工作总结》，其中省略的"时间"、"单位名称"等成分，往往在总结落款中表明。

另一种是新闻式标题，标题只由事由组成，突出反映总结的中心内容，如《完善企业责任制，深化企业改革》、《实行股份制是搞活国有企业的一种行之有效的办法》等。

具体采用何种标题，根据内容的需要而定。

（二）正文

总结的正文一般包括前言、主体和结语三部分。

1. 前言。前言部分通常用来对总结单位的基本情况作简要的介绍，交代总结的目的和总结的主要内容、基本经验，点明总结的指导思想，使读者对总结先有一个概括的了解。

2. 主体。主体是总结的主要部分，主要交待基本情况、工作过程、主要成绩或缺点、取得的经验或教训等。通常有四种结构方式：

（1）五段式：按"情况—成绩—经验—问题—意见"的顺序安排结构，每一部分可用小标题或序号标出。这种写法眉目清楚，适用于大型的总结。文中的"经验"部分是总结的重点，要着重分析工作中取得成功和成绩的主客观因素是什么，把感性认识提高到理性高度来认识。

(2) 阶段式。这种形式常用于写较长时限的总结，可分成几个时段来写，然后分别说明各个阶段的成绩、经验和教训。各个阶段之间要有一定连贯性，围绕着一个主题来展开，这样才不会成为几篇总结的凑合。

(3) 条文式。把总结的内容按性质和主次轻重，分别排列，使用"一、二、三……"等序号，分条叙述。条文的排列要把同性质的内容排在一起，与成绩经验、问题教训、意见办法结合起来叙述，使条文之间形成严密的逻辑联系。

(4) 比较式。比较式可以用过去与现在相比较，同行业之间相比较，来突出今天所取得的成绩；当然，也可以用比较来总结存在的问题，说明不足之处，从中引出教训。

3. 结语。结语是总结的最后部分，有的结语是对全文进行归纳总结，突出取得的成绩；有的是写今后努力的方向和打算；有的则指出工作中的缺点和存在的问题等。结语要简短、有力、自然。

(三) 落款

落款主要包括署名和日期。单位名称如已包含在标题中，或已署在标题下，文后就不必再署名了。个人总结署名，一般写在文后的右下方。总结的日期，则写在文后署名的下面。

三、总结的写作要求

(一) 忌流水账

写总结不能事无巨细，主次不分，一一罗列，看起来面面俱到，实际上没有头绪，没有把握住总结的重点，让人看后没留下什么印象。这样的总结充其量只能算是一份工作汇报。

(二) 忌就事论事

写总结，对其中的经验和教训，不仅要知其然，更重要的是要知其所以然，即不仅要叙述所做的工作，还要深入分析，找出成败的原因，揭示出事物发展的客观规律，这样的总结才具有指导实践的意义。否则，缺少分析，或分析不透，蜻蜓点水，一带而过，这样的总结是不会有深度的。

（三）忌浮夸虚假

在总结中，往往写成绩容易，谈问题难下手。写成绩，唯恐遗漏，挖掘不充分；而写存在问题时，往往避实就虚，惟恐问题写多了，会稀释了工作成绩，因此常常会避重就轻。这种不实事求是的做法，会使工作总结变得有名无实，实际上是自欺欺人，起不到总结应有的作用，这样的总结还有什么意义呢？所以，写总结一定要实事求是，"不虚美，不隐恶"，彻底去除浮夸虚假之风。

【思考与练习】

1. 总结与计划有些什么区别？
2. 总结有哪些特点？
3. 总结的写作要注意哪些问题？

第四节　简　　报

一、简报的涵义、特点和分类

（一）简报的涵义

什么是简报？简报就是情况的简要报道。它通常用来向上级汇报工作，反映工作近况，也用于在单位内部（各部门间）沟通信息、交流经验，属于单位内部文件。简报可以定期编发，也可以根据工作需要，不定期编发。

简报是一种总称，各单位的简报使用名称不一，通常有如下几种："××简讯"、"××动态"、"情况反映"、"××快报"、"内部参考"、"情况交流"等。

1955年6月，国务院颁布《关于所属各部门工作报告制度的规定》中，要求所属委、办每两周向总理写一份工作简报，"明白、扼要地报告所掌握的范围内重大问题的处理，工作中的情况和经验"。当时的工作简报是下级向上级汇报工作的简要书面报告。后来，人们在实践中逐渐扩大了简报的使用范围，也用来向平级或下级通报情况，交流经验了。

简报是在机关内部一定范围内使用频率最高的一种文书，但它不具备公文的法律效力和行政效力。简报可以迅速地向上级机关提供最新信息，介绍下级机关的经验做法、典型人物或事迹，便于上级机关了解情况，以利于指导工作；又可以传达、解释上级文件的精神，指导下级机关工作；也可以在兄弟单位之间用以互通情况，交流经验；还可以抄送新闻单位，为报纸、广播、电视提供信息。

（二）简报的特点

简报的特点可以简要地概括为四个字，新、真、快、简。

1. 新。"新"指简报的内容要新，要反映新情况、新问题、新经验、新思想、新事物。即使是曾报道过的内容，也要写出新的特点、新的意义或与以往的不同之处。"新"，体现了简报的价值，一般化的情况，人所共知的经验，就没有必要编发简报了。人们所不了解的新情况，急于想知道的信息，刚刚出现的新事物，这些才是简报要捕捉的内容。

2. 真。"真"指简报的内容要真实，不得作假，不能随意夸大事实或掩盖事实。简报是否健康，就看其内容是否真实，"真"是简报的生命。因此，编写简报要努力掌握第一手资料，并且要注意核实，努力做到准确无误；道听途说来的情况决不能成为简报的内容。

3. 快。简报有很强的时效性，简报报道的内容之所以要简明扼要，主要是受时效性的制约。今天发生的事，明天就要让大家看到简报；上午开的会，下午就要让与会代表看到会议简报。简报实际是一种内部新闻，新闻则要讲求时效，有的内容很有新闻价值，但是错过了时机，事过境迁，就成了昨日黄花了，再发简报就失去了意义。但是如果为了求快而不顾事实，粗制滥造，这样的快就失去了它的意义，因此简报求快是在求实求新前提下的快。

4. 简。简报要简，这也是简报求快的要求。简报要迅速反映新情况、新问题，那就一定要“简”，否则，行文一长，写的人快不了，看的人也快不了，这样势必要影响工作效率。简报要“简”，首先在内容上要精，尽量做到一期简报反映一个主题，如果内容很多，宁可分开多发几期简报；其次在文字上要简洁明快，直截了当，要言不烦；第三篇幅要简短，一般不超过 1 000 字，这样就能更好地发挥简报的作用。

（三）简报的分类

简报按其内容和性质来划分，可分为工作简报、经验简报、信息简报、会议简报四种。

1. 工作简报：这类简报多用于反映工作进展情况、工作动态、工作中的新问题、新经验。遇到某一中心工作时，可专门编发专题报道。这类工作简报的名称，常见的如“工作动态”、“组织工作情况”、“重点工作简讯”等。

2. 经验简报：这类简报往往配合中心工作的开展，专门用来介绍某些工作经验和先进典型事迹。常见的如“×××工作经验”、“×××工作交流”、“×××先进事迹介绍”。

3. 信息简报：这类简报用来反映工作中主要动向，重要的社会新闻，值得重视的社会舆论，群众的意见、呼声，经济发展的新动态。这类简报的作用主要为领导部门决策提供新信息。近些年来，这类信息简报使用范围和用途越来越广，有的作为机关内部的重要参考文件。常见的如“每周信息”、“信息快报”、“信息简报”等。

4. 会议简报：此为用于反映重要会议情况的简报，通常由会议秘书组编发。一次重要会议，如会期较长、人数较多，往往印发多期会议简报；如会期不长，人数也不多，一般发一期简报。会议简报用于反映会议进展情况，与会人员讨论中发表的重要意见，提出的重要建议、批评意见，领导人的重要讲话等等。

二、简报的格式与结构

（一）简报的格式

简报的格式大体分报头、正文、报尾三部分。

1. 报头：在简报第一页的上方，约占全页的三分之一。内容有简报名称、编印单位、期数、印发日期、密级、编号等项目。简报名称居于报头的中间位置，常用套红大号字标明。密级又分“绝密”、“机密”、“秘密”，有的在报头的左侧上方标明“内部文件，注意保存”等字样。报头和正文之间有一条红横隔线。

2. 正文：正文是简报的中心部分，正文前有标题。简报的内容如系转摘，那么在标题上方要加“编者按”。一期简报可刊登一份材料，也可刊登同类型问题的几份材料，在正文末尾要注明作者，如系转摘，在正文后要注明出处。

3. 报尾：报尾在简报的末页下方，用一条横线与正文隔开，写明本期简报发送范围或具体单位，还要写明印发份数。

［图例］

内部刊物
注意保存　　　　　　　　　　　　　　　　　编号：
密级：

×××　简　报

第　×　期

×××编印　　　　　　　　　　　　　　　年　月　日

（标　　题）

报：××××
发：××××　　　　　　　　　　　　（共印×××份）

（二）简报的结构

简报正文的结构包括标题、开头、主体、结尾四部分。

1. 标题：简报的标题要求能准确地概括正文的内容，要求鲜明、简洁、醒目。在写法上大都采用新闻报道式的标题，可以用单行标题，也可以用双行标题，如《教学评估顺利完成》、《垃圾处置如何现代化——中外专家沪上作研讨》。

2. 开头：简报一开头要交代时间、地点、人物、事件、原因和结果，用简洁明快的文字，总提全文的中心或主要内容，让读者对全文先有一个总的印象，这有点类似消息中的导语。开头的写法，常见的有两种：一是概述法，开门见山地概述简报的主要内容，让人一眼就明白要领，产生了解详情的欲望；二是结论法，交待主要收获和结果，给人以完整的印象，有较强的感染力。

3. 主体：主体是对开头部分的具体展开。在结构安排上，可以按照时间顺序展开，如事情的发生、原因、发展过程、其结果等内容，依次写来；也可以按照逻辑关系来写，层层推进，由表及里，由此及彼，进行原因剖析。反映情况和问题的简报常用这种方式来写。较长的简报，在主体部分还可采用小标题的方法，概括每一层次的内容，便于读者理解把握。

4. 结尾：简报要不要写结尾，视内容而定。篇幅比较短的，就无需写结尾。篇幅较长，内容较多的，可以写个结尾，对全文作概要性的小结，以加深读者的印象。有些连续性的简报，为了引起人们注意事情的后续发展，有时用一句交代性语句作结束，如“事件发展情况将陆续报道”，“问题正在进一步调查中”。

三、简报的写作要求

（一）选题要有针对性，要紧跟形势

简报的选题要有针对性，题目宜小不宜大。内容要具体、单一，不要复杂，把事情写清楚即可，不要面面俱到。简报的内容、选题要紧跟形势，反映人们所关心的热点问题，配合党的方针政策的宣传，起到简报的短、平、快的作用。

（二）报道要及时、快捷

简报的重要作用在于传递最新信息，要求报道及时、快捷、内容新鲜。昨天发生的事，今天最好就能报道出去。简报报道的虽然是内部新闻，也应遵循新闻报道的迅速及时的要求。

（三）篇幅要简短，中心要突出

简报贵就贵在“简”字上，如果是长篇大论，就不成为简报了。文章的篇幅虽然要短小精悍，但中心主题一定要集中突出。如果仅仅为了求短，影响到主题的明确，也是不可取的。为了使

简报的中心突出，简报要以客观事实说话，不要求作者抒发个人感情。

[例文]

内部刊物

注意保存 编号：0545

会议简报

第1期

市旅游委办公室编印 2005年11月17日

市旅游委专题研究推进世博旅游工作

11月16日上午，市旅游委召开会议，专题研究推进世博旅游工作。

会议强调，在上海举办2010年世博会，对于推进上海的都市旅游是一个极好的契机。本市"十一五"旅游发展要围绕迎世博积极地做好城市旅游形象宣传和接待服务等准备工作。会议提出，从现在起要有序启动三项计划，即研究制订和推进世博旅游人才教育培训计划、世博城市形象宣传计划和世博旅游招徕服务计划。要坚持围绕主题、明确任务、主动出击、积极联络，形成不同于以往的工作方式和工作机制，有序地将世博旅游的各项目标任务落到实处。

会议确定：一是要及早制订并推进迎世博旅游人才教育培训三年计划，进一步发挥上海旅游培训中心和各级旅游院校的作用；二是要坚持围绕世博主题，每年一个专题，有序地推进世博旅游的城市形象宣传和招徕促销工作，拟在年内开始启动世博旅游日本工作站的筹建工作（已报市世博局），争取在一、二年内建成4至5个国外工作站，推进世博旅游的宣传促销工作；三是进一步加强行业管理，推进旅游节庆活动的国际化和市场化运作，健全旅游行业协会，使本市旅游行业诚信建设和服务在硬件配套服务设施和软件规范化服务方面有新的进展；四是进一步健全世博旅游的工作机制。组建市旅游委世博旅游工作小组，从2006年起每月召开一次世博旅游工作例会，每年召开一次世博主题工作研讨会，着力点放在研究和解决制约世博旅游的有关问题，有序推进工作，编发专题简报，交流世博旅游信息。

【思考与练习】

1. 简报的特点有哪些？
2. 简报可分成哪几类？
3. 编写简报应注意哪些问题？
4. 以有关工作部门的名义编写一份工作简报。

第五节 调查报告

一、调查报告的涵义、作用和分类

（一）调查报告的涵义

调查报告是对现实生活中某一问题、某一事件或某种状况进行深入细致调查之后，将所得的材料进行归纳、分析研究之后加以整理而写成的书面报告。调查报告是调查研究的成果。在行政事务活动中，调查报告反映了社会许多新动态和新问题或新情况，它往往是解决各种实际问题、扶植新生事物、制定正确的方针政策的依据。学习写作调查报告是应用写作的一个重要课题，也是每一个从事理论工作和实践工作的人必备的素质和应有的能力。

在实际应用中，调查报告与总结时常容易混淆，不易区别，有的把调查报告当作总结，也有的把总结当作调查报告。它们之所以容易混淆，原因在于它们都是对以往的事所作的了解和反映。但它们之间还是有区别的，区别主要体现在：

1. 行文的目的不同：调查报告行文的目的侧重于对事物现状的反映、探讨，了解、认识事物的客观规律。总结侧重于对自己所做的事做得如何进行评价，总结经验教训，以推动下一步的工作，是对计划落实情况的检查。

2. 行文的时间不同：调查报告的写作是不定期的，发现新情况、新问题，随时可以进行调查，事前事后均可调查。而总结大多是定期的，年末、月末，或者某一阶段工作结束，都要作常规总结，是一种事后行为。

3. 反映的范围不同：调查报告所反映的范围，可以是本单位，也可以是外单位的，甚至是社会上的人和事，反映的范围基本上没有什么限制。而总结一般是对自身、本单位、本部门的工作作总结。不涉及外单位，不涉及社会上的事。

4. 所用的人称不同：调查报告的作者不是以当事人的身份出现，所以常用第三人称写作。总结因为是当事人对自身工作的回顾、分析，所以常用第一人称写作。

（二）调查报告的作用

毛泽东曾说过："没有调查，就没有发言权。"江泽民也指出："坚持做好调查研究这篇文章，是我们的谋事之基，成事之道。"这些话都强调了调查研究的重要性。任何正确的决策和措施，都要建筑在深入的调查研究之上，才会是切实可行的。尤其当今世界，瞬息万变，办任何事更不能没调查。凭老经验，想当然，拍脑袋，必然会在现实面前碰得头破血流。所以掌握调查研究的必要方法，学会写调查报告，这是时代对每一个人提出的要求。调查报告的作用大体有如下几点：

1. 为制定决策，指导工作提供依据。

调查报告可以为领导部门制定方针政策提供可靠的依据，正确地指导今后的实践，避免主观性，减少盲目性。正确的认识必须来自于实践，但要把实践中的认识上升到理论的高度来加以总结，必须要依靠广泛深入的调查研究。目前我国正处于从计划经济向市场经济的转轨时期，新情况、新问题层出不穷，许多问题都是我们从未遇到过的，因此各级领导部门在制定决策之前越来越重视进行广泛深入的调查研究。进行广泛深入的调查研究，成了科学决策程序中的一个重要环节。

2. 及时发现事物发展的新动向，把握工作的主动权。

在一个迅速发展的社会中，社会中的各种状况环境时时刻刻都在变化，及时掌握这些变化，把握工作的主动权的最佳方法就是经常开展社会调查。有人把社会调查比作是观察社会的一扇“窗口”，这是再贴切不过了。经常开展社会调查，就会使我们的社会触觉变得十分敏感，能及时地发现社会上出现的种种新情况、新动向，可以及时分析研究，主动采取对策，减少因被动而给工作带来的损失。

3. 及时总结经验教训，为促进两个文明建设服务。

对一些成功经验、先进事迹，写成调查报告，可以以点带面，促进先进经验和先进事迹的发扬推广，因此调查报告也是弘扬社会主义精神文明的生动教材。对一些失误和教训，暴露出来的问题，写成调查报告，可以给人以警示，引以为戒。调查报告这种扶正祛邪、促进两个文明建设的作用是任何其他文体所不能替代的。

4. 通过调查能获取大量有价值的信息。

要写作调查报告，首要的条件是进行充分深入的调查，这种调查一方面为写作调查报告作好资料上的准备工作；另一方面，通过调查，我们同时可以获取大量有价值的信息。这些信息有的我们原先是根本不了解的，即使有所了解可能也是了解得不充分的。而且通过自己的调查获得的信息，具有相当的可靠性，这可以说是写作调查报告之外另一个有意义的收获。

（三）调查报告的分类

根据调查的功用和范围，调查报告可分为综合调查报告和专题调查报告两大类。

1. 综合调查报告。它又称社会基本情况调查报告（简称“社情调查”）。它涉及的调查领域和调查范围较广，是利用调查得来的大量原始资料，经过梳理、分析和归纳整理出来的较为完整的综合报告，能将某一地区、某一系统、某一部门的基本情况，全面系统地反映出来，使人一看就能了解其全貌。如《中国国情报告》由30多名专家历时四年，对中国社会的各种状况进行广泛调查而写成的，这是一份规模宏大的综合调查报告。

2. 专题调查报告。专题调查报告是为了了解、研究、解决某项工作、某个问题、某一事件而进行调查所写成的书面报告。专题调查报告目的明确、针对性强、内容具有很强的现实性，应用范围也极为广泛，是目前常见的一种调查报告。根据调查报告的目的和作用，我们可以将专题调查报告分为总结经验类、反映情况类、披露问题类、检查工作类、专案处理类等五类。

（1）总结经验类。这类调查报告多是介绍先进典型，扶植新生事物，是推广先进经验、指导工作的一种有效方法。典型经验是具有一定的代表性和具有普遍指导意义的经验，写成调查报告，发表出来，可以给本系统、本地区或全社会带来积极的影响。典型经验可以反映先进人物的事迹，也可以反映实践中总结出来的一些有推广价值的经验做法。如孔繁森、包起帆、徐虎等先进人物的事迹是调查报告写作的极好题材；又如企业走出困境、扭亏为盈的经验、反腐倡廉的经验等，都是总结经验类调查报告应该反映的内容。

(2) 反映情况类。我们国家地广人众，新情况每日每时层出不穷，作为领导层必须要随时随地了解和掌握基层的情况，根据实际情况的变化制订和调整方针政策，才能保持社会的稳定发展。因此，反映情况的调查报告是上级领导机关了解掌握民情和社会动向的一种有效手段。作为领导者只有充分了解下情，才能正确处理好改革、发展和稳定三者之间的关系。如中共北京市委统战部调查组在 1988 年 10 月份赴清华大学、北京大学、中国科学院九三学社和市农工民主党、致公党部分成员学习班，就当时国家改革形势问题，向民主党派成员和非党知识分子进行了一次问卷调查。调查的结果，76%的人把党风不正问题摆到了七个群众普遍不满意问题的首位，表明了党外人士对党风不正和腐败现象深恶痛绝，同时也表明他们所主要关注的是党和国家的命运和前途，而把对自己生活待遇问题的关注摆到了次要位置上。这对党中央了解民主人士对改革形势的看法与群众最不满意的问题有了初步的了解，对党中央作出反腐倡廉的决策起到了极好的参谋作用。

(3) 披露问题类。对一些危害国家和人民利益的人和事，以及我们工作中存在的问题、不良倾向、不正之风，用调查报告的形式予以充分的披露和曝光，这样的调查报告也同样具有普遍的教育意义。它对于帮助有关领导部门改进工作作风，提高认识，提高管理水平，抵制不良风气的侵蚀，及时解决存在的问题具有很重要的作用。如原中央党校副校长吴黎平和原南京大学校长匡亚明写的《古老美丽的苏州园林名胜亟待抢救》的调查报告披露了苏州园林自解放以来，尤其在十年内乱中所遭受的严重破坏，提出为抢救苏州园林，把苏州建设成为全国著名的风景旅游城市，必须明确苏州市的性质、方针、政策和发展目标，根据苏州城市发展的根本任务，有计划、有步骤地进行经济的调整；对已经建成而破坏景观、影响环境的建筑物要加以改造，对严重破坏景观而无法采取弥补措施的建筑物要坚决拆除。凡占用园林、文物、古建筑和风景区的单位，要作出规划，限期搬迁，对现有的园林、文物、古建筑和风景区，要加强管理和维护。这篇调查报告所披露的问题引起了苏州市委和国家旅游局的充分重视，苏州市在进行城市建设总体规划时充分吸收了这篇调查报告所提出的一些有价值的建议。

(4) 检查工作类。怎样把工作做得更好，检查类的调查报告在充分肯定工作成绩的基础上，推动工作更上一层楼是有很大帮助的。自 90 年代以来，党中央始终把反腐倡廉作为工作中的一件大事来抓，并组建调查组分赴全国各地检查。1994 年 7 月 4 日至 16 日，中央调查组在上海进行了深入的检查和调查研究，最后作出报告，认为上海反腐败工作有五个突出特点。一是正确处理两个文明建设的关系，反腐败有比较高的自觉性；二是主要领导干部以身作则，赢得了领导反腐败斗争的主动权；三是重视对干部进行思想教育，弘扬正气，树立典型；四是重视制度建设，努力把反腐败斗争引向制度化、规范化的轨道；五是注意研究新领域中的新问题，努力使反腐败斗争与深化改革保持同步。中央调查组的调查报告肯定了上海的反腐败工作，既鼓舞了上海干部再接再厉，更上一层楼，也为其他地方做好反腐败工作提供了有益的借鉴。

(5) 专案处理类。专案调查报告多用于政法部门，它是司法部门反映某一案件全貌的一种重要方式。有社会影响的案件是社会公众关注的焦点，所以专案调查报告特别重视报告与案件密切相关的一些重要事实，力求反映出案件发生的全过程，它与司法部门内部使用的立案报告是有所差别的，前者不一定作琐碎的事实叙述，而更注重报告的可读性，发表时更接近于长篇新闻报道。1994 年 3 月 31 日发生在浙江千岛湖的特大抢劫杀人案，震惊海内外。从中央到地方都非常重视此案。案发后，淳安县 37 个乡镇共出动 4 047 名干部群众投入调查侦破工作，出动车辆、船只 396 辆（艘）次，对全县 573 平方公里水面航行过的 6 千艘各类船只一一过滤，访谈近 10 万人次，获得群众提供的有价值线索 165 条，最后将残害 32 名游客（其中台胞 24 人、导游 2 人、船员 6 人）的 3 名凶手抓获并处以死刑。《千岛湖事件始末》专案调查报告翔实地记下了全案始末。

二、调查研究的步骤和方法

（一）调查研究的步骤

调查研究一般可分为三个阶段：准备阶段、实施阶段和总结阶段。

1. 准备阶段。准备阶段又可分为四步：

第一步先要确定调查的主题。主题即是调查所要研究和解决的问题。主题有时由领导提出，有时结合中心工作筛选，有时根据群众和有关部门提供的线索来确定。

第二步选择调查对象，调查对象一定要在选择的调查范围内具有广泛的代表性。

第三步是选择合适的调查方法，调查方法选择得恰当，与调查的深度和广度密切相关，可以多运用几种调查方法，充分发挥每一种调查方法的长处，避免和克服单纯运用某一种调查方法的短处。

第四步是拟定调查提纲或调查表格，把要调查的主要内容、对象、范围等分项目、问题一一列出，调查提纲要详细、具体，便于被调查者回答，也可以把调查内容用表格列出。

如 A 是一份常用的填表式调查表：

A. 科研人员情况调查

<table>
<tr><td>姓名</td><td></td><td>别名</td><td></td><td>性别</td><td></td><td>出生年月</td><td></td><td>籍贯</td><td></td></tr>
<tr><td>党派</td><td colspan="2"></td><td>民族</td><td colspan="2"></td><td colspan="2">专　业</td><td colspan="2"></td></tr>
<tr><td>学位</td><td colspan="2"></td><td>职称</td><td colspan="2"></td><td colspan="2">懂何种外语</td><td colspan="2"></td></tr>
<tr><td>工作单位</td><td colspan="9"></td></tr>
<tr><td>通讯处</td><td colspan="9"></td></tr>
<tr><td>简
历</td><td colspan="9"></td></tr>
<tr><td>主要科研论著　发表刊物与出版社</td><td colspan="2"></td><td colspan="7"></td></tr>
</table>

说明：1. 请用钢笔填写，勿用圆珠笔。
　　　2. 填写时字迹要工整、清晰，项目要填齐全。
　　　3. 若有填写不下的项目，请另加附页，并加以说明。
　　　4. 填好后请加盖单位公章。

B 是一份问答式调查表：

B. 食品支出占收入比重问卷

（请在下表中任选一项打√回答）

食品支出占收入比重	90%	80%	70%	60%	50%	40%	30%	20%
两口之家								
三口之家								
四口之家								

2. 实施阶段。调查实施阶段一般分三步进行。

首先进行全面调查，对所要调查的对象作一番历史的与现实的、正面与反面的全面调查，也就是从“面”上充分占有材料。

其次要进行进一步纵深调查。在经过一番全面调查之后，必然会发现一些关键问题或某些重要问题还没有调查清楚，这时就需要从“点”上对某些方面作深入一步的调查。

最后必要时还要进行补充调查。在占有了较充分的材料后，开始动手撰写调查报告时往往还会发现某些问题的材料还缺少或了解得不充分，甚至在调查时被忽略了，这时就需要进行有针对性的补充调查。补充调查的目的十分明确，就是要对调查了解不充分的问题作进一步深入的调查。

3. 总结阶段。这一阶段就是要运用科学的分析方法对从调查中获得的大量原始材料，去粗取精，去伪存真，从中归纳总结出反映客观本质，具有规律性的东西，并在此基础上写成调查报告。

（二）调查的主要方法

调查的对象、目的和范围不同，采用的调查方法就应该不同。每一种调查方法均有它的长处，也有它的短处。目前常用的调查方法主要有如下几种：

1. 普遍调查法：普遍调查法又称普查法，它是对调查范围内的每一个样本进行毫无遗漏的调查，覆盖面广，搜集的数据材料全面，从而达到对总体情况的准确把握和充分了解。普遍调查的范围可以是全国性的，如人口普查、婚姻普查、住房普查、计划生育情况普查；也可以是地方性的，或某一行业内的，如工业普查、农业普查、健康状况普查、受教育情况普查等。普查的要求很高，要求时间统一，表格统一，项目统一，填法统一，并有专门的组织机构负责。

2. 典型调查法：典型调查是在研究对象中有意识地选出个别或少数具有代表性的对象，进行深入、周密的调查研究。由于选用的对象少，可用较少的人力、物力、财力在较短的时间内，对事物作深入细致的调查。一般适用于对新情况和新问题的调查。

3. 抽样调查法：它是从研究对象中选择部分样本进行调查，然后根据研究结果来推断总体。抽样调查在选取样本时又有两种方法：随机抽样法和非随机抽样法。

(1) 随机抽样法：随机抽样又称概率抽样，它具有两个特点：一是遵循随机原则，即它在抽取样本时，总体中每一个个体的中选机会都是均等的，完全排除研究者或其他人的主观因素；二是可以从数量上推断整体，即要保证一定的数量，否则样本数量太少，会影响调查的质量，据此推出的结论容易以偏概全。随机抽样又有数种方法，常用的有如下几种：

a. 简单随机抽样：即从总体中随意抽取一定数量的样本，比如采用抽签或摇号抽取。

b. 等距抽样：即从总体中按一定的标准和顺序给样本编上号，然后按抽样的比例将总体划分成若干份，每一份中按间隔相等的距离抽取所需的样本。

c. 分层抽样：又称分类抽样，即将总体中的样本按一定的标准分成若干类别，然后在各类别中采用简单随机抽样或等距抽样来选取样本。

(2) 非随机抽样法：非随机抽样法又称非概率抽样，它是根据研究者的主观意志来选择调查对象，以此来作出对总体的判断。由于非随机抽样法带有较多的调查者主观因素，所以调查结果难免会出现偏差，现在非随机抽样法在调查中一般较少使用。

4. 问卷调查法：问卷调查法是目前使用最广泛最常见的一种调查方法，它首先要根据调查内容设计调查表，然后通过对调查所得的数据，进行统计归类，最后将其结果写成调查报告。调查问卷一般有如下三种：

（1）封闭式问卷：这种问卷是把调查的内容，分解成许多独立的问题，每个问题均提供几个可供选择的答案，被调查者只需在提供的选择答案中作出自己的选择即可，无需作文字解答。这种问卷不暴露被调查人的身份，被调查人不需作任何准备就能回答，答案具有真实性，又省时，回收率较高。

（2）开放式问卷：这种问卷不提供选择答案，需要被调查者对每一项问题作出文字说明，适合于调查较复杂、无法提供选择答案的问题。这种问卷保密性差，被调查人回答时费时费力，所以回收率较低。但有时也会使调查者收到意想不到的收获和效果。

（3）综合式问卷：这种问卷是把封闭式问卷和开放式问卷合二为一，即一部分问题提供可供选择的答案，一部分问题需作文字解答，这种问卷可以吸收封闭式问卷和开放式问卷的长处，避免了它们的短处。

设计调查问卷时，要注意下列问题：①目的要明确，范围要确定，不要为凑数而提些与调查主题不相关的问题。②设计问题答案要便于统计，要具有合理性和可答性。③答案之间不能互相冲突或矛盾。

5. 访谈法：根据调查的内容，用访问或开座谈会的方式取得有关调查资料或数据。这种调查方法在进行之前必须要作好充分的准备，不至于空手而归。

6. 观察法：调查者亲自到调查现场进行一段时间的观察，记录所要了解的对象的情况，如公交公司调查某一线路客流量的变化。

7. 实验法：实验法分室内和室外两种，它是通过做实验来取得有关数据，从中认识事物的发展规律。

三、调查报告的结构

（一）标题

调查报告的标题一般可分为两大类：单标题和双标题。

1. 单标题：单标题的写法不一，可以是公文式的，也可以是报道式的。

（1）公文式的标题：这类标题通常用介词“关于”引出事由加上文种“调查”或“调查报告”构成，如《关于海南进口和倒卖汽车等物资问题的调查报告》。

（2）报道式的标题：这类标题写法比较灵活，如《加强中小学师资队伍建设刻不容缓》、《20 世纪 90 年代的中国物价》；还可以是提问式标题，如《“人情债”何时了？》，《沈阳噪声设备厂是如何扭亏为盈的？》。

2. 双标题：双标题通常用主标题概括事由或揭示主题，用副标题对主标题作补充，副标题后通常要加上“调查”或“调查报告”文种名称。如《积极改革、提高经济效益——北京香山饭店改革情况调查》、《公众对当前社会治安状况评价如何——请看我国首次“公众安全感”调查》。

（二）正文

正文一般由前言、主体和结语三部分组成。

（1）前言：调查报告的开头，总要对本次调查的情况作一简要说明，这就构成了前言。前言一般包括三点内容：首先说明调查的缘起和目的——调查什么，解决什么问题；其次要说明调查的对象、范围和采用的方法；最后说明调查的经过——时间、地点、过程等。这些内容应根据需要来写，不一定要面面俱到。

（2）主体：主体是前言的延伸和展开，是全文的重点。主体一般包括两方面的内容。一是列举调查得来的数据和材料，反映调查的事实；二是分析、研究数据和材料，在列举数据和材料的基础上，进行深入细致的分析，由表及里，由此及彼，探索事物的发展规律。

(3) 结语：调查报告的结语主要作用是对全文进行归纳总结，但不同种类的调查报告结语的写法不同。如揭露问题的调查报告，结语可以提出处理意见，改进措施；推广先进经验的调查报告，结语可以提出希望和要求；反映情况或检查工作的调查报告，结语可以指出存在的不足之处，提出建议。结语并无固定的要求，但要简洁有力，给人留下启示或较深刻的印象。

四、调查报告的写作要求

(一) 要用事实说话

调查报告写作上的最显著特点是用事实说话，不空发议论。调查报告中的结论、观点要建立在客观事实的基础上，用事实来证明，这样才能令人信服。否则即便是讲得头头是道，一环紧扣一环，也会因为缺少事实根据，而不能令人信服。另一方面，事实要与观点一致，所举的事例、材料一定要典型，才能充分说明问题，否则同样由于事实依据不足，易犯主观性、片面性的错误。

(二) 切忌堆砌材料，不作分析

调查报告写作中最容易出现的毛病是大量罗列材料，而不作分析。写作调查报告的目的是要反映问题，认识问题，揭示事物的本质和发展规律。调查报告中如果只有数据材料，而不作分析，那就无法说明问题，证明观点，这样的调查报告就失去了写作的意义。

(三) 叙述、议论、说明三种表达方式要互相结合

调查报告要用事实说话，这就决定了表达方式应以叙述为主。但对事实加以分析综合，还必须运用议论。叙述和议论相结合，夹叙夹议，这是调查报告的基本表达方式。除了叙述和议论之外，有时还必须运用说明来加以调节，包括调查情况的说明

以及调查方法的说明等等。

[例文]　什么样的简历最受用人单位欢迎？

——关于大学生求职简历的调查

临近毕业，许多高校毕业生早已“转战”于各个人才市场，其间你都会看到许多大学生们手持简历不知疲倦地奔走于招聘摊位前，诚惶诚恐地向用人单位的工作人员递上代表着自己的简历，希望他们能从这份简历中了解自己并给予机会，简历无疑是大学生向用人单位展示自己的第一机会。但是，大学生们精心准备的个人简历是否符合用人单位的要求呢？用人单位对简历的看法又是怎样的呢？什么样的人才才是用人单位期望看到的呢？2002 年 6 月 2 日至 6 月 8 日，本调查公司就简历问题对上海市的一些大学生和公司的 HR 经理进行了一次调查。调查对象为上海市的 315 名应届大学生和 243 家注册资金在 200 万以上的企业，调查方法为随机抽样问卷调查，发放调查问卷 558 份，回收有效回卷 550 份，其数据置信度为 95%。

一、简历页数并非多多益善

调查结果显示，在受访的大学生中写 6—8 页简历的人数最多占到了 41.0%，3—5 页的为 27.4%，9—10 页为 12.9%，2 页及以上 9.6%，11 页及以上为 9.1%。然而用人单位的 HR 经理则希望看到应聘者的简历中选择 3—5 页的为 45.5%，其次是 6—8 页为 22.0%，2 页及以下为 17.5%，9—10 页为 8.5%，11 页及以上为 6.5%。

调查人员认为大学生在制作简历时往往抱着尽善尽美的心态，总觉得为了突出自己、充分展示自己的才能，就要把简历制作得面面俱到，生怕疏漏一些用人单位比较关注的细节部分，从而使自己在最初步的竞争中处于下风位置，因此，制作精美、内容详实往往是大学生制作简历的心理标准。而通常用人单位只是想通过个人简历来大概地了解应聘者的一些初步情况。并且大学生缺乏实际操作经验，他们的能力的高低难以通过简历表现出来，写得再多再详细也是纸上谈兵，没有实际工作成果不足以让用人单位信服。而且从用人单位考虑，他们在招聘过程中往往会收到许多应聘者的简历，长篇累牍式的简历也让招聘者看得头昏眼花。因此，相比大学生，他们对简历篇幅的要求要更为短些。

二、英文简历求职必备

调查结果显示，如今已有越来越多的大学生在求职时为自己准备了英文简历，这个比例高达 96.5%，没有英文简历的仅为 3.5%。而与此相对应的是用人单位的 HR 经理也希望能收到应聘者的英文简历，这个比例也高达 94.0%，不希望收到的仅为 6.0%。

调查人员认为随着中国开放程度的加大，人才的竞争已经趋于白热化，加入 WTO 更是将中国融入了世界的舞台。已有越来越多的洋公司落户中国，这些公司在招聘员工时一般很注重对方的外语水平程度，都会要求应聘者提供中英文双简历，一方面可以方便公司的外国管理者选择人才，另一方面也可以使用人单位初步地了解应聘者的外语水平，这也是为何英文简历如此盛行的原因之一。在当今社会，英语已是一种流行的元素。越来越多的人把它作为交流沟通的工具，用在简历上已不再是件稀罕事。英文简历仿佛成了应聘者表达流行与时尚的手段，制作上一份精致的英文简历将会更容易吸引 HR 经理的视线。在对英文简历的要求上，用人单位和大学生似乎颇有默契。

三、手写简历不再风光

调查结果显示，如今很少有人会使用手写的简历，大学生中用电脑打印简历的为 86.8%，手写的为 13.2%，用人单位 HR 经理希望收到应聘者电脑打印简历的为 92.5%，而希望收到手写简历的仅为 7.5%。

调查人员认为随着电脑的普及和大学生对电脑操作的重视，大学生们更喜欢用电脑制作自己的简历，这样制作出来的简历不仅格式工整，在表现形式上也能融入不同的艺术风格，显示出与众不同的个性，给招聘者留下深刻的印象。手写简历一般都会存在格式上的五花八门，龙飞凤舞的字迹也不易辨认，面对堆积如山的简历，用人单位的招聘者在遇到手写简历时，往往在看之前就戴上“有色眼镜”，他们会把这样的应聘者当作“另类”看待。而电脑打印的简历就不存在这些问题，它以版面整洁和字迹工整等优势更能受到HR经理的欢迎。

四、借鉴的大学生简历不受用人单位欢迎

调查结果显示，大学生在写简历时有63.3%的人是借鉴过别人的简历的，有36.7%的人是没有借鉴过；在用人单位HR经理的心目中，他们更希望收到的简历是应聘者自己独立完成而非借鉴过别人的，这个比例高达75%；希望收到被借鉴过的简历为25%。

调查人员认为人靠衣着打扮，简历也要精心包装设计。大学生不仅缺乏工作经验，同时也缺乏撰写简历的经验。多数人都是第一次撰写自己的简历，而且又相当重视，因此他们往往会去借鉴别人的简历，将自己好好包装一番，以达到尽力推销自己的目的。一份简历里包含了应聘者的个人信息，同时也是一种个性的体现，在过度借鉴别人简历的风格、形式、内容的同时，大力宣扬自己的优点，包装了一个“完美”的自我，也就意味着真实性的掩盖，这是用人单位所不愿意看到的，这一点上，用人单位和大学生存在一定的出入。因为用人单位需要招聘到有真才实学、对企业能做出贡献的人，对那些弄虚作假的人唯恐避之不及。在这一点上，大学生和用人单位对此认识的差距是比较大的。

五、教育经历——大学生择业“资本”，
工作经历——HR经理招聘首选

调查结果显示，对于简历中最重要的部分，大学生回答教育经历、相关证书以及工作经历的比例最高，分别为67.7%、60.5%、55%，其余各项的比例则较少些。然而在用人单位HR经理的心目中排第一至三位的却是工作经历75.0%；教育经历72%；期望薪资45.5%。

调查人员认为，在这个问题上，用人单位和大学生存在不少出入。现在大多数的企业在录用员工时大多数是“拿来主义者”，他们都偏向于

那些有丰富工作经验的人，希望招来即能马上为企业创造效益，而且对于企业内部管理来说，录用这些人则不必对其进行职业培训，可以省去很多的开支，具有丰富行业经验和出色业绩的人才是“抢手货”，而大学生在这方面则是先天不足，在撰写简历时往往捉襟见肘。对于刚走出校园的大学生来说，虽然工作经历比较少，但却有不少的相关技能证书，这可以说是他们对工作经验不足的唯一补救方法，但在用人单位眼里却不是那么回事，许多用人单位更具实用主义，往往认为这些证书并不能代表一个人的实际工作能力，就如同纸上谈兵和搏杀沙场是有区别的。虽说工作经历很重要，但用人单位在挑选员工的时候仍然会很注重应聘者的教育经历这一项，对于那些受过高等教育的、有过良好教育背景的大学生来说还是具有一定竞争优势的。值得注意的是，用人单位和大学生在期望薪金上所持的态度也存在明显差别，用人单位总是现实的，对于期望薪金他们要比大学生重视，大学生倒是放低了自己的“身价”，这和几年前的情况比起来，不能不说是一种进步，当然这也和目前就业形势严峻有着必然的联系。

通过本次调查，调查人员发现目前大学生在简历制作上和用人单位对简历的要求还是存在一定的差距。大学生只有充分认识自己，把握用人单位在招聘时的需求标准，进而按这些标准去完善自己，才能适应社会对人才的需要。公司的研究人员针对目前正在求职的大学生指出：

（一）简历撰写应以用人单位的要求为标准

由于大学生在制作简历上缺乏经验，他们对简历的制作标准难免和用人单位的要求存在差别。因此，大学生在制作简历时：1. 不必要面面俱到，更不能华而不实。而应该抓住重点，对自己的能力，尤其是用人单位看重的能力进行表述。2. 对于优秀简历要借鉴有度，适度包装，个人简历要有一定的个人特点，但是绝不可盲目夸大。3. 简历所涉及的各方面内容的重视程度要和用人单位结合起来。4. 简历要简洁明了，整齐打印，同时在简历中应该加上自己所期望薪金的一个范围，这样更能够让务实的用人单位欣赏。

（二）注重实践，积累工作经验

过去企业招聘时都比较注重对方的学历，求职者怀揣一张大学文凭就能高枕无忧。但随着社会竞争不断加剧,那种高学历低能力的人渐渐遭到用人单位冷遇。用人单位对于求职者的经验要求,已是不争的事实,对于大学生来说,这无疑是他们的“先天不足”。如何调整自己,去适应社会,改变大学生不利的被动局面,的确是他们求职中急需解决的问题。除了积极参与学校安排的实践外,不妨利用课余时间主动参与一些社会工作,以兼职来锻炼自己,勤工俭学的同时还能积累工作经验,一举两得。

(三) 学好英语,找好工作

随着中国企业的不断向国际化接轨,外资企业的不断来华投资,英语的用处是越来越大了。尤其一些外资公司在招聘员工的时候都会对员工的外语水平有所要求,在这点上大学生还是很有优势的,但大多数人外语的实用能力较差又限制了他们的发展。因此,要想找到一份适合自己发展的工作,全面掌握外语是必不可少的。

(四) 努力成为全方位发展型人才

如今,翻开各类的报纸,你都可以看到大量培训的广告,培训市场的兴旺也正说明了目前社会对专业人才的需要。如今大学生手持多张专业证书也不是件新鲜事,因为市场需要这类复合型的人才。因此建议大学生们除了自己的专业课程外,再努力进行“横向发展”,使自己成为全方位复合型人才。

随着七月份的临近,又将有不少的大学生离开校园,他们的求职紧迫感也越来越强。在僧多粥少的竞争环境中,大学生应该做到知己知彼,了解社会需求,明确自己的求职位置,主动调整自己,主动适应社会,而不是一味地盲目闯荡“才市”。大学生们更应该按用人单位的人才标准去努力充实自己,只有这样,大学生的求职之路才会越走越宽。

第六节　公　　示

一、公示的涵义和特点

(一) 公示的涵义

公示是党政机关、企事业单位、社会团体等事先预告群众周知，用以征询意见、改善工作的一种应用性文体，它是随着社会政治民主化的进程，尤其是随着一种新的管理制度——公示制的推行而诞生的一种新的应用文体。公示已成为民主政治的一种象征，吸引着人们都来关注并参与民主生活，显示出巨大的作用和强大的生命力。但它不同于“告示”和“公告”这两种文体，告示是上级机关把一件或几件重大事项，以文书的形式，公开告知下属或民众，要他们了解和执行，如平时常见的“安民告示”。而公告则是十三种行政公文中的一种，具有发布机构的权威性，发布的事项往往是重大事项。公示的内涵和性质显然不同于告示和公告，有的人把公示看作是告示与公告两者的“合二为一”，也显然是不妥的。

公示作为一种新兴的应用文体，有着它特定的内涵和特点。只有了解了它的内涵和特点，才能规范它的写作。

（二）公示的特点

1. 公开性。公开性就是它的内容和承载的信息，要向一定范围内或特定范围内的人员公开，要让他们知道并了解，具有较强的透明度，不存在任何秘密或暗箱操作。例如《2002 年中国名牌产品初选名单公示》，2002 年全国有 123 个品牌的产品经过企业自愿申请，各地方政府审核推荐，由中国名牌战略推进委员会经过综合评审，全体委员会通过确定。最后由国家质检总局授权中国名牌战略推进委员会，通过新华社、国家质检总局网站和中国名牌网站向社会公示初选结果，在全国范围内听取意见。

2. 周知性。周知性就是它的写作目的是为了让关注公示内容和信息的人了解是怎么一回事，从而参与其事。例如《2002 年第六届地球奖获奖名单公示》，它通过新闻媒体将这一名单以及它们是如何产生的经过，获奖人有何先进事迹，全部告诉了社会公众。公示这一名单,一方面要让社会公众“周知”入选者已经产生,另一方面是希望社会公众“如有异议,请于公示之日起7日内将意见电告地球奖秘书处”。再如国家计委、财政部、教育部联合拟定的《教育收费公示制度》中,对各级各类学校的收费标准都有明确规定。公示这份“收费制度”的目的,就是为了让各级教育部门“周知”并严格遵守,同时要广大学生和家长予以监督,以防乱收费。

3. 科学性。所谓的科学性就是指公示的时间要科学合理,不仅要反映公示的过程,还要反映出公示的结果。公示应是事前的行为,而不是事后的行为。公示的内容应是初步的决定,而不是最终的决定。例如拟提拔任命干部,公示一定要在任命下达之前,将他们的任职条件、个人经历、能力等公示于众,以便接受群众的评议与监督。

4. 民主性。民主性就是指公示的过程和结果都是公开、公平、公正的,都有群众的参与和监督,并为他们认可的。公示的做法,本身就是为了发扬民主,让群众广泛参与,听取群众的意见,接受群众的监督,杜绝长官意志和暗箱操作。例如辽宁省辽阳市中级人民法院对拟减刑假释人员的名单在监狱中进行公示,该公示中规定对拟减刑假释人员有异议,“监狱中任何人或其家属都可以通过电话或信件向法院举报”,这就大大增加了减刑假释工作的透明度,扩大了民主监督的范围,在一定程度上防止了审判、监管人员办理“人情案”、“关系案”的可能性。

二、公示的结构

(一) 标题

公示的标题就是公示的题目,一般有四种写法。

一是只写文体“公示”两字的标题,这是目前最普遍的公示标题，例如选拔任命干部的公示、推选先进模范人物的公示。

二是事由＋文体组成的标题，例如《2001 年度全国青年文明号候选单位公示》，这一类标题的优点是突出了公示的事由和主旨，从标题就能看出公示的内容，从而引起人们的关注。

三是发文单位＋文体组成的标题，例如《××乡政府公示》，这类标题突出公示发文单位的权威性和公示内容的严肃性。

四是发文单位＋事由＋文体组成的标题，这类标题通常是公示的单位和部门社会地位较高、社会影响较大，公示的内容涉及的范围较广，这类公示往往通过新闻媒体发布。例如《中国消协对“3·15”标志商品建立监测公示制度的公示》。

（二）正文

公示的正文是公示的主体和核心，是公示的公开性、周知性、科学性和民主性的集中体现。它包括前言、事由和要求等内容。

1. 前言。

正文的前言也就是事由的导言，要开门见山交待公示的缘由、目的和要求，以增强透明度，向公众显示出诚意。

2. 事由。

公示的事由即是指公示的人和事。由于公示的目的性非常明确，是要让群众知道后参与进来，发表意见，如果不简明扼要地将人和事情或事迹写出来，群众又如何发表意见，进行评议。

公示的事由，如果事先在一定范围内已经公布过，群众已经周知了，那么公示时就可以略写或简写。如果事先没有公布过，或者公示的事由不是局限在一定范围内，而是面向全体公众，那么公示的事由必须详写。

（三）落款

公示的落款是公示的结尾部分，这一部分应包括公示的发文单位和拟文日期。如果公示的标题中已经出现了发文单位的名称，那么落款时发文单位的名称可以省略。如果在公示正文中没有写上联系电话，那么在发文单位底下应注明联系电话号码。

（四）附录

有些公示因为涉及的单位部门和人员名单很多，如果都写在正文部分，就会使正文显得过于冗长，中心不突出。可以采用附录的方式将它们放在正文之后或另页。

［例文］ 中共山西省委组织部公示

经省委研究，下列16位同志拟提任正厅级职务，根据《党政领导干部选拔任用工作条例》的规定，为了认真落实广大人民群众对选拔任用领导干部的知情权、参与权、选择权和监督权，现将这些同志的有关情况进行公示。公示时间从2月27日至3月13日（上午8:00—12:00，下午2:30—6:00，公休日除外）。如有意见或问题，可向省委组织部干部监督处反映，反映问题应实事求是，并尽可能提供可查的具体线索，可当面反映、书面反映、电话反映，也可通过电子邮件反映。

地址：太原市迎泽大街369号，邮政编码：030071。

电话和传真：0351-4045211。电子邮箱：sxswzzb@gbgsxx.com。

中共山西省委组织部

2006年2月26日

附：（名单略）

【思考与练习】

1. 什么是调查报告？它与总结有何不同？

2. 调查报告有什么作用？

3. 调查研究可分为哪几个阶段？

4. 简述什么是抽样调查法？

5. 调查报告的前言一般应写哪些内容？

6. 就现实生活中的热点问题，写一篇调查报告。

第七章　论文演讲写作

第一节　概　　述

一、论文演讲的涵义和作用

（一）论文演讲的涵义

论文是阐述对有关问题的观点、主张及是非判断，并通过逻辑力量作用于读者理智，使之信服的一种说理性文体。论文是一个大的范畴，内容广泛，形式多样。一般所说的“议论文”、“论说文”、“说理文”，都在其列。我们这里着重阐述的论文是学术论文。它是论文的高级形式，是应用议论的表达方式，研究、探讨自然之理，社会之理，充分揭示客观事物的规律，为建设有中国特色的社会主义事业服务。

如果说论文是让文字“躺”在纸上，让读者体会作者的思想感情、见解主张及其所阐发的道理，那么，演讲则是通过嘴讲口说来表达的，让一个一个的字“站”在听众面前，让人们信服接受演讲者的思想感情、见解主张及所讲述的道理。

（二）论文演讲的作用

我们的国家正在邓小平理论的指引下迈入 21 世纪。国家需要英才，需要通才，需要复合型人才，需要能说会写的人才。一个受过高等教育的人，首先必须会写，会写文章，会写论文，会用一支笔将自己的思想感情、自己对社会的认识、对科学的研究写出来，以推动社会和科学的进步。不会写文章，不会写论文，不会用笔写科学论文（学术论文），怎么表达自己的创造性的思维呢？怎么表达自己的科学研究的成果呢？不会写的人才，至少不是一个全面的人才。其次，必须会说、会演讲、会辩论。现在，越来越多的人认识到了演讲、辩论、口才在当代社会生活中的重要作用，意识到了在这方面的欠缺足以构成对自身生存发展的障碍。因此，人们迫切需要投身社会，完善自我，迫切需要提高口才。

撰写论文是书面表达，演讲辩论是口头表达。一支笔，一张嘴就是要表达出真才实学来。当代大学生，特别是政法院校的大学生，一支笔、一张嘴的作用，更是自不待言了。

二、论文演讲写作的基本要素

论文也好，演讲也好，辩论也好，其基本要素都是论点、论据和论证。

（一）论点

论点是论文议论的中心，也是演讲辩论说理的中心。论点是作者和演讲者对所议论的问题的看法或主张，它决定论据的措置与取舍，它规定着论证展开的方向和途径。论点的表现形式往往是论断式的，典型的句式是肯定判断句或否定判断句，肯定陈述句或否定陈述句。如史焕章的《必须重视对知识产权的保护》，论题即论点，为判断句式。又如张海迪的《我的生活道路》，演讲的论点是陈述句："一个人病倒并不可怕，可怕的是失去进取的信心和力量，只要精神不倒，她就能战胜一切困难，创造出美好的新生活。"

论点是渗透全篇、起决定作用的要素。论点必须正确、鲜明、集中、深刻、新颖。这样，论文或是演讲才有质量，才有价值。

（二）论据

论据是论文演讲立论的依据。要想以理服人，达到表明观点，宣传主张的目的，就必须用论据来证实论点，使论文演讲有理有据，令人信服。尽管论据多种多样，但不外乎事实论据和理论论据两种。

事实论据，包括古今中外的具体事例、统计数字等。如果要论述、宣传建设有中国特色的社会主义的伟大实践的经验，那么，党的十一届三中全会以来的辉煌业绩，就是最令人信服的事实论据。运用事实论据要注意事实的确凿无误。

理论论据包括经典作家的论述、公理、定理、定律、名言等理性材料。它是伟人对生活的概括，反映了客观事物的发展规律，并经过实践的多次检验，具有普遍的、公认的意义。用它来证明论文和演讲、辩论的观点，具有很强的说服力。邓小平理论，是论述有关建设有中国特色的社会主义伟大实践的论文或演讲的最有力的理论依据。运用理论论据要注意引用得当，精辟简要。

（三）论证

不管是要证明某个论点是正确的（立论），还是要证明某个论点是错误的（反驳），都有个论证过程。论证，在逻辑学中，指运用论据证明论点。论证的任务，说到底，就是要把论点赖以成立的充分根据告诉读者和听众。论证要求说理充分，分析中肯，逻辑严密。

说理充分，一方面是对该回答的问题要作出明确的回答；另一方面，对该回答的问题要回答得有理有据。论文或演讲无论长短，都要坚持紧扣论点分析问题，回答问题，坚持摆事实讲道理，这样才可以论证得比较充分，让读者和听众心悦诚服地接受你的见解、主张。分析中肯，是指抓住关键，切中要害，用通俗的话说，就是“说到点子上”。“充分”要求把理由讲“足”，“中肯”要求把理由讲“准”。逻辑严密，表现在论证的全过程，包括在内容方面，做到论点论据和谐统一；在论证方面，做到层次合理，纲举目张；在行文方面，能够明确、恰当、准确地反映事物的性质、关系和条件。

论证的方式方法很多。用于证明（立论）的方法，常用的有事实论证法、事理论证法、因果论证法、假设论证法、反面论证法等。用于反驳的方法，则是反驳论点、反驳论据、反驳论证等。

三、论文演讲写作的基本要求

论文是书面表达，演讲、辩论是口头表达，都是属于议论的范畴。议论，也称论说。在古代，“论”和“说”通常是分开来讲的。

什么是“论”呢？刘勰《文心雕龙·论说》指出：“述经叙理曰论。论者，伦也；伦理爽则圣意不坠。”意思是说，“论”是着重阐发经典和申明事理的。述经或叙理，条理要清楚。条理清楚，圣贤的道理才能表达得完美而不至于丧失原意。由此可知，“论”就是在分析和演说事理的时候，特别强调“条理”。什么是“说”呢？“说者，悦也。兑为口舌”，意思是言辞要使听者喜悦，乐于接受。说话的目的在于使听者接受。人家听者如何才能接受呢？心悦诚服才能接受。“说”就是强调说话要讲究艺术，讲究技巧。

因此，论事说理，不管是书面表达的学术论文，还是口头表达的演讲辩论，最基本的要求，一是条理，二是技巧。

【思考与练习】

1. 为什么说会写论文、长于演讲是人才素质的重要构成？
2. 论文演讲写作的基本要求是什么？

第二节 学术论文

一、学术论文的涵义、特点和分类

（一）学术论文的涵义

“学术论文”一词，是“学术”和“论文”两个词语的联合，意指论文的论述是有“学术性”的。

什么是学术？1919年，梁启超在《学与术》一文中说：“学也者，观察事物而发明其真理者也；术也者，取所发明之真理而致诸用者也。例如以石投水即沉，投以木则浮。观察此事实以证明水之有浮力，此物理也，应用此真理以驾驶船舶，则航海术也。研究人体之组织，辨别各器官之机能，生理学也。应用此真理以疗治疾病，则医术也。学与术之区分及其相互关系，凡百皆准此。”这是迄今看到的对学术一词所作的最明晰的分疏。学与术连用，学的内涵在于能够提示出研究对象的因果联系，形成在累积知识基础上的理性认知，在学理上有所发明；术则是这种理性认知的具体运用。所以梁启超又有“学者术之体，术者学之用”的说法。自古以来，“学术”一词，在号称“一字一音一义”的中文里一直是笼里笼统地用着，梁启超是明确分疏“学”与“术”的第一人。

什么是“论文”？即前文所说“是阐述对有关问题的观点、主张及是非判断，并通过逻辑力量作用于读者理智，使之信服的一种说理性文体”。

什么是“学术论文”？国家标准局《科学技术报告、学位论文和学术论文的编写格式》当然没有用梁启超的话，而是这样说的：“学术论文是某一学术课题在实验性、理论性或观测性上具有新的科学研究成果或创新见解和知识的科学记录；或是某种已知原理应用于实际中取得新进展的科学总结，用以提供学术会议上宣读、交流或讨论；或在学术刊物上发表；或作其他用途的书面文件。”

学术论文应提供新的科技信息，其内容应有所发现、有所发明、有所创造、有所前进，而不是重复、模仿、抄袭前人的成果。

（二）学术论文的特点

学术论文有以下几个特点：

1. 学术性。所谓“学术”，是指较为专门、有系统的学问，是“学而有术”的意思。科学水准、理论色彩是学术性最主要的特征。学术论文的论点体系一定要客观地反映事物的规律和本质，揭示客观真理；学术论文所引述的各类论据都要准确、完整；学术论文的论证过程一定要做到推理严密，富有逻辑性，这就是学术论文的科学水准。学术论文是研究事物的本质和规律的，是研究事物的抽象层次，因此必须扬弃事物的表象，进行抽象思维；学术论文不能就事论事，更不能停留在对事物任何过程的具体叙述上，它必须就事论理；这样，才能保证学术论文具有理性色彩。学术论文的学术性，主要表现为论文观点正确，研究方法科学，揭示了客观事物的本质和带有规律性的东西，有理论色彩，文章有相当分量。

2. 创见性。科学研究的目的，就是要不断开拓新的领域，新的途径，有所发现，有所前进，从而推动科学技术的不断发展。当然，不能指望一般的人有马克思、恩格斯在社会科学领域，牛顿、爱因斯坦在自然科学领域里那样伟大的创见。一般学术论文的创见性，并不要求论文所提出的见解是空前绝后、绝无仅有的，而是指在论文所研究的范围内要有真知灼见，有自己的看法，绝不人云亦云，单纯重复他人的发现。写作学术论文，如果能从学术界已经到达的水平再向前迈出一步，哪怕是微小的一步，已经是不错的了。一般说来，只要是在自己所研究的课题范围内，前人未曾发现、未曾接触的问题，或者虽有接触而语焉未详，个人经过研究探索，能提出新的看法，作出新的结论，这就算有了新意，有了创见。或者能够把散见于许多作品中的精彩意见集中起来，经过独立思考，形成自己的独到见解，也可以说是有所创见。

3. 应用性。科学技术是第一生产力。学术论文的价值，主要在于能对科学实验、生产实践、社会发展起着一定的指导作用，能对学科本身的发展，对相应的自然、社会领域的发展起着直接或间接的促进作用。学术论文是同当代科学的发展紧密地联系在一起的，尤其在应用科学大发展的今天，它是由高智能转化为应用技能的桥梁，更是高科技生产力的直接指导。因此，学术论文更多地表现为一种应用性很强的生产力，它已经不是一般意义上的论文了。90 年代，中国科技方面的论文总数居世界第 15 位，可谓名列前茅，令人欣慰。但是，撰述论文不是为了装饰，而是为了尽快地转化为生产力，转化为产品、商品。这中间有个平滑转轨的问题。发达国家科技进步对经济增长的实际贡献高达百分之八十，而我们国家，即使上海，也仅有百分之二十七，差距之大，令人汗颜。这就要求形成"充满生机和活力的新机制"，将科技成果尽快转化为生产力。因此，学术论文绝不能陷于"清谈"，只是纸上谈兵，而应该注意社会实践的需要，学科发展的需要，强调其应用性。

（三）学术论文的分类

学术论文根据其应用范围，可以分为三大类：研究报告、专业论文和学业论文。

1. 研究报告。研究报告是专家、学者对关系国计民生的重大领域的课题进行研究，提出报告，对党和国家的重大方针、决策起着咨询、指导作用。诸如关于研究邓小平建设有中国特色的社会主义理论的著述、关于坚持党的“三个代表”的阐述文章、关于实施开发大西北的研究报告、关于南水北调方案的研究报告、关于迈入21世纪上海的研究报告等，都是最具学术性、创见性、应用性的学术论文。

2. 专业论文。专业论文是带有明显专业特点的学术论文。按论文的内容分，有自然科学论文，社会科学论文。自然科学论文又可分门别类地分作天、地、生、化、数、理……各学科论文；社会科学论文又可分为文、史、哲、经、政……各学科论文。专业论文是各学科领域中的专家，对专业领域里的有关课题经过研究而写成的，具有专业性强的特点。法学论文，是对法学领域中的某些问题进行较为专门地、系统地科学研究，并且表述这些研究成果的专业论文。例如曹建明的《经济与法制协调发展》。

3. 学业论文。学业论文是高等院校学生在校学习期间，在导师的指导下，运用所学的有关专业理论与知识，结合自己对有关课题的研究而写成的学术论文。有学年论文、毕业论文、学位论文三种。

学年论文是大学生在读书期间初试论文写作，因此题目不宜太大，篇幅不宜太长，涉及问题的面不宜过宽，论述的问题也不求过深。论文提出和要解决的问题可小一点，最好是本学科中比较有意义的。学年论文有无独到的见解是衡量其质量高低的重要标准。

毕业论文是大学生在大学毕业时就某一方面学习所得的论述，其内容自然应紧密结合专业。论题可以大一点，论述应该深一点，能够初步反映作者综合所学的基础知识的程度，以及分析和解决本学科内某一问题的学术水平和能力。只有选择自己所熟悉的，占有相当资料的，并有一定的见解，且有很强写作兴趣的题目，才能写出有一定质量的毕业论文。

学位论文是大学本科生和研究生在申请学位时提交的论文。学位论文分为三级：学士论文、硕士论文、博士论文。学士论文一般就是写得合格的大学毕业论文，论文就本学科中某一问题作较充分地展开，须有一定见地。硕士论文相当于大学研究生的毕业论文，其学术水平要求较高，应该能反映出作者所掌握的某一专业知识的深广度。博士论文则应反映出作者对某一学科有关的领域有深邃广博的知识，对某学科某些问题有创造性的见解，或对某学科的某些方面水平的提高有重要的突破。

积沙成塔，积水成渊，只有积累了撰写学业论文的经验，才能进一步撰述出有质量、有价值的学术论文。

二、学术论文的写作程序

一般学术论文的写作和其他文章一样，因人而异，因文而异，没有什么固定程式。而规范性的学术论文的课题研究和写作过程是有一定的原则和程序的。因此，对初次尝试撰写学术论文的人来说，有必要遵循其程序，按部就班地进行。

（一）确定选题

1. 选题在学术论文中的地位。确立选题，就是确定科研的目标，确定研究的主攻方向。俗话说“题好文一半”，这对学术论文来说更是如此。学术论文的选题是作者花了一定精力，甚至毕生心血研究目标的集中体现。学术论文的选题表明作者对所要论述的内容，有了比较充分的考虑、认识和研究才确立的。因此，选题的好坏、恰当与否，在很大程度上可以判明作者所研究探讨的目标是否有价值，论文是否有意义。这是进行科研的第一步，也是撰写学术论文的第一个环节。“千里之行，始于足下”，第一步迈出的方向，几乎决定科研的成败。可见，选题在学术论文的写作中占有很重要的地位。

2. 选题的原则。第一，要有研究的价值，即价值性原则。选题时要选国家、社会、科技领域亟待解决的课题；要选开创性的课题；要选填补空白的课题；要选争鸣性的课题；要选总结实践经验的课题；要选补充前说、纠正通说的课题……第二，要切实可行，即可行性原则。选题时必须充分考虑现有的主客观条件。就主观条件来说，对所选的课题是否熟悉，有所研究，是否力所能及；就客观条件来说，是否具备一定的文献资料、资金设备、协作条件、时间精力等。

初学写作的人选题时常有以下现象：一是盲目性，不考虑主客观条件，灵机一动就定下选题，结果不是无法展开，就是半途而废；二是随意性，浅尝辄止，不下苦功，轻易定题，即使是小课题也难以完成；三是偶然性，看了人家的论文，偶有所感，拿起笔就写，缺乏准备，势必困难重重。正确的态度是：明确目的，刻苦钻研，抓住不放，抓出成果。

3. 怎样选题。有五点必须注意：

(1) 要结合个人业务专长和兴趣爱好选题。古人说“生也有涯而知无涯”是有道理的。大千世界，知识几乎是无限的，而人的认识能力、知识水平和生命时间总是有限的。所谓博学多才是相对而言，毕竟百不得一。搞核物理研究的大概不会对生物工程有精深的了解；从事政法工作的也许对地质矿藏一窍不通。每个从事科学研究的人，都有各自的学习和工作的对象、内容。这就意味着他对所从事的工作和所喜爱的方面有较全面系统的了解和较浓厚的兴趣。兴趣是很大的动力。这些都是进行课题研究的极有利的条件。假如舍弃自己专长而去研究自己不熟悉的课题，几乎是难以有成的。

(2) 要充分了解学术界在某一方面的已有成果。选题时要充分了解学术界在某一方面的已有成果，主要是为了了解信息，也是为了便于借鉴。

在知识迅猛增长的 90 年代，新知识、新见解、新成果不断涌现，如果自己的选题人家已经论述了，自己也没有什么新见解，再去“研究”它，意义就不大了。广泛了解学术界的“行情”还有这样的重要作用，即学术界常常对许多“热点”问题讨论不休，了解、研究各派观点，深受启迪，也会突发奇想，结出丰硕成果。这在学术史上是屡见不鲜的。也常常有这种情况，大家都去忙“热点”，而有些问题却被冷落一边，你去拾起来，抓住它，最后往往会有重大学术发现。

广泛了解学术界的信息更主要的是为了有所借鉴。学术的发展是一个累积的过程。后人是在前人已经达到的基础上前进的。只有充分吸收继承前人已有的成果，后人才能在追求真理的道路上向前迈进。只有站在前人的肩上，后人才能成为科学巨人。

(3) 要捕捉观察的“契机”，抓住时代的热点。宇宙的运行，时代的发展，人们对它的认识常常会进入一个“困惑”的阶段，而科学家的伟大发现，往往会使事情“豁然开朗”。善于捕捉某一契机，抓住困扰时代的热点进行科学研究，写出揭示客观事物的本质和带规律性的东西的学术论文，有时会对科学的发展和社会的进步起着无法估量的作用。1993 年 3 月，美国天文学家尤金·苏梅克夫妇和戴维·列维发现靠近木星的一个区域内有一串状天体。他们紧紧抓住这个发现，进一步研究和计算其轨迹，宣布这是颗巨大的结冰彗星，是在 1992 年为木星的引力所牵引，并被扯裂为 21 块有如小山的大碎片，并将于 1994 年 7 月 17 日以时速 21 万公里速度逐一猛撞木星。《天文学》杂志在苏梅克·列维 9 号彗星一如所料地——“光临”木星后写道：“这次彗星撞击木星的威力，只有 6 500 万年前彗星或陨石撞击地球时可以比拟。不少科学家相信,那次撞击使恐龙从此绝迹地球。”苏梅克夫妇的科学论文在被彗星撞击木星证实后,引发了全世界天文界对太阳系运行的新的认识。1976 年,中国大地在粉碎“四人帮”后,举国欢腾,万众齐心,正欲迈向新的征程,但“举步维艰”。因为“十年动乱”,思想被搞乱了,行动无所适从。1978 年,南京大学胡福民发表了《实践是检验真理的唯一标准》的文章,党中央紧紧抓住这一“学术论文”,在全国开展了真理标准的大讨论,为中共十一届三中全会作了思想和理论准备,全国从“左”的禁锢中解放出来了。接着全国又开展了关于生产力标准的大讨论,直至 1992 年邓小平南方讲话,中国人的思想有了新的飞跃,中国的改革开放因而取得了举世瞩目的成就。

(4) 选题要为社会发展需要服务。自从党中央确立了走依法治国之路的方略后,为了加强法律知识的学习,中央举办了法制讲座,至今已经举办了 10 次。中央法制讲座的内容,都是根据国内外形势的发展,针对我国改革和发展的重大问题确定的。中央十次法制讲座的题目是:《国际商贸法律制度与关贸总协定》、《社会主义市场经济法律制度建设问题》、《关于依法治国、建设社会主义法制国家的理论和实践问题》、《国际法在国际关系中的作用》、《“一国两制”与香港基本法》、《科技进步与法制建设》、《金融安全与法制建设》、《社会保障与法制建设》、《依法保障和促进农村的改革发展与稳定》、《依法保障和促进国有企业改革》等。这些题目清楚地表明了以江泽民同志为核心的党中央紧密结合党和国家的各项工作,推进依法治国的坚强决心。若不去研究国家急需解决的课题,而去就古人的一句话大做文章,反复考证,洋洋洒洒一大篇,又有什么意义呢?

(5) 选题宜小不宜大。论文的选题不宜太大,特别是对初学写学术论文的人更需牢记此点。初写论文的人,由于学力不够，缺乏经验，选题一大，难以驾驭，必然写得不深入，不透彻。著名的语言学家王力就主张"小题目作大文章"。他反对长篇大论，认为讨论问题要深入，深入了就是好文章。他高度评价王引之写的《经传释词》，说该书讲了一个一个虚词，每个虚词的解释独立出来都是一篇论文。有几个虚词讲得好到没法子形容了。比如讲"终"字，总计不到 1 000 字，讲得很透彻，证据确凿。所以论文的题目不宜太大，太大容易写得肤浅。最好专谈一个问题，谈透了就是好。初学写学术论文的人常犯的毛病是选题过于宽泛，大而无当，论述起来面面俱到，不是深入地进行研究，只是在选题的表面上做文章，这就写不出独到的东西，甚至会淹没在材料堆里不能自拔。

（二）选择材料

"巧妇难为无米之炊"。如果没有大量的河南安阳小屯的甲骨这第一手资料，即使学富五车的郭沫若也难以研究甲骨文。没有材料何谈写文章？更谈不上写学术论文了。那么，怎样搜集材料呢？有三个主要途径：利用图书馆，做实地调查、实验和观察。图书馆的书籍是分门别类、按科目排列的，能一下找到不少同类型资料。另外，杂志和报纸也能提供许多资料。书籍资料常常不及杂志报纸信息新鲜。杂志报纸有专业性的，也有综合性的，都要看。法学方面的杂志报纸有《中国法学》、《中国法制报》等。综合性的则有《人民日报》、《光明日报》、《新华文摘》等。如有了选题，不妨将最近一二年的报纸杂志索引找来查阅，然后找合订本，缩影本，可收事半功倍之效。有些材料十分典型，极能说明问题，有条件最好实地去调查核实一下。有些需实验的，有条件也应实验一下，以使材料确凿无疑。搜集材料贵在平时，不要书到用时方恨少。

写学术论文，一个小小的题目，就要占有很多资料。著名史学家吴晗研究明史，做了多少张卡片啊，这叫做充分占有材料。什么叫“充分”？“充分”就是尽可能地搜集有关资料。例如，研究国际法，要搜集哪些资料呢？最好的当然是第一手的原始资料。退而求其次，起码是可靠的第二手资料。例如前人撰述国际法方面的论文，是从下述五个方面搜集原始资料的：(1)直接从政府档案馆搜集；(2)各国政府发表的官方文件；(3)国防会议的正式记录；(4)《联合国记事月刊》；(5)各国领导人的回忆录等。由此可见，国际法材料的范围是多么广泛。

充分占有材料，并不是所有的材料都要写进论文。“充分”是为了便于选择。应该始终以论题为中心，重点深入研究与主题有关的材料，不能被一些材料吸引到复杂问题中去而忘了自己所论述的中心论题。也不必对引申开去的问题详加阐述而“转移”了中心论题。因此，既要充分占有材料，又要准确选用材料，这里就要做好分析、鉴别和筛选。这就需要眼力、学识、研究能力与学术水平。

（三）拟定提纲

写论文拟定提纲，如同造房子设计蓝图。它是全文的骨架，能帮助作者梳理、调整和明确论点、论据和论证步骤，具体而简明地展示文章的中心论点与分论点之间，分论点与分论点之间，论点与论据之间的逻辑结构，把观点和材料组织成一个有机的严密的整体。有一个提纲，可以帮助我们把材料组织成一个严密框架，而不是毫无层次、毫无逻辑联系地罗列和堆砌在一起。如果不先拟定提纲就写初稿，很可能会由于基本框架不对，将来全部返工，即使有些片段写得精彩，但不符合全局要求，也只能放弃。

党的十三大的政治报告，虽然不是一般意义上的学术论文，但它是一篇有历史意义的文献，也可以说是更高水平的“科学论文”。它作出了我们国家还处在社会主义初级阶段的科学论断，科学地明确了我们国家在一个相当长时期的社会性质。它的意义是极为重大的。为了起草好这篇文献，中共中央组织了一个19人的起草小组，作了极其充分的准备，反反复复拟定提纲，最后给邓小平同志写了一封信，讲了报告的总的设计。信中说：

> 初步考虑，报告主要写七个部分。一、讲三中全会以来，包括十二大以来，我国出现了哪些历史性的变化。二、讲三中全会以来的路线是从我国国情出发的马克思主义的路线。着重指出我国正处在社会主义的初级阶段，这是我们所必须采取现在这样的方针政策而不能采取别的方针政策的基本根据。三、由此而来的经济建设的发展战略。四、由此而来的发展社会主义商品经济的任务，和我国经济体制改革的方向。五、由此而来的建设社会主义民主政治的任务，和我国政治体制改革的原则。六、由此而来的加强和改善党的领导的任务，包括执政党的领导体制、党内民主和对党的领导人的监督、党的干部、党的风气。七、由此而来的在理论和思想指导上避免左右两种倾向的必要性，着重阐明三中全会以来路线的两个基本点是坚持四项基本原则和坚持改革开放搞活，指出在新的实践中必须进行创造性的理论探索。

提纲还阐述：“报告全篇拟社会主义初级阶段作为立论的根据。因为以此立论，有可能把必须避免两种倾向这个大问题说清楚，也有可能把我们改革的性质和根据说清楚。如能这样，对统一党内外认识很有好处，对国外理解我们政策的长期稳定性也有好处。”邓小平同志看了这个提纲后，写了一句话：“这个设计好。”此后，报告起草小组就按照这个思路，开始了具体的起草工作。

（四）谋篇布局

学术论文的篇章，大致由标题、内容提要、目录、正文、参考文献、后记等部分构成。

1. 标题。读者往往是根据标题来决定阅读文章与否。因此，标题拟得如何，在很大程度上影响文章的传播效果。好的标题能传文章内容之神，为文章增光添色。学术论文的标题也应重视实效，做到醒目、准确、简洁、新颖。

学术论文的标题类型很多：有揭示论文论点的标题，如史焕章的《必须重视知识产权的法律保护》、曹建明的《法学要为解放和发展生产力服务》；有揭示论文研究课题的标题，如《计算机犯罪及其防治》、《上海经济立法的重点选择》；有的论文在标题下加副标题，作为对正标题的补充，如郝铁川的《法律观念比法律模式更重要——法律文化现代化探索》等。

2. 内容提要。为了让读者在阅读论文前对论文有个简要的了解，也为了帮助读者理解论文的思路和价值，在论文的标题下面（论著则在封里）简明扼要的、提纲式的阐明论文的主要论点和基本内容是必要的。提要应能客观地反映论文主要内容的信息，具有独立性和自含性。一般不超过200字，以与正文不同的字体字号排在作者署名与关键词之间。英文提要的内容应与中文提要相对应。中文提要前以“[提要]”作为标识；英文提要前以“Abstract:”作为标识。

关键词是反映论文主题概念的词或词组，一般每篇可选3～8个，应尽量从《汉语拼音词表》中选用。未被词表收录的新学科、新技术中的重要术语和地区、人物、文献等名称，也可作为关键词标注。关键词应以与正文不同的字体字号编排在提要下方。多个关键词之间用分号分隔。中英文关键词应一一对应。中文关键词前以“[关键词]”作为标识；英文关键词前以“Key

Words:”作为标识。

《华东政法学院学报》二〇〇〇年第一期发表了肖建国的文章,所示[内容提要]、[关键词]如下:

21世纪上海的发展定位与社会治安前瞻

肖建国

[内容提要] 立足于21世纪国际大都市的上海城市的发展定位,从比较角度来分析揭示可能出现的治安和犯罪问题,并对未来的社会治安和犯罪动态发展趋势作出预测,要求将治安管理和犯罪防治纳入深化改革和城市发展的规划之中,从宏观上、战略上、法制上制定出科学有效的对策措施。

[关 键 词] 上海　发展　治安

常常有这样的情况,或者由于工作繁忙,无暇遍读大量涌现的论文,或者由于论文篇幅过长,读者望文生畏,以致不敢“拜读”,往往错过很有价值的论文的阅读。撰写有吸引力的内容提要,可以吸引人将论文读下去,即使不读下去,大致了解论文的内容,不比对论文“一无所知”来得好吗?因此,内容提要是学术论文的价值概括,不可小视。

3. 目录。有些学术论著洋洋十几万乃至几十万言,为了便于读者一目了然了解内容“轮廓”,也为了便于读者方便地查找所需的内容,要编写目录。目录有简目和详目两种。简目一般只录出章节,而详目更录出章节中的段落标题。有经验的作者和编辑将目录与封面齐观，视为“面子”。目录要有“磁性”，小标题要引人入胜。目录小标题前要标上序码，后面要标上页码。

4. 正文。学术论文正文结构一般由绪论（导言）、本论、结论三部分构成。

绪　论　一般阐明撰写论文的缘由，阐述研究这一论题的意义，指出论题研究的价值（预期效果），前人的研究基础，个人的主张、见解等。如果是一篇较长的学术论文，还要把本论部分作提纲挈领地介绍，或提示论文的结构。绪论要条分缕析，简明扼要。

本　论　是论文的主体。作者的研究成果要在这部分进行详细阐述，作者的基本观点和意图，要在这部分得到充分体现。因此，论文的全部观点和材料、分析和论证，都要遵循一定的逻辑顺序，有机地组织在一起，体现出文章雄辩的说服力量。

本论部分的组织形式，有时采取正面立论的方式，分层次，有步骤地对问题进行分析论证，阐明自己的观点和主张。有时先列举各种不同观点，通过诠释和比较，论证自己的思想和见解。论证的方法有例证法、引证法、分析法、诠释法、类比法等。例如钱学森的《关于新技术革命的若干基本认识问题》，论文开始，明确提出“我们要考虑的问题实际上就是人类社会活动的发展规律”。钱学森讲：“我想从四个方面来阐述这个问题”，即科学革命、技术革命、社会革命和产业革命。论文用五个小标题把全部内容组织起来，即(1)科学革命、技术革命和社会革命；(2)产业革命；(3)为了制定对策而应研究的问题；(4)大战略；(5)几点具体建议。在第一部分里，论文用诠释法为科学革命、技术革命和社会革命划定了准确的定义：“科学革命就是人认识世界的飞跃”，“人改造世界的飞跃，就是技术革命”，“社会制度的飞跃，我们都叫社会革命”。论文在划定了定义之后，结合人类的科学革命、技术革命和社会革命的发展实际，进行了具体的分析阐述，为后面几个部分的论证作好了理论准备。这篇论文的本论部分，不仅内容充实，而且层次清楚，逻辑严密。

论文的学术价值是在本论部分体现出来的，因此，本论一定要层次清楚，简明突出地将自己的“创见”表述出来。怎样表述展开呢？大致有自然展开法和逻辑展开法两种。前者大体上是按研究工作的进程依次写来；后者则是按事物或问题的内在联系安排章节。学术论文由于论述的是比较复杂的理论问题，观点是逐点论述的，见解是依次展开的，因此，层次段落的安排十分重要。这就要运用规范段，即完整、统一的单义段，集中表达一个判断，而且要意义完整。如有两个以上的意思，那就是“兼义段”了。而没有表达出全部意思，则是“缺义段”。这些均不规范，不能用于学术论文的写作中。此外，要充分运用段中主句来显示段旨。所谓段旨，就是段的论点，或中心意思。全段要围绕段旨展开，又为阐述段旨服务。段旨用一句话概括出来，就叫段中主句。学术论文最宜于以段中主句来显示段旨，避免段中观点转移，以便于读者把握段的要点。段中主句通常放在段首，有的则在段中或段尾，要注意上下照应，全文一气呵成。本论的写作为了使论文的层次清晰，可以编上各层次的序码，大层次用“一、二、三、四……”表示，次之用“（一）、（二）、（三）、（四）……”表示，再次之用“1、2、3、4……”表示，更次之用“(1)、(2)、(3)、(4)……”表示。文章层次不宜过多，一般不超过5级。不宜用①，以与注号区别。有时为了使层次更为清晰醒目，还可加上小标题。

结　论　论文的结论，要对绪论中提出的，本论中分析、论证的问题加以综合概括，是绪论和本论的合乎逻辑的发展和归宿。在结论部分，还可以对论题研究中遗留的问题提出设想，或提出尚待进一步探讨的问题等。

5. 参考文献。不能想象，一篇学术论文，一部学术论著，不吸收前人和他人的研究成果。只有站在人类已取得的成果的高度上，才能向更高处攀登。因此，在论文完成之后，附录所参考的文献是应该的。一方面可以表明论文是吸收了哪些已有的成果，以表示对已有成果的创造者的尊敬和谢意；一方面也可以引导读者进一步研究已有的科研成果。

6. 后记。一般记下论著写作经过，特别是写明在写作过程中得到什么指导和支持，表示谢意。如是合著，则写明合著者各人所著篇章，以明文责。

（五）修改誊清

作者为写学术论文，从酝酿构思、实验研究、搜集材料，到谋篇布局，花了大量的时间。有时是一气呵成，有时是绞尽脑汁。文章虽写好了，还很难说尽善尽美。因为在撰写论文的全过程中，由于思想精力较为集中，往往有所顾及不到的地方，或考虑问题不够全面，或所用资料不够妥帖，或遣词造句不够准确，此时宜“冷处理”，即将稿子放进抽屉里一段时间，三五天或十天半月再拿出来，常常会看出问题来，即行修改润色，定稿誊清，这样可尽量减少不周全之处。注意文稿不宜放置太长时间，如一年以上时间，这样，文思会中断的。

三、学术论文写作应注意的问题

（一）要有写作论文的勇气和信心

学术论文是科学研究成果的记录，是论述对某个问题研究的文章。撰写学术论文当然要有一定的知识。但是，万事总有个开端，对于没写过学术论文的人来说，要撰写学术论文，常常有勇气和信心不足的问题。没有勇气和信心是不能做到或不能做好任何事情的。年轻人虽然读书有限，但只要有勇气，有信心，肯钻研，方法对，是完全可以写出好论文的。

当然，书读得少，知识贫乏，是没法写论文，提出新的见解来的。但是，要把有关的书读完才写论文也是不实际的。书是读不完的，应该边读边用。三四年级的大学生，已经读了一些基础课，已经有了一定的知识，现在是要在这个基础上，针对科研题目特定范围的需要，再加深加宽，再读一点有关的书，再搜集一些材料，来提出和解决一个专业中的课题，藉此锻炼科研能力。

（二）论点要鲜明，重点要突出，层次要分明

学术论文是进行科学研究，反映作者新认识、新见解的文章。因此，学术论文的论点一定要鲜明，不能模棱两可，若隐若现，一定要让人一目了然。这样，文章若有价值才易被学术界重视，并得到推广实验，才能达到撰写学术论文的最终目的。一个新的发现必然涉及诸多领域，一篇文章不可能方方面面都论及，必须将那最有价值、与众不同的内容重点突出地表述出来。而客观事物是有其自身的复杂的规律的，揭示这个规律必须有层次地加以表述。因此，条理清楚，层次分明便成为一篇学术论文成功与否的关键。钱学森一篇带有纲领性的文章《要从整体上考虑并解决问题》，鲜明地提出了科技界在跨进 21 世纪的年代里的指导思想问题。文章从这个高度讲了 4 个问题：(1)关于科学技术是第一生产力；(2)要研究如何把人造地球卫星技术用于建设 21 世纪的社会主义中国；(3)在有了这样的工作经验之后，可以研究的几个大问题；(4)提到理论的高度去看，就是科学方法问题。钱学森的文章就是论点鲜明、重点突出、层次清楚的范例。

（三）语言要畅达、简练、生动

文章的语言，首先的要求是畅达。在此基础上力求简练生动，才能达到写文章的目的。学术论文对语言的要求更为严格。

19世纪英国物理学家和化学家法拉第，首先对光的电磁现象作了基本解释，但是，由于他的著述语言晦涩，没能引起科学界的注意。一直到麦克斯韦用通俗明畅的语言对这种理论进行了说明以后，才被世界公认，人们用"麦克斯韦方程组"来命名。有人认为，法拉第是吃了语言不畅达的亏。语言要畅达，"畅"是指语句起码要通顺，十分通顺称"流畅"，非常通顺称"酣畅"；"达"是指用词准确，就是用最贴切、最恰当的词汇，正确地反映客观情况，贴切地表达作者对客观世界的认识。所谓"词能达意"就是这个意思。当然，语言做到畅达，是离不开简练的。不可想象，文句啰嗦怎能流畅？如果语言准确、通顺，又有感情色彩和形象性，语言就有感染力。那种认为学术论文的语言总是枯燥乏味的，是一种误解。

（四）不要走进学术研究的误区

当代中国的学术研究至少存在5个误区：

其一，是把学术研究的现实性庸俗化为单纯的证明工具，它的所谓理论联系实际不过是时尚的口号，它的研究也往往是出于某种急功近利的考虑，它的"成果"也仅是现有范畴、观点、原理的非科学的排列组合。

其二，是把学术研究放回幽静的书斋而远离沸腾的现实生活，是前面一个误区的另一个极端。这种所谓的纯学术研究割裂了学术研究的内容和形式辩证关系的本质。其"成果"仅是故弄玄虚的思潮和术语的翻新。

其三，主张"全盘西化"，盲目地从西方思想文化的各种思潮的"本本"中为当代中国的学术研究开出一个又一个脱离现实的药方。"言必称希腊"，其前提是必须真正懂希腊，但一些人对西方思想文化的研究，往往是简单的介绍多而真正的研究少。

其四，"新瓶装陈酒"，孔子越来越成为"现代人物"，似乎从儒家经典中就能找到指导当代中国实现现代化的“灵丹妙药”。当然,应该给孔子及其学说以应有的地位,但作为农业社会和封建社会意识形态的儒学是不可能成为现代社会的指导思想的。

其五,“泡沫学术”:(1)人为地制造大量的新名词、新概念和新原理,名为“创新”,实为吓人。(2)急于求成,甚至连起码的知识都没有弄清,就急功近利地搞“学术”。(3)从大而无当的所谓时代精神出发,写出大量的大而无当的“学术成果”,其成果谈不上价值,泡沫而已。

[例文] 传统思维方式对当代中国立法技术的影响

郝铁川

从世界不同民族不同国家的法律文化来看,思维方式的差异是构成不同法系差异的重要原因。例如,大陆法系的民族擅长演绎思维方式,英美法系的民族擅长归纳思维方式。用民族思维方式的不同来说明各民族法律文化的区别,进而解释各民族社会的差异,这将是一个具有广阔前景的研究方向。本文拟就传统思维方式对当代中国立法技术的若干影响略作探索。

影响之一:思维之模糊性

中国传统思维方式的一个重要特点是模糊性。即人们在认识客观事物时,满足于通过直觉得到一个总体印象,而不习惯作周密详细的分析。侯外庐先生指出,《论语》在知识起源论方面表现出经济主义和感觉主义的倾向,并说:“《论语》不是以自然为知识对象而发现其规律,乃是依古代直观的自然知识为媒介而证明人事范围的道德规范”。此外,孟子所言的“良知”,宋明道学家所言的“德性所知”、“豁然贯通”、“明心见性”、“致良知”等等,也是一种直觉思维。至于老庄哲学,这种直观性、内心体验则表现得更为突出。比如《庄子·齐物论》提出的“心斋”、“坐忘”的方法与“道”合一，所谓“一若志，无听之以耳，而听之以心。无听之以心而听之以气”，“堕肢体，黜聪明，离形去知，同于人道，此谓坐忘”。诱导人们摒去心官知觉，排除理智推度，物我两忘，与道同体，达到“天地与我并生，而万物与我为一”的境界。显然，这是在强调直觉体悟。

推崇直觉思维方式，就必然轻视乃至排斥分析思维方式，进而导致中国传统思维方式中分析方法的不发达，于是先人的思维方式中就表现了一定程度的模糊性。其主要表现在两个方面，第一，用词多歧义，没有明确界说；第二，立词多独立，缺乏详细的论证。古书中一个名词，一个概念，在同一个章节中，往往用来表示不同含义，且不加以适当的解释。例如，《论语》有 105 处讲到儒学的一个重要概念“仁”，但仁的本意究竟是什么，孔子没有明说，致使后学众说纷纭。《孟子·尽心上》所说的“万物皆备于我，反身而诚，乐莫大焉”，此处的“诚”也是一个儒学的重要概念，但其究为何义，神秘莫测。

对于传统思维的笼统模糊、形式逻辑落后等弱点，近代许多有识之士都提出了批评。严复是其中一个突出的代表。他尖锐地指出，中国传统思维的严重缺点是概念含糊，界说不清。他在《名学浅说》中举“气”为例，“老儒先生之言气”，有“正气”、“邪气”、“淫气”、“厉气”等，且“鬼神者，二气之良凶”。他为此慨叹说：“出言用辞如此，欲使致精深严确之科学哲学，拥有当乎？”不但“气”字，“他若‘心’字，‘天’字，‘道’字，‘仁’字，‘义’字等，诸如此等，虽皆古书中极大极重要之立名，而意义歧混百出。廓清指实，皆有待于后贤也”。

模糊性的传统思维方式对当今的中国立法技术亦发生了明显的影响——用词多歧义，缺乏明确界说；立辞独断，缺乏详细论证。这些现象在当前的一些法律条文中大量存在：

其一，表述过于笼统和原则。例如，刑法学界之所以将投机倒把罪、贪污罪、流氓罪、玩忽职守罪等称为刑法的四个“大口袋”，就是因为刑法关于这四个罪的规定过于笼统，罪与非罪、此罪与彼罪的界限比较模糊，致使司法部门定罪量刑困难。

其二，用词含糊、不明确。例如《刑法》第十四条第二款中的“杀人”、“重伤”是限于故意犯罪，还是包括过失犯罪？

其三，用词不合逻辑。例如《刑法》第十二条第二款规定：“过失犯罪，法律有规定的才负刑事责任。”这里使用的“犯罪”一词就不符合逻辑，因为“过失犯罪”与“法律没有规定”是相矛盾的。这样用词容易造成法律未规定也可以构成过失犯罪，只是不负刑事责任之误解。

其四，用语有失协调与统一。例如，“论处”和“处罚”的含义本应不同，前者包括定罪量刑，后者仅只量刑。我国刑法多数条文对这两个术语就是这样使用的。但刑法第一百五十三条、第一百七十五条第二款，第一百九十一条第二款中的“处罚”却又等同于“论处”之意，包括定罪与量刑。这显然有悖于不同术语应有不同含义的要求。

其五，表述或用语不确切。例如，《刑法》第八十八条已有“本法所说的以上、以下、以内都连本数在内”的规定，可五十九条对减轻处罚却规定为“应当在法定刑以下判处刑罚”，未能把减轻处罚是“低于法定刑判处刑罚”的含义表述确切。

总之，模糊性的传统思维方式对我国立法技术有显著的影响，在一定程度上削弱了我国立法技术的科学性。

影响之二：文字之简约性

崇尚语言文字的简约性是中国传统思维方式的一个重要特征。语言文字与思维密切相关，西方不少哲学家完全通过语言文字的分析来鉴定思想的有效性或无效性，建立思想的意义结构。在他们看来，要谈意义非谈语义不可，要认识世界就非得掌握语言文字。而中国的传统思维方式对待语言文字的态度与西方不同：因为不论是儒家，还是道家，都认为语言文字只是一种工具，它并不代表真实的世界，通过语言文字并不能认识宇宙本体。因此人们不能受到语言文字的障碍，最后必须超越，甚至放弃语言文字。

中国传统思维方式为什么崇尚语言文字的简约性？这是因为在中国古人看来，“天人合一”，认识世界不须外求，认识自我内心即可。孟子说过“尽其心者知其性，知其性者则知天”，二程说：“心是理，理是心”，“一人之心，即天地之心；一物之理，即万物之理”，“大凡学问，闻之知之，皆不为得。得者，须默识心通”。(《河南程氏遗书》第十三、第十、第十七)所以只要求识于心，必然可以认识宇宙本体。朱熹说：“不能存得心，不能穷得理；不能穷得理，不能尽得心。”(《朱子语内》卷八)因此，儒家认为语言文字只是表达意义的工具，关键靠人的内心体验，有时甚至“只可意会，不可言传”。

语言文字愈少愈好，甚至最好不要求简捷而少推理，靠灵感而非逻辑，轻文字而重意会。这是传统思维的重要特点。它在中国古代的立法技术中则表现为法律条文和文字愈少愈好的指导思想。孟子将“省刑罚”作为其“仁政”主要内容之一，“省”即减少之意。

崇尚语言文字简约的思维方式对我国今天的立法技术也颇有影响。众所周知，“宜粗不宜细”(即宁疏勿密)是我国立法工作的一个基本方针，它与崇尚语言文字简约的思维方式不能说没有关系，给我国的立法技术带来了很多问题。

其一，过分追求法律条文少，与当今世界法律条文由少到多、日益完备的趋势不合拍。从条文数量来看，我国现行刑法条文在世界各国刑法典中可以说是最少的，仅有 192 条。而在外国刑法中，条文多的如印度刑法达 551 条，较少的如蒙古刑法也有 225 条。《法国民法典》2 281 条；而我国民法通则才 156 条。

其二，由于硬性追求法律条文少，就出现了把几个不同的罪规定在一个法条中。如《刑法》第一百二十三条规定的伪造货币罪与贩运伪造货币罪；第一百六十四条规定的制造假药罪与贩运假药罪。这种一条数罪的模式，不仅与世界刑法一条文一罪名的立法模式不合拍，而且有违罪刑相适应的刑法基本原则。

其三，某些条款的规定，欠缺实质的内容，形同虚设。如《刑法》第一百三十一条无具体犯罪的单纯禁止性的“宣言”或条文；第一百九十二条无罪刑内容而仅仅是规定行政处罚的条文，皆是欠缺实质性内容的规定。

其四，某些条文罪状的规定过于简单，法定刑过于灵活，导致执法困难和不平衡。例如,现行刑法分则规定可以适用罚金刑的条文有20条,但对罚金刑的数额幅度未作明确的规定,在司法实践中,导致一些司法人员或者对罚金刑弃之不用,或者是适用时畸轻畸重。

唐代《永徽律》在制定时过分追求简约,因而在其付诸实施时,难于操作,不得不作《疏议》,结果是欲简弥繁。类似的情况在今天也出现了,例如,《刑法》第一百六十条规定的流氓罪不足百字,可谓简约,但司法机关分别于1984年5月26日和1984年11月2日颁布了《关于怎样认定和处理流氓集团的意见》和《关于当前处理流氓案件中具体应用法律的若干问题的解答》两个司法解释,达数千言之长,超过刑法条文本身数十倍。目前,所有司法解释加起来,超过《刑法》篇幅的数十倍还要多。现在的刑法条文基本上成了原则性规定,离开了大量的司法解释,司法机关根本无法办案。因此,有的学者说:"在某种意义上说,不是在适用刑法,而是在适用司法解释"。

影响之三:泛道德主义和泛刑主义相结合的重刑轻民

泛道德主义和泛刑主义相结合是中国传统思维方式的又一重要特点。所谓泛道德主义,就是将道德意识越位扩张,侵犯到其他文化领域(如文学、政治、法律、经济),去做它们的主人,而强迫其他文化领域的本性,降于次要又次要的地位,终极目的是要把各种文化的表现,变为服役于道德和表达道德的工具。中国过去因为道德意识太强,弥漫在传统文化各个方面的道德意识,使其他各方面的思想与制度处于道德奴婢的地位,而缺乏各自健全的发展。结果,不但使各领域的文化个性遭受严重压抑,即使是道德本身,亦因越位的关系,一面企图以道德垄断一切,竭力作虚妄的扩伸;另一方面事实上只能闭封,甚至可以说僵化在个体上,而没有一条落实的途径,使个体的道德精神通向客观的广大面去。这是传统文化缺陷最深的根源所在。

道德的特点是自律,强调人在社会关系中要注意克尽己守,承担义务。而刑法则大多是规定人们必须作出某种行为或不得作出某种行为、承担义务的法律规范，道德与刑法有其内在的一致性。因此，中国古代在立法技术方面，与泛道德主义思维方式相对应的，便是泛刑主义。所谓泛刑主义，就是说在所有的社会关系经道德规范调整失效后，便用刑事法律规范来调整，要么用道德规范调整所有社会关系，要么用刑事法律规范来调整，而排挤民事和行政法律规范的调整作用。用儒家的话来说，就是“德主刑辅”、“明刑弼教”，用今天的话来说，就是泛道德主义与泛刑主义相结合。

这种结合的后果，便是重刑轻民，使民事法律规范长期处于不发达的地步。民法大多是权利性法律规范，与刑法调整社会关系的角度不同。过分重视刑法，必然忽视民法。中国古代重刑轻民带来了两个后果：第一，独立的民事法典始终没有产生，一部分民事内容的规范被融合在刑律之中，采用刑事制裁的方法；一部分民事法律规范则夹杂在刑法典之中。第二，在少量的民事法律规范中，注重用宗法伦理调解民事纠纷，重要保障的不是人们的权利，而是要求人们尽义务，一项义务往往具有法律和道德双重意义，如“善视父母”、买卖不得相欺罔，见火起应告救等。

由泛道德主义和泛刑主义相结合而产生的重刑轻民观念迄今仍在一定程度上影响着我国的民事立法工作的广泛开展。同其他国家的民事法规相比，我国的民事法规极其简单，条文也极少。以民法为例，《法国民法典》2 281 条，《德国民法典》为 2 385 条，《日本民法典》为 1 044 条，《苏俄民法典》569 条，而我国《民法通则》仅有 156 条，其他的民事法规，条文更少，《专利法》69 条，《经济合同法》57 条，《商标法》43 条，《破产法》43 条，《婚姻法》37 条，《继承法》37 条。

在当今中国，人们的法律观念中重刑轻民的例子很多。比如，长期以来，不少人把法律仅仅解释为阶级斗争的刀把子；许多民众把法院仅仅视为抓坏人、对坏人判刑的地方，并以长年累月不进法院打官司为自豪；司法机关的习惯排列顺序是：公、检、法，公安局是对敌斗争的第一线，检察院是第二线，法院是第三线，这也完全是按照刑法观念排列的。迄今，在相当多的人们的头脑中，仍然认为法律就是刑法，执法就是抓坏人。

因此，由泛道德主义与泛刑主义相结合而产生的重刑轻民观念，既妨碍着我国民事立法工作的开展，也妨碍着我国民事法律的实施。

症结：人治观念与法制观念

为什么传统立法方式长期以来仍然影响着我国的立法技术？为什么我国的立法技术仍然存在着模糊性、过分简约性和重刑轻民这样一些缺陷？

我认为，立法技术是受法律观念（包括立法观念）制约的。因此，上述立法技术中的缺陷与中国根深蒂固的“人治”、“德治”观念密切相关。

（一）人治观念　在中国历史上，不论是儒家，还是法家，他们都不反对帝王一人独揽大权的人治。尤其是儒家，十分强调国家的治乱取决于统治者个人的好坏，要想治理好国家只能寄希望于圣王，即所谓“为政在人”，“其人存则其政举，其人亡则其政息”（《礼记·中庸》）。在儒家看来，“有治人，无治法”，“君子者，法之原也”（《荀子·君道》）。即使有了良法，也还要靠人来执行，“故法不能独立，类不能自行，得其人则存，失其人则亡”（《荀子·王制》）。

既然一个国家从根本上需要的是人治，因而法律条文的模糊、过分简约都不要紧，“君子者，法之原也”，君子可以弥补法律模糊性和过分简约性的缺陷。同时，法律条文的模糊和简约也有利于人治。汉代的法律形式有律、令、科、比四种，其中令即渊源于皇帝因时颁发的“制君”，以补律文之不足，甚至可以更改或代替成文法律。《永徽律断狱律》“制敕断罪”条《疏议》说：“事有时宜，故人主权断制敕，量情处分。”说明皇帝的制敕是超越法律之上的，他可用“特旨”、“制敕”量情处分，推而广之，各级官吏亦可拥有“临时处断”的权力。法制与人制本应是对立的，但在中国古代恰巧是以法律来肯定人治。

建国四十多年来，古代的人治传统从根本上受到了摧毁，但百足之虫，死而不僵，其残余影响不可低估。1957 年以前，党和政府曾一度比较重视民主与法制。但 1957 年以后法制思想削弱，人治思想上升。在 1958 年 8 月召开的协作区主任会议上，一位中央主要领导人说，不能靠法律治多数人，民法、刑法那么多条，谁记得了？宪法是我参加制定的，我也记不得。韩非子是讲法制的,后来儒家的人是讲人治的。我们的各种规章制度,大多数、百分之九十是司局搞的,我们基本上不靠那些,主要靠决议,开会、一年搞四次,不靠民法、刑法来维护秩序。人民代表大会、国务院开会有他们那一套,我们还是靠我们那一套。另一位中央主要领导也说,到底是法治还是人治?看来实际靠人,法律只能作为办事的参考。

人治观念在党和政府领导的头脑中尚且一度如此强烈,那么在一般人的头脑中就更为普遍和浓厚了,而且由于我们长期以来实行的是高度集中的计划经济管理体制,使人治观念更加不易消除。

如果相信、依赖人治,那么势必就会轻视立法技术的完备,对法律条文的模糊性、过分简约性等缺陷就会掉以轻心,习惯于用人的所谓灵活性而不是法律的完善性去弥补这些缺陷。

(二)德治观念　泛道德主义与泛刑主义相结合的思维方式与古代以德治天下,以孝治天下的政治观念密切相关。儒家特别强调"为政以德"、"德主刑辅"、"明刑弼教"。这是因为,在他们看来,人的本性都是善良的或可以"化性起伪"的,统治者对待老百姓要采用道德教育的手段,使他们保住善性,并扩而充之,至于那些丧失天良又教而不化的人,已沦为禽兽,对他们则可以用严厉的刑罚。在中国历史上,所有统治者几乎都是采取德刑并用的手法治理天下,所谓"文武之道,一张一弛"、"宽以济猛,猛以济宽"即是最好的理论概括。如此一来,民事法律规范的作用就被排挤掉了。当然从深层来看,民法的不发达是由于商品经济的不发达所致,同时与历代统治者所奉行的重农抑商政策也直接相关。

建国四十多年来,我们长期实行计划经济,轻视市场经济,民法失去了赖以生存的土壤。在长期"极左"年代里,"德主刑辅"的治国形式一度似乎得到重演(当然这只是形式相似,而内容则根本不同)。一方面,通过一系列"左"的政治运动,要求人们提高思想觉悟;另一方面,在多次政治运动中,对一部分有所谓这样、那样问题的人实行"专政"。在这样的政治、经济、文化背景下,民事法律怎么会得到人们的重视呢?

因此,中国传统思维方式之所以会对当代立法技术发生影响,是有深刻的社会政治、经济和文化原因的。

从根本上说，中国传统思维方式是自然经济、宗法社会和君主专制政治的产物。建国四十多年来它之所以不肯退去，与计划经济和民主法制的不健全有重要关系。目前我们已下定决心要搞社会主义市场经济，加强社会主义民主与法制，此时深刻反省传统思维方式对我国当代立法之影响，对于促进我们立法技术水平的不断提高，进而推动我国法制之现代化有着重要的现实意义。

（载《中国法学》1993年第4期）

【思考与练习】

1. 以郝铁川的《传统思维方式对当代中国立法技术的影响》一文为例，说明学术论文的特点。
2. 学术论文应怎样选题？
3. 学术论文怎样才能层次清楚地表述本论部分？
4. 关于犯罪起源的讨论，西方大致有三种说法：(1)“违反契约说”；(2)“生理遗传说”；(3)“私有制萌发说”。在我国，也有三种说法：(1)“人性异化说”；(2)“原罪说”；(3)“私有制起源说”。你认为犯罪之源是什么？班级可围绕这一论题展开一次讨论。
5. 就社会主义法制建设中急需解决的课题写篇学术论文。

第三节　演　　讲（词）

一、演讲的涵义、特征和类型

（一）演讲的涵义

什么是演讲？准确地说，就是演讲者在特定的环境中，借助有声语言和态势语言，面对广大听众发表意见，抒发情感，从而达到感召听众的一种社会实践活动。简单地说，演讲是就某个问题对听众讲明事理，发表意见。如果把文章比作无声的影片，那么，演讲则可以比作立体声的电影。

演讲词，则是演讲的书面文字稿，是演讲取得精彩效果的基础。

（二）演讲的特征

演讲有三个基本的特征：

第一，演讲是面对着一定数量的听众，公开发表个人的思想、观点和看法，而不是个别谈话。有听众，就得考虑到听众的心理，就要有“磁性”，不然听众就会产生“弹性”，将你的演讲全部“弹”回去。演讲是公开发表个人的思想、观点和看法，因此，要特别注意思想的健康、观点的正确和看法的全面，坚决反对那种巧舌如簧，胡说八道，妖言惑众，甚至危国乱邦的所谓演讲。

第二，演讲是有中心、有条理，结构比较完整的一席讲话，而不是不得要领的“侃大山”。演讲有了中心，好比有了主心骨。演讲的主心骨应尽量做到新而深。“新”，就是要有新意，能给人以新鲜的感觉；“深”，就是有深度，能给人以启迪。主心骨要新而深，确立中心的角度应尽量小而且集中，切忌大而无当。不然，中心论点过大，立意就会显得空泛，难以出新意。主心骨要新而深，还须防止平和偏。“平”，就是一般化，平淡无奇；“偏”，就是立意偏执，钻牛角尖。演讲有了新而深的主心骨，再有层次地逐步展开，演讲的结构就完整了。

第三，演讲是带有鼓动性，力求说服听众或者激发听众感情的一种手段。演讲的鼓动性，首先表现在内容上，演讲有内容，是听众被鼓动起来的基础；其次表现在情感上，“情不深，则无以惊心动魄”，没有鲜明强烈深刻而浓郁的情感，是绝不会成为感人至深的演讲家的；再次则表现在技巧上，演讲有无“抓”住人的技巧，是演讲成败与否的重要因素。

（三）演讲的类型

演讲依其范围、目的、内容、场合、方式，以及感情色彩等不同标准，可以划分成不同的类型。根据演讲的意图和目的来分，演讲的类型有：

1. 阐释型演讲。在重要庆典活动时宣布政见和施政纲领，在重要会议上说明有关方针、政策、路线等，常用这种阐释型演讲。毛泽东的《中国人民站起来了》，就是1949年9月21日在中国人民政治协商会议上的开幕词。毛泽东着重阐释了新中国的施政纲领，即对内实行人民民主专政，迎接经济建设和文化建设高潮的到来；对外团结国际友人，反对外来侵略。这篇演讲庄重严肃而又气势恢弘，充满自信与豪情。

2. 说理型演讲。这种演讲告诉听众怎样生活，怎样工作，怎样做人；或者听众对于某些问题持冷漠甚至反对态度时，演讲者用道理说服听众，用感情的魅力和逻辑的力量让听众回心转意。张闻天的《论待人接物问题》的演讲就是这种类型。1938年7月26日，张闻天对延安抗日军政大学第三期毕业生讲共产党人待人接物方面的三个要求："要有伟大的胸怀与气魄"，"要有循循善诱与诲人不倦的精神"，"对人要有很好的态度"，至今读来，仍有启迪。

3. 传授型演讲。这也可以称作讲解性演讲。它的目的是传授知识，而不是为某些特定的观点辩护。这种演讲的内容应该是无可争议的，以避免听众卷入演讲者辩论的局面里。比如，向某决策委员会作报告，演讲者的责任，不是去作出一个决定，而是提供一些材料，让那个委员会来作决定。再如，大学、科研所举办的学术报告会的演讲，即属传授型演讲类型。钱学森的《关于新技术革命的若干基本认识问题》、宋健的《系统工程和新技术革命》、刘源张的《新技术革命与管理科学》，都是出色的学术报告，精彩的传授型演讲。

4. 礼仪型演讲。演讲也是人们交际、交往过程中表达感情、表示礼仪的一种形式。在庆典活动、外交活动及其他礼仪活动中,人们为了表示祝贺、欢迎、慰问、凭吊等各种不同的感情,常常使用演讲的形式,如贺词、祝词、欢迎词、答词、悼词等。这种演讲常因当时的对象不同,环境气氛不同,身份地位不同而有不同的内容,而且口吻、语调、表达方式也千变万化。周恩来在朱德 60 寿辰时的祝词和爱因斯坦悼念居里夫人的悼词,是这类演讲的范例。

二、出色的演讲词是精彩的演讲的基础

演讲不是随便说说,要有所准备。写出好的演讲词是演讲获得成功的基础。能写出好的演讲词,并善于演讲,这是在各个岗位上工作的同志特别是从事政法工作的人必须具备的一种能力。演讲词的写作要求是:

(一) 演讲词要看清对象,能唤起听众的共鸣

射箭要看靶子,弹琴要看听众。演讲词要看清对象,是指要弄清听众是些什么人、什么年龄层次、文化程度、职业情况,还要弄清听众的心理愿望和要求,特别是要知道他们最关心、最迫切需要解决的问题是什么。只有掌握了这些,演讲词才会有针对性,才可能引起听众的共鸣。只有听众产生了强烈的共鸣,演讲才能成功。国家副主席荣毅仁在日本国会作的《迈向 21 世纪的中国》的演讲的听众,和前上海市长黄菊在关于上海成都路高架道路建设动迁会上的演讲的听众,是截然不同的。对象不同,演讲词的内容也应不同。

(二) 演讲词的内容要新鲜,要引人入胜

演讲词的内容如果是老生常谈,那肯定是没有吸引力的。如何使演讲词内容"新"起来,引人入胜呢? 首先,立意要新,必须讲出自己的真知灼见,阐明自己的独到见解,不人云亦云。在改革开放深入到家家户户,广泛到全国角角落落的今天,一些人

"一切向钱看",弃精神、品德、文明于不顾,而上海装卸区的包起帆,吹响了社会主义精神文明的响亮号角,他的《在平凡的岗位,作最大的贡献》的演讲词,见报之后在全国引起强烈反响是不奇怪的。其次,材料要新。新鲜的材料人们闻所未闻,自然给人以新鲜感,天然的引人入胜。济南军区的徐洪刚在长途汽车上挺身而出,勇斗歹徒,身负重伤的英雄事迹传遍全国,他的《永远做人民的卫士》的演讲词,全国传颂,人民群众感动,不法歹徒震慑。再次,角度要新。在现实生活中,许多事是人们所熟知的,似乎无法给人新东西了。其实,如果从新的角度去分析,仍然可以挖掘出新鲜的东西。张海迪的事迹是人所共知的,似乎已成老生常谈。然而,郑州大学马玉瑞的演讲词《让我们就从这里起步吧》则从张海迪行为的动机说起:"是的,张海迪的确不平凡……但她的起点却是平凡的,那就是要报答,要归还,要给予,要贡献。这便是她的幸福观,这便是她的力量源泉。"接着,怀着对张海迪的深沉敬意,作者呼吁:"让我们就从这里起步吧!我年轻的朋友,我们可都是肢体健全的人啊!可不能让心里残缺不全,要不,怎能配得上'人'——这两条腿撑起自己脊骨的字眼!"这种开掘模范人物行为动机的角度,使我们从又一个侧面看到了张海迪的高大但又并不"超俗"的真实形象,使人感受到一种新的思想,得到一种新的启迪。

(三)演讲词的结构要清晰、完整

演讲词的结构要求是把演讲的内容组织得既清晰又完整。

所谓清晰,是要求演讲词逻辑层次、条理展开清楚明晰。如果演讲词的逻辑层次一环扣一环,条理展开一层深一层,那么演讲的逻辑力量就强,说服力也就强,演讲就能紧紧地抓住听众,演讲者所要阐释的哲理就易于为听众所接受。有篇《人贵有志》的演讲词,在充分阐述一个国家要有民气,一支队伍要有士气,一个人要有志气后，又具体阐述了一个人怎样立志：(1)目标高；(2)意志坚；(3)生活俭；(4)惜分秒。观点明，层次清，听众听了得益匪浅。

所谓完整，是要求演讲词有头有尾，并有贯穿全篇的线索，一气呵成。

演讲词的开头方法很多，常见的有扣题法，即由演讲的题目讲起，介绍演讲的原因，吸引听众注意，听众觉得自然、顺畅。有开门见山提论点的方法。有从具体事例入手引出演讲题的方法。有造成悬念，引人入胜的方法。还有用一个幽默、诙谐的小故事、寓言、笑话等开头；用传闻轶事、个人经历、偶然事件作开头；用出乎意外的提问、设问、比喻等开头，不一而足。

一次演讲的成功，开始的几分钟能抓住听众很重要。出色的演讲词是很重视开头的设计的。一开头就“语不惊人死不休”大概很难做到，倒是如说家常的谈心式的开头，听来觉得亲切。张海迪《是颗流星，就要把光留给人间》的演讲词是这样开头的：“我今年28岁，在山东省莘县广播局工作。几年来，不少人问我：‘海迪，你是怎样对待人生的，是什么力量支持你开拓生活道路的呢？’生活的实践使我体会到：人的一生是短暂的，要使自己的一生有意义，就要把自己仅有的一点光和热奉献给人民。”这种谈心式的自述，听来十分亲切真诚，能一下子抓住听众的情绪。

有了好的开头后，最重要的是还要有实在的内容。这就要注意层次，但层次又不能太复杂，这是演讲词与论文的主要不同之处。因为层次太复杂，像开“中药铺”，演讲时听众就会越听越糊涂。层次有三四个就行，尽量不用序号“一、二、三、四……”，而用“首先”、“其次”……张海迪《是颗流星，就要把光留给人间》的演讲词是从四个方面阐述人生的意义的：“虽然我不能像健康的青年一样，可我一定要用双手为祖国描绘美好的图画”；“我的腿虽然失去了功能，也要在人生的道路上勇敢地走下去”；“只有在为他人服务时，我才真正懂得了生命的意义，发现了人生的价值”；“对知识和生命的渴求的热望，使我不甘于落伍”。张海迪的高尚境界和品格是有层次地表达出来的。

演讲词的开头要有吸引力，结尾则要有回味，让人思索。不同内容、不同对象、不同场合的演讲词的结尾是各不相同的，没有固定模式。总的要求是既要防止画蛇添足，离题太远；又要防止草草收兵，虎头蛇尾。

演讲词要有一条贯穿全篇的线索，结构才会紧凑。自 1984 年 9 月 10 日以来，每年教师节赞颂教师的话语如泉喷涌。不少人用“蜡烛”比教师，赞颂教师“照亮了别人，毁灭了自己”，也有不少人用“春蚕”比教师，赞颂教师“春蚕到死丝方尽”。教师的献身精神，人所共见，壮则壮矣，未免悲凉。有篇演讲词，用“教师是人类文明火炬的传递者”作线索，贯穿全篇赞颂教师，这样比喻十分科学，无比壮美。全篇结构也十分严谨，一气呵成。

（四）演讲词的语言要流畅、生动、深刻

语言是思想的外衣。流畅、生动、深刻的语言，是向听众传递自己思想的载体。语言流畅、生动、深刻，听众才爱听。

流畅，是指语言琅琅上口，一泻如水。只有思维准确，思路清晰，思绪顺畅，才能做到语言流畅。只有文句通顺，语言明白如话，才能做到语言流畅。咬文嚼字，半文半白，堆砌辞藻，洋里洋气的语言是流畅不起来的。

生动，指的是语言活泼，诙谐，有趣味性。在严肃、深刻的演讲词中，穿插一些幽默、风趣的语言，可以增强演讲词本身的魅力。演讲的语言应力求形象，要选用那些能引起联想，富有感情色彩的词语。选用恰当的修辞手法也可以加强语言的表现力。演讲是一种口头表达方式，演讲词要注意语言的口语化，多用短句，这样演讲起来就有节奏感。

深刻，是指语言有哲理性。演讲一要人爱听，二要人记住。演讲词要说出人们想说而说不出，或还没有想到的道理。一篇好的演讲词应能给听众留下一二句富有哲理性的警句，让人铭记不忘。

三、演讲应具备的素养和应掌握的技巧

有了出色的演讲词，演讲者还必须具备一定的素养，掌握一定的技巧，演讲才会精彩。

演讲，从宽泛的角度讲，政治家、科学家、学者在某个场合作的报告也包括在内。这种演讲往往侧重其内容的重大，而对其口头表达得如何，一般不作过高要求。但是，演讲从严格意义上讲，它不仅是学问，也是艺术。因为，"演"既有敷陈、发挥的意思，也有一定的表演、艺术的成分。因此，从书面语言的演讲词到口头表达的演讲，中间有个"加工"过程，有个"升华"问题。

演讲者站在台上，一开口，一举手，虽然时间不太长，展现在听众面前的却是演讲者的全部。这个"全部"的含义，不仅仅指演讲者的外部形象，更是指演讲者的内在素养。演讲者的内在素养主要有两个方面，一是思想素质，二是文化修养。思想素质包括思想觉悟、认识水平和情调趣味。如果演讲者格调不高，水平低下，趣味低级，听众不嘘他才怪呢！文化修养是指文化知识、社会阅历和语言水准。如果演讲者知识贫乏，语言粗俗，语音难听，演讲者能在台上站得住吗？

演讲者具备了一定的内在素养，还必须掌握一定的演讲技巧。

（一）注意服饰神态

演讲时不要浓妆艳抹，过分修饰；也不要蓬头垢面，不修边幅。神态大方自然，站立平稳，轻松自如，不在讲台上踱来踱去，不要靠在桌上或弓身两手撑在桌子上，或两手插在口袋里。眼睛要看着全场听众。不要尽瞧天花板或地面。不要只注目领导或某一个听众。也不要眼珠乱转，东瞧西看，魂不守舍。装腔作势，矫揉造作，只能令人作呕。

（二）注意音量语速

声音不要过高太尖，刺耳难受；也不要过低，人家听不清楚，不知所云。语速快慢适度，要注意停顿，有节奏感。抑扬顿挫一般是受欢迎的。

（三）有的放矢，看人说话

对文化层次高的人演讲，不重复浅显的话语和道理。对文化层次低的人演讲，切勿抽象难懂，故作高深状。

（四）演讲有序，脱稿挥洒

演讲先讲什么，再讲什么，一层一层，清清楚楚；不要东拉西扯，颠三倒四，杂乱无章。也不要照本宣科，让人昏昏欲睡。脱稿演讲，挥洒自如，有时会进入绝佳境界，常有“神来之笔”，一个灵感，一句妙语，常给演讲添色增辉。演讲时口若悬河，滔滔不绝，会令听众叹服；断断续续，结结巴巴，口头语不断，听众会如坐针毡。

（五）说话亲切，态度诚恳

切勿自以为是，好为人师，视听众为稚童，口气生硬，时时训斥，让人反感。

（六）以手势助说话

手势是无声的语言，适当的手势可调节说话，有加重语感的作用。

（七）谈吐幽默，活泼诙谐

演讲不要让人受罪，要有趣味，令人开怀，寓教于风趣中。1994年10月26日，北京大学授予香港著名武侠小说家查民镛（金庸）北京大学名誉教授称号。校方要求查先生作有关武侠小说的讲演，查先生表示，在这著名的高等学府讲武侠有欠庄重，因而讲演了中国历史。演讲时,他幽默地说:“我刚刚从绍兴过来,在绍兴的兰亭,那里的人让我写字。我说,那可不行,这是大书法家王羲之写字的地方,我怎么能写?于是我写了一行‘班门弄斧,兰亭挥毫’。今天北大又让我在此讲学,又是一种怎敢当的心情,于是我又写了一行‘草堂赋诗,北大讲学’。”话音一落,学生们发出极开心的大笑。他乘兴又补一句:“我是搞新闻出身的,做新闻是杂家,跟专攻一学的教授不同,如果让我作正式教授的话,那是完全没有资格的。幸亏我当的是名誉教授。”结果又引来满堂喝彩。他所讲的历史是“中华不亡史”。他认为尽管中国历遭外族侵略,但是不但未亡,反而促使其壮大。这是因为华夏文化的开放和包容所致。他的演讲,很合大学生的口味,个个听得津津有味,且常常给以会心的笑声和掌声。

(八)要有个性

有个性才有特色。个性化的演讲与演讲者的人品、性格是分不开的,也与演讲者的语言风格、有特征的动作分不开。语言风格,有的犀利辛辣,有的嬉笑怒骂,有的幽默风趣,有的热情奔放,有的委婉含蓄……不同的语言风格,显示了不同的个性特点。列宁、孙中山、毛泽东、周恩来平时有个性的动作,不仅成了他们演讲精彩的要素,还成了他们领袖形象的特征。

[例文] 在美国耶鲁大学的演讲

(2006年4月21日,纽黑文)

中华人民共和国主席 胡锦涛

尊敬的理查德·莱文校长,同学们,老师们,女士们先生们:

首先,我感谢莱文校长的邀请,使我有机会来到世界著名学府耶鲁大学，同青年朋友和老师们相聚在一起。

进入耶鲁大学的校园，看到莘莘学子青春洋溢的脸庞，呼吸着书香浓郁的空气，我不由回想起40年前在北京清华大学度过的美好时光。学生时代，对人的一生都会产生重要影响。当年老师们对我的教诲，同学们给我的启发，我至今仍受用不尽。

耶鲁大学以悠久的发展历史、独特的办学风格、卓著的学术成就闻名于世。如果时光能够倒流几十年，我真希望成为你们中的一员。

耶鲁大学校训强调追求光明和真理，这符合人类进步的法则，也符合每个有志青年的心愿。300多年来，耶鲁大学培养出一大批杰出人才，其中包括20位诺贝尔奖获得者、5位美国总统。美国民族英雄内森·黑尔是耶鲁校友，他的名言——“我唯一的憾事，就是没有第二次生命献给我的祖国”，深深感染了我和许多中国人。我衷心祝愿贵校培养出更多英才，为美国经济社会发展、为人类进步事业作出更大贡献！

女士们、先生们、朋友们！

长期以来，中美两国人民一直相互抱有浓厚的兴趣和友好的感情。中国人民欣赏美国人民的开拓进取精神，钦佩美国人民在建设国家中取得的骄人业绩。随着中国的快速发展和中美合作的不断拓展，越来越多的美国人也把目光投向中国，更加关注中国的发展进步。

了解是信任的基础。今天，我愿从中华文明历史流变和现实发展的角度，谈谈当代中国的发展战略和前进方向，希望有助于美国人民更全面、更深入地了解中国。

在5 000多年的历史长河中，中华民族为人类文明进步作出了巨大贡献，同时也走过了曲折艰辛的道路。特别是从1840年鸦片战争以来的160多年间，中国人民为摆脱积贫积弱的境遇，实现民族复兴，前仆后继，顽强斗争，使中华民族的命运发生了深刻变化。95年前，中国人民通过辛亥革命推翻了统治中国几千年的君主专制制度，为中国的进步打开了闸门。57年前，中国人民经过长期浴血奋斗实现了民族独立和人民解放，建立了人民当家作主的新中国。28年前，中国人民开始了改革开放和现代化建设的伟大历史进程，经过艰苦创业取得了举世瞩目的巨大成就，从

1978 年到 2005 年，中国国内生产总值从 1 473 亿美元增长到 22 257 亿美元，进出口总额从 206 亿美元增长到 14 221 亿美元，国家外汇储备从 1.67 美元增加到 8 189 亿美元，农村贫困人口由 2.5 亿人减少到 2 300 多万人。回顾这 160 多年来中国发生的沧桑巨变，可以说，中国人民经过艰苦探索和顽强奋斗，既改变了自己的命运，也推动了人类进步事业。

必须看到，中国尽管取得了巨大的发展成就，但仍是世界上最大的发展中国家，人均国内生产总值仍排在世界 100 名之后，中国人民的生活还不富裕，中国的发展还面临着不少突出的矛盾和问题。要彻底改变中国的面貌和改善中国人民的生活，需要继续持之以恒地艰苦奋斗。中国将在未来 15 年集中力量全面建设惠及十几亿人口的更高水平的小康社会。具体来说，就是要使中国国内生产总值到 2020 年达到 40 000 亿美元左右，人均达到 3 000 美元左右，使经济更加发展、民主更加健全、科教更加进步、文化更加繁荣、社会更加和谐、人民生活更加殷实。

为了实现我们的发展目标，中国根据本国国情和时代要求明确了自己的发展理念，这就是树立和贯彻以人为本、全面协调可持续发展的科学发展观，统筹城乡发展、统筹区域发展、统筹经济社会发展、统筹人与自然和谐发展、统筹国内发展和对外开放，更加注重解决民生问题，更加注重克服发展的不平衡性，更加注重解决发展中存在的突出矛盾，致力于走科技含量高、经济效益好、资源消耗低、环境污染少、人力资源优势得到充分发挥的新型工业化道路，推进经济建设、政治建设、文化建设、社会建设协调发展，努力实现生产发展、生活富裕、生态良好的文明发展格局。

科学发展的理念，是在总结中国现代化建设经验、顺应时代潮流的基础上提出来的，也是在继承中华民族优秀文化传统的基础上提出来的。

中华文明是世界古代文明中始终没有中断、连续 5 000 多年发展至今的文明。中华民族在漫长历史发展中形成的独具特色的文化传统，深深影响了古代中国，也深深影响着当代中国。现时代中国强调的以人为本、与时俱进、社会和谐、和平发展，既有着中华文明的深厚根基，又体现了时代发展的进步精神。

——中华文明历来注重以民为本，尊重人的尊严和价值。早在千百年前，中国人就提出“民惟邦本，本固邦宁”、“天地之间，莫贵于人”，强调要利民、裕民、养民、惠民。今天，我们坚持以人为本，就是要坚持发展为了人民、发展依靠人民、发展成果由人民共享，关注人的价值、权益和自由，关注人的生活质量、发展潜能和幸福指数，最终是为了实现人的全面发展。保障人民的生存权和发展权仍是中国的首要任务。我们将大力推动经济社会发展，依法保障人民享有自由、民主和人权，实现社会公平和正义，使13亿中国人民过上幸福生活。

——中华文明历来注重自强不息，不断革故鼎新。“天行健，君子以自强不息。”这是中国的一句千年传世格言。中华民族所以能在5 000多年的历史进程中生生不息、发展壮大，历经挫折而不屈，屡遭坎坷而不馁，靠的就是这样一种发愤图强、坚忍不拔、与时俱进的精神。中国人民在改革开放中表现出来的进取精神，在建设国家中焕发出来的创造热情，在克服前进道路上的各种困难中表现出来的顽强毅力，正是这种自强不息精神的生动写照。

——中华文明历来注重社会和谐，强调团结互助。中国人早就提出了“和为贵”的思想，追求天人和谐、人际和谐、身心和谐，向往“人人相亲，人人平等，天下为公”的理想社会。今天，中国提出构建和谐社会，就是要建设一个民主法治、公平正义、诚信友爱、充满活力、安定有序、人与自然和谐相处的社会，实现物质和精神、民主和法治、公平和效率、活力和秩序的有机统一。中国人民把维护民族团结作为自己义不容辞的职责，把维护国家主权和领土完整作为自己至高无上的使命。一切有利于民族团结和国家统一的行为，都会得到中国人民真诚的欢迎和拥护。一切有损于民族团结和国家统一的举动，都会遭到中国人民强烈的反对和抗争。

——中华文明历来注重亲仁善邻，讲求和睦相处。中华民族历来爱好和平。中国人在对外关系中始终秉承“强不执弱”、“富不侮贫”的精神，主张“协和万邦”。中国人提倡“海纳百川，有容乃大”，主张吸纳百家优长、兼集八方精义。今天，中国高举和平、发展、合作的旗帜，奉行独立自主的和平外交政策，坚定不移地走和平发展道路，既通过维护世界和平来发展自己，又通过自身的发展来促进世界和平。中国坚持实施互利共赢的对外开放战略，真诚愿意同各国广泛开展合作，真诚愿意兼收并蓄、博采各种文明之长，以合作谋和平、以合作促发展，推动建设一个持久和平、共同繁荣的和谐世界。

女士们、先生们、朋友们！

中美都拥有辽阔的国土，都是多个民族并存、多种文化融合的国家，都生活着勤劳智慧的人民。中美因不同的历史背景和现实国情而存在着差异，这有利于我们相互借鉴，取长补短。中美加强合作，符合两国和两国人民的根本利益，对世界的和平与发展也具有重大影响。

200多年来，浩瀚的太平洋并未阻断中美两国人民的交流合作，中美两国人民相互学习、相互帮助，谱写了世界不同文明相互借鉴的美好篇章。1979年中美建交27年来，两国关系曾历经曲折，但总体上保持了稳定发展的大方向，给两国和两国人民带来了巨大利益。

进入21世纪，国际形势继续深刻变化。和平与发展仍然是当今时代的主题，但不稳定不确定因素在增多，新挑战新威胁在增加。在新的国际形势下，中美两国共同利益在增多，合作领域在扩大。世界和平与安全面临的新课题，特别是反对国际恐怖主义、防止大规模杀伤性武器扩散、保护人类生存环境、打击跨国犯罪等，使我们两国拥有重要的共同战略利益。中国的巨大市场和发展需求，美国的先进科技和优质产品，使两国具有巨大的经济技术合作空间。中美全面发展建设性合作关系前景广阔。

昨天上午，我同布什总统就中美关系及共同关心的重大国际和地区问题深入交换看法，达成了许多重要共识。我们都认为，双方应该坚持从战略高度和长远角度审视和处理中美关系，加强对话，扩大共识，增进互信，深化合作，全面推进21世纪中美建设性合作关系。

我相信，只要我们从中美关系发展的大局出发，彼此尊重，相互理解，两国关系就能够健康稳定地向前发展，给两国人民带来更多利益，给世界各国人民带来更大希望。

女士们、先生们、朋友们！

一个音符无法表达出优美的旋律，一种颜色难以描绘出多彩的画卷。世界是一座丰富多彩的艺术殿堂，各国人民创造的独特文化都是这座殿堂里的瑰宝。一个民族的文化,往往凝聚着这个民族对世界和生命的历史认知和现实感受,也往往积淀着这个民族最深层的精神追求和行为准则。人类历史发展的过程,就是各种文明不断交流、融合、创新的过程。人类历史上各种文明都以各自的独特方式为人类进步作出了贡献。

文明多样性是人类社会的客观现实,是当今世界的基本特征,也是人类进步的重要动力。历史经验表明,在人类文明交流的过程中,不仅需要克服自然的屏障和隔阂,而且需要超越思想的障碍和束缚,更需要克服形形色色的偏见和误解。意识形态、社会制度、发展模式的差异不应成为人类文明交流的障碍,更不能成为相互对抗的理由。我们应该积极维护世界多样性,推动不同文明的对话和交融,相互借鉴而不是相互排斥,使人类更加和睦幸福,让世界更加丰富多彩。

女士们、先生们、朋友们!

文化、教育和青年交流是中美两国人民增进相互了解和友谊的重要桥梁,也是推动中美关系健康稳定发展的重要力量。耶鲁大学是中美教育合作的先行者和文化交流的重要平台。156 年前,一位名叫容闳的中国青年走进了耶鲁大学校园,4 年后他以优异的成绩获得了文学士学位,成为毕业于美国大学的第一个中国留学生。此后,一批又一批中国青年来到耶鲁大学求学。近 20 年来,耶鲁大学吸引了 4 000 多名中国留学人员,同中国文化界、科技界、教育界的合作项目超过 80 个。去年夏天,耶鲁大学派遣首批学生到中国实习,其中一些人成为中国故宫博物院的第一批外国实习生。借此机会,我对莱文校长和耶鲁大学为增进中美两国人民的交流所做的积极努力表示赞赏。

为增进中美两国青年以及教育界的相互了解,我高兴地宣布,中方决定邀请 100 名耶鲁大学师生今年夏天访问中国。我相信,你们的访问将是一次十分愉快的经历。

女士们、先生们、朋友们!

“长江后浪推前浪,世上新人换旧人。”青年人是世界的希望和未来,青年人有着蓬勃向上的生命活力和无穷的创造力。我衷心希望,中美两国青年携起手来,以实际行动促进中美两国人民友好,同世界各国人民一道，共创世界美好的明天。

谢谢各位。

【思考与练习】

1. 演讲有哪三个基本特征？
2. 演讲词的写作要求是什么？
3. 演讲应具备的素养和应掌握的技巧是什么？
4. 在班级里举行一次演讲比赛，演讲题或由老师定，或由大家讨论定，或自由命题。

第四节 论　辩（词）

一、论辩的涵义和构成要件

（一）论辩的涵义

论辩包括论和辩。论，指论理，论证，即依据一定的需要和原则分析、说明事理；辩，指辩驳，通常是指论辩者依据一定的理由来驳斥某种观点。论辩是论和辩的统一，只论不辩不是论辩。例如，不以驳斥某种观点为目的的演讲或论说文，就不是论辩。只辩不论，这样的辩不存在。有辩则有论，辩的同时，也就意味着论证自己观点的成立或对方观点的不成立。因而，人们习惯于把论辩又叫做辩论。

广义的辩论，既包括有明确目的、有准备的不同观点的辩论，也包括日常生活中由某种分歧而引起的随意性的争执。这种广义的辩论和与它相关的言语交际形式——演讲及交谈是既有联系又有区别的。演讲是一种单向的言语传递，即一人讲，多人听；而辩论则是一种双向的言语互动，即双方相互辩驳。辩论和交谈都是一种双向的言语互动，辩论是建立在观点对立的基础之上的，言语具有冲突性，而交谈则仅是以交流信息、传闻和娱乐为目的的言语交流形式。观点的对立性和言语的攻击性是辩论区别于演讲和交谈的主要特征。

辩论有的攻势凶猛，咄咄逼人；有的柔中有刚，绵里藏针；有的措辞激烈，力抵千钧；有的委婉含蓄，不紧不慢。不管怎样，好的辩论人称雄辩、巧辩；差的辩论人称诡辩。滔滔不绝，侃侃而谈，以事实和逻辑的力量批驳了某种观点，可称雄辩。而为达到正当的辩论目的，借助于某种反逻辑手法，机智而巧妙的辩论形式，则称之为巧辩。常见的巧辩反逻辑手法有"转换概念"、"暗移论题"和"机械类比"等。至于诡辩，它的基本特征和手法是歪曲事实，违反逻辑，其表现为或"偷梁换柱"，或"牵强附会"，或"强词夺理"等。

（二）论辩的构成要件

任何事物都离不开其构成要件，论辩也是如此。论辩构成有三个要件：论辩主体、论辩命题和论辩方式。

1. 论辩主体，即辩论者。它指的是参加辩论的组织或个体，它是以双方或多方对峙的形式而存在的，各方人数不等。论辩主体可能是代表各种不同观点的多方交织，形成"三足鼎立"、"四雄相争"，但在具体的言语交锋中则只是一种双边活动。如诸葛亮"舌战群儒"。因此，论辩的主体总是由双边构成，即正方和反方、甲方和乙方、原告和被告等。

2. 论辩命题，即辩论的题目，争论的中心。没有一定意义的论辩命题，是称不上辩论的。这种题目和中心，就是论辩主体双边之间观点分歧的焦点。辩论有随意性辩论和专门性辩论的区分。随意性辩论虽然是由日常生活、工作中的一些偶发事件引起的争论，这种争论也是围绕一个"中心"、一个"命题"展开的。著名的如庄子与惠子的"濠梁之辩"。两人或一群人在一起瞎争乱吵，所争的内容毫无意义，没有价值，是无谓的。而专门性论辩，是人们就特定的议题，在专门的场合，按正规的方法和手段所进行的一种辩论，其主要特征是有预定目的，有组织和有准备。如联合国一年一度年会的一般性辩论，赛场辩论，法庭辩论等。辩论命题涉及到人类进步、世界和平、社会发展等。这些命题是有意义，有价值，有影响的。1992 年 3 月，上海市 21 所大专院校的大学生辩论队围绕“大学生成才”、“90 年代上海人的形象”、“留学生学成回国”和“人民公园破墙开店”等校园议论热点命题辩论，有利于培养大学生的群体意识和人格素质，也有利于造就新一代大学生的风范，成为大学生活的重要组成部分。

3. 论辩方式。从表达的角度区分，有口头辩论和书面辩论；从逻辑形式的角度区分，有立论、反驳和辩护；从对峙双方人数区分，有个体辩论和群体辩论等。

二、论辩的要素和论辩的能力要求

（一）论辩的要素

论辩的最关键的要素体现在逻辑、理论和价值三个方面。这三个方面是取得一场辩论胜利的关键因素，也是辩论本身最为核心的要素。围绕辩论的主题而展开的论辩词，必须体现逻辑、理论和价值的地位和作用。复旦大学辩论队教练俞吾金教授指出：

1. 从形式上看，任何论辩词都是服从一定的逻辑法则的，而逻辑是不可战胜的。怎样发挥逻辑的力量呢？

第一，对辩题要进行深入细致的逻辑分析。

任何辩论得以展开的前提是辩题的设定，而对辩题的逻辑分析又构成全部辩论准备的出发点。这一分析，主要是通过对辩题的概念分析和对辩题的类型分析两个方面来进行的。

辩题一般是判断句，判断是概念组成的。因此，对辩题的概念——分析是必要的，这就属于逻辑范畴了。复旦大学队在新加坡的第一场比赛，是与英国剑桥大学队对垒，辩题是“温饱是谈道德的必要条件”。这个辩题是由四个概念组成的，分析如下：

温饱：饱食暖衣，换一种说法，即无衣食之困。我们大致可以把人类的生存理解为三种状态：第一种是贫困，亦即勉强地能够维持生存；第二种是温饱，表明生存状态较好，已脱离受冻挨饿的境地；第三种是富裕，指称一种很优越的生存状态。

道德：调节人们行为的规范，由社会舆论和良心加以支持。

谈：提倡、宣扬。

必要条件：其逻辑涵义是“无之必不然，有之不必然”。

辩题虽然有各种各样的表达方式，但不外乎为“A 是 B”或“A 不是 B”判断形式。这里，把握辩题中“是”这个系词的确切内涵是十分重要的。如果从“是”的性质着眼，辩题可以区分为三种不同的类型：等同型，如“美是理念的感性显现”；归属型，如“艾滋病是医学问题”；条件型，如“提高人口素质是实现现代化的先决条件”等。如果对“是”这个词的含义理解不清，是不可能吃透整个辩题的基本精神的。此外，从 A 与 B 的模态关系入手，也可以从逻辑上把辩题分为必然型，如“经济发展必然导致文化的繁荣”；利弊型，如“教授下海利大于弊”；可能型，如“21 世纪将是华人的世纪”等。

第二，归纳和概括是辩论中最重要的逻辑方法之一。

归纳和概括从属于形式逻辑中的归纳推理，在辩论中起着最基础、最普遍的作用。辩论中及时的、明晰的归纳和概括己方的观点，并进而阐述其正确性，是重要的；同样，一针见血地归纳和概括出对方的“错误”，从而置对方于“死地”也是十分必要的。如复旦大学队在新加坡第一场比赛中，复旦第四辩手在总结陈词中，直指对方“李代桃僵”、“扬汤止沸”、“避实就虚”、“指鹿为马”四个逻辑错误，得到了听众和评委的较高的评价。因此，善于概括和归纳，就能抓住最根本的问题，既能把己方的思想表达清楚，又能给予对方的要害问题以决定性的打击。比如，复旦队在第一场辩论中，概括出来的核心问题是：“在没有温饱的条件下能不能够，应不应该谈道德？”第二场辩论中的核心问题是：“既然医学对艾滋病无能为力，我们究竟怎么办？”第三场辩论中的核心问题是：“既然人性本善，那么，善花如何结出恶果来的？”等。

第三，总体配合上的逻辑一致性。

在日常生活中，一个人表达自己的思想时，稍不留心，前后讲的话，使用的概念就可能发生逻辑上的矛盾，何况在群体辩论中防止“自乱阵脚”了。美国哈佛大学杜维明教授认为复旦大学队在辩论中“能显示一种流动的整体意识”，表明了复旦辩手在整体配合上具有强烈的逻辑意识。

第四，抓漏与反驳也是重要的逻辑手段。

归谬法是抓漏和反驳的最好的逻辑技巧。它的特点就是顺着对方的思路出发，把对方的观点推到极端，使之显露出明显的荒谬性，然后加以否定。在新加坡整个比赛中，复旦大学队就有许多精彩的辩词，闪现着中国大学生的睿智。

2. 从内容上看，任何论辩词都是服从于一定的理性的。

中国古人把辩论说成是：“将以明是非之分，审治乱之纪，明同异之处，察明实之理，处利害，决嫌疑。”如果没有一定的理论修养，是不能做到这一点的。理论是事实的抽象概括，说出了事物的本质。因此，没有理论的辩论是肤浅的。但是在表演型辩论中，双方的理论立场是抽签决定的，虽然双方的理论立场都有片面性，仍然有一个系统地严密地表达自己理论的问题。如“艾滋病是医学问题，不是社会问题”这一辩题，正方、反方都是片面的。因为实际上，艾滋病既是医学问题，又是社会问题。这里就有一个理论选择的问题。当然，从辩论的角度来看的理论知识，与从学术探讨的角度来看的理论知识是不同的。所以，复旦队为出战新加坡，从辩论的实际需要出发，做了大量的理论知识的积累工作，为最后取胜奠定了坚实的基础。

3. 从思想意境上看，任何论辩词还涉及辩论者的价值取向的问题。

论辩词的价值取向之所以是必不可少的，一方面，因为它说出了理论选择所说不出的东西；另一方面，自觉地说出价值取向，不仅显示了辩论者的思想意境，而且也表明了辩论者在辩论过程中追寻并回应了蕴涵在辩题之中的人类对生存活力及意义的困惑和探索。辩论中的感染力是十分重要的。感染力从何而来呢？来自于立意高的价值取向。它能打动听众，震撼人们的心灵。美国黑人民权运动领袖马丁·路德·金“我有一个梦想”的雄辩就很有感染力。他说：“我有一个梦想，有那么一天，我的4个孩子能够活在一个不是以他们的皮肤，而是以他们的品性来判断他们的价值的国度里”，听众的心灵受到了极大的感染和震撼。

价值判断与辩手的人生观、理想观、历史观，甚至宇宙观都有密切的关联，是辩手对社会、对人类本身、对历史发展的一种综合的态度。因此，对辩手的文化修养、理论修养和人生修养有着很高的要求。

（二）论辩的能力要求

狮城舌战的经验昭示了优秀的辩手必须具备的能力是：

1. 逻辑能力。有较强的逻辑推理和逻辑思维的能力，能在复杂的现象和严密的理论论述中发现基本的逻辑关系和逻辑结构。在激烈的辩论中，既要能守住自己的逻辑结构，不发生“逻辑迷失”；又要能抓住对方的基本逻辑关系来组织进攻，不至于纠缠在枝微末节的问题上，失去了对对方逻辑的把握，产生“逻辑消失”。

2. 表达能力。能够准确地表达自己的思想和观点，并且，甚至更为重要的是能够富有感染力地表达自己，能够深深地打动听众。这就要求辩手全身心地投入，不仅以嘴辩，而且要以心辩。首先感染自己，然后感染别人。同时，辩手要具备辩论“三语”的基本功，即语音、语气和语调。

3. 知识能力。一场高水平的辩论，不仅仅是技巧的问题，而且是知识的问题。辩论也可以说是一个“知识量”的竞争。必须具有较为完整的社会科学知识；同时也要求有一定的自然科学的知识。知识的结构要求比较平衡，比较全面。

4. 机智能力。机智主要表现在反应上，对对方的理论和反驳，对自己的观点和概念，能够根据现场的风云变幻应变。对对手的变，要以“变”应“变”；而自己的观点，则要“以不变应万变”，能够在激烈的辩论中展现自己的风貌和智慧。

5. 遣词能力。古人云：“一人之辩，重于九鼎之宝。三寸之舌，强于百万雄师”，这就揭示了言词的力量。言词浩如瀚海，要在运用上显才华，即对词汇的掌握量，对词汇使用的恰当性，使用概念的准确性，还包括组织句子、使用成语、俗语等方面的综合能力，以及表达言词，语音的字正腔圆，悦耳动听，语气的急、缓、重、轻，语调的抑、扬、顿、挫等。

6. 幽默能力。幽默可以在辩论中构成闪光点。成功的幽默的好处是：一是可以鲜明地表达自己的观点，可以让大家在一种舒畅的心情中认同你的观点；二是可以营造场上的气氛，获得优势，使观众倾向己方，鼓舞自己的斗志，给对方以压力。“幽默炸弹”的威力是难以估量的。幽默感不是庸俗，不是低级趣味。

7. 心理能力。辩论是集知识、思辨、技巧于一体的智能性活动，因而，比赛的胜负是由诸多因素决定的。就辩论本身而言，心理是决定胜负的关键性因素之一。心理对辩论的作用，犹如水之于舟。良好的心理素质与心理氛围，能够保证辩论按设定的战术方案进行，并赢得主动。反之，战术方案则无法得到实现，比赛陷于被动。辩手在心理方面的素质与能力，是与辩手本身的操行、修养，平时的自我训练有关的。

如果辩论是团体作战，则对辩手的领悟能力、配合能力、整体能力、制宜能力有更高的要求。此外，辩手的形象条件、音色条件、可塑性条件，更是成为成功的辩手的“先天性”前提了。

三、论辩的知识较量和战术技巧

辩论实际上是综合素质的较量，其中，知识的较量和辩论的战术技巧的较量，尤为突出。

（一）论辩的知识较量

一场高水平的辩论前提是“知识量”的竞争。一名辩手如果在知识量上占据优势的话，就会在辩论中占据优势。有道是“生亦有涯知无涯”，一个人的知识难以全面，特别是从事专业性很强的学习和工作的人，知识结构不会完整，出战辩论，难度很大。复旦大学辩论队清醒地认识到这一点。他们安排了强化训练，在很短的时间内，促使参赛辩手的知识结构，主要是已经存储的知识发生“核裂变”。他们先后请了30多位专家为队员做了50多次讲座，涉及历史、文化、经济、政治、国际关系、哲学、语言等。尤其是对一些新兴学科进行了重点介绍，大大拓宽了辩手们的视野。同时，他们开出一份书单，还到藏书库里挑选了一大批书，让辩手“啃”。有些书只浏览泛读，有些书则逐字逐句精读。1993年，国际大专辩论会的地点在新加坡，而新加坡推崇儒家文化。前新加坡总理李光耀有句名言：“儒家思想可以抵御西方歪风”。复旦队的主要对手又是台大队，因此，儒家文化的知识就成了基本功。他们除了精读《四书》外，还熟读了《孙子兵法》、《道德经》等重要著作。有了这些知识积累，辩手在辩论时就能左右逢源，自出机杼，旁征博引，滔滔不绝了。

当今世界是“知识大爆炸”，茫无方向的“补课”，事倍功半。因此，分析可能入选为辩题的当代热点问题，重点理清有关这方面的知识，是捷径。当今世界，热点不少，诸如民族冲突与战争问题、生态环境问题、东西方文化融合与发展问题、世界政治新格局问题、南北和南南关系问题、当代新儒家问题、亚太经济圈问题、艾滋病问题、安乐死问题、联合国作用问题、人口问题、传统与现代化关系问题、后现代主义问题、国际恐怖主义问题、迈向21世纪问题等等。就这些问题，复旦队一方面组织一些专家讲座，有针对性的“灌输”；另一方面，也借阅了一批图书和刊物，使辩手们对这些问题尽快地获得了感性知识。

所以，复旦大学辩论队获胜狮城，从最一般的意义上来说，是读书的胜利，是知识的胜利。

（二）论辩的战术技巧

知识积累是重要的，但不讲究辩论的战术技巧，也是不行的。辩论双方对峙，唇枪舌剑，这里就有个战术问题。战术也是一种技巧。光有“学富五车”，作学术报告尚可，参加辩论却无济于事。剑桥队之所以负于复旦队，问题主要不是出在知识积累上，而是出在辩论战术技巧上。尤其是辩题不利于某一方时，这一方如果在战术技巧上不能高于对方一筹，是很难取胜的。辩论的战术技巧，主要研究辩论的攻守法则、言语技巧和心理战术。

1. 辩论的攻守法则。

攻与守是相对的，目的是一个："胜"。攻是为了胜，守也是追求胜。以攻为守，以守为攻。

(1) 攻的法则。从攻的对象上说，有攻其要害、攻其一点、攻其不备。

攻其要害 辩论时，双方常会纠缠一些细枝末节问题，甚至越扯越远，离题万里。这时必须迅速判明对方立论中的要害问题，一攻到底，击败对方。如"温饱是谈道德的必要条件"这一辩题的要害是"在不温饱的状况下，是否能谈道德?"只有始终抓住这个要害问题，才能给对方以致命的打击。复旦大学队对悉尼大学队的辩题是"艾滋病是医学问题，不是社会问题"，而悉尼队的一辩、二辩、三辩都没有阐述什么叫医学问题，什么叫社会问题，而这一点正是辩题中双方预设的争论焦点。对方回避这个问题，正是要害。复旦队及时抓住要害诘问："艾滋病究竟是医学出了问题，还是社会出了问题?"果然对方难以回答。所以，善于敏锐地抓住对方要害，猛攻下去，务求必胜，乃是攻的重要法则，辩论的重要技巧。

攻其一点 在双方辩论时，当对方露出多处破绽，且都是"要害"时，就要注意攻其一点。这是严格的辩论时间所决定的，也是取胜之道。不这样的话，超过时间且不说，"东一榔头，西一棒子"，难有深度和力度。攻其一点中的"点"，首先是指对方的观点，可以是其要害，也可以是我方事先设计的突破口。比如在狮城初赛时，抓住"对方须证明的是没有温饱就绝对不能谈道德"；半决赛中要求对方拿出"判断医学问题和社会问题的标准"；决赛中追问对方"善花如何结出恶果"。既然是"一点"，就要求稳、准、狠，攻势排山倒海。

攻其不备 人无完人，任何辩手，并非是无懈可击的。"智者千虑，必有一失"，就是这个道理。出其不意，攻其不备，往往会使对手手足无措，无言以对，乱了阵脚。复旦队与悉尼队的辩题是围绕艾滋病展开的。有关艾滋病的知识，复旦队远不如悉尼队。但复旦队在辩论时"出其不意"地提出："请问对方，今年世界艾滋病的口号是什么？"这一"小"问题时，悉尼队竟然无言以对。复旦队便"攻其不备"："对方辩友连这个基本的问题都不知道，怪不得谈起艾滋病问题来还是不紧不慢的"。以"不紧不慢"和世界艾滋病日的口号"时不我待"相对应，收到较好效果。

从"攻"的方式上来说，有强攻、巧攻、反攻、对攻、快攻等。

从"攻"的载体上来说，有理论、事实、语气等。

(2)"守"的法则。"守"是坚定自己的阵脚，是稳住自己的阵地，是以不变应万变，是后发制人，是为了攻，是为了取胜。"守"的办法很多：

其一，守住自方阵地，抓住对方矛盾。双方对峙，言来语去，言多必失，一个人尚且会如此，何况几个人组成的辩论队呢？复旦队与剑桥队辩论时，剑桥队的二辩认为法律不是道德，三辩则认为法律是基本的道德。这两种见解显然是相互矛盾的。复旦队乘机扩大对方两位辩手之间的观点裂痕，迫使对方陷入窘境。

其二，以静制动，后发制人。辩论双方，一方咄咄逼人，急于取胜。另一方则守住阵脚，以逸待劳，收到以静制动、后发制人的效果。《哲学家和渔夫的故事》就是一个生动例子。

其三，引入新意，"李代桃僵"。在辩论中，有时会在逻辑上或理论上碰上比较难辩的辩题时，不得不引入新的概念来化解困难，以确保己方立论中的某些关键概念隐在后面，不直接受到对方的攻击，此谓之"李代桃僵"。比如"艾滋病是医学问题，不是社会问题"这一辩题就是很难辩的，因为艾滋病既是医学问题，又是社会问题，不管辩论双方，谁是正方，谁是反方，都难以论辩。这时，可以引入新概念来化解。

2. 辩论的言语技巧。

辩论是双方观点的交锋，而交锋是靠言语去完成的。人们无不为辩论双方不时的“连珠妙语”、“字字珠玑”而拍案称好。这连珠的妙语，是源于言辞本身的美妙和运用言辞技巧的高超。

言辞本身的美妙，是以声开始的。以声表意，以声传情。要声音悦耳动听，就要在音色、语音、语调和节奏上下功夫。甜美纯净的音色，浑厚凝重的音色，自然胜过沙哑粗豪、尖细刺耳的音色。标准的语音则可以把思想、情感准确地传递给听众，给人以美感，散发出汉语特有的魅力。所以有一口标准的语音对一个辩手来说是多么的重要！语调是句子里声音的高低变化和轻重快慢，以表示一定的语气和情感。语调的变化，对于表达思想，表达情感也具有非常重要的作用。而言辞在行云流水般地吐出时，或自然停顿，或感情停顿，会收到意想不到的好处，这就是节奏的作用。

运用言辞的技巧很多，仅举如下几种：

(1) 激问反诘。这是修辞学中的反问在辩论中的运用。反问可以加强语气，强调观点，增强进攻力和防守力。如有人问刘吉：“你认为研究思想政治工作也是一门专业吗？”刘吉没有从正面回答，而是说：“研究牛、马、羊和鱼、鸟、虫都称之为专业，为什么研究高等动物——人的思想变化却不能成为专业呢？人的思想变化不是比动物的行为更复杂吗？问题是我们没有建立起科学的体系。”这种反问的形式，能使观点更鲜明，态度更有力。

(2) 设问引诱。这是辩论者为引出对方藏而未露的观点而故意向对方提问的一种问话形式，称之“诱敌入彀”。如罗斯福在当选美国总统之前，曾在海军里担任要职。有一天，一位朋友向他打听海军在加勒比海一个小岛上建立潜艇基地的计划。罗斯福向四周看了看，压低声音问："你能不能保守秘密？"那位朋友回答道："当然能。"罗斯福笑着说："那么我也能。"罗斯福用"能"与"不能"的设问引诱对方回答，而不管哪种回答都不利于那位朋友，却利于罗斯福。

(3) 借题发挥。这是辩论者一方抓住战机，紧紧地接过对方的话题，从一个较为特殊的角度反驳对方，从方法上讲是"就汤下面"，借题发挥。如一位美国记者问基辛格："我们的情况怎样？我们有多少潜艇导弹在配置分导式多弹头？有多少'民兵'导弹在配置分导式多弹头？"基辛格是怎样回答的呢？他说："我不确切知道正在配置分导式弹头的'民兵'导弹有多少。至于潜艇，我的苦处是，数目我是知道的，但我不知道是不是保密的。"记者急忙回答："不是保密的。"基辛格反问道："不是保密的，那么，你说是多少呢？"记者尴尬一笑，无言以对。

(4) 反语相讥。辩论中的反语相讥，多是为了批评、揶揄、讽刺和调侃对方。例如，在西方国家的电车上，一位老太太登上电车，车上座位都坐满了。一位先生客气地站起来让座，老太太一声不吭地坐下了。旁人都对这位老太太的不礼貌行为露出了不满的神色。只见那位先生转身问那位老太太："太太，您刚才在说什么？""先生，我什么也没说呀！"老太太感到奇怪了。"对不起，太太，我还以为您在说'谢谢'呢！"话音一落，车厢里一阵哄笑，老太太羞得满脸通红。

(5) 巧言问答。就是在辩论中对一些不便回答但又不能不回答的问题，通过一种特殊的形式和话语进行辩答的方法。1979年1月，即中美建交之际，邓小平作为副总理，访问了美国。在签署两国领事、贸易、科技、文化协定时，美方有人问邓小平："当美中决定实现关系正常化时，你在中国遇到了政治上的反对吗？"在场的人无不注视着邓小平的回答。邓小平开始说：

"有呀!"言毕,稍有停顿,继而又补充一句:"我在中国的一省遇到了严重的反对,那就是台湾呀!"

在激烈的辩论中,双方唇枪舌剑,风云变幻,无暇写出成稿,而多以提纲代之。论辩词纲的写作,更显言语技巧的功力。

3. 辩论的心理战术。

辩论是集知识、思辨、技巧于一体的智能性活动,因而,比赛的胜负由诸多因素决定。就比赛本身而言,心理是比赛胜负的关键性因素之一。辩论的心理战术,要注意辩论前的心理调节和辩论中的心理控制。

辩论赛辩论双方的立场是抽签决定的,而不是自己选择的。这样,会出现辩论的立场与自己所持信念不协调的情况。比如,"现代化等于西方化"的辩题,其正方不易为我们接受,其反方正是我们的观点。但如抽到正方立场,怎么调节心理?又如"人性本善"的辩题,其正方易为我们接受,其反方则相反。如抽到反方立场,怎么调节心理?再如"艾滋病是医学问题,不是社会问题"的辩论,不论正方、反方,立论都是不全面的,不管抽到哪一方,怎样心理调节,自圆其说?这些,就是辩论前心理要调节好的。此外,团队辩论,更要调节好内部的心理,尽量排除心理障碍,最后调动成"众志成城"、兴奋投入的最佳心理状态。

辩论中的心理控制有三个方面:自我心理控制、对手心理控制和观众心理控制。自我心理控制,最主要的是要控制紧张、控制急躁情绪。辩论赛非常强调风度,非常强调语言的优美和表达的艺术。由于临场紧张,由于辩论中出现口误,由于急于求胜等等,都会动摇自己的心理防线,致使败阵。对对手心理控制,就是要努力用辩论赛中表演的技巧,辩论的技巧,不断地冲击对方的心理防线,从而全面地驾驭对手的心理。对观众心理的控制，就是在与观众心照不宣的交流，赢得观众的心、观众的认同和支持。赢得了观众，也就赢得了辩论赛的胜利。

最后必须指出，辩论有两种，一种是实用辩论，如总统竞选、法庭辩论，以及有关政治、经济的谈判等等；另一种是游戏性质辩论，即“新加坡式”。新加坡式的辩论好处有：推动了优美的华语在世界范围内推广，辩论选手通过对和平与战争、生态环境、人性、安乐死、艾滋病等涉及人类生存的重大问题的思考、交流，引导人们关注生存中面临的大问题。同时，新加坡式辩论由亚洲扩展至英、澳、加等国的国际华语辩论赛，促进了来自世界各地的名牌大学师生间的交流。此外，辩论游戏同其他娱乐方式比较，显得高雅，其中展现的丰富知识也推动学生们不断读书，充实自我。但新加坡式的辩论有自己的弊端，如：为立场而非真理辩论，有时有“耍嘴皮”之嫌，一窝蜂搞得滥，以及片面追求金牌意识等等。但利是主流。

[例文]　　梅汝璈舌战十国法官

梅汝璈博士是中国著名法学家。

1946年春天，梅博士受命代表中国出席远东国际军事法庭。军事法庭共有11国的法官组成，除中国之外，还有美、英、苏、加、法、新、荷、马、菲和澳大利亚。各国法官聚齐东京后，大家首先关心的是法庭的座位排列顺序。庭长是盟军最高统帅麦克阿瑟指定，由澳大利亚德高望重的法官担任。庭长当然居中位。庭长左手的第二把交椅属于谁呢？法官们展开热烈讨论。谁都明白，座次表示着该法官所属国在审判中的地位。

为了国家的体面，中国法官梅汝璈一心要争到第二把交椅。当时的中国虽亦号称“世界四强”之一，可国力不强，徒有虚名，该怎么说呢？

“若论个人座位，我本不在意。但既然我们代表各自的国家，我还需请示本国政府。”梅汝璈的头一句就让人吃惊。若法官们各自请示本国政府,何时才能讨论出眉目来。望着同事们惊讶的神色,中国法官接着说:“另外,我认为,法庭座次应按日本投降时各受降国的签字顺序排列最合理。首先,今日系审判日本战犯,中国受日本侵害最烈,而抗战时间最久,付出牺牲最大,因此,有8年浴血抗战历史的中国应排在第二;再者,没有日本的无条件投降,便没有今日的审判,按各受降国的签字顺序排座,实属顺理成章。”中国法官说到这里略一停顿,微微一笑说:“当然,如果各位同仁不赞成这一办法,我们不妨找个体重测量器来,然后以体重的大小排座。体重者居中,体轻者居旁。”

中国法官的话音未落,各国法官已忍俊不禁。庭长韦伯说:“你的建议很好,但它只适用于拳击比赛。”梅博士回答说:“若不以受降国签字顺序排座,那还是按体重排好。这样,即使我被排末位也心安理得,并可以此对我的国家有所交待。一旦他们认为我坐在边上不合适,可以调派一名比我肥胖的来替换我呀!”这回答引起法官们的大笑。

笑归笑,庭长韦伯仍未最后拍板。等到开庭前一天预演时,庭长竟突然宣布入场顺序为美、英、中、苏、法……梅汝璈立即对这一决定提出抗议,并随即脱去黑色丝质法袍,拒绝登台“彩排”。他说:“今日预演已有许多记者和电影摄影师在场,一旦明日见报便是既成事实,既然我的建议在同仁中并无很多异议,我请求立即对我的建议进行表决。否则,我只有不参加预演,回国向政府辞职。”庭长召集法官们表决,预演推迟了半个多小时,入场顺序和法官座次终于按日本投降书各受降国的签字顺序,即美、中、英、苏、加……排定。

【思考与练习】

1. 论辩的构成有哪三个要件?
2. 论辩的要素是什么?论辩的能力要求是什么?
3. 为什么说论辩是知识积累的较量?
4. 论辩的主要战术技巧是什么?
5. 拟一份辩词提纲。

6. 组织一次辩论赛。

辩题A：开发大西北引“资”是第一位的（正）。

开发大西北引“知”是第一位的（反）。

B：电视征婚利大于弊（正）。

电视征婚弊大于利（反）。

第八章　新闻信息写作

第一节　概　　述

一、新闻的涵义、作用和基本要求

（一）新闻的涵义

新闻的涵义有广义和狭义之分。

广义的新闻是指对人类社会或自然界新近发生或发现的事实的报道和评论。其形式有消息、通讯、特写、记者通信、新闻评论、新闻图片、电视新闻等。

狭义的新闻，专指消息，是新近发生的事实的报道。

人们习惯用“新闻”这个总称谓，如电台、电视台的“新闻联播”节目，人们相互交谈：“今天有什么新闻”等。

（二）新闻的作用

新闻的作用，无论怎样估价都不过分。我国近几十年的历史表明，革命也好，建设也好，要取得伟大的胜利，都离不开新闻工作。这是我们党的一条基本经验。高度重视新闻工作，充分发挥新闻的强有力的作用，是我们党的一大传统、一大优势。新闻在宣传教育、舆论监督、传递信息、传授知识、娱乐休闲等方面的作用是十分巨大的。

1. 宣传教育。

在迈入21世纪的今天，新闻的宣传教育作用表现在：党的理论、路线、方针、政策和我们的奋斗目标，靠它更深入更广泛地宣传，让群众所理解和掌握；党和政府所采取的一系列推进改革的新举措，靠它向群众做通俗、有说服力的解释；人民群众创造的新经验，靠它宣传和推广；各条战线涌现的先进人物和他们的崇高精神，靠它讴歌和传播；群众日益增长的精神文化需求，靠它努力满足；实践中提出的许多课题，靠它认真研究和回答；在改革中由于利益关系调整而出现的思想认识问题，靠它疏导和解决；社会生活中存在的消极倾向，靠它加以化解；当今世界高度发达，地球空间日益缩小，我们靠它更多地了解世界和让世界更多地了解我们。

2. 舆论监督。

舆论作为公众的意见，是民情的反映，民意的表达。古人说："防民之口，甚于防川"，因为"水能载舟，亦能覆舟"，可见舆论的力量。在当今社会，每一个人都可以针对现实问题发表意见，进行评判。这些分散的议论一旦形成多数人的共同意见，便会产生舆论倾向，产生一种无形的力量，起到行政和法律难以起到的监督功能。马克思认为，舆论能够形成"另一法庭——社会舆论的法庭"。一切真、善、美和假、丑、恶都将在这面"镜子"面前曝光。报纸、电台、电视台等一切新闻手段，讴歌好人好事，便会万里传播，亿人颂扬；揭露坏人坏事，也会千夫所指，南北共讨。新闻舆论监督具有广泛公开性的特点。批评、揭露一旦见诸报端或广播电视，地无分南北，人不论老幼，尽皆知晓，坏人丑闻，便成过街老鼠。在建设有中国特色的社会主义宏伟事业中，要充分发挥新闻舆论监督的作用，因为它有利于扫除党内和政府内腐败现象和官僚主义作风，维护全党的团结，增强党的战斗力；有利于把自上而下的监督和自下而上的监督有机地结合起来；有利于加强党和人民群众的联系，密切党群关系；有利于让人民群众自己教育自己，促成社会风气的根本好转。

3. 传递信息。

信息本是无线电通讯中的一个概念，今已广泛用于社会生活中。凡一切能消除人们认识上的不确定性的消息、指令、代码、数据、信号、符号等都是信息。新闻信息更具人们未知、欲知、应知的特点。在迈入21世纪的世界里，信息是一种重要的资源，是一种特殊的物质力量，对国际社会，对各国发展，对人们的社会生活能产生很大影响。有时一条信息可以导致一个国家政局动荡，有时一条信息可以左右战争胜负，有时一条信息可以带来人们意想不到的经济效益和社会效益。信息时代的到来，新闻媒介的责任尤为重大，对新闻信息开发的要求也愈高。报刊、广播、电视、通讯社等新闻媒介以其传播方式的及时、广泛、形象、真实等优势成为信息传递的最有效的手段。新闻以其得天独厚的作用，及时的大量的传递真实的、典型的、新鲜的、有用的信息，为经济建设、科技发展、文化教育、日常生活提供直接服务。

4. 传授知识。

人们阅读报刊，收听广播，观看电视，是因为这些新闻传媒能传授知识。大众接受新闻基本的原因往往在于知晓未知之事理。而其指向又是多方面的，有科学的、文化的；工业的、农业的；天文的、地理的；经济的、哲学的、历史的；国际的、国内的；社会的、家庭的，几乎无所不包。人们的求知欲望有时有明确的指向，有时又漫无方向，有很大的随意性。而新闻传媒能满足人们的各种求知欲望。当今社会，不少人生活节奏快，公务活动忙，无暇静心读书，基本上是靠新闻传媒接受知识“快餐”。不少人退休赋闲在家，年事已高，没有精力接受系统知识，基本上也是靠传媒“窗口”接受知识“输液”，从而不至于落伍时代。当今世界又称知识爆炸的世界，人们不可能也不需要一门学科一门学科地去攻读。新闻传媒报道海湾战争，人们从中可以知晓许多政治、经济、军事等方面的知识。新闻传媒报道彗星撞击木星，人们从中可以得知许多天文知识，等等。

5. 娱乐休闲。

相当多的人爱读报纸、喜听广播、乐看电视，甚至成为癖好，是因为新闻传媒有娱乐休闲的作用。作为新闻传媒的报刊、电台、电视，一定要有吸引力，人们才去读、去听、去看。如果是板着面孔说教，枯燥乏味的传知，谁愿意去读、去听、去看？一定要寓教于乐，寓知于乐。特别是在报刊丛生，电台、电视台林立的今天，还真要别出心裁地、千方百计地吸引人才行呢。

（三）新闻的基本要求

《辞海》指出，新闻"要求迅速及时、真实、言简意明、以事实说话"。这就是一般所说的新闻要快、真、短、实。

1. "迅速及时"。

新闻报道有强烈的时间性，要求迅速及时。按照新闻价值规律，新闻事实发生与新闻传播出去的时间距离越小，新闻价值就越大；反之，时间距离越大，新闻价值就越小，恰成反比。特别是在当代信息化的社会中，时效往往决定新闻消息的价值。国外新闻记者有"抢新闻"之说，诸如带枪深入战场，用飞机或电传投送新闻稿，都是在争取新闻消息的时效。1963 年 11 月 22 日，美国前总统爱德华·肯尼迪在达拉斯竞选遇刺的新闻，是紧随总统座车后面的路透社记者现场发出的，几乎与肯尼迪遇刺同时。美国前总统里根被刺的消息也只两分钟就播向全世界，4 分钟后，录像就上电视了。1964 年 10 月 15 日 18 时，法新社较塔斯社提前 20 多个小时播发赫鲁晓夫下台的消息，引起很大反响。1976 年 10 月 12 日晨，英国《每日电讯报》在头版头条位置，白纸黑字，偌大的三栏标题，赫然印着：

华粉碎极左分子

毛的遗孀被捕

四个领导人被指控策划北京政变

这是全世界第一个对 1976 年 10 月 6 日逮捕“四人帮”这一重大事件的新闻报道。英国《每日电讯报》“第一”，而且以独家新闻的优势，全面、详细并正确地报道了这一事件。相反，英国老牌《泰晤士报》却落在了后头，并在随后的报道中竟以讹传讹，出现了内容失实的大错，着实出了洋相。西方的同行们，都把羡慕的眼光投向《每日电讯报》驻北京记者尼杰尔·韦德。

新闻报道的时间性，有时有着特殊的意义。如 1994 年 10 月 4 日，日本发生了里氏 7.9 级地震，但只有 227 人受伤，无一人直接死亡。这多亏了新闻迅速准确报告了灾情。原来日本有一个把气象厅的地震仪同电视台、电台连在一起的系统。第一次震动后仅 8 秒钟，“北海道地区有强烈地动，当心海啸”的警报立即出现在全国范围的电视屏幕上，两分钟后，东京才感到地震，人们已有了一定防备。

我国新闻界是注意在“迅速及时”上下功夫的。在西昌卫星发射场、在重大国际赛事中，新华社不惜重金买下直播权。但毋庸讳言，新闻慢半拍的事也时有发生。

2. “真实”。

真实是新闻的生命。新闻报道是客观事物的反映，先有事实，后才有新闻。离开事实，新闻成了谣言假闻了。新闻对于真实的要求极为严格，不仅事实本身要确实存在，而且引用的资料，包括背景材料、数字、史实、引语等都要核实无误。新闻的价值就在于真实无误地把事实告诉读者，真实才能取信于读者。失去了真实就失去了新闻消息存在的价值，而且会造成极坏的影响。

李瑞环说："新闻的真实性不仅要求每一篇具体报道的新闻要素必须真实准确，而且要求从新闻宣传整体的把握上做到真实、客观、全面。""我们要把坚持真实性提高到坚持党性原则的高度来认识。"但是在我们的新闻报道中，失实现象仍屡有发生。新闻出版署出版的《中国报纸月报》对 1993 年 10 条流传颇广的假新闻来了一个大曝光。被曝光的 10 条假新闻中，社会新闻占了 7 条。这也颇具"时代特点"。作者大都是为名为利而道听途说，胡编乱造，以"奇"制胜；编者则是喜其具有轰动效应，能以"独家新闻"招徕读者而爱不释手，疏于或懒于核实。那两条"熊掌风波"是颇为典型的(老板用蹄筋冒充熊掌"斩"顾客，顾客以违反"野生动物保护法"反击获胜)，据说在 1991 年已有人用此故事作过假报道。还有两条新闻失实是由于摘自境外报刊。1994 年被列为全国打假工作十大要案之首的湖北郧县劣质盐恶性中毒事件成了"假新闻"。原来导致郧县 5 人中毒死亡的并非劣质盐，而是农药。记者没有向法医核实，而将传言作为事实依据发了消息，导致新闻失实。

新闻失实的还有什么"猴子牧猪"、"猴子报案"之类，有的甚至将骗子当作精神文明的典型来宣传。这些报道，往往一报失实，各报传讹，贻笑天下，影响极坏。新闻失实的原因，有的是虚构塑造，"合理想象"；有的是捕风捉影，道听途说；有的是粗心大意，知识贫乏；有的是好大喜功，轻信盲从；有的是主观片面，以偏概全，不一而足。

3. "言简意明"。

言简意明，就是语言简洁，意思明确，篇幅简短，内容集中；就是写得短些，写得精粹些。这是新闻的时效性所要求的，这也是新闻的信息量所决定的。新闻要求迅速及时，强调快，如果篇幅长，那就快不了；如果篇幅长，报纸也只能登少量的信息。《我三十万大军胜利南渡长江》这样重大的题材，才只170多个字，就是言简意明的典范。

新闻怎样才能写得简短精粹呢？美国的著名记者米尔斯·洛说："最好不要把太多的东西告诉读者，否则你会失去他的。把小范围的具体事告诉他，让他去发现大范围内的带有普遍性的东西。把失去妻子的农夫用脏手给他的女儿编头发，以及这个孩子在夜间哭泣的情况告诉读者就够了，没有必要再对母亲死后带来的痛苦和悲哀进行吃力的抽象描写了。"这段话对于我们选择、处理、运用材料，把握"短而精"这个要素，是会有些启示的。

4. "以事实说话"。

新闻不同于文学作品和理论文章，它的基本特征和特殊价值，就在于用确凿的、生动的、典型的事实，来影响、感染读者和听众。没有事实就没有新闻，事实是新闻的基础。新闻并不是没有意见或不发表意见，它是通过所选择的具体事实，来反映作者的观点和倾向性的。这是一种无形的意见，即所谓"寓观点于事实之中"。一些名记者很善于用事实说话，在他们的新闻里，找不出"我认为应该如何如何"，"必须如何如何"这一类的语句。请看一条《天津高级人民法院调解一起继承遗产的纠纷》消息：

> 一起涉及两名美国公民和一名中国公民的继承遗产的民事纠纷，最近经天津高级人民法院的调解，终于获得了解决。
>
> 两名美国公民是现居关岛的吴雅安和她的弟弟吴敬德。他们在40年代离开中国去美国，以后在那里取得了美国国籍。吴氏姊弟的父亲吴颂平1966年死于天津，他年轻时做过光绪皇帝的侍卫，生前在天津拥有一幢三层楼房，并

在香港拥有巨额银行存款和大量股票。

一名中国公民对吴氏姊弟继承父亲遗产的权利提出异议。这位叫徐凌云的中国公民声称，他是吴颂平的非婚生子。

中国婚姻法第39条规定，非婚生子享有和婚生子同等的权利。

54岁的徐凌云于1980年6月向天津市中级人民法院提出诉状。他在诉状中除声明他是吴颂平的非婚生子外，还说他在青年时代即与吴一起生活，在吴颂平晚年卧床期间他又昼夜服侍，克尽人子之职。他要求按照法律，同吴氏姊弟按份额共同继承吴颂平的遗产。

吴氏姊弟委托天津市法律顾问处作他们的代理人。法院查阅了历史案卷，并通过向双方提出的在津京等地的证人进行调查，取得了证言和证物，经天津市中级人民法院庭审调查，认为原告所提最能证明他为吴的非婚生子的直接证人都已故去，其他证人、证物不足以证明所诉事实，为此判定吴氏姊弟是吴颂平遗产的法定继承人。

徐又到天津市高级人民法院上诉。考虑到徐确曾服侍吴颂平数年，高级法院决定进行调解。结果二审调解达成协议：双方同意按一审判决执行，吴氏姊弟愿从遗产中拨出6 000元给徐凌云；今后双方互不干扰，以上调解与判决具有同等的法律效力。

吴氏姊弟对这一案件依法处理表示感谢。审判长说，外国人、无国籍人在我国起诉、应诉，同中国公民有同等的诉讼权利和义务。我们既维护中国公民的合法权益，也依法保护外国公民、无国籍人和外国企业在华的合法权益不受侵犯。

这篇报道宣传了我国法律的严肃性。它的特点在于没有宣传味，写的只是事实，以“事实说话”，没有一句记者的评论。最后一段评论出自审判长之口，引用了我国民事诉讼法的条文，亦无自吹痕迹。

二、用正确的舆论引导人

目前，我国报纸、刊物的数量很多，广播电视网遍布全国，每天同广大群众见面，随时随地影响着群众的思想和行动。舆论导向正确，人心凝聚，精神振奋；舆论导向失误，后果严重。引导舆论，至关重要。新闻要用正确的舆论引导人。

用正确的舆论引导人，就要以高度的政治热情，科学、全面、准确、生动地宣传好邓小平理论，宣传好江泽民关于“三个代表”的科学论断；就要旗帜鲜明地宣传改革、支持改革、推进改革，为建立社会主义市场经济新体制创造良好的舆论环境；就要坚持团结、稳定、鼓劲和正面宣传为主的方针，引导人们将注意力和创造性集中到建设社会主义现代化的大局上来。

用正确的舆论引导人，就要始终高扬爱国主义、集体主义、社会主义的主旋律，加强社会主义精神文明建设，引导群众树立正确的世界观、人生观、价值观，提高人的素质，造就有理想、有道德、有文化、有纪律的社会主义新人，推进社会的全面进步。

用正确的舆论引导人，就要正确发挥舆论监督的作用，同不正之风、不良行为、消极腐败现象进行坚决的斗争；就要及时发挥报纸是人民“喉舌”的作用，反映民情，为民“鼓与呼”；就要大量传递信息，传授知识，引导生活，引导消费，引导娱乐，让社会主义精神文明之风借传媒吹拂到千家万户。

用正确的舆论引导人，就要努力把报纸、广播、电视等新闻传媒办得生动活泼，贴近实际，贴近生活，贴近群众，多一点人情，多一点温馨，让人如沐春风，如饮甘霖，可信、可近、可亲。

三、怎样发现新闻

我们许多人生活在一样的时空中，为什么有的对新闻报道束手无策，一筹莫展，而有的却得心应手，新闻源源而“发”，这主要是发现新闻的“本领”不一样。发现新闻的本领就是要有新闻敏感能力。

什么叫“新闻敏感能力”？它是一种把新闻事实与一般事实区别开来的能力，是一种迅速、准确发现和判断好新闻的能力。这种能力，行家谓之“新闻眼”。学会用“新闻眼”看事物，才能抓到好新闻。“新闻眼”就是能在别人不去关注的地方“看”出新闻来；在别人看不出新闻的地方“看”出新东西来；在老题材中“看”出新主题、新角度、新问题来。

怎样培养这个“新闻敏感能力”呢？

（一）要吃透“两头”

一要吃透“上头”，即吃透党的方针、路线、政策。这样，观念新了，脑袋活了，站得高，看得远，水涨船高，提高了对事物的政治意义、影响大小、公众兴趣的判断能力，便能敏锐地发现事物的新闻价值，写出有意义的新闻来。

二要吃透“下头”，即工作实际情况，群众实际想法，社会实际生活。改革开放到今天，社会起了什么样的变化，变化的广度、深度，要吃透到实处，有什么成绩，有什么问题，好就是好，坏就是坏，来不得一点虚假，不能雾里看花，不能报喜不报忧。这样，才能写出反映客观事实的报道来。这样的新闻才可能成为好新闻。

（二）要全身心投入

所谓全身心投入，就是要眼明、耳灵、嘴甜、脑活、手勤、腿快。

眼明，记者的眼睛是“摄影机”，要善于从周围环境中“看”出新闻来。比如元宵节前夜，记者在天津和平区副食品商场酱菜柜台前看到群众排着长队买咸菜。记者好奇起来，"大鱼大肉腻了，换换口味"，一位大娘一边排队一边说。"一大家子，过年吃不动荤腥，就是这个下得快"，大娘对记者说。记者便发了"津门新一怪，排队买咸菜"的新闻。记者"火眼金睛"，从由鸡鸭鱼肉热又"回到"咸菜热的"反向变化"，看到人们生活提高的好新闻。

耳灵，记者的耳朵是"录音机"。记者一人所见，毕竟有限；众人所见，才是无限。记者要做有心人，别人"言者无心"，你"听者有意"，从中会发现许多有价值的新闻。嘴甜，这个"甜"字就是虚心。嘴甜了才会问到许多不知道的东西。脑活，脑袋要始终"开足发条"，不停地转动。有经验的记者采访中抓新闻很敏感，看起来似乎带有偶然性，其实正是他们勤于思考问题的结果。"在观察的领域里，机遇只偏爱那种有准备的头脑"。手勤，看到什么，听到什么，想到什么，就赶快记下来。"好记性不如烂笔头"，因为智慧的火花是一闪就灭的。腿快，就是跑新闻跑得快。新闻在哪里？新闻在生活中，在群众中，因此经常跑到实际中去，跑到群众中去，就会生敏锐，就会有灵感。

（三）要有工作责任感

从发现新闻这个角度看，工作责任感和新闻敏感同样重要。有时责任感比新闻敏感更重要，新闻敏感是责任感派生出来的。

责任感强了，才能像潜水员一样，长期生活在五光十色的海底世界，觉得有写不完的新闻材料，觅不尽的"宝"。

责任感强了，有才华的不会自恃小聪明而不注意吃透"两头"；才思不敏捷的也就会勤奋努力，以勤补拙。

责任感强了，就会不怕苦，不怕累，全身心扑在工作上。

【思考与练习】

1. 新闻有什么作用？

2. 新闻的基本要求是什么?

3. 怎样用正确的舆论引导人?

4. 怎样发现新闻?

第二节 消 息

一、消息的类型

消息是报纸新闻文体中的主体。报纸上每当报道重大事件的时候,通常总是先发消息,把最重要的信息最迅速及时地告诉读者,然后再发深度报道、通讯、新闻特写等其他新闻文体,做详尽的补充交代和说明。

消息主要有以下两种类型:

1. 动态消息:动态消息以迅速简洁地报道新近发生的事件、反映事物发展过程中的新动态为基本特征。它的内容集中单一,一般一事一报,简明扼要,时效性强。动态消息一般三五百字,具备新闻六要素。动态消息中的"简讯"又称"简明新闻",仅用一两句话交代新闻事件的概况,一般不交代事情的发生过程和背景情况。

2. 综合消息:指对同类事物或一事物的多侧面的归纳综合报道。主要用以反映动向、成就、问题等,综合消息在写作上要求:尽可能做到点面结合,既有一般的面上情况的概述,又有个性特点的细节材料给人具体生动的印象;综合消息要有明确的意图;尽可能"用事实说话",避免空泛的议论。

二、消息的要素

消息要素又称"事件的因素",是指消息中的何时、何地、何人、何事、何故与如何。具体地说,何时(when):指新闻事实发生的时间;何地(where):指新闻事实发生的地方;何人(who):

指新闻事件中的人物或主角；何事（what）：指新闻事实的性质即发生什么事情；何故（why）：指新闻事实发生的原因；如何（how）：指新闻事件如何发展？结果怎样？

消息要素是阐明新闻事实的基本元素。在一条消息里，新闻发表的时间与新闻事实发生的时间越接近，越能引起读者的兴趣，其新闻价值也就越高。

以下举例说明消息要素。

> **本报讯**　（1998年）9月10日晚上，东航从上海飞往北京的2173号客机起飞后，因前起落架发生故障，于当晚11时07分紧急降落在虹桥机场，保证了国家财产和100多名旅客的生命安全。

在这则1998年的消息中，我们依据对消息要素的分析可以知道："9月10日晚上11时07分"是新闻事件发生的时间；"虹桥机场"为新闻发生的地点；"100多名旅客"和"2173号客机"共为这一新闻事件中的主角；"紧急迫降"是所发生的事件；新闻事件的原因为"前起落架发生故障"；新闻事件的最终结果是"保证了国家财产和100多名旅客的生命安全"。

不过事实上每一条消息能否都包括这"六何"（六要素）就有研究的必要。例如火灾的起火原因，一时无法查到，说不定永远查不出，那么这条消息缺"何故"，因此，一条有价值的消息，不一定非六个"何"不可。

三、消息的结构

消息的结构比较常见的有"倒金字塔结构"、"正金字塔结构"、"正金字塔折衷式结构"、"并列式结构"以及打破常规的"自由式结构"数种。到底采用哪种形式，需要根据所撰写的消息本身的特点而定。

（一）倒金字塔结构

倒金字塔结构起源于19世纪60年代，美国南北战争期间。当时人们渴望迅速获得战争消息。由于电讯技术还不过关，电报经常突然中断。为了尽可能把新闻中主要内容抢先发出去，聪明的记者尝试着把最重要的内容放在消息的最前面，次要的内容放在稍后的段落里，最次要的放在消息的尾部。这好似倒置的埃及金字塔。金字塔顶端小而轻，其座大而重，如果把它倒过来，就变成顶端大而重，越往下分量越轻。

倒金字塔结构是消息的基本结构，它与其他文体不同，抓住事实的重点与高潮，显示在消息稿的前端。

写作的方式是开门见山，把最重要的新闻事实放在第一句，然后逐级次要。也就是把事件发生的高潮，写在第一段，第二段以后渐及次要事实。

中外消息写作，几乎全用这种写作方式。其主要原因，不外乎有下列几项：

1. 节省读者阅读时间。

2. 可以满足读者好奇心。

3. 编辑方便排版。

4. 编辑定标题方便。

这种消息写作方式，一般都是用于正写消息，对于特别消息与广播消息，则不完全适用。比如：

肯尼迪遇刺丧命

约翰逊继任美国总统

路透社达拉斯1963年11月22日电：肯尼迪总统今天在这里遭到刺客枪击身死。

总统与夫人同乘一辆车中，刺客发三弹，命中总统头部。

总统被紧急送入医院，并经输血，但不久身死。

官方消息说，总统下午1时逝世。

副总统约翰逊将继任总统。

这是典型的倒金字塔式结构。它的高潮是肯尼迪"遇刺丧命"，没有这一事实便没有这条消息。这则消息也是一篇独家消息，非常简洁，一句话为一个层次段落。段落之间用逻辑关系连接。消息先交代了事发时的情形，接着是事发后的救助，肯尼迪身亡的直接结果为约翰逊继任总统。

（二）正金字塔结构

正金字塔结构与倒金字塔式正好相反，是将消息内容最重要的部分放在最后一段的结尾地方。读者必须读完全文，才能了解到底是怎么回事。多用于有生动故事情节的事件新闻。肯尼迪遇刺独家消息的作者、美国合众社记者梅里曼·史密斯还用正金字塔结构写了题为《"我看见历史在爆炸……"》的名篇，这篇报道按照时间顺序，依次记述了肯尼迪遇刺期间发生的各种事情，获得了1964年普利策国内报道奖的殊荣。这种写法有亲切、自然的特点，易被读者接受和理解，并具有生动性和较强的吸引力。又如《北京晚报》刊登的一则消息：

两个大学生玩命

本报讯：1月22日下午7时，北大分校物理系18岁学生吴某，与3名女同学到学校附近的铁道边散步。

吴对女同学说，国外曾有人趴在路轨中间，火车过后安然无恙。

这时，一列火车正巧从西直门方向驶来，吴和一女同学欲亲身一试。他们迎着火车趴在路轨中间。

火车司机发现后，立即采取紧急措施。车头和一节车厢从他们上面驶过之后停了下来。

女同学从车下爬出，侥幸留下了性命。吴某却没出来。他的颅脑受到严重损伤，已经丧生。

这种写法，保持了故事的完整性，把情节步步推进，事件的高潮在后面出现，人们的情绪也随之达到了高潮。

（三）倒正金字塔折衷式结构

折衷式的消息写作方式，就是倒金字塔式的导语之后，运用平铺直叙式，逐渐发展到结尾最高潮。比如：

本报讯 巴西一名婴孩被大蟒蛇吞进肚子里一小时，被救出后竟仍能存活。

昨天下午，6个月大的小斯沙正睡在屋前的摇篮里，而他的父亲菲力斯正在附近的田里工作，完全不知道一条蟒蛇正爬向摇篮。菲力斯事后回忆说："我们忽然听到婴儿凄楚地大叫，赶回家中，看见的景象使我的心也凉了：一条巨大的、黑绿两色的大蟒蛇已爬进摇篮，那条蛇一瞬间便爬到地上，并钻到地下去了。"

菲力斯呆站在那里，一筹莫展，只好咒骂那条蛇。他的妻子比他冷静，跑到邻居家中求助。

警方及消防队员知情后不久赶到现场。消防队员用猛烈的水枪射向大蟒蛇的藏身之处，将近一个小时，终于把它赶到空地上。它大概有2.7米长，腹部隆起。菲力斯立即用斧把它的头砍下来，紧接着用刀把蛇腹部剖开。他已做好最坏心理准备，然而小斯沙奇迹般地未被咬伤。菲力斯打了他一下，他居然哭了起来。医生检查后证明小斯沙健康无恙。

这种结构形式适用于那些以戏剧性情节见长的报道，特别是新闻事件亲历记、目击记、新闻故事等。

（四）并列式结构

并列式结构有一个概括性的导语，随后几个自然段所涉及的内容基本上是并列关系。比如：

美联社华盛顿2月25日电：60亿了，还将增长。

据美国联邦统计局估计，到20世纪末，全世界人口将达到60多亿，就是说，在今后20年内，将增长50%。

预计，发达国家人口将增加17%，而发展中国家则比这个数字高5倍。据估计，到20世纪末、21个世纪初，每5个人中就有4个住在第三世界。

中国人口将达到13亿，在全世界继续居首位。

第二位仍将是印度(10亿)。

前苏联将拥有30 900万人口，占世界第三位。第四位是美国——25 000万人。

这篇消息在结构形式上，其第二、三、四、五自然段属并列关系，都在为导语做说明。

并列式结构特别适用于那些公报式消息或经验性消息等。只要有个提纲挈领的概括性导语，后面的内容要展开是比较方便的。

(五) 自由式结构

无论在中国和外国，消息写作都在向自由的、活泼的方向发展。实际生活要求消息的结构形式多样，多彩多姿。尤其是广播电视等形象化新闻手段的迅速发展，向报纸提出了挑战，要求消息"镜头化"，更加新颖、形象、富有立体感和吸引力。这样消息结构的方式越来越自由灵活，变化多端。

我国自由式结构的名篇有毛泽东为新华社撰写的动态消息稿《我30万大军胜利渡过长江》：

新华社长江前线1949年4月22日2时电　英勇的人民解放军21日已有大约30万人渡过长江。渡江战斗于

20日午夜开始，地点在芜湖、安庆之间。国民党反动派经营了三个半月的长江防线，遇着人民解放军好似摧枯拉朽，军无斗志，纷纷溃退。长江风平浪静，我军万船齐放，直取对岸。不到24小时，30万人民解放军即已突破敌阵，占领南岸广大地区，现正向繁昌、铜陵、青阳、狄港、鲁港诸城进击中。人民解放军正以自己的英雄式的战斗，坚决地执行毛主席、朱总司令的命令。

这篇消息，高度概括，文字凝练，全篇不到200字，就描绘出了一幅震撼世界的渡江战役的宏图。消息的第一句话，就清楚地交代了四个要素：何人、何时、何地、何事。用“风平浪静”四字来描绘“长江”这一客观环境；用“摧枯拉朽，军无斗志，纷纷溃退”来描绘国民党防线的崩溃；用“万船齐放，直取对岸”、“突破”、“进军”来描绘我军的“英勇”、“英雄式的战斗”。文字千锤百炼，消息作品脍炙人口。

消息结构有多种，不论采用何种结构，都要注意以下几点：

1. 要根据消息本身所具有的特点来选择确定消息结构。

2. 要统筹兼顾，上下贯通。谋篇布局要从大处着眼，不能只注意一字一句的雕琢，而忽视了全面通盘考虑。

3. 要照顾读者的阅读心理。消息报道中的句式最好短些，每段以一二句话为宜，这样有利于读者快速地、有选择地阅读。

4. 要赋形定势、匠心独运。

四、消息的基本构成

一篇消息通常由消息标题、消息头、消息导语、消息躯干、消息背景、消息结尾及署名等部分组成。

（一）消息标题

消息标题对于吸引、引导人们阅读消息报道具有举足轻重的作用。因此记者和编辑都很重视消息标题的制作。不过记者和编辑在制作消息标题时的着眼点和侧重点有所不同。编辑更多考虑的是吸引读者和报纸版面布局,而记者首先考虑的是展示报道的精华并打动编辑的心。新闻记者不论是写消息还是写通讯,都要自拟标题,这个标题有时不一定会被版面编辑所采纳,但是对于启发编辑的思路、引导编辑更好地理解你的报道主旨,是大有帮助的。

消息标题有“实题”、“虚题”之分。

一般只是如实地提出事实,把消息中最主要也是最重要的事实告诉读者,这类标题,通常称它为“实题”。例如:

“风云二号”定点成功

南斯拉夫一球击败挪威

除了如实地摆出事实外,编辑人员在尊重新闻事实的前提下,还常常通过标题作评点,借“题”发挥,说明或强调党的有关路线、方针、政策,说明或强调有关党政部门对当前各项任务的意图和要求等等,比较直接地影响和指导当前的实际工作和生活。这部分的标题,都属观点性的,一般称它为“虚题”。例如下组标题中的主题(第一行):

在法律面前人人平等

菏泽地区粮食局副局长朱端斌行凶打人被拘留

1. 标题的种类。标题的种类主要有六,即:主题、引题、副题、分题、提要题、大标题。前三类是常用的、主要的。而不同种类的标题,根据自身的特点和性能,发挥着不同的作用。

主题:是标题组内的主要的题目,是最大最突出的题目,是稿件内容和精华所在,常用以概括消息中最主要的事实和思想。翻开报纸,凡是字体最大的,都是主题。

主题可实可虚,但在只有一行的情况下,它必须是实题或虚实结合题,而且也必须是一个独立的句子。例如:

58名“人蛇”惨死英伦

在多行题中，主题力求做到表达一个完整的概念或意思，便于读者“一目了然”。例如：

由我国自主开发　向世界免费开放　（引题）

基因银行　在沪启动　（主题）

主题通常只有一行，但在有些情况下，如需要主题同时表达两个同等重要的概念或意思，或者一行题太长需要排列成两行时，则有双行主题。例如：

国庆之夜火树银花

卢湾美景美不胜收

市领导昨深入基层

慰问节日加班职工

在特殊情况下，为了准确而恰当地表达消息内容的需要，还有三主题。例如：

洛阳钢厂党委加强思想教育工作　（引题）

领导干部发挥表率作用

共产党员发挥先锋作用　（主题）

职工群众发挥主人翁作用

干部群众精神面貌一新，去年扭转连续14年亏损局面（副题）

引题：也叫肩题、眉题，是主题的辅助题。它在主题之前，是主题的“先行官”、“引导者”，主要起交代背景、烘托气氛、揭示意义、提出问题、说明原因等作用。例如：

阿肯色州最高法院职业道德委员会正式提起公诉（引题）

要求吊销克林顿律师执照　（主题）

副题：也叫子题、辅题，也是主题的辅助题。它位于主题之后，是主题的“后勤部队”，常用以补充交代次重要事实，补主题的不足。例如：

中国女排蝉联世界杯赛冠军　　　　（主题）

古巴获得亚军　前苏联队名列第三　　　　（副题）

2. 标题的基本要求。制作标题有五方面的基本要求即：具体、准确、鲜明、生动、简练。也就是要做好标题，首先满足内容要具体、概括要准确、观点要鲜明、表述要生动、文字要简练五方面的基本要求。

在满足标题的基本要求之后，人们可根据不同的情况做具体处理。比如：

大珠小珠落玉盘

——访中国女排队员郑美珠、侯玉珠

这一利用唐诗制作的消息通讯标题，不仅做到动静、虚实结合，而且达到了较高的审美境界，体现了作者较好的文化素养和文字驾驭能力。

（二）消息头

报纸上刊登的消息，其开头部分往往冠以“本报讯”或“新华社上海 7 月 20 日电”之类的字样，这就是消息头。

“讯”主要是指通过邮寄或书面递交的形式向报社传递的新闻报道。凡是报社通过自身的新闻渠道所获得的本埠新闻，一般都标明“本报讯”。记者或通讯员为一家报社写稿，一般都应在消息的开头部分冠以“本报讯”三个字。假如你的消息报道是从外埠寄来的，还应该标明发布新闻的时间和地点，例如“本报南京 7 月 19 日专讯”。若是通过航空邮寄的，也可以标明“本报北京 7 月 18 日航讯”。

“电”主要是指通过电报、电传、电子邮件、传真或电话等形式向报社传递的消息报道。例如“本报南宁 7 月 18 日专电”。各家新闻通讯社向报社传递新闻信息时，多数采用此类形式。

这被称为“电头”。电头一般由发布消息的单位的名称(多数用简称)、发布消息的地点,发布消息的时间和发布消息的形式,这几个必不可少的要素组成。例如:“新华社上海 7 月 20 日电。”在这里“新华社”是新华通讯社的一个分社的所在地,此处表示发布新闻的地点;“7 月 20 日”是发布新闻的时间;“电”即表示此新闻是采用电传形式发稿的。

由此可见,“讯”与“电”只是传递手段上有所区别,其性质与作用是一样的,为了叙述的统一与方便,我们把它们统称为“消息头”。

消息头有以下作用:

1. 使消息明显地区别于其他文体。一张报纸上有多种文体,有新闻,有通讯,也有文学创作。它们担负的任务不同,评价标准也不一样。为了不使虚构的文学创作与纪实的消息报道相混淆,扰人视听,新闻界特意规定把消息头作为消息的标志,这样可以使编辑和读者很容易地一眼就能把消息和其他文体区别开来。

2. 它是“版权所有”的一种标志。消息前一旦标明“本报讯”,这就表示此消息是本报独家采集的新闻,本报对此条消息版权所有,其他新闻媒介不得任意转载、抄袭。各通讯社的“电头”与此同理。报社在使用通讯社的消息稿时,必须标明其电头,以示此消息版权属该通讯社所有。对于通讯社的电讯稿,报社无权任意增补更改,但是可以删节。经过删节的新闻,必须在消息头中标明:“据×社×地×月×日电”。

3. 表明消息来源,以利读者判断。我们经常可以看到同一张报纸上刊登了好几个国家通讯社的消息报道,其内容是相似的,然而说法各异,有时甚至是互相矛盾的。在这里,消息头就成为区别这些国家通讯社的一个重要标志了。由于消息头上标明了播发消息的单位名称，这就给读者了解世界各国政府和政党对某一事物的态度带来了方便，对于判明此消息的真实性和权威性亦有一定帮助。

4. 消息头与消息发布单位的声誉紧密联系在一起，它迫使消息发布单位谨慎地对待每一条消息，力求客观、翔实、新鲜、生动。消息报道一旦失实，读者只要看一看消息头，就可以明确这是哪一家新闻单位的责任。通过消息头，我们还可以了解各家新闻单位的人员素质和报道质量。

（三）消息导语

消息导语是消息的重点，写在消息的最前面。

1. 消息导语写作要领。消息导语写作要做到简明、正确、生动。

简明：消息导语简单明了最为重要。一般消息导语愈短愈好。

正确：消息导语正确第一。不正确的导语例如“据悉”、“据有关人士透露”、“据某单位表示”等。

生动：生动的消息导语，能引起读者兴趣，因此，写作导语时，必须要想好用什么句子，才是生动的，才能引起读者兴趣，如何叙述，才是有效的。

2. 消息导语写作方式。消息写作没有一定的方式，变化无穷。以前，六要素的写作方式，目前已逐渐被人弃用，人们认为它太过呆板，无法引起读者兴趣，因此目前导语写作并无一定的成规，换言之，在消息导语里，不一定非含有六要素，才是消息导语，也就是说，在一则消息导语里，能够吸引读者的句子，便是好导语。

概括起来，消息导语不同于其他文章开头的特征在于：

（1）导语必须用事实说话，一般都要同时有几个消息要素；

（2）导语既是消息的开头，又是消息主要内容和主题的概括，它类似于"本文提要"，但比"本文提要"更精练、更富新闻性；

(3) 导语通常都要反映所报道的客观事物发展变化的最新结果，所以消息的表达方式，基本上都是倒叙式，导语是"后来居上"者。

常见的导语有以下几种形式。

直叙式：平铺直叙写作方式。例如：

拂晓听到日本要求无条件投降的消息，晋绥各地沸腾起来了。送号外的骑兵和通讯员，把大小村庄都唤醒了，到处是兴奋的人群，到处是欢笑和议论。

引语式：消息导语引用成语或当事人的话作导语。例如：

当官不与民作主，不如回家卖红薯。豫剧《唐知县审诰命》中知县唐成的这一题款，现在变成了许多人的口头语。

疑问式：提出问题作消息导语。当然所提出的问题，必须是读者共同关心的。这种方式能引起读者共鸣与兴趣。

对比式：两项极端的对比，一般人都认为不可能的事。

25 年前他负责整理这张办公桌，现在他坐在桌后，接受人们的祝贺了。(报道一位清洁工人当了公司经理的新闻导语)

描写式：消息导语可将记者耳闻目睹的事实，以描绘的方式出之。

提要式：把消息主要内容直接说明出来，看完消息导语，就可以明白这条消息内容的大要。例如：

中国总理今天建议把部和其他中央机构的数目裁减几乎一半，工作人员裁减三分之一。

突出式：消息事态是史无前例，不可想象的事，消息内容也是非常有趣的事情，才能采用"突出式"。例如：

苏联主席勃列日涅夫今天与前世界重量级拳王阿里，

在克里姆林宫举行了一次史无前例的3分钟会谈，委派他做苏联与"美国之间非官方的和平大使"。

惊骇式：把消息中最惊人的事实，写在第一句。而此一最惊人的事实，能使读者惊骇，又带有警惕性的意味。例如：

一男子抢蛇，不料被蛇咬伤。

（四）消息躯干

有了精彩的消息导语，还要有相应的消息躯干和结尾做衬托，才能构成一篇完整的消息报道。消息躯干在消息中的作用主要表现在解释和深化导语、补充新事实方面。

消息躯干，如采用正金字塔式，或折衷式，它与一般记叙文的写作，并无二致。按时间的顺序，故事发展的先后"渐入佳境"，把新闻故事由开头写到结尾，原原本本，一脉相承。若是倒金字塔式，则与一般文体大异其趣。写作时应多加注意。

1. 倒金字塔式的躯体，每段必须独立，各段互不相干；而其内容，愈重要的愈要放在前面。

2. 段落必须简短，并保持相当的吸引力，令读者有读完全文的兴趣。

3. 导语要精简，而躯干必须翔实。导语中提及的，固须详细说明；导语中未提及的，更要翔实报道。

4. 头绪繁多，内容复杂的消息，可以"分条法"来处理，不必"挤"在一条之中，条理不清，头绪不明。

5. 有些消息，虽来源不一，但内容性质相同，则可用"集中法"来报道。

6. 某些消息以列表方式报道，较以文字叙述更清楚，则宜采用"列表法"，如各类考试答案即是一例。

7. 导语之后的第一段，有人指为导语的一部分，有人视为躯干的起点。其实，这是导语与躯干的衔接处，故称作"联接"较为贴切。它的内容，自应是亟须让读者知道的重要事实。

8. 前面所说“躯干的作用”的五点，也即是躯干写作的内容。

9. 整条消息脱稿后，在检查时，可视其是否完整地回答了消息六要素，而定其优劣。自然，新闻事件中原本缺少的要素，即或缺少了，也不是记者的缺失，更不可闭门造车加以杜撰。

（五）消息背景

任何消息都是在一定的环境和历史条件下产生的。与新闻人物及事件形成有机联系的一定的环境和历史条件就是消息背景。与消息事实有关的环境与历史材料，就是消息背景材料。此处所说的“环境”不仅指自然环境，也包括社会环境。

以恰当的形式将消息背景告诉读者，对于他们正确地认识、理解新闻事件是有帮助的。

1. 广义与狭义的消息背景。我们平时所说的消息背景，有广义和狭义之分。狭义的消息背景，仅就写作过程中所直接涉及的背景材料而言。广义的消息背景涉及消息报道的全过程，具有三重含义：

（1）对导致新闻事件发生、发展的广阔的时代背景的了解。

（2）与新闻人物和新闻事件发生、发展过程直接有关的背景材料。

（3）向记者提供消息、介绍情况的人的背景情况。

2. 消息背景材料的类型和作用。消息背景材料在消息稿里，大体上有以下三大类型：

（1）衬托对比性材料。一篇消息的特点与意义，常常寓于当前情况与过去情况、此一事物与彼一事物的比较之中。

衬托对比性材料也时常给消息报道带来一些戏剧性效果，记者经常借此来增加新闻报道的可读性。35 届世界乒乓球锦标赛在平壤举行，合众国际社在报道美国队和朝鲜队的一场对打时，故意插进了这样的背景材料：

> 25年前，美国和北朝鲜在现在的大同江畔巨大的平壤体育馆矗立的地方互相射击与投弹。
>
> 星期四晚上，两国再次对抗，这次使用的武器是乒乓球拍，互相打给对方的是赛璐珞球，战场是第35届世界乒乓球锦标赛场地。

记者插入这样一个有趣的背景，其用意不仅仅是博读者一笑。它也间接说明了在比赛中，朝鲜观众拼命为本国运动员助威的部分原因。后面记者又写到：美国人被偏袒一方的2.5万名观众不停顿的叫喊声所压倒，败于朝鲜人的左右两侧抽杀。朝鲜队以5比0击败新升到甲级队的美国人。

(2) 注释说明性材料。注释说明性背景材料，往往用来点明新闻事实产生的原因、条件和环境，通过横向或纵向的联系，把事情的来龙去脉、因果关系交代清楚，有助于读者对消息的理解。比如，我们报道埃及强烈要求英国把"斯芬克司的胡子"还给埃及这件事。有些读者也许不知道何谓"斯芬克司"。所以有必要加以解释，讲清楚"斯芬克司"是著名的埃及金字塔旁的狮身人面像。它原是神话传说中的怪物。公元前2611年，古埃及第四王朝的法老哈夫拉下令建造这座人面狮身像，面部按照哈夫拉的形象雕刻，命名为斯芬克司。斯芬克司的石雕"胡子"是18世纪末拿破仑侵略埃及时被搞掉的，19世纪又被人弄到英国。埃及王朝为修复这一象征智慧与力量的著名古迹，曾多次交涉，要求英国归还斯芬克司的胡子。这一交代，即使原先对此事一无所知的读者，也会对报道产生兴趣。

(3) 分析解释性材料。有一些新闻报道所涉及的问题错综复杂，非一般读者所能通晓明了，这时就需要有一些分析解释性背景材料来指点迷津。例如，1987年8月27日上海和华东地区数以千计的人们亲眼目睹一个不明飞行物飞过天空。几乎所有的目击者的叙述都很相似:那是个螺旋状发光物体,由东向西飞行。一时间“飞碟”之说轰动全国。《上海科技报》记者根据日常积累,对来自各地的目击报告和有关资料作了综合分析,推测所谓“8·27飞碟”,既不是“外星人”光临上海,也不是大气中的自然现象,它很可能是日本使用过的废弃的第二级运载火箭。后来这个推测被证实。这条新闻因而获奖。

分析解释性背景材料往往在“为何”这个消息要素上做较多的文章。一般而言,分析解释都是为了化难为易,使所报道的内容明白显豁、易为人理解,因此在写作上要尽可能生动、通俗、深入浅出。

3. 怎样运用消息背景材料。消息背景材料若运用得好,可以解释、烘托和深化报道,使主题更为明白显豁,有助于突出消息的特点,提高消息的价值。运用消息背景材料的时候,一定要注意这样几个环节:一是消息背景要紧扣报道主题或主要新闻事实,尽可能少而精,防止喧宾夺主;二是运用背景材料要有明确的针对性,回答读者关心的问题;三是消息背景材料在消息中的位置是灵活的,它是消息的从属部分,可以独立成段,也可以灵活穿插在消息导语、消息躯干或结尾之中。

(六) 消息结尾

消息的结尾,常常被人们忽略。

值得提醒大家注意的是,我们所说的消息结尾,并不是指一篇消息稿写完了,还非要在后面拖一条可有可无的尾巴。所谓消息结尾,是指消息报道的结束句。一条消息是一个整体,哪怕只有一段,它也是有头有尾的,并非要在整篇报道之末另起一段,才叫结尾。

消息结尾的方式多种多样,最常见的有:

自然结尾法。大多数消息采用这种方法，即按照消息报道的结构安排，顺乎自然地把必要的消息内容、事件、消息诸要素交代完毕，而全文已具有“水到渠成”之势，就此戛然而止，不再旁生枝蔓，不再增添所谓“结尾段”之类。

拾遗补缺法。这种结尾有个较为明显的“结尾段落”，它主要用于补充消息导语和躯干部分未提及的消息要素，使消息报道完整、圆满；或者补充有关背景材料，使消息报道更加充实、可信。

卒章见义法。这种结尾方法主要用以画龙点睛，总括全篇，突出主旨。

别开生面法。这种结尾，不拘一格，往往“别出一层，补完题蕴”。

消息的结尾，不论采取何种形式，一般需掌握这样一些原则：结尾是消息的组成部分，要紧扣主题，使其为表现和深化主题服务。凡是与报道主题无关的内容不要写入，以免画蛇添足；消息结尾要以叙事为主，切忌空泛；消息结尾宜顺势而行，既不要草率收尾——不当结处不能硬结，也不要拖泥带水——该戛然而止处，应如立马断崖；新闻结尾应力求简洁、不重复。导语、新闻躯干中已经涉及的内容，结尾部分尽可能不要重复表述，语句重复不好，语义重复也不好；新闻结尾要令人恋，或取豹尾之势，遒劲有力，给人以较为强烈的印象，或取撞钟之意，余音绕梁，能使人掩卷为之长思，两者都易取得好的阅读效果。

五、消息的主题

文章要是没有一个明确的主题思想来统率你的文字，那你写的东西就像撒了一地的铜钱，凌乱而难以使用。这个道理不仅适用于鸿篇巨制，也同样适用于短短的“一句话新闻”。消息材料的取舍、消息结构的安排、消息语言的表达，都受消息主题的制约。

消息主题是一篇报道的主旨。

（一）消息主题的特性

消息主题具有以下特性：

1. 消息主题是客观性和观念性的统一。消息主题不是凭空产生的。消息主题是在对大量的新闻事实、社会现象观察、分析、综合、筛选的基础上产生的。总是先有社会生活，先有新闻事实，而后产生新闻主题和新闻报道。

从根本上说，任何材料所能显示的思想意义也是客观的，一定的材料只能“提炼”出一定的主题。

2. 消息主题基于事实，高于事实。消息主题是整篇报道的灵魂，它隐藏于消息素材之中，一旦我们把它挖掘出来，它又统率全篇，成为整篇消息报道的中枢。因而说它基于事实又高于事实。

3. 既有“集中性”又有“丰富性”。消息主题的丰富性是由客观事物本身存在的多样性决定的。

然而就一篇主题业已确定的消息报道而言，消息主题又显示出其“集中”的特性。这包含两层含义，其一，就内容而言，消息主题是你手中所掌握的全部材料的思想意义的集中概括；其二，就表现形式而言，消息主题必须“明确”、“单一”，也就是说，一篇消息报道中只能有一个主题，否则就会造成叙事的混乱。

（二）消息主题的选择和确定

我们在选择和确定消息主题的时候，需要注意以下几点：

1. 审时度势，根据手中所掌握的材料的特点，以及最能恰如其分地反映实际情况的角度确定最佳消息主题。

2. 消息主题的选择要因人因事而异，但总的原则应是不落俗套、独辟蹊径者为上。

3. 选择消息主题要兼顾读者的阅读心理，要选择读者最关心的内容、与读者最有利害关系的内容或最能引起读者共鸣的内容作为报道主题。

4. 选择报道主题时要注意舆论导向的正确性。

5. 选择报道主题时要注意现实针对性。

（三）消息主题的深化和提炼

提炼消息主题的方法，常见的有以下几种：

1. 追根究源法。事物的本质往往不是一下子就能看清楚的，往往要经过由此及彼、由表及里的分析。消息主题的提炼也往往需要经历这样的过程。

2. 对比联系法。有许多事实，孤立地看，难以发现其特殊之处，只有从古到今、上下左右的对比联系中才能发现其独特意义和可贵价值。

3. 见微知著法。在现实生活中，每个从事消息报道的人，要经常碰到重大典型、重大事件是不可能的。大量的是平凡的人、平凡的事，这就要求我们善于见微知著、以小见大，从平凡中发现不平凡，提炼出不同凡响的报道主题。

有关消息的例文在这节中已介绍过一些，下面再看一则关于图书、报刊、影视节目类的消息报道。

中央电视台即将推出

大型电视纪录片《孙子兵法》

（《中国电视报》）本报讯　我国第一部用五千余年中华民族文明史来阐述中华兵学智慧的大型电视纪录片《孙子兵法》，近日在审片会上获得了专家学者的高度评价。该片分《根》、《策》、《谋》、《争》、《融》5 部 10 集，每部分上下集，每集 45 分钟，总片长 450 分钟。

《根》从黄帝的战争思想和姜太公的用兵之道切入，讲述了孙子兵法诞生的文化背景和渊源。《策》追溯了孙武到吴国结识伍子胥，共同辅佐吴王的历史。孙武运用自己的兵学思想，治军治国，使吴国由一个新兴的小国发展成为一个军事强国。《谋》通过古今中外的战争思想和战争事例阐述了《孙子兵法》中核心篇的军事思想：百战百胜不是最好的、"不战而屈人之兵"才是最高境界。《争》通过吴国攻楚，利用战争消耗楚国兵力的事例和楚汉战争，告诉人们战争不仅仅是"争"，迫使对方力量上的屈服，也是争民心、争人才、争智慧、争国力及一切有利因素之间的综合竞争的道理。《融》主要讲《孙子兵法》诞生 2 500 余年在人类文明史上的影响。孙子的兵学思想不仅影响了中国人，还延伸到商界及一切有抗争性的领域。

《孙子兵法》一片最后落脚在成都武侯祠著名的对联中一句名言"自古知兵非好战"。它所讲出的是中国古代兵学思想的真谛："知兵者"懂得用兵的并不是好战分子。从这一意义上来说，孙子以他的著作而登上了"兵圣"的宝座是当之无愧的。

（石　屹）

对图书、报刊、影视节目等消息报道，侧重于介绍其主要内容、特点、价值，兼作扼要的评说，旨在向读者或观众加以推荐。写这类消息，要认真研究报道的对象，全面正确深入地认识它和把握它，持科学的态度实事求是地报道。要善于把握整体，抓准特色，并着力锤炼语言，做到既能以简驭繁，又不失生动，从而抓住读者的注意力，引起阅读或观看的兴趣。

[例文 1]　我国选手获得奥运会第一块金牌

新华社洛杉矶1984年7月29日电　(记者高殿民)中国在奥运会历史上“零的记录”的局面在今天11时10分(北京时间30日凌晨2时10分)被中国射击选手许海峰突破。许海峰以566环的成绩获得男子自选手枪冠军,夺得了本届奥运会的第一块金牌。

中国体育代表团副团长陈先在许海峰获得金牌后对新华社记者发表谈话说,这对中国运动员是极大的鼓舞。这是中国在奥运会历史上得到的第一枚金牌,实现了“零”的突破,在中国体育史上具有深远的意义。他表示感谢运动员和教练作出的艰苦努力。

许海峰今年27岁,是安徽省供销社的职员。他在获得金牌后对新华社记者说,这还不是他最好的成绩,只不过是正常发挥技术。他最好的成绩是583环。他表示要不骄不躁,继续努力,争取今后取得更大成绩。

[例文 2]

首部关于大江大河水量调度管理的法律实施

中国力保黄河今后不断流

南水北调中线工程2008年可调水进京,保证奥运会期间用水

本报北京8月1日讯　综合本报和新华社消息:自1999年以来,中国的第二大河——黄河实现了连续7年不断流。今天,水利部黄河水利委员会主任李国英在国务院新闻办举行的新闻发布会上称,将通过法律、行政、工程、技术和经济等方面措施的保障,力争做到黄河今后不再断流。

《黄河水量调度条例》开始实施

8月1日起正式实施的《黄河水量调度条例》规定,国家对黄河水量实

行统一调度，遵循总量控制、断面流量控制、分级管理、分级负责的原则。实施黄河水量调度，应当首先满足城乡居民生活用水的需要，合理安排用水，防止黄河断流。在应急调度中，允许有关人民政府及其有关部门，针对突发事件的不同类型，可对排污企业实行限产或者停产等应急处置措施。

条例的出台，为保证黄河不再断流提供有力的法律保障。这是中国第一部关于大江大河流域水量调度管理的立法。

李国英说，《条例》的颁布实施，是中国进一步加强黄河水资源统一管理，提高黄河水资源可持续利用法制化的重要标志，必将为中国节水型社会建设，构建人水和谐作出积极贡献。

多项措施力保黄河不断流

李国英说，从行政措施上看，“我们把黄河的水量分配给了沿河的11个省区，并且提出来，在黄河水量调度的关键时候，要落实地方行政首长负责制，黄河水利委员会来监控流入和流出某个省的水量和断面的流量。”

从工程措施上来讲，黄河流域尤其是在干流上修建了一些控制性骨干工程，这些工程可以把富余时段的水量调剂到紧缺时段使用。

从经济手段上来讲，黄河流域在用水比较集中的地方实行了水权转换方案，就是在用水总量不增加的情况下，由工业单位出资来改善农业灌区的灌溉渠道，省出来的水由工业项目使用。在经济手段方面还包括相应地提高水价，提高用水户的节水意识。

李国英说，更为重要的是，黄河水利委员会采取了现代化的技术控制措施保证黄河不断流。

南水北调保证北京奥运会用水

李国英在新闻发布会上证实，南水北调中线工程2008年可以将水调入北京，以保证奥运会期间的用水。

李国英说，目前南水北调的3条线路中，东线和中线都已经开工建设。估计在2008年,中线调水进入北京不成问题。

南水北调东线是从长江的下游经过京杭大运河调水北上,进入天津。中线是从长江的支流汉江调水,沿着京广铁路线自流北上,到达北京。西线是从长江上游的干支流调水进入黄河的源头地区。

李国英说,东线和中线南水北调的线路,都是从黄河河底打隧道,穿过黄河;因此调水以后对黄河的供水量没有影响,也不会影响到黄河沿岸居民的用水。目前南水北调东线中线都已经开工建设。李国英说,西线工程开工还没有准确的时间表。但东线和中线都已经开工建设,下一个"轮也轮到西线了"。

新闻链接

黄河是中国第二大河,也是中国西北、华北地区最大的供水水源,承担着约1.4亿人口、2.4亿亩耕地、50座大中城市的供水任务。

由于黄河水资源的供需矛盾突出,过度开发与不合理运用,加上以前关于水量调度的法律法规不能满足黄河特殊河情的需要,自1972年至1999年的27年中,黄河下游有21年出现断流,累计1 091天,对黄河下游地区经济社会的发展产生了重要影响。

(《人民日报》海外版2006年8月2日)

[例文3] "择城"就读:农村校留不住农村娃

"择城"现象反映出农民家长对整体教学
质量下降的农村学校的无奈"放弃"

新华社记者张云龙、李俊义、刘云伶报道

蒋秀兰,72岁,几个月前为了陪外甥读书到内蒙古呼和浩特市。本应是安享晚年的她却过着起早贪黑的日子:早上5点半钟起床,给外甥做早饭;8点钟买菜,11点钟做午饭;下午5点钟做晚饭;晚上看着外甥做作业……

早在3年前,呼和浩特鸿德国际学校周围便开始逐渐出现像蒋秀兰这样的“陪读家庭”，现已形成了“陪读村”。村里的“居民”大多来自内蒙古各个旗县或者边远农村。

呼和浩特市的“陪读村”现象并不是一个特例。近几年，全国许多城市同样出现了不少“陪读家庭”。

“择城”就读

每天下午4时10分，康英花准时到两个孙子就读的小学，接他们回“家”——刚租来不久的房子。

今年春季开学之前，王凯和王苗还在呼和浩特市郊区一所农村小学上学，后来他们的父亲通过熟人，将两人转入市区的一所小学。

去年，王凯和王苗原来就读的农村小学毕业生有110多个，按照规定，他们应该到附近一所农村中学读书。但到开学时，这所中学只招收到80名学生，其他30名学生选择去市区中学读书。

面对这种情况，学校负责人似乎并不太在意，“每所农村学校都有去市区学校上学的”。由于这所农村中学位于呼和浩特市郊区，因此，更偏远地区的学生会“慕名而来”。距离市区较远的农村学校比较难过，因为那些学校学生流失情况更加严重。2005年该校初一招了210多名学生，有120名来自其他偏远地区。

“博弈”中的输家

农村学生和家长“择城”现象反映出农民家长对农村学校的“放弃”。家长们认为，农村学校存在的种种问题导致了整体教学质量下降。

择城教育是教育资源不均衡所导致的。“城市的学校像欧洲，农村的学校像非洲”，在城乡教育的“博弈”中，谁输谁赢一目了然。

师资流失成为农村学校难以抹去的阴影。河北省张家口市尚义一中是尚义县唯一一所高中，从2003年到2005年，该校3年期间共流失教师28名。康保县一中去年有5名高三任课教师被私立学校聘走，其中一位是康保县高中年级唯一一位特级教师。2002年成立的涿鹿县私立学校北晨中学所招聘的10多位初中教师中，几乎清一色地来自基层公立学校。

呼和浩特市郊区一所中学负责人对记者说，基层学校正在沦为市区学校和私立学校的优秀教师“培训基地”，每培养出一名优秀教师，过不多久就会被挖走。

大批教师的流失，使农村学生家长对学校教学质量丧失信心。

“择城热”引发了一连串问题。与城市中班容“臃肿”形成鲜明对比，当你行走在农村，不时能发现废弃的校园：当一所学校招生的人数跌破可以忍受的底线时，它不得不和另一所学校合并。

而那些无法到城市就读的农村学生，更可能成为农村教育尴尬现状的牺牲品。

（《新华每日电讯》2006 年 8 月 20 日）

【思考与练习】

1. 何谓消息要素？消息报道是否一定必须具备六要素？
2. 消息标题最常用的有几类？它们各自处在什么位置上？起何种作用？
3. 何谓消息头？消息头有哪些作用？
4. 何谓消息导语？消息导语的写作要领及不同于一般文章开头的特征各是什么？
5. 消息的倒金字塔结构在写作上有何特点？

第三节　通　讯

一、通讯的特点

通讯是新闻的姐妹体裁。通讯这种形式，常常是抓住新近发生的典型事物、重要事件，从一个侧面或一个角度，写出一种思想、一个人物、一种经验、一个问题，具体深刻，生动感人。

通讯在写作上主要有以下特点：

1. 新闻性。通讯属于新闻报道的一种形式，因此通讯的内容就必须具有新闻性，即新闻价值。首先必须新鲜，时间近，内容为读者所未知，能够起到一新耳目的作用。其次是重要，即内容具有政治意义，或关系到千百万人的切身利益，因而影响大。再次是要有共同兴趣，即有知识性、趣味性、人情味，或能激起受众某种情绪，为受众所喜闻乐见。

2. 完整性。通讯是新闻的深入和补充，或者说是新闻的延伸和扩展。新闻常常简要地报道一个事实的片断，通讯则常常要详细地展示所报道人物和事件的具体情况，有时要反映事件的“全过程”，因而具有完整性。有人也称通讯为“详细的新闻”、“展开了的新闻”。

打个比方，新闻相当于电报，通讯相当于写信。电报只报一个概要和结论，写信则可描述细节和过程。据说我国最早没有通讯这个词，而称为“通信”。19 世纪 70 年代，电报传入我国，费用昂贵。欧美新闻和外埠新闻，短的用电报发，长的就用轮船、航寄或车马邮寄，故曰“通信”。如黄远生的北京通信，周恩来的旅欧通信。后来，交通和科学技术日益发达，电报费用下降，通信就用电传或飞机航寄，所以改称为“通讯”。

通讯的完整性，要求作者掌握更加丰富扎实的材料。为此，采访要深入，有时多次反复才能搞清事物的来龙去脉。

3. 形象性。通讯必须形象地报道真人真事，它比消息更生动形象。新闻概括性强，通讯具体性、形象性强。有人物的外形，有人物活动的环境，有事件过程及细节，有景物描写、心理描写。因而，通讯在表达方法上更加自由灵活、变化多端；比新闻有更多的描写、议论、抒情；通讯的语言更加生动活泼，具有生活气息和文学色彩。消息写作主要用逻辑思维，通讯写作除逻辑思维外，还要较多地运用形象思维。

4. 四个区别。通讯的特点还可以从比较中清楚地显示出来。

通讯以严格的真实性与文学相区别。通讯属于新闻体裁，必须遵守新闻真实性的原则。通讯在情节、结构、语言等方面，虽然与文学作品相近似，但通讯与文学作品毕竟有区别。通讯只能选择典型，而不能塑造典型；只能挖掘故事情节，而不能虚构故事情节。通讯所反映的事实都是客观存在的，只能通过比较辨别和深入挖掘，把它挖掘出来，如实反映给读者、听众、观众，不能搞集中、典型化。文学作品往往“嘴在浙江，脸在北京，衣服在山西，是一个拼凑起来的角色”，通讯则要实有其人，实有其事。

通讯以报道的客观性与评论、调查报告相区别。通讯写作不能用许多议论、推理来说明问题，而必须用事实说话，顶多只能在客观地叙述事实的基础上稍加引申发挥，以说明事情的意义和实质以及发展趋向等等。调查报告一般不注重于展开生活的画面，调查报告中的例子，一般是概述式的，不予充分展开，它只是作为说明观点的例证。材料服从于分析和阐述的问题、经验、教训等等。

通讯以较强的时间性与回忆录、人物传记相区别。通讯要突出新近发生的事，而把过去的事作为背景材料来交代；不能喧宾夺主，不能写编年史。通讯要突出最新情况，它的主题要与当前情况、问题或任务紧紧扣住，有一种现实的针对性。通讯不要向报告文学靠拢，而要力求快和短。

通讯以叙述描写的形象性、故事性、细致性与消息相区别。最初的报纸只有消息没有通讯，后来为了满足人们了解新闻事件详尽细节、来龙去脉的要求，才发展了通讯这种形式。所以通讯是详细的新闻，展开了的新闻，形象化的新闻，是消息的发展和补充。

二、通讯的种类

通讯的种类按内容分有四种：

1. 人物通讯。以报道各条战线上的先进人物为主的通讯。这类通讯着重写人的精神面貌，通过写人物的事迹表现人物的先进思想，使之成为全社会共同的精神财富，并推动物质文明的建设。写作时，要写出人物的灵魂之窗，思想之光；要善于通过人物自己的行动和语言来表现人物；要注意在矛盾冲突中表现人物；要正确反映党的领导和人民群众在先进人物成长过程中的作用，不要孤立地、片面地强调先进人物个人的作用。人物通讯除表现先进人物外，也可以表现一般人的喜怒哀乐、成败得失，只要内容具有一定的普遍意义，并为大家所关心。转变型、反面型的人物，也可有选择地进行报道。

2. 事件通讯。报道突发的、为受众所关心的事件，报道典型的、有普遍教育作用的新闻事件。可以具体而形象地写出一件事的来龙去脉，也可以压缩成概括性的叙述，又可以把新闻事件中的某个片断加以放大突出地描绘。事件通讯所写的事件，要具有新闻性和典型性；要善于用大中取小、以小见大的方法来选择和反映事件；要善于把事件和读者的利益、要求和共同兴趣联系起来，使事件通讯为受众所喜闻乐见。

事件通讯大体上有三种：第一种是正面的、体现高扬主旋律的事件。如各种灾难中如何救人，人民群众和公检法部门如何与坏人坏事作斗争等等。第二种是揭露性的、体现舆论监督的事件报道。如有的工厂和商店如何生产和销售假冒伪劣商品，贪污分子怎样走向堕落等等。第三种是客观、全面地揭示事件真相的报道。

3. 工作通讯。通过各种典型事实，反映各地区、各单位、各条战线贯彻执行党的方针政策的具体经验和方法；提出实际工作中需要而没有获得解决的各种问题；对一些新问题进行探讨和研究。工作通讯的写作，要注意从具体事物和实际情况出发；反映普遍性的问题，主要从政策思想上进行指导和引导；要讲清事物的因果关系和形成经验的具体条件，引导大家因地制宜、因事制宜地推广经验和解决问题。防止“一窝蜂”，不搞“一刀切，一个样”。

4. 风貌通讯。有时亦称“概貌性通讯”或“旅途通讯”。这类通讯反映现实生活的变化、日新月异的面貌，用以沟通情况，开阔眼界，激发感情，增长知识。风貌通讯往往从现实生活中选取典型的、有特色的地区或单位，抓住最新鲜的迹象加以突出地描绘，勾画出事物发展过程中的新面貌，以帮助读者了解变化。采写时，要求作者善于观察，突出见闻；抓住特征，着力写变；叙议结合，情景交融；旁征博引，饶有风趣。

通讯的种类，按表现形式分又有多种。

记者写作时，大都不是先从表现形式出发，而是由所掌握材料的内容和报道意图决定。有时不拘形式，自然写来，也能自成一格。散文式通讯、杂文式通讯、政论式通讯，这些边缘体裁，就是这样产生的。所以要立足于实践，着眼于创新，不断探索出更好的表现形式。

三、通讯的主题

主题是通讯的灵魂。一篇通讯，通过报道客观存在的事实，主要宣扬一种什么样的思想？提出一个什么问题？提供一个什么经验或教训？这就是它的主题思想。

主题思想明确了，立意清楚了，选择和组织材料就有了标准和依据。一篇通讯的主题思想，像一根红线，把各种素材串在一起，形成一篇完整的通讯。

通讯的主题，是在采访、写作的过程中逐步形成的。一般是：先有素材，后有题材，再有主题。

采访中收集到的大量的原始材料，尚未经过整理、提炼加工的东西，叫做素材。

记者根据一定的报道思想，根据自己对生活、对事实的理解和评判，从大量素材中选择、提炼、加工成的写作材料，叫做题材。

题材经过记者头脑的深思熟虑，由浅入深，由表及里，抓住本质和核心，渐渐形成一个明确的思想，叫做主题。

由此看来，通讯的主题是从实践中来，从实际材料的综合、分析中来的。它是记者调查研究的产物。

通讯提炼主题的要求是：集中、新鲜、深刻。

1. 集中。通讯的主题要集中一点，主要宣传一种思想，提出一个问题，提供一种经验。这就要求开掘得深一点，抓准了，把它写深写透。

写通讯一定要有一个明确的中心思想，不要企图在一篇通讯中说明和解决许多问题。如写人物，既是廉洁奉公，又是开拓进取，又是乐于助人，再要加上谦虚谨慎；或写经验，既是执行政策，又是发动群众，又是学习他人，再加上搞好后勤……。这样一定写不好、多中心等于无中心，主题思想不集中，通讯就没有生命力。

通讯主题要集中，集中在哪一点上？应该集中在事物的本质特点上，集中在报道的目的性、针对性上，而且要把这两个方面结合起来，反映出时代的气息、精神。正如阴电阳电接触，才能产生火花一样。通讯的主题，只要紧扣时代、形势、任务，回答人们思想上迫切需要解决的问题，就能引起强烈的反响。

2. 新鲜。通讯要有新意。所谓新意，首先表现在主题的新鲜。有新思想、新问题、新经验，意境上别开生面，立意明确，观点鲜明。最好要见人之未见，言人之未言，不同凡响，不炒冷饭，不人云亦云。

要善于抓时代尖端的东西，抓生活潮流前沿的东西，这样能令人耳目一新。

通讯主题的新鲜，要求作者有一种探索的精神，不满足于现成的、一眼望到底的东西，不重复别人的老材料、旧观点。记者本来就应该是时代潮流的弄潮儿，只有不断向读者提供新材料、新观点、新经验、新知识，才能为广大读者欢迎。

现实生活中的热点、难点、焦点，只要及时抓住，并深入下去探究，总会有一些受众感兴趣的新东西出现。记者要不回避矛盾和问题，把通讯报道写到读者的心坎里去。

3. 深刻。深刻就是不停留在表面现象，不就事论事，而是由此及彼，由表及里，对事物的特点和本质、事物所包含的意义，开掘得深，并能提高到方针政策、理论的高度，提高到精神文明的高度来报道。

四、通讯的结构

要写好一篇通讯，首先要提炼出重要、新鲜、深刻的主题，其次要选择具体、生动的材料妥善地组织起来，体现出作者所要表达的主题，这就是通讯的结构了。如果说，通讯的主题是文章的灵魂，材料便是血肉，结构就相当于骨架。一篇通讯若没有很好的结构，就不能体现出主题的展开、深化和完成，好的材料也只能散乱一气，发挥不了作用。

通讯的结构，基本上有纵式、横式以及纵横结合式三种。

(一) 纵式结构

即发展、延伸、推进地组织材料的结构方法。

自始至终法：即按事件发生、发展的顺序展开情节，以事件为线索，脉络清晰，首尾一贯，一气呵成。

由浅入深法：即按作者思维的逻辑发展组织材料，也就是以思想为线索、用材料来阐明作者的观点。

这一类结构的通讯，常常要写许多事件，所以不能以某一中心事件为线索，而要以作者的思维逻辑顺序为线索。

（二）横式结构

即根据一个主题思想，把几个单独的故事或一件事的几个侧面的材料，组成一篇通讯。这一类通讯涉及的场面可以很广，单位可以很多，常常没有中心人物和中心事件；但中心思想却很明确，只是从几个方面来说明这个中心。这里又有两种方法：

时空变换法：如要写一篇《在市场经济的大潮下》，可以把不同单位和地区、不同时间发生的几个故事，用一个主题思想把这些故事串在一起。在时间和空间上，可以跳来跳去。它们犹如电影中的几个镜头，剪辑在一起成为一个完整体，以体现一定的中心思想。

并列铺排法：把不同侧面的事实，分别写来，又合在一起，以强化通讯的主题思想。如写一个单位的廉政建设，可以从住房分配、用车制度、公费吃喝送礼以及奖金工资发放等几个方面写，每一方面写一段或一节，然后总汇在一起有力地说明主题。

（三）纵横结合式结构

纵式结构和横式结构各有其优点和长处，但又各有其缺点和短处。横式结构不易承上启下，一气呵成；纵式结构不易在时空上跳跃，容易拖沓冗长。

有些通讯就采取两者结合的方法，取两者之长，避两者之短。

通讯的结构应该富于变化。客观事物是曲折复杂的，作为客观事物的反映的文章，也应该是波澜起伏的。有时奇峰突起，有时迂回曲折，有时别有洞天。有一位新闻界前辈，在谈到文章结构时，提出文章要像高山起伏，如海浪奔腾。

［例文］

花开沃土香飘万家

——记“全国模范法官”黄学军

本报记者　**安克明**

人物素描：黄学军，1970年生，1988年到广东省佛山市中级人民法院工作，现任民一庭副庭长。在担任法官的10年里，她办结2 000余起案件，无一发回重审、无一超审限、无一错案。她荣获过中国法官十杰、全国三八红旗手、全国优秀女法官和广东省优秀共产党员、人民满意的公务员、人民满意的好法官、南粤巾帼十杰等荣誉称号，荣立过个人一等功。现又分别被最高人民法院和广东省委授予“全国模范法官”、广东省“人民的好法官”称号。

一槌落下好评连连

2006年8月11日中午，广东省佛山市中级人民法院，以黄学军为审判长的合议庭，对农民工陈火生道路交通事故损害赔偿纠纷案二审开庭审理。

“上诉人、被上诉人，现将你们双方的争议焦点总结如下……对这四项争议焦点双方有无异议?”

“没有。”

“没有。”

“下面请上诉人、被上诉人围绕争议焦点发表辩论意见。”

……

“上诉人、被上诉人还有没有辩论意见需要补充?”

“没有。”

“没有。”

“上诉人、被上诉人是否同意接受法庭调解？”

……

“鉴于上诉人不同意法庭调解，庭审到此结束，本庭将择日宣判。休庭。”随着黄学军宣布休庭，法槌同时敲响。

以上是庭审片段。

“这庭开得真利索。”

“法官的反应够快的，对双方的观点把握得又快又准，真不简单。”

“能在这么短的时间内让双方的人都把要说的话说完，也足见法官对庭审的驾驭引导能力。”

“据说黄学军对办理有关农民工的案子很有一套，有一起关于广西农民工的案子还引起过很大反响呢。”

“看来黄学军获得那么多荣誉并非浪得虚名。”

闭庭后，旁听席上的群众边走边议论。

记者目睹庭审全过程，对黄学军的办案能力与认真态度暗自叫好，听到旁听者的议论，对“百姓心中有杆秤”这话也有了更深切的理解！

一路走来心光闪闪

旁听者所说的“引起过很大反响”的关于广西农民工的案子，据了解大致情况是这样的：陈祖玲、温福群关于其儿子、到佛山打工的农民工陈志林道路交通事故死亡的案件，由于城镇居民与农民的赔偿标准相差达16万元之多，赔偿标准的确定对办案效果的好坏至关重要。黄学军根据佛山发展的实际情况，结合广东省高院、省公安厅《关于〈道路交通安全法〉施行后处理交通事故案件若干问题的意见》的有关精神，与合议庭成员一起率先对外来农民工的死亡赔偿金按城镇居民标准计算，对并无明显错误的一审判决作出了大胆而审慎的改判，体现了对大局的准确把握，实现了法律效果与社会效果的有机统一。

事后，原告委托其代理人、陈志林的堂兄陈寅基向法院致信表示感谢。其亲属与闻讯在粤打工的同乡20余人共同在信上署名。他们在信中写道：“贵院的判决书，消除了对农民的歧视，给进城农民以真正意义上的平等待遇、是法律面前人人平等的宪法宣言的有力见证,是关心弱势群体、解决三农问题的具体表现。"他们在信中由衷地表示,判决书"维护了法律的尊严,为我们讨回了公道,争得了应得的权利,抚慰了我们破碎的心灵"。信中的评价不完全科学,但其表达的新时期农民对人民法院的朴素感情则显而易见。

这起案件被媒体评价为广东省农民工民事赔偿"第一案",在广大农民工中引起了强烈反响,受到社会各界的好评。其实,黄学军办理的"引起过很大反响"的案件还有不少!比如轰动一时的某医院婴儿失踪案。婴儿在病房丢失,医院应否承担责任以及承担什么样的责任等问题,法律规定并不明确,也无先例可供参考。对此,黄学军深究法条精髓,精心分析法理,在确认医患双方合同关系成立的基础上,判令医院承担精神损害赔偿。这一判决据称开了民事违约精神赔偿的先河,并成为佛山乃至全省法院的一个重要案例。

又如某"酒吧女"工伤损害赔偿案。伤者由于不熟悉法律而错失申请劳动仲裁机会,依据法律,其提出的诉讼请求已丧失胜诉权。自身丧失劳动能力,女儿才十来岁,伤者对生活丧失信心,屡屡流露出轻生念头。对此案,黄学军表现了活用调解的高超艺术。她对酒吧老板讲道理、说人生,以自己的人格、真诚和耐心,使酒吧老板自愿承担3万元的适当赔偿,让伤者得到了及时的救济。这件案子在社会上也引起了高度的关注,备受好评。

黄学军用一个个经典案例展现着佛山法官勇于创新、与时俱进的时代精神,高超的定纷止争能力。作为主要从事传统民事案件审判的法官,她面对得最多的还是一些在他人看来并不起眼的"小案子"。但在黄学军眼里案件无"大小",她要求经手的案子都能获得自己良知的认可,让当事人服气。在担任法官的10年里,她办结2 000余起案件,无一发回重审、无一超审限、无一错案。

黄学军对自己的成就看得很淡,"我跟大家一样,认真办好手中的案子,没多少值得说的,想说的是我对当事人的平等对待,我一直尽力让他们得到公正的结果。"她的同事周芹快人快语:"军姐业务能力那没得说,大家都服气，但其实吧，我感受最深的是她人好，对工作用心。”“作为法官，业务能力当然要强，这是可以学得来的，而像她这样长期一贯用心来办案我是比不了。”

一曲唱响和声处处

当事人、领导、同事对黄学军在工作中付出的心血和真情、学识与能力，表现出的大局意识、长远眼光以及负责精神赞佩不已。在人们眼里，作为一名党员法官，黄学军既怀有对审判事业的高度热情，又具有脚踏实地、求真务实的作风。她始终以清正廉洁自律，坚持“铁案”意识，充分尊重当事人的尊严，孜孜不倦地执著追求司法公正，很好地体现了党员的先进性。而这评价的背后是她长期付出的默默的努力。

高强度、高难度的审判工作促使佛山中院很早就走上了职业化建设的道路，致力于培养专家型法官、培育先进法院文化、打造学习型法院。黄学军以其成长历程生动地诠释了一名法官准确把握历史脉动，迎战当代司法实践所必备的不断求索的职业素质。

黄学军 1988 年到佛山中院工作以来，她自强不息、努力拼搏，在完成繁重工作任务的同时，克服各种困难，不断加强学习，在完成北京大学法律本科学业之后，又参加了中国人民大学硕士研究生班的研修。黄学军更善于从审判实践中学习，不断提高审判技巧；从日常工作中总结，不断丰富社会经验；从同事那里汲取见解，不断完善职业思维。她一步一个脚印地攀登，实现了从一名书记员到助审员进而到审判员的转变，并逐渐成为民商事审判业务骨干、民一庭副庭长。

黄学军不仅是工作的强者，也是为人的楷模，具有丰富的内心世界和生活情趣。她外表给人一种女强人的感觉，但她的一位同事说：“错！别看她办案时那么严肃，装扮上又像个‘假小子’，其实她女人味很浓的。她关心人，热爱生活，关注社会。你可能不会想到她会为与自己无关的弱者抹眼泪，会在办公室里侍弄花草玩玩具熊，会在去北京领奖的路上看《论语》，会在工作之余与大家开玩笑、‘耍赖’，会在同事有病时悄悄把药送上或轻轻搀扶……”原来刚强与柔情、简单与复杂会这样结合！

黄学军用挚诚与热情，唱响一曲司法为民的青春壮歌，在佛山法官心中激起层层的和声。在她的感染下，佛山中院学习与业务并重的气氛更加浓厚，法官纷纷参加法学在职教育，踊跃开展学术研讨，认真钻研审判业务，形成了“尊重知识、鼓励创造、积极进取、奋发向上”的法院文化环境，一批优秀人才茁壮成长，各展其长，和睦相处，团结协作。

佛山中院院长朱和庆谈到黄学军获得的荣誉时动情地说：“这不仅是她个人的荣誉，也是佛山市法院系统的光荣，同时也是广东省委、佛山市委关心、爱护，最高法院、省高院精心指导、培养的结果。”同时，人们也不难感觉佛山中院对人才培养所付出的努力。

（《人民法院报》2006 年 8 月 15 日）

【思考与练习】

1. 新闻通讯主要有哪些特点？
2. 常见的几类新闻通讯写作的侧重点各是什么？
3. 写一篇反映城（乡）日新月异变化的风貌通讯。

第四节　新 闻 评 论

一、新闻评论的涵义

新闻评论是新闻传播工具就当前重大问题、新闻事件发议论、作阐释、提批评、谈意见的一种论说文体，是所有传播工具的各种评论形式的总称。

新闻评论被称之为“报纸的旗帜和灵魂”，是报纸、电（视）台宣传的主帅，是一张报纸或一家电（视）台政治倾向的集中表现，它对整个宣传起着开路、举旗、定调的作用。

新闻评论是社会舆论最集中的反映，同时它又强有力地引导着社会舆论。我们党历来重视报纸宣传，尤其重视新闻评论在反映和引导社会舆论方面的巨大作用。

在我国，新闻评论主要有社论、评论员文章、短评(或称时评)、专栏评论等。

二、新闻评论的特点

(一) 新闻性

首先表现在它具有时效性，它总是就当天或者最近发生的新闻事实或现实生活中存在的问题发表议论。旧时报馆有句行话，叫做“看完大样写社论”。那时候，报纸上的社论位置是固定地空在那儿，专等主笔看完“大样”，认为哪条新闻值得议论，大笔一挥，几百字、千把字的“评论”就写出来了。

(二) 政治性

新闻评论具有很强的现实针对性，强调关注“直接的当前现实”，总是紧紧配合党的中心工作，紧密结合实际情况，宣传党的路线、方针和政策，总是针对工作实际中的问题和人民群众的思想和生活，代表党和政府说话，它是党的意志和主张的体现。《光明日报》特约评论员文章《实践是检验真理的唯一标准》一文，论及的是我们党的思想政治路线的拨乱反正这一根本问题，其政治性之强，有口皆碑。

(三) 论理性

以理服人是新闻评论论理性的具体表现。消息、通讯虽然有时候也可以适当地发表议论，但是一般是以叙述、描写新闻事实为主。新闻评论则不同，它是以论为主，常常针对现实生活中的重大问题分析阐述，以指导工作，引导舆论，因而具有严密的逻辑性和科学的理论色彩。2000 年 5 月 8 日至 15 日，江泽民在江苏、浙江、上海考察工作时强调，我们党要始终代表中国先进生产力的发展要求，中国先进文化的前进方向，中国最广大人民的根本利益。新华社随即发表了《立党之本、执政之基、力量之源》的特约评论员文章，突出地阐发了党的“三个代表”的科学思想，极具理论色彩。

三、新闻评论的写作要求

（一）精心选题

人们常说“题好文一半”，选择、确定评论什么问题，是新闻评论成败的关键。作为新闻评论写作的第一步，能否正确地选准、选好论题，直接关系到评论写作的“分量”和影响评论写作程序的进行。这是因为，一方面写作评论的目的是为着解决现实生活中存在的各种问题，所选论题是否正确和切中时弊，直接关系到这篇评论的价值；另一方面，评论写作的一些环节，诸如对论题怎样分析阐释，文章如何布局谋篇，语言如何表述等，也只有在选题确定之后，才能“启动”。那么，怎样选好论题呢？

首先，要从上级的精神中选题。新闻就其本质而言，是政府的舆论工具，是党的喉舌，它理所当然地要根据党和政府的指示和决定，结合当时的中心工作选题，以迅速传达党的声音，宣传和解释党的路线、方针、政策。如果说中央的精神是新闻评论的灵魂，是一点不为过的。江泽民关于“致富思源，富而思进”的讲话精神发表之后，《解放日报·新世说》随即发表了一系列的“双思”评论，及时、有效地宣传了党的思想，点明了一个时期舆论的中心所在。

第二，从社会上现实存在的各种模糊“思潮”找到新闻评论的题目。汪洋大海般的人民群众，思想水平、认识能力参差不一，人们对社会上出现的一些带有全局性的事件，常常是不太清楚的，认识往往模糊，这是不奇怪的。新闻评论的任务是及时地、不断地予以透视、评析、澄清。一个时期以来，“法轮功”甚嚣尘上，虽予取缔，仍蠢蠢欲动，妄图死灰复燃。新华社 2000 年 4 月 29 日的评论题目是《从乌干达惨案看中国政府取缔“法轮功”的重要性与必要性》就是一个很有针对性的选题。

第三，从新闻报道中选题。报纸、广播、电视每天发表大量的新闻，从中挑选具有典型意义的新闻配发评论，也是新闻评论选题的一个途径。新闻中的热点，社会关注的焦点，工作和生活的难点，是新闻评论的最佳选题。一个时期以来，台湾当局“你方唱罢我登场”，李登辉逆历史潮流而动，刚刚下台；一个泼妇般的吕秀莲急不可耐地跳上台胡说八道，新华社 2000 年 4 月 29 日发了《吕秀莲缘何如此张狂》时评，关心台海局势的人无不争相阅读。

（二）深刻论理

论理包括提炼论点、选择论据和进行论证三个步骤。

1. 提炼论点，就是确立文章所要论证的观点。论点一定要正确、鲜明。如果论点错了，越论证越远离真理；论点见解肤浅，评论必然一般化。《光明日报》特约评论员的文章《实践是检验真理的唯一标准》中的“唯一”一词是以后加上去的，多么正确，多么鲜明。

2. 选择论据。论据一般分两大类：一是事实材料，即可以说明论点的客观事实；二是理论材料，即经过实践检验的原理、观点。论据要真实、准确。新华社 2000 年 5 月 18 日的评论《李洪志引人入套》，揭露了李洪志引人入套的“四步曲”：第一步，以“祛病健身”幌子，诱使一些人迈入“法轮功”的大门；第二步，从练功到“学法”，从形体动作到歪理邪说；第三步，系统地灌输歪理邪说，对“法轮功”练习者实行精神控制；第四步，强化精神控制，使“法轮功”练习者进得来出不去。论据确凿，揭露有力。

3. 进行论证。论证是分析问题、说清道理的过程，也是用论据证明论点正确的过程。论据确定之后，接下来就要论证，证明论点是正确的。论证是一篇评论能不能写好的关键。《解放日报》2000 年 5 月 22 日《经济周评》文章《单纯引资不行》，标题即论点。文章有个数据，即论据：1999 年，在上海所有的大中型外资工业企业中，没有技术创新活动的企业比重高达 59%。被视为技术进步重要推动力的外资企业出现这样的情况，不能不让人感到“引资”这个话题的沉重。有近六成的大中型外资工业企业会在技术创新方面“无所作为”的“论据”，有力地证明了“单纯引资不行”的论点。这个论证过程是令人信服的。

（三）注重文风

评论写作中，文风问题非常重要。文风的基本特征是准确、鲜明、生动。准确是指事实准确和说理准确；鲜明是指观点突出，旗帜鲜明；生动是指文章活泼，有文采。新华社《吕秀莲缘何如此张狂》就是一个范例。

四、几种新闻评论的写作

（一）社论

即代表报社编辑部就国内外某一重大问题发表的权威性评论。社论是一种最重要的评论形式，表明了报纸的立场和主张。就党政机关报来说，它一般代表同级党委发言。《人民日报》是党中央机关报，其社论自然代表党中央的声音，如 2000 年 5 月 21 日《人民日报》社论《全面加强党的建设的伟大纲领》，就是代表党中央发出号召：“当前最重要的就是按照‘三个代表’的要求，全面加强党的建设。”2000 年 5 月 18 日《人民日报》社论《鼓吹“台湾是主权独立的国家”，极危险》，就是代表党中央向台独分子发出警告：如若玩火，后果是灾难性的。社论的权威性的特点，决定了运用它时应取严肃慎重态度。

（二）评论员文章

它是一种中型的评论，其重要性仅次于社论，它与社论的不同只是在规格上有区别，评论员文章有署名和不署名之分，还包括该报特约评论员文章。通用形式是不署名。

本报不署名评论员文章，其特点是：既非个人署名的一般文章，又不代表整个编辑部；既有一定的官方色彩，又不完全代表“官方”，这样就有选题和写作的灵活性。由此，其权威性不靠它的身份，而是依其议论的精确取胜这种不署名的评论员文章，对所要论述的问题和决策，作单刀直入、集中的分析。如新华社2000年5月17日评论员文章《延续“李登辉路线”，没出路》。

（三）短评

顾名思义，就是短小精悍的评论。它的特点是：一般配合党的中心工作，或者就一篇新闻论述一个范围较小的问题或一个重大问题的一个基本观点。它适宜于“攻其一点，不及其余”。在写作上较之评论论题更单一，分析更扼要，篇幅更简短，同时短评也有署名和不署名之分。如《解放日报》就一些上海人旅游外出不讲文明，写了《“出去”更要讲文明》的短评。

（四）编者按和编后

这是一种最轻便、最简短的评论形式，一般只有一、二百字，一针见血，是新闻评论中真正的“匕首”。

编者按又称按语，一般放在新闻或文章的前面，也可放在文中或文后，它的作用是编者对所发表的报道或文章进行提示、评论、阐述和补充，它大体分为两类：一是政论性的，把稿件中的中心思想，提纲挈领地点出来，加深读者理解，或在原稿基础上借题发挥，提升内涵，或联系原文，及时传达党的最新指示和领导意图，交待有关政策界限。另一类是说明性的，即说明一些情况，介绍某些背景，以帮助读者理解；或注释某些难懂的名词等。

编者按写作要注意：首先它不是独立的政论文体，必须依托报道或文章进行发言和评论，其次它毋须复述论据或另找论据，也不必进行具体论证，可直截了当地发表意见，切实做到画龙点睛，意尽文止，形式灵活、简便、及时，最后编者按是代表编辑部表态的，多用在较为慎重的场合和必要之处，不可滥用。

编后是简要说明编辑部对报道或文章的基本态度，多因事抒感，借题发挥，有点像《史记》中的"太史公曰"。它其实也是编者按语的一种，只是放在文后而已，作用是深化新闻报道的主题，强调重点，给人以深思的余地。编后的基本形式不外乎读后感式、阐明式、引申式，它的写作要求是编者要有鉴赏力，有敏锐的思维和精妙的文笔，能在瞬息之间抓住要点，切忌把编后变成画蛇添足。

（五）专栏评论

这是近几年来兴起的一种短小精悍的评论形式，它发表在各种评论专栏里，个人署名，如《人民日报》的《今日谈》、《市场随笔》，《解放日报》的《解放论坛》，《羊城晚报》的《街谈巷议》。其特点是：理从事出，不拘一格，轻便灵活，其中不少专栏评论还具有文艺色彩，是一种新闻、政论、文艺融合而成的评论。

这类专栏评论选材相当广泛，大至国家大事，小至个人见闻，皆可入论，它或者小题小作，或者大题小作，或者小题大作。它们总是傍实论虚，虚实结合，由此及彼，连类生发。

新闻评论的种类繁多，并且随着新闻评论事业的发展，一些新的评论形式还会产生，一些旧的评论形式也可能消亡，重要的是认识和掌握评论形式发展的规律。

[例文]　**从余秋雨到易中天**

江　晏

这段时间，耳目之间灌满了"易中天"三个字。

以每周两讲的频率在央视"百家讲坛"品了半年"三国"，据说已与"超女”一样有了叫作“意粉”或“乙醚”的忠实听众。随后，一家出版社以首印55万册、版税14%的“超级高价”在拍卖中抢下其图书出版权，轰动一时。眼下，这本《品三国》(上)上市，其他数本旧作也隆重重出，易中天成了媒体们追逐的焦点，专栏、访谈、演讲，活动多多，“口水仗”也不少。

忽然觉得有趣。已有媒体将易中天与余秋雨并称为人文学者中的“学术明星”。但恐怕余秋雨先生未必愿意接受这样的并称。一则，余秋雨的成名，是先在文艺美学的学术领域，后在《文化苦旅》，至于上电视开讲和充任评委，已是名扬天下之后繁忙日程表中的一小项而已；二则，自走出书斋较多介入“大文化”乃至具体文化建设活动以来，凡10余年，余秋雨先生几乎是一面频频“出镜”一面不时挨骂，其“旅”也乐，心情却难免挟“苦”带涩，哪里比得上前者的一举走红？学术圈里偶然有人嘟哝了两句，批评“易品三国”的不学术或庸俗化，也被“意粉”和媒体高调回击，一言以蔽之曰：“酸葡萄心理。”闻者，当即掩面闭嘴。最近的一次，看见某家电视专访，记者追问其校方、同事对他忙于上电视、出书的看法以及是否会影响其作为教授、博导的工作时，易中天先生就敢于说：我和学校没有任何关系，上好课就乘车回家。博导么，反正也快退休了……其成功者的桀骜和理直气壮，远胜于愤愤“封笔”的余秋雨。

从余秋雨到易中天，其实正好是近10多年间，随着电视和网络媒体的渐显强势，中国的知识分子精神与整个社会价值观念上，从“媚雅”即追求精英文化，逐渐走向了“媚俗”即张扬草根需求、顺从大众品位的过程。

“媚俗”之说，出自小说家昆德拉。10多年前，一本《生命中不能承受之轻》，小说名字译得半通不通，没人敢挑毛病，还成了有文化、有思想的符号，因为整个社会都在追求着思想的深度和锐利。

中国知识分子一向有“躲进小楼成一统”、象牙塔里钻学问的传统，有教授投身受众极大的电视媒体，从事文化普及，做说书人，是应予鼓励的好事。然而，眼下大众文化泛娱乐化大行其道，以及媒体业出于功利之心大肆爆炒的做法，都令易中天之类面临着极大的危机与挑战：倚靠着学术背景的历史，毕竟不是电视剧，“卖点”与噱头有限，更不宜将“正说”与“戏说”混搭。对大众趣味的顺应，如何不落入庸俗化的窠臼，是对学者功底的考验。然而，除非少数大家，以绝大多数人的学术和人格积淀，谁经得起这般爆炒？

（《人民日报》2006 年 7 月 28 日）

【思考与练习】

1. 新闻评论有哪些特点？
2. 新闻评论的写作要求有哪些？
3. 就报纸上的一条新闻写篇 300 字的短评。

第九章　财经应用文写作

第一节　概　　述

一、财经应用文的涵义

财经应用文是现代应用文的一个重要分支。财经应用文是指在经济交往过程中处理解决经济事务,沟通经济信息,具有一定规范格式的应用文书。财经应用文广泛运用于各个经济领域,直接为生产和经济管理服务。随着社会主义经济建设的飞速发展,财经应用文的发展也是日新月异,各种新的文种不断涌现,这也体现了现代应用文的发展是以经济类应用文为中心的发展总趋势。在现代经济生活中,最常用的财经应用文有:广告、合同、招投标书、可行性研究报告、市场调查报告、市场预测报告、协议书、意向书、招股说明书、配股说明书、上市报告书、审计报告等。

二、财经应用文的特点:

第一,理论和实际相结合,是财经应用文最基本的特点。财经应用文的写作都是为了解决经济活动过程中所遇到的实际问题,直接服务于财经工作效率的提高和经济效益的增加。因此必须要有一定的经济理论作指导,财经应用文的写作实际就是把一定的经济理论运用到实践中去的过程,如市场预测报告的写作,如果不是运用一定的经济理论对经济活动中历史和现实的某些数据进行科学的分析，是不可能得出正确的预测结果的。反之，如果财经应用文的写作与解决实际经济生活中的问题相脱节，对解决实践中的问题不能起到它应有的指导作用，那么这种脱离实际的财经应用文的写作就无多大的意义。

第二，法规性和专业性相结合，是财经应用文的一个突出特点。财经应用文的写作许多地方要涉及国家的经济方针、政策以及有关的经济法规，因此从写作主体来看，必须要熟悉国家的经济方针政策和有关的经济法规。例如广告的写作，对《广告法》必须有所了解。在现实广告经营活动中，违反《广告法》的现象屡见不鲜，这和有关广告制作人员对《广告法》缺少了解是有很大关系的。财经应用文写作除了体现很强的政策性之外，还体现了很强的专业性。从写作主体来说，必须要具备经贸方面的各种专业知识，否则将很难胜任财经应用文的写作。如要写好一份合同，不仅对《合同法》要有所了解，还必须具备商品、包装、运输、技术标准、货款结算、保险等多方面的专业知识，这样才能独立起草一份规范的合同。

第三，定量和定性分析相结合，是财经应用文的第三个特点。财经应用文在写作中特别注重分析问题的方法，它不是依靠经验来下判断，而是依靠科学的定量和定性分析相结合的方法，对调查来的数据进行分析，用以揭示经济发展的规律和趋势。这一特点在市场调查报告和市场预测报告的写作中体现得是十分明显的。数据在财经应用文写作中是一种特殊的材料，它经过科学的定量和定性分析，能传达出大量的经济信息，因此在财经应用文写作中要特别重视对数据的搜集和运用，这是和其他应用文写作一个十分明显的区别。

三、财经应用文的写作要求

要写好财经应用文必须从三个方面下功夫，一要提高理论政策水平，重视对经济理论和国家经济方针、政策、法令、法规的学习，这样财经应用文的写作才能对国家经济建设起到有益的作用，这是写好财经应用文的重要前提。二是要重视掌握必要的专业知识，财经应用文的写作实际属于一种专业写作，如果光有基础写作能力，而不具备必要的专业知识，也是难以胜任的。譬如写作招投标书，除了对招投标程序有所了解之外，还必须具备与招投标书相关的各种专业知识；又如广告写作除了具备较强的文字表达能力外，还应懂得市场营销、市场预测、心理学、美学、社会学等知识。三是要有较强的写作能力，财经应用文虽然专业性较强，但它仍是以基础写作知识和写作技能为基础的，基础写作中有关立意、选材、结构和语言表达等方面的知识和技能，在财经应用文写作中仍是不可缺少的。财经应用文的语言要求简洁、朴实、准确、严密、规范，这是和除了文艺类的写作之外的其他文章在语言表达上的要求是基本相同的，因此在这方面还是要借助于基础写作的训练，为财经应用文的写作打下良好的基础。

【思考与练习】

1. 简要概括财经应用文的特点。
2. 写好财经应用文有哪些要求？

第二节　招标书与投标书

一、招标与投标的涵义和作用

招标和投标作为一种竞争性的交易方式，是订立买卖合同的一种特殊程序，在国外已有数百年的历史。1803 年英国政府就公布法令，推行招标承包制。后来其他国家也纷纷仿效，在政府机构和私人企业购买大宗货物和兴办较大的工程项目时，常常采用招标方式。世界银行及其他国际金融组织为了使其贷款达到预期的经济效益，避免使用上的营私舞弊，规定必须采用招标与投标方式来选择供货商和承包商，使其成员国的供货商或承包商也能平等地参与竞争。

经过近两个世纪的实践，招投标作为一种竞争性交易方式已得到了广泛应用，它不仅运用于大型工程建设及大宗货物采购，还扩展到政府采购和其他各个领域。目前，国际上招投标已经形成了一整套体制和实施方法，规范化程度越来越高。如世界银行制定了《国际复兴开发银行贷款和国际开发协会信贷采购指南》等一系列文件，规定了世界银行贷款项目的采购原则、招投标程序和具体实施办法。英国土木工程师协会也编制了《土木工程承包招标投标指南》，为建筑工程的招投标提供指导。

我国自 1980 年 10 月，国务院颁布了《关于开展和保护社会主义竞争的暂时规定》，该文件规定："对于一切适宜于承包的生产建设项目和经营项目，可以试行招标投标的方式。"10 多年来，这一竞争机制被广泛引入社会各个领域，应用的范围日益扩大。实践证明，这一新兴的交易方式有利于打破垄断，降低成本，提倡公平竞争。

1999 年 8 月 30 日九届全国人大常委会第十一次会议通过了《中华人民共和国招标投标法》，2000 年 1 月 1 日起施行。该法律对必须进行招标的项目范围作了强制性的规定，同时对招标人和投标人的资格以及招标的程序作了详尽的规定，这是我们目前进行招投标活动必须遵循的最权威的法律文件，写作招标书和投标书必须要熟悉该法律的有关规定，才能不违背或不与该法律发生冲突。

二、招投标程序和招标分类

为了保证招投标的公平、公开、公正，按照国际惯例，招投标要遵循一定的程序。就目前来说，世界银行贷款项目的招投标程序是世界上公认的比较完善的程序。

（一）编制招标文件

这是开展招标活动的基础工作，一般应包括两方面的材料：一是投标者所需了解并遵守的规定，如招标邀请书、投标者须知、投标要求等；二是为投标者投标所提供的文件，如投标书格式、合同条款、合同格式、技术规格、货物或工程量清单、投标保函格式、履约保函格式、投标价格表等。

（二）发布招标通告

对投标人进行资格预审，出售招标文件。

（三）投标

投标者根据招标者提供的招标文件要求，填写或编制投标书，密封后按时送往指定地点。如建筑工程项目在投标前应组织投标人勘察现场，或举行标前会议，统一澄清和回答投标人提出的各类问题。标前会议的记录和对各种问题的统一解释和答复，均应整理为书面文件，视为招标文件的组成部分。

（四）开标与评标

开标是招标者按照招标文件中规定的方法、日期、时间和地点开启标函的行为，开标须邀请各投标人代表参加。评标是由评标委员会组成人员对所有的投标根据招标文件的条款和条件，从技术上、标价上以及其他交易条件上进行比较和评价，从而确定中标者。

根据世界银行的规定，在评标过程中遇到下列情况，招标者可以否决全部投标：(1)最低的投标报价大大超过国际市场的平均价格；(2)全部投标与招标文件的规定和要求不符；(3)只有个别投标者进行投标，缺乏竞争性。经过评标，最后确定中标者，就是定标。

（五）签订合同

定标以后，业主还必须与中标者就标书中未涉及的细节问题直接进行谈判协商，最后签订合同。在与中标者签订合同的同时，对未中标者应及时发出通知，并退回保证金。但世界银行规定，在签订合同之前，招标人应准备一份详细的投标评标报告，送交世界银行审核，以决定贷款支付与否。

目前，国际通行的招标方式分为两种：公开招标和邀请招标。

1. 公开招标：亦称竞争性招标。公开招标是招标人通过报纸或其他新闻媒介发布招标通告或招标公告，邀请所有愿意参加投标的合格的供应商或承包商参加投标。这是国际招标中最常见的招标方式，公开招标常用于世界银行贷款项目中达到一定金额的采购活动，世界银行规定我国工业项目凡采购金额在100万美元以上，均应采用国际竞争性招标进行。另外公开招标还用于政府采购项目，政府采购项目一般金额大，技术要求高，采用公开招标可以吸引众多投标单位参与竞争，从而降低采购成本。公开招标方式被认为是最系统、最完整和规范性最好的招标方式，其他招标方式往往参照公开招标方式进行。

2. 邀请招标：邀请招标也称有限竞争性招标和选择性招标，指不公开刊登招标通告，而直接以寄送投标邀请书的方式邀请有关单位投标的招标方式。有些招标人考虑到公开招标工作量大、招标时间长、费用高等因素，往往也采用这种招标方式。邀请招标常用于采购金额较小、所需特定货物的供应商有限，或要在较短时间内完成招标等情况下的交易活动中。

三、招标书的内容与结构

（一）招标书的内容

招标书有广义招标书和狭义招标书之分，广义的招标书是指与招标有关的所有招标文书;狭义的招标书是招标公告、招标通告、招标通知的总称。下文所指的招标书是指狭义招标书,尽管招标书称法不同,但写法和内容大致相同。

招标书的内容主要是对招标项目的介绍和招标具体事宜的说明,一般包括下列内容:招标项目名称、投标方法、投标资格、技术要求、投标开标日期、地点、保证条件、支付办法等。

(二)招标书的结构

1. 标题:由招标单位名称和文种构成,如上海国际招标公司招标通告,天津机电设备招标公司招标通告;或由招标单位名称、招标项目和文种构成,如中国机械进出口总公司国际招标部关于内蒙古河套灌区配套工程总排管及附属设施施工资格预审通告。

2. 正文:应以简短明了和完整为宗旨。通常应包括以下内容:招标单位或业主名称、项目名称、项目地点、项目资金来源、采购货物数量、规格或工程性质及其规模,购买招标文件的时间、地点和价格,接受标书的截止期限和地点,开标日期、时间和地点。

3. 结尾:写清招标单位名称、地址、电话、传真、邮编。

由于招标的项目不同,招标条件不同,所以招标书的写法也不是固定不变的。下面是《中华人民共和国上海市上投招标公司招标通告》,可资参考。

中华人民共和国
上海市上投招标公司招标通告

中国种子商业化项目　招标号:XMCW9711

中华人民共和国政府已从世界银行获得一笔以多种货币计算相当于1亿美元的贷款用于中国种子商业化项目的

建设,其中部分款项将用于下列合同的合格支付。

合同号:STTEN—XMCW/01　上海种子加工机械配套服务中心土建工程

所有符合世界银行采购指南规定的合格来源国的投标人,均可参加投标。

上海农工商集团向明总公司(业主)现委托上海市上投招标公司,以国内竞争性招标方式邀请合格的投标商就上述合同施工所需的劳务、材料、设备和服务进行密封投标。

凡愿参加上述合同投标的投标商,请于1998年3月19日起每天(星期六、星期日和节假日除外)9时00分至16时00分(北京时间)到上海市上投招标公司701室购买招标文件,售后不退;每套招标文件3 000元人民币。如需邮购,国内邮费每套另加100元人民币。

接受投标文件的最后日期和时间为1998年4月13日10时00分(北京时间),其后收到的投标文件或未按招标规定交纳投标保证金的投标文件,概不接受。投标文件送至上海市上投招标公司上投大厦7楼721会议室,1998年4月13日10时15分(北京时间)在上海市上投招标公司上投大厦7楼721会议室举行公开开标,投标商可派代表出席。

上海市上投招标公司　地址:中国上海九江路111号上投大厦7楼701室

电话:021-63231111转6703　传真:021-63236774

邮编:200002

招标书仅起邀请投标人参加投标的作用,开列条件比较简要,因此具体条件就必须另用招标文件说明,以供投标人购买或索取。

四、投标书的内容与结构

投标书是对招标邀约的响应和承诺,同时提出具体标价和说明,是提供给招标人的备选方案。投标书又称标书、标函。招标文件中一般都有统一的投标书格式以及有关附件格式,编制投标文件必须按照招标文件的各项要求编制,既不能附带任何条件,也不能短缺,否则视为废标。投标文件是投标人经过调查分析和询价计价后,结合实际情况和竞争策略制作的报价文件的总称,是投标书的重要组成部分。

(一) 投标书的内容

1. 综合说明:一是对投标人自身情况的详细介绍,二是对所投标项的确认。

2. 标价:按招标工程量报出总包价和单项造价,或对招标人采购货物报出最低价格。

3. 对所投标项的质量承诺或应标措施。

4. 完成招标项目的时间。

5. 其他承诺及附件。

(二) 投标书的结构

1. 标题:《投标书》

2. 抬头:招标人名称及招标项目名称。

3. 前言:投标人的基本概况,诸如企业名称、性质、规模、资质等级、技术力量、应标能力和投标的依据等。

4. 主体:(1)标价(常用表格表示);(2)完成招标项目的质量承诺和应标措施;(3)完成招标项目的时间;(4)投标人承诺,常这样表述:“我们承诺,本投标书一经寄出,不得以任何理由更改,中标后不得拒绝签订施工合同和施工;一旦本投标书中标,在签订正式合同之前,本投标书连同贵单位的中标通知,将构成我们与贵单位之间具有法律约束力的协议文件”。

5. 结尾:投标单位(公章),企业负责人(签字),投标日期,电话,联系人,联系地址,附件一览表。

投标书的内容与结构大致如上所述,但由于投标的项目各不相同,投标的条件千差万别,所以投标书的格式也不尽相同。下面是世界银行采购指南中拟定的投标书格式,可资参考。

投标格式:

致:(招标者名称、地址)

按照(项目名称)项目(货物名称)的招标(招标号),正式授权的下述签字人(姓名和职务)代表投标者(投标者名称和地址)提交下列文件正本1份,副本( )份。

(1) 投标价格表;

(2) 货物说明一览表;

(3) 规格差异表;

(4) 资格文件;

(5) (银行名称)银行开具的金额为____的投标保函。

签字人兹宣布并同意下列各点:

(1) 所附投标价格表所列的供应和交付货物的投标总价为(大写)美元或投标者国家货币。

(2) 投标者根据招标文件规定执行合同的责任和义务。

(3) 投标者已详细审查了全部招标文件,包括修改文件(如果有的话)和所有供参阅的资料及有关附件,投标者完全知道必须放弃在这方面提出含糊不清或误解的一切权利。

(4) 投标自开标之日起____个日历日内有效。

(5) 如果在规定的开标时间后,在投标有效期间撤回投标,则其投标保证金由(招标者名称)没收。

(6) 提供(招标者名称)可能要求的与投标有关的任何数据或资料。

(7) 有关本投标的所有正式通讯应致：

地址：　　　　　　　传真：　　　　　　　电话：

代表姓名：

(投标者名称)

(地址)

(公章)

五、招标书与投标书的写作要求

(一) 要符合法律法规和有关规定

撰写招标书与投标书时，要认真按照国家颁布的《招投标法》和有关招投标具体办法与技术规范来拟定招投标文书。有效的招投标文书是签订合同的依据，受到法律的保护和约束。招投标书的内容一经确认，任意更改会导致违约并承担相应责任，因此必须慎重地、按自身的实际能力确定目标，作出承诺。

(二) 格式要规范，措辞要准确

招投标是操作性很强的商业行为，必须按照一定的程序和要求进行，写作前对与招投标有关的程序和要求必须要熟悉，这样撰写的招投标书才能写得规范有序。招投标书按照商业惯例，一般都有参考格式，但是因为招标的项目和内容各不相同，有些基本格式也要加以变通，不能照搬照抄。同时用语遣词要明确无歧义，各种数据的表述要准确无误，叙述要力求简明扼要，要言不烦。

【思考与练习】

1. 什么是招标和投标？招投标的作用有哪些？

2. 招标书的分类以及它的适用范围是如何划分的？

3. 招标书和投标书的结构分别由哪几部分组成？

第三节 广　　告

一、广告的涵义与作用

“广告”一词，顾名思义，即广而告之的意思。广义的广告包括启事、声明、通告、社会公益性广告等；狭义的广告，仅指以盈利为目的的经济信息传播活动，即商业广告。在商品生产和销售的激烈竞争中，商业广告已成为提高商品或企业知名度，扩大商品的市场占有率的一种重要手段。在国外经济界流传着一句名言：“想推销商品又不做广告，如在黑暗中向情人传送秋波。”在计划经济年代，企业设立科室的顺序是生产科、销售科，反映的是按计划生产，生产什么产品就销售什么产品的特点。进入市场经济年代，企业设立科室的顺序是销售科、广告科、生产科，反映的是广告为销售服务的特点。现代企业则把销售科与广告科合并为市场部，反映的是广告与销售融为一体、共同开拓市场的营销观念。由此可见广告在企业进入市场中的重要地位。

国外企业产品在进入中国市场之前，往往就是由广告打头阵，当产品还没有在商店里露面，铺天盖地的广告通过大众媒介先行进入了消费者的头脑中，这实际是一种广告心理战。产品通过一定频率的广告先入为主地进入消费者内心，会使消费者产生一种尝试欲望，当这种尝试的欲望得不到满足时，这种尝试的欲望便会更加强烈。当然广告必须以充沛的资金实力为后盾，但有的企业以大量资金投入广告后血本无归的现象也是屡见不鲜的，因此广告策划就显得极其重要，同样是这些广告费用，策划得好的产品，就会迅速打开市场；但有的企业广告费花光了，产品还没有打开市场。

我国广告业的起步和发展是与改革开放同步的，1979年1月28日，由上海市广告装潢公司代理、上海电视台首播了大陆第一条电视广告，片长1分35秒，内容为“参桂养荣酒”，这标志着我国广告业的起步。二十年来，中国广告业是所有行业中发展速度最快的一个行业，1996年中国内地的广告总支出已达370亿元人民币，1997年即达567亿元，增长高达53.4%，比亚洲任何一个国家都快。这主要得益于市场经济的高速发展，广告成了市场经济的晴雨表。

二、广告的分类

（一）从广告目的上分

1. 告知性广告：当企业生产的新产品投放市场后，需要打开销路，广告的目的是使消费者对新产品的性质、功能、用途等有所了解，而不急于强调品牌和与其他同类产品的竞争。

2. 竞争性广告：当企业产品的生命周期处于成长与成熟期时，为了扩大销售，保持并扩大市场份额，企业往往以竞争作为广告的目的，在广告中着重强调本企业产品的优点、消费者购买时的优惠和售后服务，使消费者对该产品产生一种信任感。

3. 提醒性广告：以提醒为目的的广告往往是战略性的，通常有三种情况：(1)商品十分畅销，仍大做广告，以提醒消费者不要忘了偏爱。另一种是对产品的宣传，上升为对品牌或对企业形象的宣传，如可口可乐、海尔电器。(2)某些季节性商品落令时，企业仍做广告，加深消费者对商品品牌的熟知度。(3)有些价格昂贵、少人问津的商品，为了提醒消费者一旦生活水平提高，有购买欲望和行动时，广告宣传的品牌是其首选的目标，如法国人头马酒。

（二）从广告媒体上分

1. 大众传媒广告：广播广告、电视广告、报刊广告、杂志广告、电影院电影放映前的广告片,网络广告。

2. 户外广告:路牌广告、招贴画、霓虹灯广告、灯箱广告、汽车车身广告、橱窗广告等。

3. 邮递广告:广告专刊,产品试用广告。

4. 其他媒体广告:包装袋、购物袋、雨伞、汗衫、车船票、飞机票、公园门票、参观券、气球、电话簿、运动队等。

三、广告文案写作

广告的文案写作是一项富有创造性的思维活动,它是与广告策划紧密联系在一起的。在相同的条件下,一则广告的宣传效果,是与策划者的首创性成正比的。因此,创意的新颖独特成了广告文案写作的第一要求,这种创新包括广告的主题应集中突出,文字应简洁明了,形式应新颖醒目。广告文案写作的第二要求是广告要讲求真实性,内容虚假的广告会误导消费者,最终会砸了企业自己的牌子。广告文案写作的第三要求是广告要讲求艺术性,广告既是一门科学,也是一门艺术,构思要巧妙,耐人寻味,对消费者要有强大的吸引力,优秀的广告还应具有艺术欣赏价值。在广告文案写作中,这些要求主要是通过广告的创意来体现的,富有创意的广告不仅能吸引消费者的注意,而且还会使消费者过目难忘。

如美国辉瑞制药公司曾制作过这样一个电视广告:有一对母女来到医院,母亲用关切的目光送女儿走进检查室。这时旁白响起:"这位母亲患有糖尿病,她的女儿也极有可能患同样的疾病。"当镜头转换成护士给女儿抽血时,旁白又说:"美国有1 100万人患糖尿病,可能您就有,尤其是如果您年逾四十而且体重过重时,更应该去检查。但愿您无病无恙。本广告系辉瑞制药公司提供。"公众对这则广告反映非常好,去医院检查糖尿病的人数大增。一旦发现患有糖尿病,医生一般都开辉瑞公司生产的药品，而病人也往往要求开辉瑞公司的药。这则富有创意的商业广告却是以公益广告的形式出现的，消费者就更乐意接受。

杰出的广告创意往往采用出其不意的形式出现，但又在情理之中。如下面一则广告：

Thomasville®
HOME FURNISHINGS
美式家具展销厅
上海市淮海中路1131号
电话：64317783

DA VINCI
欧洲家具展销厅
上海市淮海中路1174号
电话：64718866

道 歉 启 事

承蒙各方厚爱，在开业后的短短数天中，DA VINCI及THOMASVILLE的大部分货品都已被订购，以致未能满足后来者需求。现新货已源源运到，两店已备足货源，我们恭候您的光临，并对您的等待深表歉意。

广告文案的结构分成标题、正文、随文三部分：

（一）标题

广告标题是广告主题或基本内容的集中表现，一条好的广告标题能马上引起读者的注意，诱导其急切去阅读正文。美国广告界泰斗大卫·奥格尔维说："标题是大多数广告的最重要的组成部分。"

广告的标题可以归纳为两大类：

1. 直接标题：即直接显示商品名称、品牌、企业名称或主题，把广告最主要的内容直截了当地告诉读者。这类标题使用十分广泛，如"格兰仕微波炉继续大减价"，"房地产上挖第一桶金，三万美金拥有酒店豪华套房"，"步步高丽声超级 VCD，五项全能，超值享受"，"45 集《还珠格格》续集上演"，"不服老，服昂立一号"。

2. 间接标题：即不直接介绍商品的名称、功能，而用迂回曲折的方法介绍其特点和功能，用含而不露的方法引起读者的思考，从而使读者加深对广告的印象。其写作手法可以灵活多变。可以写实："文豪——多功能中西文图文处理机"；写意："晶晶亮，透心凉"（雪碧饮料）；颂扬："西课，享誉欧洲的函授"；对偶："天上彩虹，人间长虹"；劝诱："世界著名影星使用的香皂"（力士香皂）；描写："春光明媚，处处有芳草"（芳草药物牙膏）；抒情："朝夕相伴，一生相随"（某化妆品）；悬念："自 12 月 23 日起，大西洋将缩小 20%"（某国外航空公司）；寓意："兄弟牌传真机——四海之内皆兄弟"。环回往复："车到山前必有路，有路必有丰田车"（丰田汽车）。

间接标题与直接标题相比更能体现广告标题的艺术性，更能加强广告的艺术感染力。

（二）正文

正文是广告的主体部分，一则广告的内容和主题往往靠正文来体现。正文的写法没有固定的模式，努力表现出广告的创意，这是所有广告文案写作的基本要求。广告的创意不仅仅表现在正文语言的运用上，更重要的是表现在表现形式的创新上。

如上海丽人广告公司为自己所做的一则广告：

老虎来了……

把猫变成虎，也许没有人可以做到；让弱小的猫也能有老虎的威猛，我们正在为您努力做到。通过我们专业的市场研究，有效的行销策略，非凡的广告创意，全面的媒介服务以及热诚的敬业信念，我们能让您的“猫”也具有虎虎之威，勇猛之势，从而在市场的竞争中立于不败。到时候，也许谁见了都会大叫一声**“老虎来了!”**

又如唐神传播广告公司代理的大印象减肥茶广告：

冬天到了，春天还会远吗?

关于人生，诗人雪莱深情地咏叹：冬天到了，春天还会远吗?!

关于健美身形，大印象理智地呐喊同样的格言：冬天到了，春天还会远吗?!

我们这样呐喊：因为冬天的你衣衫越来越厚，不雅的身材遮盖得不再明显，于是，追求美丽苗条的愿望被你暂时搁在了一边……

我们这样呐喊：因为经过夏秋的大消耗，冬天你身体的各器官都处在嗷嗷待哺状态，胃肠蠕动明显加强，你的胃口在冬日大开，又极易吸收，转化为脂肪，堆积在你的腰、腹、臀……是的，我们这样呐喊：因为冬天，在你不注意的时候，肥胖最易悄悄来临……

大印象深信：对身心完美的真正追求，不会也不应被假象延误，更不分春夏秋冬。

朋友，冬天，请一如既往，喝大印象减肥茶，喝暖暖的大印象减肥茶，它寓疗于饮的高超组方匀速分解你冬日体内多余的脂肪，使腰、腹、臀等部固态脂肪转化为游离脂肪，自然而然排出体外，匀速轻松奔向苗条，巩固苗条。

嗨！朋友，冬天，请悄悄地喝大印象，春天来了，赢得众人惊羡的目光！

嗨！朋友，冬天，请坦荡地喝大印象，并宣布：追求美丽，我一如既往！

（三）随文

随文又称落款，是广告的附属性文字，一般不可缺少，主要作用是便于客户或消费者与广告主联系。其内容包括厂商名称、地址、邮编、电话、传真，如属广告商代理，还应加上代理人名称。

四、广告语写作

广告语，即广告词，又称广告口号，它是一则广告的重要组成部分。它是广告主以战略眼光，从长远营销目标出发，在相当长一段时期内反复使用的固定宣传口号，它可用于不同的媒体，尤其适宜于不宜用文字做广告的大众媒体，如广播、电视。反复使用广告语的目的在于使消费者在头脑中形成强烈印象，历久不忘。

广告语潜在的宣传效果往往比广告正文还要好，因此一定要精心拟制，好的广告语往往采用有奖征集、专家评审的方式产生。广告语的写作既要突出主题，反映出所宣传对象的特征或特色，又要富有情趣；既要明白易记（一般不超过 14 个字），又要琅琅上口。好的广告语可以做到家喻户晓，妇孺皆知。因此一些优秀广告语的写作充分调动了各种修辞手法和表达手法，有时看起来越是浅显的广告语反而越是显得意味深长。如“今年 20，明年 18”（白丽美容香皂）；“钻石恒久远，一颗永流传”（戴比尔斯钻石）；“一旦拥有，别无所求”（飞亚达手表）；“杉杉西服，不要太潇洒噢”；“滴滴香浓，意犹未尽”（麦氏咖啡）；“味道好极了”（雀巢咖啡）；“维维豆奶，欢乐开怀”；“踏上轻骑，马到成功”；“人头马一开，好事自然来”（法国人头马酒）；“我们的主要产品是进步”（美通用电气公司）；“每只瓶内装的都是健康”（理查德·赫尔食品公司的调味品）；“本公司的维修人员每天闲得发愁”(海外某电器公司)。有的广告语着眼宣传的对象不是产品,而是企业形象,如“我的华联,我的家”,“真诚到永远”(海尔集团)。

广告语与标题之间的关系是既有区别又有联系,有的广告语与广告文案的内容有直接联系,能集中体现广告文案的主题,可以被借用作广告文案的标题。广告文案的标题如果十分出色,并被广告主在不同媒体上反复使用,那么这标题就上升为广告语了。虽然广告语与标题可以互相被借用,但它们毕竟还是有区别的,标题的拟定主要是根据广告文案内容的需要,广告文案的内容发生变化,广告的标题随之也发生相应的变化。但广告语只要宣传的对象不变,它就能长期使用下去,除非有更好的广告语来取代它。广告语的拟定主要根据企业长远的宣传策略来考虑,所以它的制作比标题的要求更高,难度更大。

五、广告的写作要求

(一)广告内容要真实

真实性是广告的生命线,广告中哪怕有一点虚假的成分,那么广告就会失去消费者的信任,起不到它应有的宣传作用。当然为了增强广告的艺术效果,进行一些必要的艺术渲染和艺术夸张是允许的,但绝不允许无中生有,弄虚作假,故意欺骗消费者。如某房产广告“三万元拥有一个家”,某减肥食品广告“一天减肥一斤”,很明显有虚假、误导消费者的成分,除了会被工商管理部门查处外,也不会被消费者所信任。

(二)广告构思要富有创意

广告创意可以讲是广告的灵魂,不具有独特创意的广告是无法引起消费者的注意的。因此广告写作要在构思上下功夫,别人创作的广告可以作为广告创意的参照物,但不能成为模仿的对象，因为模仿的结果是不可能产生独特的创意的。有时好的创意是集体智慧的结晶，因此广告写作中要善于吸取别人智慧的火花，融入自己的广告创意之中。

（三）语言要明白易懂，不落俗套

广告的语言要平中见奇，少用或不用深奥和冷僻的词语。优秀的广告之所以能做到妇孺皆知，和它的语言通俗易懂、便于记诵是分不开的 。另外语言的运用不能步人后尘，要有自己的个性，语言有自己个性的广告才能从众多类似的广告中突现出来，引起读者的注意。广告的语言可以适当运用一些修辞技巧，但注意不要刻意去追求，自然的才是最美的。

【思考与练习】

1. 广告可分成哪几类？
2. 广告标题和广告语有什么区别？
3. 广告文案写作有些什么要求？

第四节　合　　同

一、合同的涵义与作用

合同亦可称“契约”，它是当事人为了实现某种目的，按照法律规定，就有关确认的权利和义务所达成的一种协议。《中华人民共和国合同法》第二条称：“合同是平等主体的自然人、法人、其他组织之间设立、变更、终止民事权利义务关系的协议。”

合同有以下几个法律特征：

1. 合同是一种法律行为：所谓的法律行为是人们表示自己的意思，旨在依法设立、变更或终止某种具体的法律关系的行为。合同依法签订，就会产生一定的法律后果。当事人之间的权利和义务由法律调整，受法律保护，当事人不履行合同义务则要承担相应的法律责任。

2. 合同是双方当事人意思表示一致的行为：合同的制订与履行是双方的共同行为，仅有一方当事人的意思表示，合同是无法成立的。双方当事人意思表示一致是合同成立的必要条件，也是合同受法律保护的基础。

3. 合同双方当事人的法律地位平等：合同应是在双方当事人平等互利、等价有偿、自愿的基础上，经过协商一致而设立的。在合同关系中，当事人不论是法人还是自然人，也不论法人的地位和经济实力如何，不存在谁服从谁的问题，也不允许任何一方将自己的意志强加给对方，否则合同就不是有效合同，也不会受到法律的保护。

合同是商品经济的产物，商品的买卖以及由此产生的其他经济关系都要依靠合同来加以设立和制约。在市场经济条件下，为使社会经济秩序有效运转，市场经济参与者各自的经济利益也要用合同来加以规范。市场经济越是发达，合同在各种经济关系中所起的作用就越突出。

二、合同的分类

合同的分类根据不同的标准可作不同的分类，根据合同的表达形式可分为口头合同和书面合同；根据双方的权利和义务可分为双务合同和单务合同；根据合同有效期可分为长期、中期和一次性合同；根据合同涉及的范围可分为民事合同、经济合同、涉外经济合同。

《中华人民共和国合同法》则按合同的内容性质把合同分成15种：买卖合同、赠与合同、供用电、水、气、热力合同、借款合同、租赁合同、融资租赁合同、承揽合同、建设工程合同、运输合同、技术合同、保管合同、仓储合同、委托合同、行纪合同、居间合同。

三、合同的内容

合同的具体内容是由合同的性质决定的，交易的标的不同，其合同的条款均有所不同。但作为合同的共同性条款，主要有以下几项：

（一）当事人的名称或者姓名和住所

合同的双方当事人如是法人的话，要写明法人的名称，法人的名称不能用简称，必须和营业执照上的名称相一致。如果一方当事人是自然人的话，要写明真实姓名和常住住所。

（二）标的

标的是双方当事人权利和义务指向的对象，是双方当事人要求实现的目的。任何缺乏标的或标的不明确的合同，均会给日后合同的履行带来不便和纠纷。标的除了明确规定交易的数量之外，还应有型号、规格、牌号、商标的规定。如果是以工程项目为标的的建设工程合同，或以劳务为标的的承揽合同，也应对标的内容加以明确限定，以利于确定双方当事人的权利和义务。

（三）数量

数量是衡量合同双方当事人权利义务大小的尺度。除了数字要具体、准确之外，还要说明采用何种计量单位和计量方法，计量方法按国家规定执行，没有国家规定的，按双方商定方法执行。有些产品数量难以精确计量，应在合同中规定交货数量允许超欠幅度、合理的磅差和合理损耗，以及计算方法。有些工业品需要随产品随带易耗备品，或附件、安装修理工具，合同上要写明件数及供应办法，并明确已计入成本或另行收费。

（四）质量

质量是检验标的的内在素质和外观形态优劣的标志，任何产品质量均可分为内在质量和外观质量。凡有国家标准的产品，质量要求均应执行国家标准；没有国家标准的，应执行部颁标准；既没有国家标准又没有部颁标准的，可执行地方或企业标准；没有法定标准可依据的，要在合同中明确双方一致认可的具体标准以及检验方法，由谁检验。对质量有异议的一方要在规定的限期内提出书面异议，否则视为对所交产品质量无异议。

（五）价款或者报酬

取得对方产品而支付的费用叫价款，因向对方提供劳务或智力成果而获取的酬金叫报酬。价款和报酬除了数额之外，还要明确计算的币种，除国家允许使用现金结算的之外，必须通过银行办理转账或者票据结算。

（六）履行期限、地点和方式

履行期限指交货或完成劳务等的日期，是否按期履约，关系到需方产、供、销之间的衔接。不能履约或逾期履约，供货方均要负违约责任，因此合同中应订明具体履约日期。

履行地点，除了需方自提外，一般在需方的所在地。供货方一般可以派人在履行地与需方当面交接或当面验货。

履行方式，不外乎供方送货上门，需方自提或供方代办托运三种。不同的履行方式直接关系到费用的计算和合同的履行期限，在合同中必须明确规定。

（七）违约责任

违约责任又称“罚则”，是对不按合同的规定履行义务的一方加以制裁的措施。明确违约责任对于维护合同的严肃性，督促双方当事人信守合同义务，具有重要意义。违约的制裁措施主要是过错方向对方支付违约金、赔偿金和由于违约造成的多支出的运杂费、仓储费等。

（八）解决争议的方法

合同在执行过程中如发生了争议，双方当事人可以通过和解或调解解决合同争议，如达成协议作为合同的附件，与原合同具有同等的法律效力；如当事人不愿和解、调解，或和解、调解不成，可向仲裁机构申请仲裁，也可以直接向人民法院起诉。

四、合同的格式

（一）合同的结构形式

1. 条款式：条款式是用文字叙述的形式，把双方当事人经协商一致同意的内容，一条条地记载下来。条款的多少，视合同内容的需要，可多可少。偶尔签订合同宜用这种形式，企业的非常规业务合同也常用这种形式。

2. 表格式：表格式是把某项合同必然涉及，必须明确规定的内容设计印制成固定表格，在订立合同时，按表格项目一一填写就可以了。这种形式是在长期实践中定型的，比较完备和规范，可以减少经办人员因缺乏经验或粗心造成的疏漏。它适合于企业常规性的业务活动。

合同的结构不论是条款式还是表格式，都必须具备以下四个部分：

（1）标题：合同的标题一般只需反映其类别，如商品房买卖合同、建筑工程承包合同、农副产品购销合同、汽车购销合同。

（2）双方当事人名称或姓名和住所：当事人名称应按核准的营业执照上的全称填写，再加括号注明简称“甲方”和“乙方”。

（3）正文：正文应包括三方面内容，一是双方签订合同的目的或依据；二是合同条款，这是合同的主体，必须表述准确和周全；三是附则性内容，包括解决合同争议的方式、合同的有效期限、合同的份数和保存方法等。

(4) 结尾：结尾是合同合法性和有效性的标记，一般包括双方公章、法定代表人或委托代理人签章，以及双方法定地址、电话、开户银行和账号。如果办理鉴证或公证，还要载明鉴(公)证意见以及经办人签章和鉴(公)证机关公章。

(二) 合同示范文本

合同示范文本分为三类：

1. 统一文本格式：它是由国家工商行政管理局统一制定的，适用于购销、建设工程承包、加工承揽、融资租赁、仓储、保管等合同的订立。这些合同双方当事人的权利和义务是不确定的，合同内容需经双方当事人洽谈而达成协议，因而合同条款设立出入很大，亟须加以规范，统一文本格式起到了统一规范的作用。

2. 部门文本格式：它是由有关业务主管部门制定的，专门应用于该部门的业务交往。目前主要用于运输合同、借款合同、保险合同。这些合同的一方当事人是确定的，是特定的专管部门，合同的专业性强。合同的一方当事人规定了签约条件，另一方只有接受与不接受的选择，没有要求修改有关条款的权利，一方当事人只要接受了规定的条件，填写了货物运单、投保单等单据，也就是订立了合同。

3. 参考文本格式：凡暂无统一文本格式和部门文本格式，当事人可选择参考文本格式签订合同，也可自行拟定文本格式。这类文本格式不具有强制性，但为当事人自拟合同文本起到了提供参考、引导的作用。

[例文]

工矿产品购销合同

供方:________　　　　合同编号:

需方:________　　　　签订地点:

签订时间:　　　年　　月　　日

一、产品名称、商标、型号、厂家、数量、金额、供货时间及数量

产品名称	牌号商标	规格型号	生产厂家	计量单位	数量	单价	总金额	交(提)货时间及数量												
								合计												
合计人民币金额(大写)																				

(注:空格如不够用,可以另接。)

二、质量要求技术标准、供方对质量负责的条件和期限

三、交(提)货地点、方式

四、运输方式及到达站港和费用负担

五、合理损耗及计算方法

六、包装标准、包装物的供应与回收

七、验收标准、方法及提出异议期限

八、随机备品、配件工具数量及供应办法

九、结算方式及期限

十、如需提供担保,另立合同担保书,作为本合同附件

十一、违约责任

十二、解决合同纠纷的方式

十三、其他约定事项

供　　方	需　　方	鉴(公)证意见：
单位名称(章) 单 位 地 址： 法定代表人： 委托代理人： 电　　话： 电 报 挂 号： 开 户 银 行： 账　　号： 邮 政 编 码：	单位名称(章) 单 位 地 址： 法定代表人： 委托代理人： 电　　话： 电 报 挂 号： 开 户 银 行： 账　　号： 邮 政 编 码：	经办人： 鉴(公)证机关(章) 年　月　日 (注：除国家另有规定外，鉴(公)证实行自愿原则)

有效期限：　　年　　月　　日至　　年　　月　　日

五、合同的写作要求

(一) 要符合遵循有关合同的法律法规

合法有效是合同成立的前提和保证，因此合同的内容必须符合《合同法》的有关规定，不能与之相违背或抵触。

(二) 合同内容要完整详尽

合同的主要条款明确规定了当事人的权利和义务，是当事人切实履行合同、实现各自经济目的的基础和依据。残缺不全的合同在法律上是无效的，缺少主要条款的合同会给履行带来困难，甚至导致纠纷。因此合同的必备条款不可缺少，除此之外，其他条款是否需要，在写作时一定要考虑周全。

(三) 内容表述要具体明确

合同履行过程中出现纠纷往往是合同条款表述不具体不明确造成的。如只提“货到付款”或“款到交货”，而不写明付款期和交货期，造成双方当事人理解的不一致。如违约责任必须明确双方当事人如违约应承担的责任，责任有多大，如何承担，不能只写“违约必究”，条款的内容必须具体化，才能使双方当事人明确自己享有的权利和应当承担的义务。

(四) 使用文字要严密准确

合同中文字的运用要反复推敲，不能有歧义或模棱两可。如有的合同条款规定“需方根据生产需要自行到供方提货”，“供方要均衡供货”，这样的表述可以作多种不同的理解，那么在合同履行中就会产生分歧。又如一份化肥购销合同中规定“需方不按期到厂提货满一个月，需方付堆积费、短途运输费等”。后双方发生了合同纠纷，供方认为“等”字表示还需付给保管费、损耗费，而需方认为“等”字表示“堆积费、短途运输费”，不应再给付其他费用，这就是使用文字不严密带来的理解上的分歧。因此合同文字使用上要避免使用“等”、“左右”、“大概”、“基本”等这些含义不准确、不具体的词语。

【思考与练习】

1. 什么是合同？合同应包括哪些内容？
2. 合同示范文本有哪几种？它们各自的适用范围是如何划定的？
3. 合同写作有哪些要求？

第十章　法律文书写作

第一节　概　　述

一、法律文书的涵义和特点

(一) 法律文书的涵义

法律文书是指在诉讼和非诉讼法律事务中,由国家司法机关或诉讼当事人按照法定程序制作的具有法律效力或法律意义的文书的总称。

从上述定义中我们可以把法律文书划分为两大类:一是司法文书,二是诉讼文书。所谓司法文书,是指公安(含国家安全部门)、检察、法院、司法行政机关依照法定程序,处理各类民事、刑事、行政案件所制作的具有法律效力或法律意义的司法公文,其制作主体只能是国家司法机关。所谓诉讼文书,是指公安(含国家安全部门)、检察、法院、司法行政机关以及公民、法人、其他组织依法为进行诉讼而制作的文书,其制作主体除了国家司法机关外,还包括公民、法人和其他组织以及诉讼代理人。上述文书统称为法律文书。这些文书,从法学的角度来说,都是适用法律的工具,是进行诉讼或非诉讼法律事务过程中的重要一环。它体现了法律的严肃性和强制性,是法律规范在社会实际生活中的体现。但从写作学的角度来说,法律文书写作是一种具有特定专业性的应用写作,作者不仅要熟悉法律法规,还要具有一定的语言文字功底，只有同时具备了上述两个条件，才能制作出一份既符合法律，语言表达又准确、严密的法律文书来。

（二）法律文书的特点

法律文书是一种专业性很强的专用文书，和其他应用文相比，有以下几个特点：

1. 主体的法定性。法律文书的写作主体必须依据法律的规定，任何人、任何机关或团体均不能随意写作法律文书。如起诉书只能由人民检察院写作，判决书、裁定书只能由人民法院写作，起诉状只能由依法具有原告资格的公民、法人或其他组织写作。违背法定主体条件而写作的法律文书，均不产生相应的法律效力。

2. 内容的规范性。各类法律文书的写作内容都有相应的规范要求，《中华人民共和国民事诉讼法》对各类主要法律文书的写作内容作了专款规定。如《民事诉讼法》第一百三十八条对民事判决书制作要求作了如下规定："判决书应当写明：(一)案由、诉讼请求、争议的事实和理由；(二)判决认定的事实、理由和适用的法律依据；(三)判决结果和诉讼费用的负担；(四)上诉期间和上诉的法院。判决书由审判人员、书记员署名，加盖人民法院印章。"

《民事诉讼法》不仅对民事判决书的内容作了规范性的要求，而且还规定每一部分的内容必须写明的事项。如在判决书首部，对当事人的基本身份除了要求写明当事人的姓名、性别、年龄、民族、籍贯、工作单位、职业、住址等事项外，还要求写明案由和当事人的诉讼请求等事项。

3. 格式的程式性。法律文书是一种程式化的文书，这种程式化的特点，是由法律文书的实用性所决定的。它既有助于作者按规定的程式写作，又利于当事人尽快地理解法律文书的主旨，便于法律文书尽快得到执行。程式化的特点主要反映在两个方面：一是结构固定，一般分为首部、正文、尾部三部分。二是有一部分文字采用程式化的行文，相对固定，特别是一些填空式的法律文书，大部分文字都是事先印好的，成为一种固定程式。

4. 表述的准确性。法律文书是体现法律权威性、具有法律效力的文书，在语言文字的表述上要求十分严格，决不可以模棱两可，也不可以任意夸大或缩小事实。用词造句要求准确规范，表述严密，解释单一，决不许可产生歧义。句子结构要符合语法，不得随意省略。文风要朴实庄重，绝对不允许哗众取宠。还要注意正确使用标点符号。

二、法律文书的作用

法律文书是诉讼活动的产物，是诉讼活动的结论和依据，它的作用贯穿于整个诉讼过程中，随着诉讼的进行而体现出来的。它的作用主要体现在以下四个方面：

1. 实施法律的重要工具。法律的制定和颁布在于实施，否则便是一纸空文。写作法律文书的目的在于保证法律的具体实施，具体表现为通过国家司法机关和法律授权的专门机关办理各类诉讼案件和与诉讼有联系的非讼事件的处理，依法制作法律文书，以保证法律、法规的实施，这种作用是保证法律得以贯彻实施的重要手段和必不可少的工具。

2. 诉讼活动的记录与凭证作用。在诉讼和非诉讼活动中，每一阶段或每一环节均要制作相应的法律文书，如实记录诉讼活动的全过程。每一阶段产生的法律文书，它既是对本阶段诉讼活动的记录，又是进行下一阶段诉讼活动的依据和凭证。正因为这样，法律文书的档案管理十分重要，它不仅能直接体现法律文书的现实作用，而且能为事后的执法检查提供重要的凭证。

3. 考核干部的重要依据。

法律文书制作质量的高低，是办案质量的集中体现。办案质量如何，是司法人员的业务水平和业务素质的综合反映，而司法人员业务水平和素质必然会在他制作的法律文书中表现出来。

4. 法制宣传教育作用。法律文书本身就是一份生动、形象和具体的法制宣传材料，它既可以教育人们增强法制观念，又可以提高人们同各种违法犯罪行为作斗争的自觉性和积极性。这种宣传教育是通过具体、生动的典型案例来进行的，因而更具有说服力，给人以深刻的印象，可以起到审理一案、教育一片的作用。

三、法律文书写作的基本要求

（一）要熟悉掌握法律专业知识

既然法律文书是法律的具体实施，那么熟悉和掌握法律知识是法律文书写作的首要条件。熟悉精通法律业务，才能依法准确地认定各类案件的事实，正确适用法律，也才能促使写作者依照法定程序写作法律文书。

（二）要熟练掌握各类法律文书的格式

各类法律文书都有其自身的格式要求，不能随意变动。写作者必须多写多练，才能熟练掌握各类法律文书的格式，从而写出符合特定要求的法律文书。

（三）要打好运用语言的基本功

法律文书写作对语言运用的要求要比写作其他应用文的要求高。法律文书的语言运用要求准确、严密、逻辑性强，往往有时由于运用语言上的错误导致法律文书的无效。

第二节　起诉书、判决书

一、起诉书

起诉书是人民检察院确认被告人的行为已构成犯罪，代表国家向人民法院提起公诉所制作的文书。起诉书是检察机关对公安、国家安全机关侦查活动的最后确认，也是审判机关审理案件和检察机关作出支持公诉的法律依据，具有代表国家揭露和指控犯罪嫌疑人的犯罪行为，教育广大群众遵纪守法的法制宣传教育作用。

最高人民检察院规定起诉书的内容由首部、正文、尾部三部分构成：

（一）首部

1. 标题和案号。这一部分应依次写明“××人民检察院起诉书”，并在其右下方写明案件的编号。

2. 被告人身份事项。这一部分依次写明被告人的姓名（如有绰号、化名等，应用括号注在姓名后面）、性别、年龄、民族、籍贯、文化程度、职业、住址，是否受过刑事处罚、对被告人采取强制措施的情况等。如有数名被告人，应按主犯、从犯、胁从犯的顺序，分别按上述要求逐段写明。

3. 案由和案件来源。这一部分是要说明本案符合刑事诉讼法规定的侦查、管辖、移送和审查的程序。案由即案件的性质；案件来源即阐明案件是由公安机关移送，还是由检察机关自行侦查并审查起诉的。

（二）正文

1. 犯罪事实和证据。这一部分是起诉书的核心内容，是认定犯罪和提起公诉的事实根据，也是适用法律的客观基础。应当写明被告人的犯罪事实和证实犯罪行为确系该被告人所为的主要证据，即按照叙述案情顺序，全面、客观、准确地写清符合刑法所规定的犯罪构成诸要件，如犯罪的时间、地点、动机、目的、方法、手段、情节过程、后果和涉及的人员以及有关证据、作案工具、被害人证言、赃款赃物等具体情况。

证据的表述既要具体列出定案的主要证据，又要概括地写明每个证据的证明内容，证据要与指控的犯罪事实和关键情节紧密吻合。

2. 起诉理由和法律根据。这一部分是对全案的概括和总结，要求在概括被告人犯罪事实的基础上，分析说明被告人犯罪行为的性质、特点、主观恶性程度、社会危害性等，指明被告人犯罪行为所触犯的刑法条文和所构成的罪名，依法提出对全案的处理意见。

（三）尾部

1. 起诉书应送达的人民法院名称。

2. 检察人员的姓名、职务、日期，加盖检察院院印。

3. 附项写明：被告人羁押处所、移送案卷册数、赃款赃物的移送情况等。

二、判决书

判决书，是指人民法院代表国家行使审判权，根据事实和法律，对审理终结的刑事、民事、经济和行政案件的实体问题作出的具有法律效力的书面处理决定。判决书是人民法院最重要的法律文书，充分体现了国家审判权的权威性。

（一）刑事判决书

刑事判决书是人民法院对刑事诉讼案件审判的结论，是解决公诉机关或自诉人的指控是否成立，被告人是否犯罪，犯什么罪，应否受到处罚以及如何处罚的书面决定。它具体包括以下内容：

1. 首部。这部分包括：标题“××人民法院刑事判决书”，在标题右下方写明案号；公诉机关或自诉人情况；被告人身份事项以及因本案所受强制措施情况、现在何处；辩护人的姓名、单位和职务；案件的由来和审埋经过情况。

2. 正文。这部分是刑事判决书的重点内容，主要包括：(1)起诉指控的基本内容和被告人的供述、辩解及辩护人辩护的要点；(2)人民法院经审理查明的事实，尤其要详写法院认定的事实、情节和证据；(3)判决的理由和法律依据，即根据查证属实的事实、情节和法律规定，论证被告人的行为是否构成犯罪，犯了什么罪。对于控辩双方关于适用法律方面的意见和理由，应当有分析地表示采纳或予以批驳，然后写明判决所依据的刑法有关条款；(4)判决结果。判决结果应当具体、明确、准确无误。

3. 尾部。这部分应依次写明：上诉权、上诉期限、上诉程序；审判人员的署名；判决书正本签发日期及加盖院印；书记员署名；在左下方盖上“本件与原本核对无异”的印戳。

(二) 民事判决书

民事判决书，是人民法院代表国家行使审判权，依照有关法律规定，对审理终结的民事或经济案件，就诉讼当事人之间民事权益纠纷的实体问题作出具有法律效力的书面处理决定。它具体包括以下内容：

1. 首部。这部分应依次写明：(1)标题和案件编号；(2)当事人的身份事项，按原告、被告和第三人的不同地位分别写明。当事人是自然人，写明其姓名、性别，出生年月日、民族、职业或工作单位及住址；是法人，写明其单位名称、所在地址和法定代表人的姓名及职务；(3)当事人有诉讼代理人的，应在各自当事人的下方列明；(4)写明案件由来和审理经过。

2. 正文。这部分是民事判决书的重点，主要内容包括：(1)原告的诉讼请求、双方争议的事实和各自陈述的理由；(2)人民法院查明的事实和依据，一般包括当事人之间的关系，纠纷发生的时间、地点、原因、经过、后果，双方争执的焦点，认定事实的证据八个要素。(3)判决的理由和适用的法律。这一部分是人民法院根据事实和法律，对当事人之间争议的是非曲直进行公正、合理的评定，是为人民法院的判决提供理论上和法律上的依据。(4)判决结果，它用肯定、明确、具体的文字确认当事人之间的民事权利义务关系，从而解决纠纷。

3. 尾部。这部分应依次写明(1)上诉权、上诉期限和上诉法院；(2)审判人员署名；(3)发出判决书正本的日期，并加盖人民法院印章；(4)诉讼费用的负担，诉讼费用包括案件受理费和其他诉讼费用，应分别写明；(5)加盖"本件与原文核对无异"的印戳，在其右下方由书记员署名。

(三) 行政判决书

行政判决书是人民法院按照行政诉讼法的规定，对审理终结的行政案件，依照法律和行政法规的规定，就行政机关的具体行政行为是否合法，应予维持还是撤销等实体问题作出的书面决定。它具体包括以下内容：

1. 首部。这部分应依次写明：(1)标题和案号；(2)当事人身份事项。提起行政诉讼的原告是公民，应写明姓名、性别、出生年月日、民族、职业或工作单位、职务、住址。原告是法人或其他组织的，应写明法人或其他组织的名称和住址，法定代表人或代表人及其姓名、职务；被告应写明被诉行政机关的名称、所在地址；(3)诉讼代理人的姓名、单位、职务等；(4)案件由来和审理经过。

2. 正文。这部分应依次写明：(1)当事人之间行政讼争的内容，先写明行政机关的具体行政行为，再写原告的诉讼请求和被告的答辩。(2)经法院审理确认的事实和证据。这是判决书的关键部分，认定的事实要客观真实，表达要具体准确，要把时间、地点、情节和因果关系等交待清楚。(3)判决的理由和判决所依据的法律、法规。要针对行政诉讼的特点，就被告方具体行政行为是否合法，原告的请求是否有理，进行分析论证，阐明人民法院的观点。然后再引用有关的法律、法规条款，作为判决的依据。(4)判决结果。要根据《行政诉讼法》第五十四条的规定，具体写明对具体行政行为是撤销、维持、变更，还是要求被告履行法定职责。

3. 尾部。这部分应依次写明诉讼费用的负担，交代上诉权利、上诉期限和上诉法院、合议庭人员署名、判决日期、书记员署名等。

第三节 诉状、答辩状

一、起诉状

起诉状分为刑事自诉状、民事起诉状和行政起诉状。

(一) 刑事自诉状

刑事自诉状，是法律规定自诉案件的受害人或者其法定代理人，直接向人民法院控告刑事被告人的犯罪行为，要求人民法院追究其刑事责任或附带民事责任所递交的书面请求。它的基本内容包括：

1. 首部。这部分应写明标题“刑事自诉状”；自诉人姓名、性别、出生年月日、民族、籍贯、职业或工作单位和职务、住址；被告人姓名等基本情况。

2. 正文。这部分应包括以下内容：(1)案由和诉讼请求。要按照刑法分则规定的罪名，写明控告被告人犯了什么罪，请求人民法院依法追究被告人的刑事责任。如果同时提起附带民事诉讼，还应写明要求被告人赔偿损失的项目和具体数额。(2)事实与理由。这是刑事自诉状的主要内容，是提起诉讼、请求人民法院受理案件和依法审判案件的重要依据，要叙述清楚。事实部分是自诉人指控被告人实施具体犯罪行为的事实，要写明受害的时间、地点和侵害行为的手段、情节、危害结果等事实。如果有经济损失情况的，还要写明损失的实际情况。理由部分应分别列举证据，写明被告人行为的性质和社会危害性。在叙述事实和列举证据的基础上，援引相应的法律条款，指控被告人已触犯刑律，构成何种犯罪，应当依法追究刑事责任。

3. 尾部。应写明受诉人民法院名称、附件的名称和件数、自诉人签名或盖章、起诉日期等。

（二）民事起诉状

民事起诉状是指民事案件的当事人，因合法权益受到侵害，为维护自身的权益，就有关民事权利和义务的争议向人民法院提起诉讼，请求依法裁判的书面请求。它的基本内容包括：

1. 首部。这部分应依次写明文书名称，即标题“民事起诉状”，原告和被告的基本情况，先写原告，后写被告。是公民个人起诉的，应写明姓名、性别、出生年月日、民族、籍贯、职业、工作单位和住址等项；是法人或者其他组织起诉的，应写明法人或其他组织的名称、所在地址和法定代表人或者主要负责人的姓名、职务。

2. 正文。这部分应包括以下内容：(1)诉讼请求。即案由，主要写明请求法院解决什么问题，提出明确的具体要求，如请求离婚、财产继承、偿还债务、履行合同等。有多项具体要求的，可分项表述。(2)事实与理由。这部分是民事起诉状的核心部分，是请求人民法院裁决当事人之间权益纠纷和争议的重要依据。事实部分应写明双方当事人之间纠纷的由来，发生和发展的情况，当事人之间争执的主要焦点和双方对民事权益争执的具体内容。理由部分应写明认定被告侵权或违法行为的性质和所造成的后果以及应承担的责任，恰当地援引法律条款，说明提起诉讼的法律依据。(3)证据和证据来源、证人姓名和住址。

3. 尾部。这部分应写明受诉法院名称、附件件数以及起诉人签名盖章和起诉日期等。

（三）行政起诉状

行政起诉状，是指公民、法人或者其他组织认为行政机关和行政机关工作人员的具体行政行为侵犯其合法权益时，按照《行政诉讼法》的规定，向人民法院提起行政诉讼，要求依法作出裁判的书面请求。行政起诉状的内容和写法，与民事起诉状基本相同。但是，由于行政诉讼与民事诉讼的特点不同，在制作行政起诉状时应注意以下问题：

1. 要正确列写行政诉讼参加人。当事人双方应称原告、被告，不能称“起诉人”、“应诉人”。提起诉讼的原告只能是行政管理行为的相对人，即认为具体行政行为侵犯其合法权益的公民、法人和其他组织。被告只能是作出具体行政行为的行政机关或者法律、法规授权的组织，行政机关的工作人员不能当被告。写原告身份事项时，可参照民事起诉状中的内容；写被告身份事项时，应写明其名称、地址、法定代表人的姓名和职务等。

2. 要针对行政诉讼的特点，提出诉讼请求，叙述事实和理由。提起行政诉讼的目的是要求审查具体行政行为是否合法，因此原告应紧紧围绕“具体行政行为是否合法”这一重点，叙述事实，阐明理由，提出诉讼请求。如认为被告的行政行为所根据的证据不足或适用法律法规错误，违反法定程序或超越职权、滥用职权等，可以请求法院判决予以撤销；对行政处罚显失公平的，可以请求法院判决变更处罚。

3. 根据行政诉讼采用“被告负举证责任”原则，原告在行政起诉状中一般可不写证据材料。

二、上诉状

上诉状，是指当事人或者他们的法定代理人，对未生效的一审法院的裁判不服，依照法定程序，在法定期限内，向原审法院的上一级法院提起上诉的书面请求。它也可分为刑事、民事、行政上诉状三种。

（一）首部

首部应依次写明：标题如“刑事上诉状”，当事人的身份等基本情况。上诉一方为上诉人，对方称被上诉人，并在称谓后面注明在原审中的诉讼地位。对刑事公诉案件不写被上诉人，也不要把公诉机关列为上诉人。

（二）正文

正文是上诉状的主体部分，应包括三个方面内容：(1)写明上诉人因何案件，不服哪个法院的什么裁判而提出上诉。(2)写明上诉请求，即提起上诉的要求是什么，这部分内容要写得具体明确。(3)写明上诉理由，这部分是上诉人对原审裁判的辩驳，要针对原审裁判的不当之处，有的放矢地进行分析反驳，并注意引用有关法律规定作为依据。

（三）尾部

尾部应写明上诉审理法院名称、附件的名称和份数，由上诉人签名或盖章，写明上诉日期。

三、答辩状

答辩状是指民事或行政诉讼被告人或被上诉人在收到起诉状或上诉状副本后，在法定限期内，针对起诉状或上诉状的事实、理由、请求，进行回答和辩解的一种诉讼文书。它可分为民事答辩状和行政答辩状两种，具体写作要求是：

（一）首部

首部应写明标题，如一审“民事答辩状”，或二审“民事被上诉答辩状”;答辩人身份等基本情况。

（二）正文

这是答辩状的主体部分，必须针对起诉状或上诉状的内容进行答辩。先写明答辩事由，即对何人起诉或上诉的什么案件提出答辩。再详细写明答辩理由，即针对起诉状或上诉状中提出的事实和证据，用正确的、客观真实的事实和证据进行回答和辩解；答辩状要准确引用法律条款，要依法阐明自己的理由。

（三）尾部

尾部写明受诉法院名称、附件的名称和份数，由答辩人签名或盖章，写明答辩日期。

第四节　辩护词、代理词

一、辩护词

辩护词是指律师在刑事诉讼中接受被告人的委托或人民法院指定，担任被告的辩护人，根据事实和法律，提出证明被告人无罪、罪轻或减轻其刑事责任的意见所形成的文字材料，是依法在当庭发表的言词。

辩护词无固定格式，但其内容由前言、正文、结论三部分组成。

（一）前言

前言部分在标题“辩护词”及称呼“审判长、审判员”之后，应表明辩护人的合法地位，表示依法出庭的合法性。其次应写明辩护人出庭前进行的各项工作和参加庭审的情况，以及对本案的基本看法。

（二）正文

正文部分的核心是阐明辩护理由，可从三个方面进行阐述：

第一，对起诉书指控的犯罪事实进行辩护，如事实有出入或事实并非指控的性质，辩护人应加以反驳；第二，对起诉书适用法律不当进行辩护，如把无罪当作有罪，确定罪名不当或量刑偏重，辩护人应依法提出自己的意见；第三，对诉讼程序有重大违反进行辩护，如应回避而未回避，证据未经查证属实等。

（三）结论

结论部分辩护人要对自己的发言进行归纳总结，提出结论性的意见，对被告人如何定罪量刑，适用什么刑法条款，向法庭提出要求和建议。

二、代理词

代理词是指代理人在民事、行政诉讼中，接受当事人的委托，依法参与诉讼活动，在法庭辩论阶段，为维护被代理人的合法权益，当庭所发表的综合性发言。

代理词的基本内容由前言、代理意见和结束语三部分组成。

（一）前言

前言一般包括以下内容：说明代理人出庭的合法性和接受代理后进行工作的情况，表明代理人对本案的基本看法。

（二）代理意见

这是代理词的核心内容。这一部分应根据具体案情，被代理人所处的诉讼地位、诉讼目的和请求以及被代理人与对方当事人的关系等因素，来确定其内容。一般来说，应从以下几方面进行阐述：陈述纠纷事实，提出有关证据，反驳对方不实之处；对纠纷的主要情节、形成纠纷的原因以及双方当事人争执的焦点进行分析，以分清是非，明确责任，辨明性质；阐明当事人双方的权利和义务，提出解决纠纷的办法和意见，这部分内容既要保护当事人的合法权益，又要考虑有利于纠纷的解决。

（三）结束语

结束语是代理词的结论，主要写明以下两点内容：1. 在阐明代理意见的基础上，明确代理词的中心思想；2. 向法庭提出对本案的处理意见和建议，供双方当事人在协商时和法庭裁判时参考。

【思考与练习】

1. 什么是法律文书，它有哪些特点？
2. 写作法律文书有哪些基本要求？
3. 根据实际生活中的案例，写作一份起诉书或判决书。

第十一章　公关礼仪写作

第一节　概　述

一、公关礼仪文书的涵义与作用

公关，即公共关系工作，它是指为建立和维持一个组织与其公众之间的相互理解而付出的一种有目的、有计划的持续努力。

礼，本谓敬神，引申为表示敬意的通称，也指为表达敬意或表示隆重而举行的仪式。仪，既指仪式，亦指礼节。总之，礼仪是礼节和仪式的总称。它主要用于调整人与人之间的关系。

中国素称“礼仪之邦”，从古到今都非常重视礼仪。公关礼仪活动经过了漫长的历史发展过程，经受了风风雨雨，吐故纳新，从内容到形式都发生了根本的变化，现在已成为架设人类友谊的桥梁，沟通和联络着单位之间、人与人之间的关系。除非完全隔绝和超脱于人类之间的交往，任何一个社会组织和个人都离不开公关礼仪。

公关礼仪文书正是这种沟通的重要载体，它是国家、单位、集体或个人在喜庆、哀丧及其他社交场合，为沟通信息，礼尚往来，而对特定公众所撰写的具有较固定格式的文书。

其作用主要是传递信息、交流感情、增进理解、加强合作和建立友谊。

二、公关礼仪文书的种类

公关礼仪文书的种类广泛，按书写形式分，大致有以下三种：

(1) 书信类：以感谢信、慰问信、求职自荐信、请柬等最常见。

(2) 致词类：以贺词、悼词、欢迎词、欢送词、答谢词等使用最频繁。

(3) 电讯类：有贺电、唁电等。

此外，还有下列特殊种类也常被使用：

题词(为留作纪念而题写的文字)、讣告(报丧的文书)、祭文(一般是在清明扫墓或是对逝者有纪念意义的日子所组织的活动中，由专人诵读的悼念性文章)、贺幛(一般是单位或个人为表彰或为别人的喜庆事而写的条幅或横幅)、挽幛(是单位或个人为纪念死者而写的条幅或挽联)、碑文(是刻在碑上的纪念性文字)、对联(是悬挂、粘贴或刻在柱子上的联语)、留言(是人们参观访问后写给主办单位的看法和意见)、名片(是为了便于社交和处理公务方便所使用的长方形纸片……)等。

三、公关礼仪文书的特点

(一) 不同对象的针对性

人与人之间亲疏有别，长幼有序，故在礼仪文书的来往中要特别注意区别不同的对象和礼节分寸。如对上级要尊敬、尊重；对平辈要诚恳、谦虚；对下级要亲切、平和。忽视了分寸，便会失礼。

(二) 格式用语的特定性

礼仪文书有特定的称谓规定。我国过去是个礼节繁缛的国家，文书有一整套复杂的文言称谓。如对长辈用“尊前”、“尊右”、“前鉴”、“钧鉴”；对平辈用“台启”、“台右”、“大鉴”、“惠鉴”；对晚辈用“如见”、“如晤”；对妇女用“懿鉴”、“慈鉴”、“慧鉴”；对老师用“函丈”、“坛席”等，现除某些特殊场合外，一般已不多见。

但新文化运动形成的称谓，称男士为“先生”、“阁下”，称女子为“女士”、“小姐”仍普遍使用。

有些文书还有专门的谦词敬语，如谦称自己为“敝人”，敬称对方为“尊驾”、“钧鉴”等。还有一些常用祝颂语，如“即颂——时祉”、“此颂——教祺”（任教师的）、“祝——俪安”（夫妇二人）、“并颂——暑安”（夏天）、“敬祝——春禧”（春节）等，写作中仍常被使用。

（三）行文篇幅的简短性

礼仪文书大多要求篇幅简短，语言简练，特别像请柬、电报、自荐书等。即使是较正规的贺词、迎送词、自荐书等，也应尽可能言简意赅，控制篇幅。

（四）情感表达的亲和性

公关礼仪文书的目的是为了传递信息，交流感情，增进理解，建立友谊，在表达上当然要亲切、委婉，以情动人。尤其是祝酒词、慰问信、自荐书等，更需要态度的真诚和善，表达的委婉亲切，唯其如此，方能引人入胜，达到说服、激励、交流的最终目的。

四、公关礼仪文书的撰写及须注意的问题

公关礼仪文书因用途、目的不同，各自都有独特的风格和特点。这也决定了他们不同的写作要求。在行文时特别要注意下面三点：

1. 要注意不同的对象。由于对象不同，说话的语气、所用的词语也应有所不同。上级对下级、下级对上级以及平级之间用词不能混淆，要掌握好分寸，过分或不及都会有不敬或献媚之嫌。如在信函写作中，称呼与自己有师徒、师生关系的受信人，不宜使用职务称谓或一般尊称，如称师父为“主任”是疏远，称老师为“同志”是不敬，而对一般社交关系或工作关系的受信人，才用职务、职业称谓或一般尊称，若用昵称或戏称，则显得过分亲近。又如男同志写信给女同志商量工作，措辞过分亲昵，便可能引起不必要的误会。

2. 要区别场合。同一文种，由于场合不同，其内容写法也大有差别。以致词为例：大会致词庄重严谨，宴会致词活泼新鲜，答谢致词诚恳亲切，彼此风格截然不同，故应讲究礼仪文书与场景、气氛的和谐融洽。

3. 要注意语言简练、得体。多用短语，措辞贴切。除此之外，还要“言之有情”，特别像贺词、迎送词、答谢词等，更要充满感情，通俗而又优美，让人体会到祝词人的真情诚意。

【思考与练习】

1. 公关礼仪文书的种类有哪些？

2. 写作公关礼仪文书应注意哪些问题？

第二节　几种公关礼仪文书的写作

一、祝贺词

(一) 祝贺词的涵义

祝贺词，也叫祝辞或祝词。

我国最早的祝词，是向超自然的神灵祈福，带有浓厚的迷信色彩。根据古书记载，商代祈福的对象是天神；到了周代，除神灵外，祖宗也成了祭祀的对象。祝词的内容主要是祈求上天保佑他们风调雨顺，五谷丰登，合家平安；战争时，祝词的内容则主要是祈求祖宗保佑他们作战取胜，不要伤了自己人的筋骨。

现在，祝词的对象和内容都起了很大变化，主要是对人或事表示良好祝愿及庆贺的言辞或文章，是国际、国内人际交往时必不可少的交际工具之一。

祝词从写作内容看，不外两种情况：

一种是对刚刚开始的事情表示祝贺，祝辞内容着重表示良好的祝愿，预祝该事顺利进行，取得成功，或提出某些要求和希望，以利事情进展得更好或更顺利（末尾一般都有表达祝愿的话语）。

另一种情况是对已完成的事表示庆贺、道喜，也称贺词。文中着重颂扬已取得的成果，指出值得学习的精神，并勉励对方再接再厉，不断进取。

（二）祝贺词的特点

一是广泛性，即祝贺的对象很广泛。以人为祝贺对象的，长辈、平辈、晚辈，上级、平级、下级等，都可通过这一形式增进感情，加深理解。以事为祝贺对象的，如生日聚会、庆祝寿辰、开业典礼、联欢会等，都可用祝贺词来渲染气氛，活跃场面，增进彼此的友谊。

二是郑重性。祝贺词一旦脱口而出，就不便更改，故要相当郑重。尤其在正式场合，如举行国宴、迎送宾客时，祝词人必须事先准备，起码要打好草稿，或书面，或腹稿，以确保准确无误，自然得体。即使在一些较轻松随意的场合，如喜宴、庆功会上需要触景生情、即兴而发时，祝词人也必须机智灵活，言辞贴切。切忌信口开河，闹出洋相。

（三）祝贺词的种类

祝贺词根据祝贺内容的不同，可分为吉日喜庆祝词、寿诞祝词、事业祝词和祝酒词四类。

1. 吉日喜庆祝词。

主要包括节日祝词、婚姻祝词（包括金婚、银婚祝词等）以及迎送宾客祝词等。这类祝词往往灵活机动，可以随机应变，目的是为了表达祝词人的良好祝愿。

2. 寿诞祝词。

主要是对老人长寿的祝福。祝寿年龄有的是60、70、80等整年岁,有的是66、73、84等传统寿岁。寿诞祝词既应表达祝词人祝老人长寿这一愿望,更应表达对老人的尊重和爱戴,有的寿诞祝词还会对老人的生平做出肯定和褒扬。寿诞祝词若恰当得体,对寿诞老人将是莫大的安慰。祝寿词可以写给别人,也可以写给自己,写给自己的称"自寿"。

3. 事业祝词。

事业祝词所祝的对象,既可以是个人,也可以是单位或集体;既可以是一般性质的,也可以是有重大纪念意义的。如与我国有外交关系的国家选出新的领导人时,我国领导人致电祝贺,这种贺电便属祝贺词;又如会议开幕、商厦开业、工厂开工、展览会剪彩、某些重大节日以及周年纪念等活动中领导人的致词,也属事业祝词;亲朋好友在工作中取得一定成果,向他表示祝贺;毕业前夕,同学间互相留言共勉等,也都属此类祝词。

4. 祝酒词。

祝酒词是党政领导在喜庆佳节、外宾初到举行宴会前所发表的表示热烈欢迎和诚挚感谢的讲话文稿。在公关活动中,祝酒词的使用频率最高,它可用于国际间,如两国建交、外国元首来访、重大节日招待外宾的酒会、宴会上,也可用于国内各种机关、团体及个人举行的多种内容的宴会。

我国人民在长期的社会活动中,经常把酒作为一种媒介,以酒助兴,表达祝愿的心情。因此,人们在逢年过节、吉庆喜事和宾朋盛会时,即席所讲的表示热烈欢迎客人光临的话,也称为祝酒词。一般来说,国际间及团体、机关宴会的祝酒词可以长些,而个人,如亲戚朋友间的宴会祝词则可短些,往往以轻松愉快、幽默风趣的话语助兴添彩。

好的祝酒词能起到活跃气氛、增进感情的作用，也能给人启发和教益。

祝酒词一般应简单、凝练、有趣，几句话就能勾起彼此美好的回忆，表达出对未来的向往，为畅饮尽欢拉开帷幕。

[例文] 中共广东省省委副书记、深圳市市委书记张高丽在“全球脑库论坛”会上的祝酒词

女士们、先生们、朋友们、同志们：

“全球脑库论坛”在深圳市举行，我认为这是各国学者给我们的荣誉，我代表中国共产党深圳市委员会和深圳市政府非常感谢你们，热烈欢迎你们！

深圳是一个年轻的城市，它成长的历程就是中国最近二十年改革开放的历程，是中国改革开放历程的缩影。没有到过深圳的朋友一定不会想到，二十年前深圳还是一个几十户人家的小渔村，同香港只是一水相隔，但两岸景观相差十分悬殊。在这二十年内，中国的发展战略进行了重大调整，中国的经济体制改变了，中国的面貌也根本改变了。今天大家从罗湖桥走过来，会看到两岸已没有多大差别。我们从自己的亲身经历深刻感受到，一个正确的发展战略的选择，对于一个地区经济发展的重要意义。战略选择最后由政治家做出，但做出抉择前，需要认真听取各方面的意见，集中大家的智慧，而其中重要的一个方面，就是学者的意见，脑库的智慧。在二十一世纪复杂的国际经济环境下和信息经济时代，深圳市的发展将面临新的问题、新的机遇和挑战。研究这些问题、发现这些机遇和迎接这些挑战，需要新的知识和更成熟的智慧，需要以新的机制装备起来的脑库机构和善于把理论与实际结合起来的学者的创造性的工作。今天在座的各位就是我们尊敬的学者，有造诣的专家，高朋满座，华厦生辉，纵

论天下大事，指点未来走向，大家高兴，作为主人，我们更是兴奋。

深圳是一座新城，创新是它的生命。深圳拥有CDI这样新型的脑库，虽然它的历史比我们的城市的历史还短，但我们把它看作是自己的骄傲。在新世纪到来之际，我们能够看到的有几个制高点，高新科技产业和脑库是其中两个重要的制高点。我们现在争取在这些方面做些努力。CDI同国内外众多资深望高的脑库比起来，不过是个小弟弟，但它有志气，希望同大哥哥们建立友谊关系，希望得到你们的帮助，向你们学习，健康迅速成长。

预祝这次“全球脑库论坛”会议取得圆满的成功。现在我以东道主身份请各位干杯！谢谢大家！

（四）祝贺词的写作

祝贺词没有什么固定格式，会上宣读的祝词，一般可分为三个部分：

开篇部分。往往先致以热情的祝贺，并简明扼要地点明事情的性质和意义。

正文部分。可阐述事情的历史背景、现实意义、今后任务等。这一部分是祝贺词的重点，可以根据祝贺对象的性质和祝词人的身份决定不同的写法。如果事情刚刚开始，则以提出任务、预祝成功为主；如果所贺事情已有结果，则以阐述意义、热烈祝贺为重。

结尾部分。可对祝贺对象提出要求、希望，表达祝词人美好的愿望和真挚的情感。

祝贺词的写作要求：

首先，语言必须清楚明白，通俗易懂，句子必须简短明了，以便听众理解。

其次，祝词的内容必须安排得当，层次清楚，逻辑性强。

第三，祝词内容必须生动活泼，有强烈吸引力，尤其是在非正式场合，可以适当穿插一点诙谐和幽默。但要注意避免消极、颓废和庸俗的情调，这样的祝贺词才能收到良好的效果。

[例文]　国家主席江泽民给“第五届全国残疾人运动会”开幕的贺信

值此第五届全国残疾人运动会开幕之际，我代表党中央、国务院向大会表示热烈的祝贺！向全国残疾人及其亲属，向致力于残疾人事业的同志们，致以亲切的问候和良好的祝愿！

在世纪之交举办全国残疾人运动会，是六千万残疾人的一件喜事，也是全国人民很关心的一件事。残疾人的命运，同祖国的命运紧密相连。新中国的成立，使旧社会苦难深重的残疾人开始了新的生活。社会主义制度保障了残疾人的基本权利，社会主义建设的发展促进了残疾人状况的不断改善。随着改革开放和社会主义现代化事业的向前推进，我国残疾人必将拥有更加美好的未来。

全党和全社会都要继续热情关心和支持残疾人事业。残疾人是一个特殊而困难的群体，始终给予他们帮助和特别扶持，维护他们的公民权利和人格尊严，支持他们实现平等、参与、共享的理想，是国家和社会的重要责任，是我们社会主义制度优越性和为人民服务宗旨的体现，也是人类文明进步的要求。

要在全国全社会进一步弘扬人道主义精神，广大干部和群众都要充分理解、尊重、关心和帮助残疾人。希望广大残疾人继续发扬自尊、自信、自强、自立的精神，热爱祖国，热爱生活，积极投身改革开放和社会主义现代化建设的伟大实践，满怀信心地与祖国一道迈向新的世纪。

最后，预祝第五届全国残疾人运动会取得圆满成功！

江泽民

二〇〇〇年五月五日

二、慰问信

（一）慰问信的涵义和作用

主要指党政机关、团体和人民群众向在建设和保卫祖国中做出优异成绩的同志、战士表示慰藉、问候、鼓励、关切；对遭遇意外损失的地区、单位或个人表示关心、致意和问候的专用信件。

慰问信可以体现政府部门对人民群众的关心。当有人遭遇灾难挫厄时，及时的问候、鼓励无异于雪中送炭，给人三春般的温暖；当人们付出艰辛努力、取得重大胜利时，及时的慰问、激励，更是一种莫大的荣誉，无异于锦上添花。

慰问信还是沟通、协调企业内部上下级之间、员工之间关系的一种好办法。它可以对企业员工的辛勤工作加以肯定，也可以表达对员工个人问题的同情和理解，逢年过节送温情，正可以培养员工的归属感。

（二）慰问信的内容和写法

慰问信的对象不同，其内容、语气、长短也随之而异，如给节假日战斗在生产第一线的同志的慰问信，要表扬他们忘我的劳动精神；给人民战士的慰问信，要体现出对战士不怕牺牲、保卫祖国安宁的赞扬；给灾区人民的慰问信，重在表达对灾区人们的亲切关怀和问候，鼓励和支持他们战胜困难，重建家园。

慰问信主要包括以下几方面：

1. 标题。

在第一行的正中书写。可以直接用“慰问信”三字作标题，也可以用“单位＋事由＋文种”的全标题，如《中华全国总工会给春节期间坚持战斗在生产第一线的劳动者的慰问信》。

2. 称呼。

在第二行的顶格处写上收件人的名字和称呼。如“某某同志”、“某某公司全体员工”等。单位一般要用规范化的全称，人名不能用小名或昵称，以显示慰问信的郑重和严肃。

3. 正文。

从第三行空两格处开始书写。主要写明慰问信的事由及意义，充分表达慰问者的关怀、安慰与同情，并给予热烈的鼓舞和激励。

4. 结束语。

在正文下一行空两格处书写。着重表示慰问者的良好祝愿。如“祝你(们)克服困难，尽快从痛苦中走出来”、“谨致以良好的祝愿和深切的慰问”等。

5. 落款。

慰问信的最后，要在右下角注明写作单位的全称或个人的姓名及年、月、日，并盖上公章，以示郑重。

慰问信应富有鼓动性、人情味，给人亲切、温暖的强烈感受。

当人们震惊和愤慨于北约轰炸我驻南联盟使馆，致使我三位优秀的新闻工作者邵云环、许杏虎、朱颖同志壮烈牺牲时，中国记协给新华社、光明日报发去了慰问信。在简要的开场白后，慰问信中充满感情地写道：

> ……邵云环、许杏虎、朱颖同志是新时期我国新闻工作者的优秀代表，他们继承了老一辈新闻工作者的光荣传统，在以美国为首的北约对南联盟狂轰滥炸的40多天里，他们迎着弹雨硝烟，坚持在第一线采访，写出大量准确、鲜明的报道，为捍卫世界和平，坚持正义，做出了积极贡献。我们深深地怀念他们，并要向他们学习。
>
> ……我们怀念他们，就要坚决拥护我国政府的严正声明，坚决拥护胡锦涛同志代表党中央、中国政府发表的重要电视讲话，严厉谴责以美国为首的北约的残暴行径，反对侵略，维护和平。我们学习他们，就要更加紧密地团结在以江泽民同志为核心的党中央周围，高举邓小平理论伟大旗帜，

认真做好新闻宣传工作，为维护改革发展稳定的大局做出应有的贡献。

……让我们发扬邵云环、许杏虎、朱颖同志的崇高精神，牢记新闻工作者的神圣职责，为建设有中国特色的社会主义，维护世界和平，更加努力地工作。

文字朴实、语言贴切，催人泪下又激人奋进。

三、自荐书

（一）自荐书的涵义

自荐书是以介绍说明为主要表达方式，在向用人单位主管领导或人事部门阐述自己竞争某一岗位或职务所具备的经验、能力等有关事宜时所采用的一种实用文种。

一份成功的自荐书，往往可以吸引用人单位的注意，使主管领导从字里行间看到应征者横溢的才华和优秀的成就、强烈的事业心和责任感。当然，应征者基本的资格经历是被录用与否的先决条件。但同样一位优秀的人才，却因一份糟糕的自荐书而失去机会的例子也不少见。正因为自荐书在求职应征中有如此重要的作用，因此自荐书要尽可能把与求职有关的各方面情况用最简练的语句加以描述介绍，使人获得一个栩栩如生的应征者的形象。

（二）自荐书的特点

1. 介绍的简要性。

为了让用人单位在筛选时对自己印象深刻，为自己求职争得良机，写作自荐书时必须紧紧围绕求职目的，集中概括地介绍自身相应的情况，简要明快，条理清晰、内容充实，既不遗漏，也不泛泛而谈，总之，要去除与职业无关的所有花言巧语和多余之言。

2. 表达的论说性。

自荐书虽是个人情况的介绍，但又不同于人物小传，没有“记叙人物生平”的职能。它在说明“我是怎样的人”、“为何来此自荐”、“我能干些什么”等问题时，还应发挥议论的表达作用。特别是在说明自身的种种有利条件、被录用后的打算等情况时，更要注意多方面、多角度地阐明自己的观点，使议论和说明有机结合，展示自身形象和内心世界，以取得用人单位主管评审人员的理解和认可。

3. 态度的谦诚性。

自荐者要给人谦逊、平和、礼貌、诚恳的感觉。表达出强烈的求职愿望，从而给用人单位留下深刻的印象。语言表达既要有个性、有文采，又不盛气凌人或曲意逢迎，哗众取宠。

（三）自荐书的内容和写法

自荐书的写法比较灵活自由，没有一定之规，不同的应征者往往有不同的风格和形式。但有一点是共同的，即必须包括与求职有关的各种内容，如个人基本情况、学历、工作经历、职业目标与抱负等。除此之外，在需要时也可在履历中介绍自己参加的学术团体、兴趣爱好、出版著作等情况。同时也可根据自己的实际情况对上述四方面内容适当作些变动。总之应既有吸引力，不落俗套，又能突出自己的个性和长处。

概括而言，写作自荐书可从以下几方面入手：

首先做好自荐前的准备。一个自荐者要想给用人单位留下深刻印象，取得面试资格，自我的经验、学识非常重要，因此，尽可能多的有关学历、选修科目的证明材料、曾任职单位或所参加的社会实践单位的证明信和推荐材料都是非常重要的，应该事先准备好复印件，以便和自荐书及简历等一并寄出。此外，对应聘单位各方面的了解也有助于你胸有成竹、有的放矢地推荐自己，在进一步的面谈接触中立于不败之地。

接着开始动笔写作自荐书。其格式内容基本包括：

1. 称谓。一般可泛称“领导同志”、“×××经理”“×××先生”、“×××女士”。此外，对特定的对象，如老者、有特殊声誉的可加“尊敬的”之类恭词，以表尊重。

2. 开头短语。这是自荐者给人的第一印象，最引人注意，所以要精短、独到而又别致，力求能引起对方的兴趣。一般用礼节性致谢短语或恰当的恳求性短语转入正题。

3. 自荐者的主要资历及自荐要求。首先简要介绍自己的姓名、年龄、文化程度及与求职目标有关的简历、学历等。接着对与所荐岗位或职务有关的学历及社会实践经验等作进一步翔实说明。对自荐要求的表达要意向明确，不能含糊不清。

4. 自荐者具备的基本条件。这是自荐书的主体部分。自荐者要尽力说明自身对所竞争的岗位或职务已具备的基本条件，才有可能被用人单位择优录用。此部分大体可从自荐者的思想素质、业务素质（即专业修养、专业能力）两方面去写。

所谓专业修养，主要是指一个人的知识结构，即在校所学课程与专业能力的关系。专业修养表明自荐者知识层次构建的合理程度，以及与日后工作的关系是否密切。表达得好，不仅能使用人单位了解自荐者已掌握的科学知识，还能透射出自荐者的内在潜力。

自荐者的专业能力，包含观察、认识、分析和解决业务工作中各类问题的能力。介绍要侧重在几个方面：即专业成绩与实际能力的关系；社会实践中的表现与成效的关系；自身参与过的大型活动、比赛、业务锻炼以及自己取得的荣誉称号和特殊成就等。

此外，还可提一下自己的其他有利条件：若有相当的工作经验（如进大学前做过一年全职工作），应当予以强调，如果没有，则不妨提到暑期工作的经验或学生社团的工作等，因为课外活动的经验往往可以表现你的领导才能、与人相处的能力和其他品格。

自荐者对用人单位的选拔条件应了解清楚，做到心中有数。自荐时不要轻易偏离对方择人的条件，盲目地介绍自己的“多能”，而冲淡了自己的“专长”这个主要内容。在信中还可以适当讲述你对这份工作的看法，以及自己有什么特别条件可以适合担当这份工作的。

如有必要，还应附上足以证明自己能力或资历的证书、证件、奖状的复印件。

5. 自荐者的态度和决心，这部分是自荐者设想被录用后，面临新要求、新情况后的态度和决心，让用人单位再一次感受到你求职的真诚和热切。

6. 结束语及落款。一般以“静候回音”、“盼早日赐复”、“热切希望能成为贵单位(公司)的一员”等作结。并写上“此致敬礼”等致敬语。

落款包括自荐者的姓名、写信日期，有的还要详细写上联系地址、电话及邮政编码，以便择人单位及时与自荐者联系。

(四) 写作自荐书的注意点

自荐书是表现个人语文能力和想象力的机会，但也不是卖弄文笔的场所。所以，应务求文词通顺，精简达意，切忌矫揉造作。

下面是一些经常在自荐书中出现的毛病。有些虽然看来明显不过，但时常会不自觉地出现：

1. 过分自信。

很多自荐者，尤其是刚从学校毕业的同学，都会犯一个毛病，就是以为只要考试成绩好，便会是一个称职的职员。其实，好职员必须既有良好的学业成绩，也要有多方面的经验和才干。

如果忽略经验和性格条件，只会令人觉得他自高自大、思想不成熟。

2. 不够自信。

谦虚虽然是美德，可在现代社会中，过分谦虚会让人误会你缺乏自信。因为自信在一定程度上也体现了一个人的学识和能力。自信心欠缺或不足的人很难得到用人单位的信任。所以求职者应在信中多强调自己的长处，表现出强烈的自信。

3. 语气不庄重。

雇主大都喜欢雇用能比较客观看待事物的申请人，所以，要尽量避免在求职信中使用“我觉得”、“我看”等字眼来说明自己的观点，也忌用“我真的喜欢”之类的强调语气词。而应选用具体、明确的名词和动词以及细节来表述实情，给人以平和、谦虚、自信的感觉，而不是怯懦或自夸。

4. 写作匆忙草率。

有的自荐书字体潦草、别字连篇，让用人单位一头雾水，这又如何能达到求职的目的呢？有的自荐书简写词语太多，如简称“工大”、“国贸”、“企管”等，会让用人单位觉得你做事不够踏实认真产生不良印象。

（五）与自荐书有关的附加材料

用人单位在审看自荐书的同时，大多会要求自荐者提供其简历和有关单位的推荐书。

简历，是简要列述个人身份详情、学业资历和工作经验的资料。写简历并无统一的方法，申请不同的工作，往往应该写不同模式的简历。但一般都包括以下几方面的资料：

1. 身份详情：有姓名、地址、电话号码、年龄/出生日期、婚姻状况、健康状况等；

2. 教育情况：要写明毕业的学校、科系及起讫期间。

3. 工作经验：若有工作经验，最好详细列明。先列出最近的资料，详述雇主名称、日期、职位、工作性质。例如：

万大贸易有限公司

（1995 年 6 月至 8 月）

暑期工，负责一般行政事务。

4. 爱好与兴趣：如爱好音乐、桥牌等。适当、有益的爱好证明你兴趣广泛，性格开朗，有助于雇主了解你多方面的才能和品位。

5. 照片。如果是有现成格式的简历表，通常要贴上照片，位置在首页的右上角，或最后一段的下面，绝不能贴在正文上。照片应该是最近六个月内所拍的，最好图案俭朴，设计大方。

［例文］

自　荐　书

姓　　名	李琪	性别	女	生日	××××年×月×日	贴照片处
民　　族	汉	籍贯	上海	学历	大学本科	
身　　高	1.66 米	体重	52 公斤	政治面貌	共青团员	
奖　　励	两次获得校级奖学金					
家庭住址	×市××区××栋××号					
家庭电话	0937-123456　P.C. 735000					
教育状况	1996—2000　北京×××学院　西班牙语专业					
	1999—2000　北京新世界—塞亚培训学校　市场营销专业					
	1999—2000　北京新世界—塞亚培训学校　对外贸易专业					
工作经历	1999.5—2000.1	在北京国旅、中城国旅、竹园国旅、民间国旅等多家国际旅行社担任西班牙语导游				
	1999.6—2000.1	在××国际有限公司中国代表处担任西班牙语翻译，能熟练使用电脑、传真、复印机等办公设备。				

（续表）

所学课程	西语类	精读　口语　写作　听力　泛读　口译　报刊　笔译　西班牙文学与历史　拉美概况
	旅游类	旅游概况　旅游地理　北京导游　旅游与经济法　古代建筑　导游基础　唐代近体诗
	文史类	语法修辞　现代文学　历史文化　古代文学
	政法类	法律基础　国际政治　哲学　社会主义建设　革命史
	其他	成材修养　现代科技　日语　体育
所获证书	1998.5　微软公司计算机证书	
	1999.2　大学英语四级证书	
	1999.8　大学英语六级证书	
	2000.1　北京市公务员资格证书	
掌握语言	中文　母语	
	西班牙语　专业本科水平，翻译成绩在班里名列前茅	
	英语　大学六级水平	
	日语　第二外语	

地址：北京××学院外语系××级西班牙语一班　100024　电话：010-××××××
传呼：010-64256688 呼××××　电子信箱：XXX@163.NET

推荐书是指由相关人员撰写的介绍被推荐者特长的文书。很多时候，如果几个申请人的条件、背景和学历都类似时，雇主一定会选一个有良好推荐书的人。所以要尽量在推荐书里突出被推荐者的长处。推荐理由越确凿充分，推荐意见就越容易被重视和采纳。充分，指介绍的材料要有分量，站得住脚，绝不是指材料的数量。推荐书的情况介绍既要具体、又要简洁，切不可冗长。介绍完情况后，要写推荐语，如："为此，本人乐于推荐他(她)到贵单位工作……"等。

推荐者应是本行业内有一定地位的人，最好是与被推荐者申请的职务有关，从而使推荐具有权威性。按国际通用的方法，推荐信中先要进行推荐人的自我介绍，写明推荐者的通讯地址、现任职务、与被推荐人的关系等。推荐者的身份、资历可从一个侧面证明推荐意见的分量。

应届毕业生有专门的推荐表格，可请导师或班主任填写，并加盖学校公章。

【思考与练习】

1. 拟写一份自荐书，向某律师事务所推荐自己。
2. 假设你班中有一同学家乡遭遇水灾，损失严重，请以班委的名义给这位同学写一份慰问信。
3. 阅读下面这篇自荐书，讨论一下，它适合申请怎样的职位；还可作哪些修改。

自 荐 书

我出生在嘉峪关——西北边陲上一个风沙漠漠的小城。戈壁古道、长河落日，苍凉壮观的大自然赋予了我西北人开阔坦诚的胸襟；父母的遗传则让我兼具了北京人的大气沉稳和上海人的聪慧果敢。父亲是主任工程师且文学造诣颇深，母亲曾是高中高级英语教师，他们对我宠爱有加而要求严格，我在这样的家庭环境中幸福成长。

从小学到高中，我的学习成绩始终名列前茅，先后担任过班里的学习委员、正副班长等职，连年被评为校级三好学生。初中时我是校学生会的宣传委员，高中时则是校文学社的骨干力量。在校期间获得过全市小学生演讲比赛二等奖、全国中学生作文比赛二等奖、全国中学生生物知识竞赛三等奖、全国中学生奥林匹克英语竞赛高中组三等奖等多类奖项。

96 年高考，虽然我以总分 564 分的成绩名列全市文科第三名、全省外语类考生第十六名，却因填报志愿时低估了六十多分而与理想的院校失之交臂，进入了北京××学院。决心体验一种宁静致远的大学生活，我没有担任任何学生公职，也没有参加任何学生社团，活跃了那么久，该是一个人静静成长的时候了。

选择了西班牙语，最初也许只因为我骨子里那一丁点儿关于浪漫的幻想，那个神秘聪颖才华过人的女作家三毛和她的西班牙丈夫大胡子荷西的故事，总能让我感动得落下泪来。等到开始学习西班牙语时，却真的被它的优美动听、高雅流畅所深深吸引。带着燃烧终生的热情，这四年里我一直致力于这门语言的学习，从语音语调到语法构词、从朗诵阅读到翻译写作，我力争打下扎实的基本功。同时我也尽力了解它的语言背景，无论是西语国家的风土人情、历史现状，还是它的经济科技、文学艺术，我均有涉猎。如今我的西班牙语听、说、读、写、译都达到了一定的水准，具有良好的语言表达能力，翻译一科的成绩尤为突出。不过我也从未忘记过英语的重要性。尽管大学四年我没有选修英语，但在1999年3月以83分的成绩一次性轻松通过国家大学英语四级考试，同年9月顺利获得国家大学英语六级证书。另外我还选修了日语作为第二外语，现已达到初级水平，可进行日常会话。

当然，我深知，语言只是人与人沟通的载体，皮之不存，毛将焉附？只有具备了扎实的专业知识，而又拥有良好的语言沟通能力，才能适应时代发展的要求。从大学三年级起，我开始为中国国际旅行社、中国民间国际旅行社、中国竹园国际旅行社、中城国际旅行社等多家大型国际旅行社担任西班牙语导游，成功接待了来自西班牙、葡萄牙、哥伦比亚、委内瑞拉、乌拉圭、秘鲁、墨西哥等多个国家的近百位旅游者，受到游客和旅行社的一致好评。导游工作不仅使我有机会锻炼西语口语，接触了解西语国家的人民国情，更培养了我的组织能力、协调能力、独立工作、思考、处理问题的能力，大大丰富了我的业务知识。1999年底我顺利通过全国导游人员资格考试，获得导游资格证书。

同时，由于我对贸易方面一直很感兴趣，于1999年2月报名参加了西班牙新世界——赛亚学校与中国对外经济贸易大学联合开设的函授课程，学习对外贸易和市场营销两门课程。在具备了一定的相关知识后，我进入×××国际有限公司北京代表处实习，担任日常商业信函文件的西文及英文翻译工作并兼任出纳一职。外企的工作氛围紧张充实，出纳工作使我越发严谨细心，文件的处理则令我将学到的知识付诸应用并不断完善。我很快熟悉了电脑、传真、复印机一类办公设备的使用，而我高度的团体协作意识，良好的人际关系处理亦得益于此。

2000年初，我报考了××大学西班牙语专业的研究生，以总分361分的成绩名列第三(英语71分，西语综合考试76分，西译汉与现代汉语78分，阅读与写作89分)。但由于政治单科发挥失常，差8分未上线。校方不得已取了第四名。这次考试的失利使我无缘进入妈妈的母校——××大学，为此我抱憾不已。

人生中的挫折，让我学会加倍珍惜眼前的每一次机遇，而只有不断地充实、完善自我，才能把握住机遇。我深信，这一次，我能主宰自己的命运!

主要参考书目

1.《写作学基础》娄胜亚、沈顺辉主编

2.《应用写作基础》袁一锋主编　华东理工大学出版社

3.《现代西方美学史》朱立元主编　上海文艺出版社

4.《大学写作教程》司有和主编　高等教育出版社

5.《今文观止》商金林主编　山西教育出版社

6.《当代艺术散文精选》刘锡庆、蔡渝嘉编　北京十月文艺出版社

7.《张爱玲小说集》　安徽文艺出版社

8.《写作学大辞典》刘世剑、金振邦主编　吉林人民出版社

9.《写作通论辞典》刘显贵、林学勤主编　江西教育出版社

10.《通用写作教程》谭雪松、尹建新主编　中央民族大学出版社

11.《中国写作学大辞典》尹君生主编　中国检察出版社

12.《中国现代公文写作原理与方法》周森甲　知识出版社

13.《中国标准行政公文》李孝华　复旦大学出版社

14.《实用公文写作教程》胡双宝、汪景涛　北京大学出版社

15.《最新应用文写作指南》任文贵主编　台海出版社

16.《大学应用写作》张耀辉主编　上海交通大学出版社

17.《语文知识与公文写作》张耀辉主编　上海交通大学出版社

18.《狮城舌战启示录》俞吾金主编　上海人民出版社

图书在版编目（CIP）数据

实用写作基础/袁一锋主编.—2版.—上海：上海人民出版社,2007
ISBN 978-7-208-06752-3

Ⅰ.实… Ⅱ.袁… Ⅲ.汉语-写作 Ⅳ.H15

中国版本图书馆CIP数据核字(2007)第000754号

责任编辑　屠玮涓
封面设计　陈　楠

实用写作基础
（第2版）
袁一锋 主编
沈天水　吴　桥 副主编
世纪出版集团
上海人民出版社出版
（200001　上海福建中路193号　www.ewen.cc）
世纪出版集团发行中心发行
上海商务联西印刷有限公司印刷
开本850×1168　1/32　印张15.5　插页2　字数355,000
2007年1月第1版　2013年1月第7次印刷
印数21,501-23,600
ISBN 978-7-208-06752-3/H·24
定价 25.00元